2판

정신건강사회복지론

| 엄태완 저 |

Social Work in Mental Health

학지사

2판 머리말

초판을 펴낸 지 6년의 시간이 지났다. 그동안 이 책을 찾아 주신 독자 분들께 감사의 인사를 드린다. 정신건강 및 정신장애인(정신질환자)과 관련된 접근은 의료모델과 사회모델을 넘어 인권모델을 지향하고 있지만 실제적으로는 병리적 치료 단계에 머물러 있는 듯 보이기도 한다. 예컨대, 먼 옛날 토굴이나 원형 감옥에 갇혀 비인간화된 정신장애인과 비교한다면 오늘날 치료 대상으로서의 인정이 그저 반갑고 고맙기도 하다. 이 또한 하나의 과정이 되어 이상적이고 표준적 인간상의 단일한 지향이 부끄러운 과거가 되어 있길 바란다.

정신건강 및 정신장애 영역의 사회복지실천은 모든 사회구성원으로 범위가 확대되고 있을 뿐만 아니라 예방, 치료, 재활, 회복, 지역사회통합 등을 포함하고 있다. 이러한 내용 전부를『정신건강사회복지론』에 담기에는 너무 방대한 분량이 될 수밖에 없다. 이 책에서는 정신건강사회복지 실천현장에서 활동하는 사회복지사들이 기초적으로 이해해야 할 정신병리와 정신장애의 유형을 토대로 사회복지실천의 방법들을 제시하고자 한다.

2판이 초판과 비교하여 가장 크게 달라진 점은 초판에 포함되었던 제4장 '정신건강사회복지의 기초로서의 인권 · 사회정의'를 삭제하고 핵심 내용만 본문에 적절하게 배치하였고, 초판의 제15장 '성찰로부터의 전망'의 경우 2판에서는 제14장 '정신장애인 관련법, 이념 그리고 운동 방향'으로 전면 수정하였다. 또한 초판에서 제3부에 포함되었던 알코올중독을 2판에서는 제2부 정신장애의 유형에서 다루었다. 전체의 장은 초판에서는 15장으로 구성되었지만 2판에서는 3부 14장으로 축소하였다.

제1부에서는 정신건강사회복지를 실천하기 위한 기초 내용을 세 개의 장으로 구분하여, 정신건강사회복지의 개관, 정신건강사회복지의 기초로서의 정신장애, 정신건강사회복지의 기초로서의 정신병리로 구성하였다. 제2부에서는 DSM-5-TR의 정신장애 유형 중 사회복지사들이 자주 접할 수 있는 내용들을 포함하였다. 제4장의 아동 · 청소년기 정신장애(지적장애, 자폐스펙트럼장애, 주의력결핍 과잉행동장애, 품행장애 등), 제5장 만성 정신장애(조현병, 양극성장애, 주요우울장애 등), 제6장 불안장애와 외상 및 스트레스 관련 장애(사회불안장애, 공황장애, 범불안장애, 외상후 스트레스장애 등), 제7장 알코올중독(알코올중독을 포함한 물질중독), 제8장 성격장애(DSM-5-TR의 10가지 하위 유형)로 구성하였다. 제2부의 주요 구성과 내용은 DSM-5-TR의 체제를 중심으로 제시하였다. 제3부의 정신

건강사회복지의 관점 및 실천방법은 제9장부터 제14장까지를 포함한다. 제9장은 관점 및 모델(포괄적 인권 관점, 구체적 지역사회정신건강 관점, 의료모델, 사회모델, 인권모델 등), 제10장은 사정(사정의 목적, 사정의 유형, 사정 보고서 작성 등), 제11장은 개인 대상 실천방법(면담, 위기개입, 약물치료 등), 제12장은 집단 및 가족 대상의 실천방법(집단실천, 사회기술훈련, 가족실천 등), 제13장 주거서비스와 직업재활의 실천방법 및 사례관리(정신장애인의 주거와 직업, 사례관리 등), 제14장 정신장애인 관련 법, 이념 그리고 운동 방향(정신건강복지법, 사회정의, 차별금지 등)으로 구성하였다.

언제나 앎이 부족함을 되새기며 새로운 기회를 찾는 기쁨으로 글을 쓴다. 이 책도 그 과정의 하나이다. 이를 지속하게 해 주신 학지사 김진환 사장님과 1판부터 2판까지 전문적 교정을 꼼꼼하게 챙겨 주신 편집부 박나리 선생님께 깊은 감사를 드린다. 끝으로 언제나 지적 자극을 주는 아내와 정우, 현탁 두 아들과 출판의 기쁨을 함께하고 싶다.

2025년

월영의 고운관에서 엄태완

1판 머리말

이 책은 거의 10년 전부터 계획된 것이었으나 여러 가지 사정으로 말미암아 이제야 마무리되었다. 오랜 숙제를 하나 끝낸 기분으로 홀가분하기도 하지만 애초에 생각한 여러 가지 내용이 제대로 정리되지 않아 또 다른 과제를 부여받은 느낌이기도 하다.

이 책은 다음과 같은 몇 가지 목표를 달성하려는 의도에서 비롯되었다. 첫째, 학생들이 정신장애가 무엇인지를 보다 쉽게 이해할 수 있도록 내용을 구성하고자 하였다. 둘째, 정신보건영역에서 사회복지사들이 구체적 · 실제적으로 어떠한 기능과 역할을 하는지를 포함하고자 하였다. 셋째, 정신장애를 바라보는 다양한 관점을 이해하면서 왜 '인권'과 '사회정의'라는 개념이 여기에서 중요하게 다루어져야 하는지를 설명하고자 하였다.

이러한 목표를 달성하기 위해 총 3부 15개 장으로 이 책을 구성하였다. 먼저, 제1부에서는 정신건강사회복지실천을 위한 기초적인 내용을 네 개의 장으로 구분하여 제시하였다. 제1장에서는 정신건강사회복지의 정의, 역사적 전개 과정, 그리고 사회복지사의 업무를 다루었다. 제2장에서는 정신장애와 정신건강의 개념을 설명하고 정신장애와 관련된 생물학적 요인과 심리사회적 요인을 고찰하면서 정신장애의 통합 모델로서 스트레스-취약성 모델과 생리 · 심리 · 사회적 모델을 제시하였다. 제3장에서는 정신보건영역의 사회복지사들이 정신장애인을 이해하기 위해서 반드시 알아야 하는 정신증상의 내용들을 다루었다. 제4장에서는 정신보건영역에서 왜 사회복지사들이 인권과 사회정의를 중심으로 실천해야 하는지를 고찰하였다.

제2부에서는 DSM-5에 근거하여 정신장애의 유형을 분류하였다. 여기서는 DSM-5의 20가지 정신장애 유형을 모두 제시하지는 않고 현재 사회복지사들이 많이 관여하는 장애를 다루었다. 제5장에서는 아동 · 청소년기에 나타나는 정신장애를 기술하고 있는데, 지적장애, 자폐스펙트럼장애, 주의력결핍 과잉행동장애, 품행장애 등을 중심으로 고찰하였다. 제6장에서는 현재 정신건강사회복지사들이 가장 많이 관여하고 있으며 만성 정신장애로 알려진 조현병, 양극성 장애, 그리고 주요우울장애를 중심으로 살펴보았다. 제7장에서는 일반적으로 신경증이라고 명명되고 있는 불안 및 스트레스 관련 장애를 고찰하였다. 제8장에서는 성격장애의 특징과 유형을 설명하면서 앞서 포함되지 않았던 정신장애의 유형을 간략하게 기술하였다.

제3부에서는 정신보건영역에서 사회복지실천을 위한 제 방법들을 제시하였다. 우선,

제9장에서는 정신건강사회복지실천을 위한 사정을 다루고 있는데, 사정의 정의와 종류, 그리고 만성 정신장애인을 위한 사정의 실제를 비교적 자세하게 기술하였다. 제10장에서는 정신보건영역의 사회복지사들이 알아야 할 면담과 약물치료에 대한 기본 이해를 포함하고 있으며, 가장 빈번하게 활용되는 모델인 위기개입을 고찰하였다. 제11장에서는 정신건강사회복지실천에서 집단이 어떠한 형태로 어떤 목적을 가지고 활용되고 있는지를 살펴보고 있는데, 그 방법 중에서 집단치료와 사회기술훈련을 보다 자세히 기술하였다. 제12장에서는 가족과 지역사회를 다루고 있는데, 정신장애인 가족의 부담과 회복과정, 그리고 가족교육을 고찰하고 지역사회정신건강의 이념과 목적을 설명하면서 주거서비스와 직업재활서비스의 의의와 방법을 제시하였다. 제13장에서는 정신건강사회복지실천에서 사례관리의 의의와 실천 방안을 고찰하였고, 제14장에서는 현재 정신건강사회복지사들이 조현병이나 양극성장애, 그리고 주요우울장애만큼 자주 접하는 알코올중독을 살펴보았다. 마지막 제15장에서는 정신보건영역에서 왜 '정의(justice)'의 원칙이 보다 명확하게 드러나도록 정책과 실천들이 구성되어야 하는지를 고찰하였다.

거의 대부분의 정신장애는 단일한 원인으로 설명되지 않기 때문에 대처의 방법도 매우 다양하다. 그러나 우리나라의 경우에는 의료모델을 바탕으로 하는 생물학적 원인론에 따른 약물치료가 지나치게 부각되고 있으며, 마찬가지로 서구와 달리 입원 중심의 정신장애인 관리 기조가 계속해서 유지되고 있다. 물론 어떤 정신장애의 경우에는 집중적인 약물치료와 그에 따른 유지 약물치료가 지속되어야 하며, 단기적으로 병원 입원이 필요하기도 하다. 그러나 다양한 심리사회적 개입의 방법이 효율성의 차원으로 무시되거나 사회구성원들의 묵시적 합의로 인한 정신장애인의 사회적 격리는 바람직하지 않다. 이것이 저자가 애써 강조한 '인권과 사회정의 중심으로' 정신건강사회복지실천을 해야 하는 이유이다.

이 책은 아직까지 보완해야 할 내용들이 많이 있지만 앞서 설명한 목표를 서둘러 제시하고 싶은 욕심으로 출판을 결심하였다. 앞으로 독자들의 비판과 조언을 바탕으로 계속해서 수정하고 보완하려고 한다. 마지막으로 이 책의 출판을 흔쾌히 허락하고 세심하게 편집해 주신 학지사 관계자 분들에게 깊은 감사를 드린다. 그리고 언제나 나에게 학문적 성숙을 채찍질하는 제자들에게 고마움을 전한다.

2018년 여름

엄태완

차례

제 1 부

정신건강사회복지의 토대

제 1 부

정신건강사회복지의 토대

제 1 장

정신건강사회복지의 개관

학습 목표

1. 정신건강사회복지의 개념과 구성요소를 설명할 수 있다.
2. 정신건강사회복지의 역사적 전개 과정을 설명할 수 있다.
3. 정신건강사회복지 실천현장을 파악하고 업무 및 역할을 설명할 수 있다.

우리나라에서 정신보건영역의 사회복지는 초기에 정신의료사회사업 혹은 정신의료사회복지로 불리다가 1990년대 후반부터 정신보건사회복지로 오랜 기간 명명되어 왔다. 이후 2016년 「정신보건법」이 전면 개정된 「정신건강복지법」의 변화에 기인하여 현재의 '정신건강사회복지'로 변경되었다. 여기서는 정신보건영역에서 사회복지사에 의해 이루어지는 모든 사회복지활동을 '정신건강사회복지'로 규정하고 세부적인 내용을 살펴보고자 한다.

정신건강사회복지의 역사는 간략하게 지역사회정신건강 패러다임을 중심으로 전 · 후의 시대적 변화를 제시하고자 한다. 지역사회정신건강은 병원이나 요양원과 같은 시설에 정신장애인이 고립되는 것이 아니라 자신이 살던 지역사회 공간에서 살아야 한다는 이념이고 실천방법이라고 할 수 있다. 지역사회정신건강 개념은 이후의 장에서 자세하게 다룬다.

정신건강사회복지 실천현장은 지역사회 및 입소 · 입원 실천현장으로 구분하였으며, 그에 따른 정신건강사회복지사의 업무 및 역할을 제시하였다. 정신건강사회복지사의 구체적인 실천방법에 대해서는 이후의 장에서 자세하게 학습하게 될 것이다.

핵심 과제

1. 정신건강사회복지사의 전망은 어떠한가?
2. 우리나라는 지역사회정신건강 패러다임으로 진입하였는가?
3. 실천현장에 따른 정신건강사회복지사의 업무와 역할은 어떻게 다른가?

1. 정신건강사회복지의 정의와 구성요소

1) 정신건강사회복지의 정의

(1) 개념의 변화

정신건강사회복지(social work in mental health)란 정신보건영역에서 이루어지는 모든 사회복지활동이라고 할 수 있다. 하지만 정신건강사회복지에 대한 개념은 시대마다 다르게 정의되어 왔다. 초창기에 병원 중심으로 이루어지던 정신건강사회복지는 정신의료사회사업(psychiatric social work)이라는 명칭으로 출발하였다. 이 시기에 정신의료영역에서는 의료프로그램의 서비스 형태로 정신의료사회사업을 간주한 반면, 사회복지영역에서는 정신의료기관에서 활동하는 독특한 사회복지의 한 분야임을 강조하였다(이하 시대별 명칭에 관계없이 '정신건강사회복지'로 명명함).

초창기 정신건강사회복지에 대한 정의들을 살펴보면 다음과 같다. 프렌치(French, 1940)는 "정신병원에서 정신의학과 심리학, 그리고 사회과학 등의 지식과 이론을 바탕으로 사회복지의 방법론을 적용하여 정신질환자를 치료하는 학문"이라고 하였으며, 핀크(Fink, 1949)는 "정신과의사가 책임을 가지고 정서적이고 정신적인 질병을 치료하는 병원에서 실시하는 사회복지"라고 하였다.

따라서 초창기의 정의들을 살펴보면 정신건강사회복지란 '정서적이고 정신적인 문제를 가진 환자들의 치료를 위해 정신병원이나 진료소에서 정신과의사와 협력하는 과정에서 수행되는 사회복지실천'으로 규정하고 있음을 알 수 있다.

미국사회사업연감(Social Work Year Book, 1954)에서 말하는 정신건강사회복지의 개념은 이들 초창기 개념들과 확연한 차이가 있다(유수현, 서규동, 유명이, 이봉재, 이종하, 2018: 21). 여기서 정신건강사회복지란 '정신의학과 공동으로 직접적이고 책임 있는 관계에서 이루어지는 사회복지실천이며, 정신의학적 치료에 관련된 전문가들, 즉 정신과의사, 정신과간호사, 심리사, 작업치료사 등을 포함한 치료팀의 일부로서 정신병원이나 진료소, 그리고 정신건강 관련 기관에서 실시하는 활동'으로 규정하였다.

또한 정신건강사회복지의 목적은 정서적 또는 정신적 장애로 고통받고 있는 사람들의 건강을 회복시키고 지역사회 내의 정신건강을 촉진하는 데 있다고 하였다. 이를 통해 정신건강사회복지 실천현장은 정신의료기관에서 확장되어 정신건강 관련 기관과 지역사회를 포함하며, 관련 실천가는 정신과의사와 사회복지사뿐만 아니라 다양한 학문 분야의 전문가들로 구성되어 있음을 알 수 있다.

(2) 개념의 종합

여러 학자의 논의를 종합하여 김규수(2004)는 다음과 같이 정신건강사회복지를 정의하였다.

첫째, 정신건강사회복지의 대상은 정서적 · 정신적 장애를 지닌 클라이언트 및 그 가족이다.

둘째, 목적은 정서적 · 정신적 장애로 고통받고 있는 사람들의 건강을 회복시키고 문제 발생을 예방하여 모든 사회구성원의 정신건강을 증진하는 데 있다.

셋째, 활동 장소는 정신병원이나 정신과의원, 정신건강 관련 기관, 그리고 지역사회 전체를 포함한다.

넷째, 주요 역할은 클라이언트의 질병에 영향에 주는 개인적, 가족적, 사회환경적 요소에 대한 사정, 치료계획에 대한 협조, 개별 및 집단 치료, 퇴원 후의 사후관리, 재활 및 지역사회와의 관계를 유지하는 것이다.

다섯째, 실천과정은 정신과의사, 사회복지사, 심리사, 정신과간호사, 그리고 작업치료사 등의 치료팀과 함께 역할을 분담하여 모든 사회복지실천의 방법과 기술을 적용하는 것이다.

한편, 재스트로(Zastrow, 2000)가 제시한 사회복지의 정의를 빌려 보면, 정신건강사회복지는 법과 정책에 의거한 사회제도로서 개인, 집단, 가족, 조직, 지역사회의 안녕감을 향상하기 위해 정신건강의 문제를 예방 · 완화 · 해결하는 데 그 목적을 둔다고 할 수 있다.

정신건강사회복지와 관련 있는 법과 정책은 모든 법률과 국가정책을 포함하지만 보다 직접적으로는 「정신건강증진 및 정신질환자 복지서비스 지원에 관한 법률」(이하 「정신건강복지법」)과 정신건강복지기본계획을 통한 국가 정신건강복지정책에서 찾을 수 있다. 정신건강사회복지와 직접 관련 있는 법은 「정신건강복지법」이지만 「장애인복지법」, 「장애인차별금지법」, 「국가인권위원회법」 등의 영향도 받는다.

정신건강사회복지는 「정신건강복지법」에 의거한 실천의 장소, 즉 정신의료기관, 정신건강복지센터, 정신재활시설, 중독관리통합지원센터, 국가트라우마센터 및 자살예방센터 등에서 활동할 수 있는 근거를 확보하고 있다. 또한 정신건강사회복지 실천현장의 정신건강사회복지사는 법적 근거에 의해 자격을 갖춘 전문가로서 위상을 지니고 있다.

이를 종합하여 정신건강사회복지의 개념을 규정하면 다음과 같다. 정신건강사회복지란 '법과 정책에 의거한 사회제도로서 정신건강 관련 기관 및 시설에서 활동하는 사회복지사가 모든 사회구성원의 정신건강을 증진하고 문제를 예방하거나, 정신장애인의 치료, 재활, 사회복귀 및 지역사회통합 등을 위해 관련 학문 분야의 전문가와 팀 접근을 하거나 혹은 개별적으로 정신건강의 전문지식과 사회복지방법론을 적용하여 클라이언트의 사회적 기능 향상 등을 도모하면서 궁극적으로 인간의 삶의 질을 향상하는 목적을 달성하기 위한 사회복지실천의 한 분야'라고 할 수 있다.

2) 정신건강사회복지의 구성요소

정신건강사회복지의 정의를 보다 구체화하기 위해 펄먼(Perlman, 1975)이 제시한 구성요소를 중심으로 설명하면 다음과 같다.

(1) 대상

정신건강사회복지의 대상은 전통적으로 정서적이고 정신적인 장애를 지닌 클라이언트이다(Fink, 1949). 또한 가족, 관련 있는 조직, 그리고 지역사회까지도 포함된다. 따라서 정신건강사회복지의 대상은 정신장애인뿐만 아니라 모든 사회구성원이라고 할 수 있다.

(2) 문제

정신건강사회복지에서 문제란 클라이언트가 지닌 정서적, 심리적인 고통을 포함하는 광범위한 사회적 기능의 장애를 말한다. 정신건강사회복지에서는 생리적, 심리적 측면보다는 일상생활이나 사회생활의 문제에 초점을 둔다.

(3) 장소

정신건강사회복지의 구성요소로서 장소는 크게 두 가지 차원의 쟁점이 있다. 하나는 정신건강사회복지사 자격을 가진 사람들이 정신건강의 지식을 활용하는 모든 곳을 장소로 보아야 하는지와 관련된다. 또 다른 쟁점은 정신건강 관련 기관이나 시설에 사회복지사가 근무한다면 정신건강사회복지의 장소에 해당하는지와 관련된다. 여기서는 두 차원 모두를 정신건강사회복지를 실천하는 장소로 규정하고자 한다.

예를 들면, 정신건강사회복지사 자격을 갖춘 사람이 정신건강 관련 기관이나 시설이 아니라 사회복지 관련 기관이나 시설에서 정신건강사회복지를 실천하는 경우와, 사회복지사 자격을 갖추고 정신건강 관련 기관이나 시설에서 사회복지실천을 하는 경우에도 정신건강사회복지의 장소로 보는 것이다. 정신건강 관련 기관이나 시설은 정신의료기관, 정신요양원, 정신건강복지센터, 정신재활시설, 중독관리통합지원센터, 자살예방센터, 트라우마센터, 도박문제예방치유센터 등을 말한다.

(4) 과정

정신건강사회복지의 실천과정은 사회복지의 모든 방법론과 과정을 활용하여 이루어진다. 특히 정신건강사회복지실천에서는 정신장애인의 기본적 욕구 충족을 돕고, 사회화 과정에서 결핍된 경험에 대한 재학습의 기회를 부여하며, 일상생활의 회복과 사회적 역할 및 기능을 향상시키는 데 초점을 둔다. 이때 사회복지사는 다른 어떤 전문가보다도 정신장애인의 인권을 중요시하며 사회정의의 차원에서 실천과정이 이루어지도록 노력해야 한다.

(5) 전문가

정신보건영역의 전문가로서 사회복지사는 「정신건강복지법」에 규정된 '정신건강사회복지사'가 있다. 이 법에서 정신건강사회복지사는 정신건강임상심리사, 정신건강간호사 및 정신건강작업치료사와 함께 정신건강전문요원으로 명시되어 있다. 정신건강사회복지사는 사회복지사 1급 취득 후에 수련을 통해 자격을 취득할 수 있다. 정신건강사회복지사는 1997년 창립된 한국정신건강사회복지사협회를 중심으로 전문성과 권익을 향상하고 모든 사회구성원의 정신건강 증진을 위해 노력하고 있다.

(6) 제공자원

정신건강사회복지에서 제공자원은 사회복지사와 그가 속한 기관에서 정신건강사회복지실천 활동과정에서 제공하는 유형 · 무형의 모든 서비스를 말한다. 예컨대, 유형의 서비스는 클라이언트의 물질적 욕구를 충족시켜 주거나 주거서비스를 통해 지역사회통합에 기여하는 것 등을 말한다. 무형의 서비스는 클라이언트의 불안이나 우울을 완화하거나 해결하기 위한 상담 등을 의미한다.

(7) 목적

이상의 구성요소를 통한 정신건강사회복지의 목적은 크게 두 가지로 구분할 수 있다. 첫째는 모든 사회구성원의 정신건강을 증진하고 정신장애를 예방하는 데 있다. 둘째는 정신장애인의 증상을 감소시키거나 조절하여 일상생활이 가능하도록 치료와 보호를 하는 동시에 사회적 기능을 회복하여 지역사회 내에서 조화롭게 살아갈 수 있도록 재활, 사회복귀 그리고 사회통합을 이루도록 하는 데 있다.

이 두 가지 차원은 구분되어 있는 것처럼 보이지만 실제로는 연속적인 것이다. 즉, 정신건강사회복지의 목적은 모든 사회구성원의 정신건강을 증진하여 정신장애를 예방함과 동시에 전 생애의 과정에서 발생할 수 있는 장·단기적 정신장애의 문제를 해결하여 지역사회에서 다른 사람과 함께 살도록 돕는 데 있다.

2. 정신건강사회복지의 역사적 전개

1) 서구의 역사적 전개

(1) 지역사회정신건강 패러다임 이전 시기

어느 시점부터 정신건강사회복지라는 의미로 사회복지실천이 이루어졌는지를 정확하게 규정하기란 쉽지 않다. 대체로 출발은 20세기 초 대형시설에서 퇴원한 정신장애인들을 사회복지사가 지역사회에서 사후관리하면서부터라고 본다. 여기서는 정신장애인에 대한 사회적 격리와 배제를 벗어나 지역사회에서 주민들과 함께 살 수 있도록 제도적이고 실천적 기반을 마련한 '지역사회정신건강(community mental health)' 패러다임 전·후로 구분하여 서구의 역사적 전개 과정을 살펴보고자 한다.

① 영국

영국에서는 18세기 이후에 정신장애인을 광인수용소라 부르던 대형시설에 수백 명에서 수천 명까지 수용하면서 학대와 심각한 인권침해가 지속되어 왔다. 이러한 시설들이 1930년에 정신병원(mental hospital)으로 개명하면서 정신의학의 발달이 이루어졌다. 이 시기 정신병원에서 사회복지사들이 입원환자와 외래환자들을 중심으로 심리사회적 문제를 확인하고 가족에 대한 개입과 퇴원 및 지역사회서비스 연결과 행정 업무도 담당하였다.

한편, 영국에서는 1920년대부터 사회복지사가 아동상담소에서 정신과의사, 임상심리사 등과 함께 전문가팀으로 활동을 시작하였다. 또한 1929년에는 정신건강사회복지사를 훈련하는 센터가 런던경제대학(London School of Economics)에 설립된 이후에 정신건강사회복지활동이 확대되기 시작하였으며, 1930년에는 영국정신건강사회복지사협회(BAPSW)가 창립되었다. 또한 1954년에는 리버풀대학교(Liverpool University)에 훈련센터가 설립되어 정신건강사회복지사를 배출하였다(김기태, 황성동, 최송식, 박봉길, 최말옥, 2016: 86).

1959년 영국에서 「정신보건법」이 제정되기 이전까지 사회복지사는 주로 광인을 위한 대형 수용시설이나 정신의학을 기반으로 하는 정신병원에서 사회복지실천 활동을 하였다. 사회복지사는 정신장애인의 격리와 사회적 배제에 대한 이념적이고 실제적인 활동이 부족했다. 이 시기에는 정신건강사회복지의 제도화를 위한 노력과 정신장애인의 보호에 초점을 두었음을 알 수 있다.

② 미국

미국에서는 1900년대 초에 정신병원에서 정신장애인의 생활에 미치는 사회적 힘에 대한 이해를 넓히고 치료에서의 환경적 영향을 파악하기 위해 사회복지의 원리를 적용하기 시작하였다(Perlman, 1975: 674). 이 시기에는 주로 정신과의사의 보조자로서 환자의 진단을 위해 사회력을 조사하거나 가정방문 등을 하였다. 또한 환자와 가족, 그리고 의료진 사이의 중재적 역할을 했으며, 퇴원 후의 안정적 삶을 위해 환자와 가족을 준비시키는 일 등을 하였다.

1913년 보스턴정신병원의 사회복지책임자인 자레트(Mary C. Jarrett)는 '정신의료사회사업(psychiatric social work)'이라는 용어를 최초로 사용하고, 정신과의사와 정신건강사회복지사의 협동체계를 통하여 환자를 치료하였다(최송식, 2008: 69). 자레트는 자신의 저서에서 '정신건강사회복지사는 의사와의 협조하에 독자적 서비스를 제공하는 사람이며 의사에 의해 지시받아 프로그램을 하는 것은 아니다'라고 하면서 정신보건영역에서의 사회복지실천임을 주장하였다. 즉, 정신건강사회복지는 정신의학의 보조적 역할을 하는 새로운 어떤 분야가 아니라 기존의 사회복지실천의 방법들을 정서적 · 정신적 문제를 지닌 클라이언트에게 적용하는 것이라고 보았다.

초창기에 사회복지사의 중요한 업무는 정신장애인에 대한 개인력 조사, 가족상담 그리고 환경조정이었지만 점차로 전문교육을 받으면서 사회복지실천의 다양한 방법을 적용하게 되었다. 자레트 등은 정신건강사회복지사를 위한 단기훈련과정을 실시하였으며, 본격적인 교육은 1914년 시몬대학(Simmon College)의 사회복지학과에서 시작되었다(Perlman, 1975: 675).

미국의 경우에는 1922년 미국의료사회복지사협회의 분과로 참여하였다가 1926년 미국정신건강사회복지사협회(AAPSW)를 창립하였으며, 1955년에 이 협회는 전미사회복지사협회(NASW)로 통합되었다. 미국정신건강사회복지사협회의 설립 목적은 크게 두 가지로 구분할 수 있다(김상규, 윤옥, 전재일, 1983: 374-375).

첫째는 정신의학에 관련된 사회복지의 특수성을 발전시키는 것이며, 둘째는 사회복지실천의 대상인 클라이언트와 관련하여 정신건강에 관한 지식과 통찰을 필요로 하는 사회복지의 다른 분야에 기여하는 것이었다. 이후부터 정신건강사회복지사는 정신과의사와 협력적인 관계 속에서 공공 영역인 주립병원이나 군대에도 배치되었다. 세계대전으로 인한 군인들의 정신적 충격에 대한 치료는 전쟁 이후에도 지속되어야 했으며 이러한 상황으로 인하여 정신건강사회복지사들의 서비스는 더욱 확대될 수밖에 없었다.

또한 미국에서는 1922년부터 민간차원의 클리닉이 설립되기 시작하였다. 대표적인 것이 아동상담클리닉(child guidance clinic)인데, 여기에서 정신과의사는 주로 클라이언트의 정서적 문제를 다루었으며 정신건강사회복지사는 클라이언트와 관련된 환경을 변화시키는 데 중점을 두었다.

종합병원에서도 정신과의사, 신경과의사, 내과의사 그리고 사회복지사들이 협력적으로 업무하는 정신위생클리닉(mental hygiene clinic)을 설치하였으며 급격하게 증가하였다. 왜냐하면 정신병원에는 정신병자를 치료한다는 편견과 낙인으로 인해 다양한 클라이언트가 접근을 망설였지만 클리닉은 이러한 문제들로부터 한결 자유로웠기 때문이다.

서구의 경우 지역사회정신건강 패러다임 이전 시대에 사회복지사의 개입은 주로 정신병원을 중심으로 이루어졌다. 20세기 초부터 확대된 정신병원을 중심으로 정신과의사 등과 협력하면서 정신장애인의 가족이나 환경과 관련된 정보를 수집하고 사정하여 치료효과를 높이는 데 기여하였다. 초창기에는 정신과의사의 보조자로 여겨지기도 하였지만 20세기 초부터 대학에서 시작된 전문교육 등을 통해 전문가팀의 동등한 구성원으로서 역할을 하게 되었다. 한동안 정신분석이론을 중심으로 심리치료자로서의 역할에 치중하기도 하였지만 개인을 전인적으로 보는 사회복지실천의 관점을 유지하면서 정신보건영역에서 고유한 역할을 확대하였다.

(2) 지역사회정신건강 패러다임 시대

① 영국

지역사회정신건강 패러다임 시대로의 전환은 「정신보건법(Mental Health Act)」의 제정으로부터 시작되었다. 영국에서는 1959년 「정신보건법」의 제정을 계기로 정신장애인의 탈원화가 본격화되었다. 이 법은 크게 두 가지 차원에서 의미가 있다. 하나는 정신장애인을 위한 지역사회서비스를 확충하는 것이고, 또 하나는 정신장애인의 정신병원 입원을 엄격히 제한함과 동시에 자유의지에 따라 병원서비스를 받도록 하는 것이었다(Cockerham, 2006: 김연옥, 2010: 156 재인용).

이로 인해 대형 정신병원들은 단계적으로 폐쇄가 시작되었으며, 지역사회병원으로 정신장애인을 이동시키는 정책적 전환이 뒤따랐다. 지역사회병원에서는 정신장애인을 위한 지역사회서비스를 확충할 수밖에 없었으며, 지역사회서비스를 담당해야 하는 정신건강사회복지사들을 더욱 필요로 하게 되었다.

영국에서는 1983년 「정신보건법」의 개정으로 정신장애인을 대형 정신병원에서 지역사회병원으로 이전시키는 것이 아니라 지역사회 내에서 생활하도록 하는 진정한 지역사회정신건강 시대로의 전환을 선언하였다. 따라서 증상이 비교적 심각하지 않은 정신장애인뿐만 아니라 중증의 정신장애인도 지역사회의 다양한 시설에서 생활할 수 있는 근거가 마련되었다. 이러한 지역사회시설은 호스텔, 낮병원, 주간보호센터, 그룹홈, 일반 가정집 형태의 주거시설, 자신의 주택 등이다(Emerson, 2004).

또한 지역사회에서 생활하는 정신장애인을 위한 서비스도 더욱 확대되었으며, 이러한 서비스들은 작업치료, 사교클럽, 우애집단프로그램, 간호서비스, 복지권리조언센터, 고용훈련프로그램, 세탁서비스, 가정봉사서비스, 식사배달서비스, 위기개입서비스, 아웃리치서비스, 응급구호서비스와 다양한 주거시설프로그램 등이었다(신창식, 김도환, 노병일, 2007).

이러한 상황에서 영국의 대형 정신병원들은 폐쇄되었으며 대신에 지역사회정신건강팀을 통해 정신장애인들이 지역사회에서 생활하도록 하는 방법들이 강화되었다. 지역사회정신건강팀은 사회복지사, 지역정신간호사, 작업치료사, 정신과의사, 그리고 심리사를 포함한 다양한 정신건강 관련 전문가들로 구성되었다.

이 팀에서 사회복지사는 다른 전문가들과 마찬가지로 재가보호나 시설보호를 받고 있는 정신장애인을 위해 정기적인 사례관리(case management)를 실천하게 된다. 사회복지사는 수동적인 개인지향적 기술훈련이나 상담적 접근에만 머무르지 않고 지역사회교육, 지역개발, 사회계획과 같은 지역사회를 활용한 사회복지실천방법들도 다양하게 활용한다.

정신보건영역의 사회복지사는 1983년에 개정된 「정신보건법」에 의거하여 정신보건법위원회(Mental Health Act Commission)에서 법조인, 심리학자, 정신과의사, 간호사, 시민 등과 함께 소속되어 정신장애인의 강제입원이나 구금, 입원환자 권리보호 그리고 퇴원환자를 보호하는 기능을 수행하고 있다(김연옥, 2010: 157).

여기서 사회복지사는 크게 두 가지 역할을 하는데, 하나는 정신건강서비스 제공자로서의 역할이고, 다른 하나는 강제입원과 관련된 사회복지사로서의 의무이다. 세부적으로 보면, 첫째, 정신장애인의 현재 상태와 과거 경력 및 주요 자원에 대한 정보수집과 사정, 둘째, 강제입원 신청, 셋째, 강제입원 신청 전 환자 사전 면담, 넷째, 「정신보건법」에 관한 모니터링 등이다(김기태 외, 2016: 89).

영국에서 「정신보건법」에 의해 정신장애인은 자의입원하거나 강제입원될 수도 있다. 그러나 강제입원은 다음의 세 가지 상황을 제외하고는 엄격히 제한하고 있다(신창식 외, 2007). 그것은 정신장애인 자신의 치료적 이익과 관련된 경우, 정신장애인 자신의 안전과 관련된 경우, 타인의 안전과 관련된 경우이다. 그리고 대부분의 정신병원은 개방 병동으로 운영되고 있으며, 「정신보건법」에 의해 탈출을 예방하기 위한 조치로 폐쇄 병동을 운영할 수 있지만 치료적 목적으로만 제한하고 있다.

또한 심각한 증상으로 인하여 자신이나 타인을 위해할 수 있다는 판단이 들면 병동 내의 격리수용병실(seclusion rooms)로 정신장애인을 이전시킬 수 있다. 하지만 이 경우에도 징벌적으로 활용하지 않아야 하며 치료적 목적 속에서 단기간 이루어져야 하고 반드시 기록을 남겨야 한다. 단기 입원 중인 정신장애인이라고 하더라도 지역사회정신건강의 이념인 '최소한의 규제' 원칙이 적용되어야 한다. 지역사회정신건강의 이념에 근거한 사회복지실천은 정신장애인의 인간존엄성, 자유의지와 인권을 최고의 가치로 두고 있음을 확인할 수 있다.

② 미국

미국의 경우에는 1946년에 「정신보건법(National Mental Health Act)」이 제정되었으며, 이에 근거하여 국립정신건강연구소(National Institute of Mental Health)가 설립되었다. 이후에 1963년 「지역사회정신보건법(Community Mental Health Act)」이 제정되어 지역사회 정신건강서비스의 기본틀을 마련하게 되었다.

이러한 영향으로 정신과의사, 임상심리사, 정신과간호사 등과 함께 정신건강사회복지사의 수적 증가가 두드러지게 되었다. 이 시기에 대부분의 정신건강사회복지사는 석사학위 이상의 학력을 가졌으며, 기존의 개별상담 중심의 방법에서 집단치료, 가족치료 그리고 치료적 공동체의 운영까지로 더욱 다양해졌다.

「지역사회정신보건법」이 제정되면서부터 정신병원의 규모를 대폭 줄이고 단기 환자를 중심으로 치료를 하며 대부분의 정신장애인이 지역사회에서 정신건강서비스를 받으면서 생활하도록 법적, 제도적 변화가 크게 일어났다. 또한 1986년 제정된 「포괄적 정신보건서비스계획법(State Comprehensive Mental Health Services Plan Act)」은 주정부가 정신보건에 대한 종합계획을 의무화한 법률이다.

이에 따라 주정부는 지역사회정신건강 패러다임으로 서비스시스템을 어떻게 체계화하고 운영하며 그 서비스를 받게 될 대상을 누구로 할 것인지 등의 내용들을 계획하고 실행해야 한다. 또한 지역사회정신건강에서는 반드시 사례관리를 실시하도록 규정하였으며, 이러한 업무를 담당할 전문가팀에 정신건강사회복지사가 포함되었다.

서구 선진국에서는 만성 정신장애인이라고 하더라도 증상이 심각하면 단기 입원이나 집중 약물치료를 통해 회복하고, 대부분의 삶을 동시대의 모든 사람과 마찬가지로 사회의 기본단위인 지역사회에서 살아야 한다는 이념이 보편화되어 있다. 즉, 정신장애인에 대한 개입은 지역사회정신건강의 이념과 실천방법을 중심으로 이루어지고 있으며, 이러한 패러다임 속에서 정신건강사회복지사의 역할과 위상이 더욱 강화될 것이다.

2) 한국의 역사적 전개

(1) 출발기

우리나라에서 정신보건영역에 사회복지사가 개입하기 시작한 것은 그리 오래되지 않았다. 정신건강사회복지의 출발은 1945년 대한신경정신의학회가 조직되어 정신의학에 대한 체계적 연구를 시작하면서 정신과의사, 심리학자와 함께 사회복지사가 청소년 문제에 관여하기 시작한 것에서 찾을 수 있다(김기태 외, 2016: 98).

한국전쟁 이후 정신건강사회복지는 미군병원의 정신과의사와 함께 일하는 과정에서 크게 영향을 받았다. 1962년 국립정신병원이 개설되면서 정신건강사회복지사가 채용되어 정신장애인을 위한 서비스를 실시하였으며, 이후 대학병원이나 종합병원을 중심으로 정신건강사회복지사가 채용되어 사회복지서비스를 제공하였다.

1970년대부터는 정신과 전문병원에도 정신건강사회복지사가 근무하기 시작하였다. 1973년 「의료법 시행령」 개정으로 300병상 이상의 종합병원에 환자의 갱생, 재활과 사회복귀를 위한 상담과 지도를 위해 「사회복지사업법」에서 정한 사회복지사를 1인 이상 두도록 명시하였다. 이로 인하여 종합병원의 사회복지사 활동이 확대되었으며, 이 시기에는 의료사회복지와 정신건강사회복지를 겸하는 경우가 많았다.

(2) 정착기

1977년 「의료보험법」 개정으로 '정신의학적 사회사업'에 대한 의료수가 청구제도가 새로 도입되어 획기적 변화가 일어났다. 「의료보험법」의 급여기준에 정신의학적 사회사업 행위를 전문적 의료행위의 하나로 인정하여 첨가한 것인데, 그것들은 개인력 조사, 사회조사, 사회사업지도, 가정방문이었다. 이는 정신보건영역에서 정신건강사회복지사의 역할을 인정함과 동시에 정신건강사회복지가 정착되었음을 제도로 확인한 것이다. 이러한 흐름 속에서 1980년대와 1990년대에 이르러서는 전국적으로 약 100여 개의 기관에서 정신건강사회복지사가 활동하게 되었다.

1995년 제정된 「정신보건법」으로 인하여 정신건강사회복지는 획기적 변화를 맞이하였다. 이를 계기로 지금까지 병원 중심이었던 정신건강사회복지의 활동 영역이 지역사회로까지 확대되었다. 「정신보건법」에 의해 정신보건전문요원 자격제도가 마련되었고, 이에 따라 정신보건사회복지사는 정신보건간호사, 정신보건임상심리사와 함께 정신보건전문요원으로 자리매김하게 되었다. 1996년 「정신보건법」에 근거하여 정신보건영역에서 활동하던 사회복지사 중 한국사회복지사협회가 인정한 183명(1급 72명, 2급 111명)이 정신보건사회복지사 자격을 취득하게 되었다.

이후 2016년 「정신보건법」이 전면 개정된 「정신건강복지법」에서는 명칭이 정신보건전문요원에서 정신건강전문요원으로, 정신보건사회복지사에서 정신건강사회복지사로, 정신보건간호사에서 정신건강간호사로, 정신보건임상심리사에서 정신건강임상심리사로 변경되었다. 2022년 개정된 「정신건강복지법」에서 정신건강작업치료사도 정신건강전문요원에 포함되었다.

정신건강사회복지사는 1급과 2급으로 나뉜다. 정신건강사회복지사 2급은 사회복지사 1급 취득 후 수련기관에서 1년간의 수련 후에 자격을 취득하게 된다. 정신건강사회복지사 1급은 3년간의 수련 혹은 2급 취득 후 관련 기관에서 5년간의 임상 경력을 갖춘 후 일련의 과정을 통해 취득할 수 있다. 2023년 12월 31일 기준으로 정신건강사회복지사 1급은 총 3,026명이고 2급은 총 3,161명이며, 2024년 1월 기준으로 정신건강사회복지사 수련은 232개 과정을 운영 중이다(국립정신건강센터, 2024a).

(3) 확장 및 도전기

지금까지 정신건강사회복지는 비약적 도약을 이루었지만 여전히 전문성 및 영역의 확장, 그리고 정신장애인의 인간다운 삶을 확보해야 하는 도전적 과제를 부여받고 있다. 초창기 정신보건영역에서 활동하던 사회복지사는 정신의료사회사업가(psychiatric social worker)로 명명될 정도로 치료중심의 서비스영역에서 정신과의사의 지도감독하에 제한적 역할을 수행하였다. 그러나 점차 정신보건영역에서 심리사회적 개입의 중요성에 대한 인식이 강화되고, 의료보험수가의 적용, 「정신보건법」 등의 시행으로 개입영역이 확대되면서 독자적 활동도 증가하였다.

정신건강사회복지사는 정신의료기관에서 정신장애인을 생물 · 심리 · 사회적인 통합적 관점으로 접근하는 데 기여하였으며, 실제로 낮병원과 재활프로그램 등을 주도적으로 이끌어 가고 있다. 또한 정신장애인을 위한 재활시설, 정신건강복지센터, 중독관리통합지원센터, 자살예방센터 등이 설립되어 정신건강사회복지사가 활동할 수 있는 지역사회 실천현장이 크게 확대되고 있다.

우리나라는 「정신보건법」의 제정을 계기로 지역사회정신건강 패러다임으로의 전환을 명시적으로 천명했다. 지역사회정신건강 패러다임 속에서 정신보건영역의 사회복지사 활동은 더욱 중요해졌으며 질적이고 양적인 팽창이 지속되고 있다. 이 과정에서 정신건강사회복지와 관련된 전문단체들이 출현하여 전문성 강화를 위한 노력들이 이루어지고 있다. 1993년 한국정신건강사회복지학회가 창립되어 정신건강사회복지의 학술발전과 학문적 특성 및 정체성 확립을 위한 노력이 지속되고 있다. 또한 한국정신건강사회복지사협회가 1997년에 창립되어 정신건강사회복지사의 자격유지 관리 업무, 보수교육, 윤리와 권익옹호 등을 수행하고 있다. 현재 한국정신건강사회복지사협회는 전국에 10개의 지역협회를 두고 있다(한국정신건강사회복지사협회, 2024).

우리나라의 정신건강사회복지는 서구와 비교하여 짧은 역사이지만 초창기 사회복지사들의 헌신 및 이후 수십 년간의 열정과 노력 덕분에 비약적으로 발전하였다. 한국은 1995년 「정신보건법」의 제정과 함께 정신장애인의 '탈원화'와 '지역사회정신건강'을 선언하였으나 아직까지 구체적 성과는 부족하다. 즉, 정신보건제도가 도입된 지 30년이 되어 가고 있지만 탈원화는 실패하였고, 지역사회정신건강으로의 전환은 여전히 미흡하다(하경희, 2019: 221). 따라서 정신건강사회복지는 전문적 능력 향상과 동시에 정신장애인의 탈원화 및 지역사회정신건강 패러다임으로의 전환을 위해 노력할 필요가 있다.

표 1-1 이탈리아의 정신보건 혁명의 역사

흔히 이탈리아는 '정신병원이 없는 나라'라고 알려져 있다. 1960년대까지도 이탈리아에서는 많은 정신장애인이 공공 정신병원에 수용되어, 1960년대 말에는 그 수가 거의 10만 명에 이르렀다. 대부분은 강제입원된 사람들이었다. 1960년대부터 이탈리아에서는 정신장애인의 탈원화 운동이 시작되었으며, 1968년 현대적 의미의「정신보건법」이 개정되었다. 이 시기의 개혁 운동은 정신과의사인 프랑코 바살리아(Franco Basaglia)의 주도 아래 정신병원을 폐쇄하고 탈원화를 통해 지역사회서비스를 만드는 것에서 출발했다. 이러한 노력으로 1978년 일명 바살리아 법이라고 일컬어진 새로운「정신보건법」이 제정되었다. 이 법의 핵심 내용은 다음과 같다.

첫째, 정신병원에의 신규 입원과 새로운 정신병원 건립을 금지한다. 그리고 정신병원을 점차로 폐쇄하고 다른 용도로 활용한다.

둘째, 정신과 진단과 치료를 제공하기 위해 인구 20만 명당 최대 15병상을 종합병원에 설치한다. 자의 입원 또는 비자의 입원 모두 가능하다.

셋째, 중증 환자가 치료를 거부할 경우 비자의 입원이 가능하지만 최소 의사 두 명의 권유가 있어야 하고 시장이 지역 보건 책임자로서 승인해야 한다. 이틀 후 판사가 이를 검토해야 하며 입원 기간도 7일에 한정한다.

넷째, 정신장애인의 예방, 치료, 재활은 지역사회서비스로 제공하는 것을 원칙으로 한다.

이 법은 일반적인 원칙과 가이드라인만 제시하고 있어 '이탈리아의 미친 법(Italy's mad law)'이라고 조롱하는 사람도 있었다. 그러나 이 법에 따른 후속 조치들이 생겨났으며, 정신장애인이 '위험한 존재'라는 이유로 더 이상 구금의 기준이 되지 않았다. 또한 장기 입원은 제한되었으며 공식적으로 정신병원은 폐쇄되었다. 비자의 입원도 정신병원이 아닌 종합병원의 치료 병상으로 제한되었다.

바살리아 법 이후에 이탈리아에서 정신장애인이 지역사회에서 제대로 살아갈 수 있는 시스템이 갖추어지기까지는 거의 20년이 걸렸다. 정신병원을 대체하는 핵심적인 기관으로 정신보건센터가 있다. 이곳에서는 365일 24시간 문을 열고 정신장애인의 응급 상황에 대응한다. 정신보건센터에서는 야간이나 짧은 기간 환자가 지낼 수 있는 6~12병상도 갖추고 있다. 이곳은 정신장애인뿐만 아니라 지역주민 모두에게 친숙한 공간이며, 환자의 치료, 응급 상황대처 그리고 재활 및 지역사회통합을 위한 역할을 한다. 정신보건센터의 전문가로는 정신과의사, 간호사, 사회복지사, 심리사로 구성된다.

바살리아 법에 의해 1980년 1월 1일을 시점으로 모든 정신병원의 신규 입원이 허용되지 않았지만 모든 공공 정신병원이 폐쇄되기까지는 20여 년 정도 시간이 지난 2000년 12월 31일이었다. 그 당시 이탈리아의 경우 정신병원들은 대부분 국공립의 공공병원들이었기에 가능했다. 더 자세한 내용은 '백재중(2018). 『자유가 치료다: 바살리아와 이탈리아 정신보건 혁명』, 건강미디어협동조합'을 참고하기 바란다.

출처: 백재중(2018), pp. 100-123.

3. 정신건강사회복지의 실천현장

1) 지역사회 실천현장

정신건강과 관련된 정신건강사회복지 실천현장은 정신건강복지센터, 자살예방센터, 중독관리통합지원센터, 정신재활시설, 트라우마센터, 정신요양시설, 정신의료기관 등이 있다. 여기서는 정신건강복지센터, 자살예방센터, 중독관리통합지원센터, 정신재활시설, 트라우마센터를 지역사회 실천현장으로, 정신요양시설과 정신의료기관을 입소·입원 실천현장으로 구분한다.

표 1-2 시·도별 정신건강증진기관·시설 설치 현황 (단위: 개소)

지역	정신건강복지센터		자살예방센터		중독관리통합 지원센터		정신재활 시설	정신요양 시설	정신의료 기관
	광역	기초	독립	부설	광역형	기초형			
계	17	246	6	48	6	54	356	59	2,109
서울	1	25	2	-	-	3	102	3	622
부산	1	16	-	2	-	3	18	3	173
대구	1	8	-	1	-	2	18	3	105
인천	1	11	1	3	-	5	12	2	94
광주	1	5	-	1	-	5	11	4	62
대전	1	5	-	1	-	5	31	4	87
울산	1	5	-	1	-	2	3	1	30

세종	1	1	–	–	–	–	3	1	13
경기	1	37	3	29	1	9	68	6	444
강원	1	18	–	5	1	3	3	–	45
충북	1	14	–	–	1	1	11	4	51
충남	1	17	–	3	–	2	20	10	60
전북	1	14	–	–	1	3	24	4	71
전남	1	23	–	–	–	2	3	4	56
경북	1	25	–	1	–	2	18	5	70
경남	1	20	–	–	1	5	5	4	97
제주	1	2	–	1	1	2	6	1	29

출처: 보건복지부(2024), p. 17.

(1) 정신건강복지센터

정신건강복지센터는 정신건강증진시설, 사회복지시설, 학교 및 사업장과 연계체계를 구축하여 지역사회에서의 정신건강증진사업 및 정신장애인 복지서비스 지원사업을 하는 기관이다. 여기서 정신건강증진사업이란 정신건강 관련 교육·상담, 정신질환의 예방·치료, 정신질환자의 재활, 정신건강에 영향을 미치는 사회복지·교육·주거·근로 환경의 개선 등을 통하여 국민의 정신건강을 증진시키는 사업을 말한다(「정신건강복지법」 제3조 제2항).

정신건강복지센터는 크게 광역정신건강복지센터와 기초정신건강복지센터로 구분된다. 2023년 기준으로 서울, 부산, 대구, 인천, 광주, 대전, 울산, 세종, 경기, 강원, 충북, 충남, 전북, 전남, 경북, 경남, 제주 등에 광역정신건강복지센터가 각 1개소씩 운영되고 있으며, 시·군·구 기초지자체에 기초정신건강복지센터 246개소가 운영되고 있다(보건복지부, 2024).

(2) 자살예방센터

자살예방센터는 2023년 기준으로 전국에 54개소가 있지만 독립적 기관은 서울 2개소, 인천 1개소, 그리고 경기 3개소를 제외하면 대부분 정신건강복지센터의 부설기관으로 설립되어 있다.

(3) 중독관리통합지원센터

중독관리통합지원센터는 광역형과 기초형으로 구분되며, 2023년 기준으로 광역형은 6개소, 기초형은 54개소이다. 중독관리통합지원센터에서는 알코올, 마약, 도박, 인터넷 등의 중독 문제와 관련한 종합적인 지원사업을 수행한다. 기초형 센터의 경우 3~5인의 소수 전문가로 운영되며, 정신건강사회복지사가 주도적 역할을 수행하는 곳이 많다.

(4) 정신재활시설

정신재활시설은 정신장애인을 정신의료기관에 입원시키거나 정신요양원에 입소시키지 않고 지역사회에서 직업 활동과 사회생활을 할 수 있도록 상담 · 교육 · 취업 · 여가 · 문화 · 거주 · 사회참여 등 각종 재활 활동 및 복지서비스를 제공하는 곳이다. 정신재활시설은 이전에 사회복귀시설로 명명되던 것이 「정신건강복지법」에서 명칭이 변경된 용어이다. 2023년 기준으로 정신재활시설은 356개소이며(보건복지부, 2024), 지역사회 중심 세팅 중에서 정신건강사회복지사가 가장 적극적으로 활동하는 시설이다.

정신재활시설은 퇴원한 정신장애인의 사회적응을 위해 노력하는 곳이며, 정신건강사회복지사가 시설을 직접 운영할 수 있다. 정신재활시설은 〈표 1-3〉과 같이 생활시설, 재활훈련시설, 중독자재활시설, 생산품판매시설로 구분할 수 있다(「정신건강복지법 시행규칙」 제19조). 정신재활시설에서는 팀 접근도 중요하지만 대체로 정신건강사회복지사들이 주도적으로 프로그램을 관리 · 운영하고 있다.

표 1-3 정신재활시설의 종류 및 사업

종류		사업
생활시설		가정에서 생활하기 어려운 정신질환자 등에게 주거, 생활지도, 교육, 직업재활훈련 등의 서비스를 제공하며, 가정으로의 복귀, 재활, 자립 및 사회적응을 지원하는 시설
재활훈련시설	주간 재활시설	정신질환자 등에게 작업 · 기술지도, 직업훈련, 사회적응훈련, 취업지원 등의 서비스를 제공하는 시설
	공동 생활가정	완전한 독립생활은 어려우나 어느 정도 자립능력을 갖춘 정신질환자 등이 공동으로 생활하며 독립생활을 위한 자립역량을 함양하는 시설

	지역사회 전환시설	지역 내 정신질환자 등에게 일시 보호 서비스 또는 단기 보호 서비스를 제공하고, 퇴원했거나 퇴원계획이 있는 정신질환자 등의 안정적인 사회복귀를 위한 기능을 수행하며, 이를 위한 주거제공, 생활훈련, 사회적응훈련 등의 서비스를 제공하는 시설
	직업 재활시설	정신질환자 등이 특별히 준비된 작업환경에서 직업적응, 직무기능향상 등 직업재활훈련을 받거나 직업생활을 할 수 있도록 지원하며, 일정한 기간이 지난 후 직업능력을 갖추면 고용시장에 참여할 수 있도록 지원하는 시설
	아동 · 청소년정신건강 지원시설	정신질환 아동 · 청소년을 대상으로 한 상담, 교육 및 정보제공 등을 지원하는 시설
중독자재활시설		알코올중독, 약물중독 또는 게임중독 등으로 인한 정신질환자 등을 치유하거나 재활을 돕는 시설
생산품판매시설		정신질환자 등이 생산한 생산품을 판매하거나 유통을 대행하고, 정신질환자 등이 생산한 생산품이나 서비스에 관한 상담, 홍보, 마케팅, 판로개척, 정보제공 등을 지원하는 시설
종합시설		정신재활시설 중 2개 이상의 정신재활시설이 결합되어 정신질환자 등에게 생활지원, 주거지원, 재활훈련 등의 기능을 복합적 · 종합적으로 제공하는 시설

출처: 보건복지부(2024), p. 179.

(5) 트라우마센터

「정신건강복지법」 제15조의2에 의해 보건복지부장관은 국가트라우마센터 및 권역별 트라우마센터를 설치 · 운영할 수 있다. 트라우마센터는 재난이나 그 밖의 사고로 정신적 피해를 입은 사람과 그 가족, 그리고 구조, 복구, 치료 등 현장대응업무에 참여한 사람으로서 정신적 피해를 입은 사람을 대상으로 한다. 트라우마센터의 심리 대응체계는 [그림 1-1]과 같다.

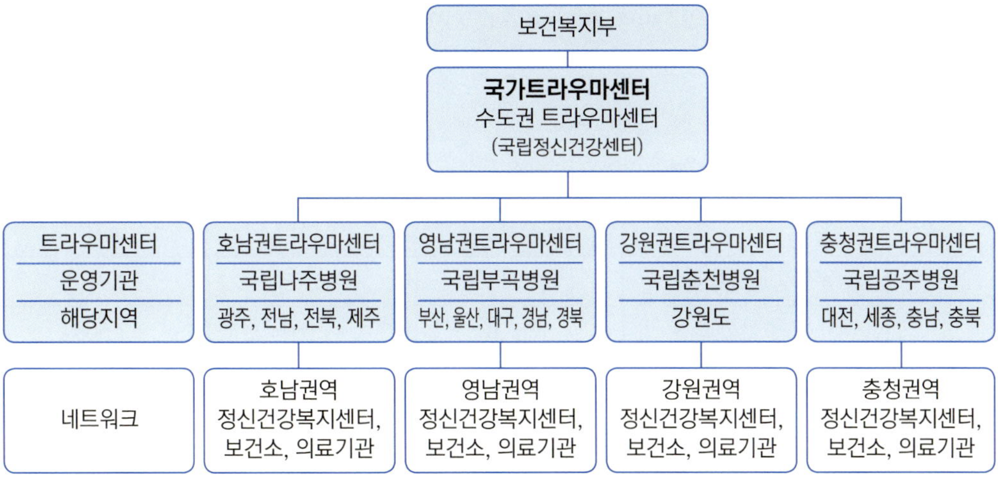

그림 1-1 트라우마센터의 심리 대응체계

출처: 보건복지부(2024), p. 24.

2) 입소 · 입원 실천현장

(1) 정신요양시설

정신요양시설은 가족의 보호가 어려운 만성 정신장애인을 입소시켜 요양 및 보호를 통해 이들의 삶의 질 향상과 사회복귀를 도모하는 시설이다. 정신요양시설은 59개소이며, 입소 인원은 총 8,518명(남성 4,710명, 여성 3,827명)이고, 연령은 대부분 50대 이상이다(국립정신건강센터, 2022: 87). 정신요양시설의 경우 정신건강사회복지사를 포함하는 정신건강전문요원은 입소 인원이 70명 미만이면 1명, 70명 이상이면 2명을 두어야 한다.

정신요양시설은 정신의료기관과 달리 만성 정신장애인에 대한 장기 요양서비스를 제공하는 곳이다. 하지만 우리나라의 경우에는 정신의료기관에서 적극적인 약물치료 등을 받아야 하거나, 지역사회의 정신재활시설을 활용해야 하는 정신장애인들도 다수 포함되어 있다.

(2) 정신의료기관

정신의료기관이란 「의료법」에 따른 의료기관 중 주로 정신질환자를 치료할 목적으로 「정신건강복지법」상 시설 기준 등에 적합하게 설치된 정신병원, 정신과의원 및 병원급 이상의 의료기관에 설치된 정신건강의학과를 일컫는다. 정신의료기관 중 정신건강사회복지사는 정신병원에서 근무하는 경우가 가장 많고 그다음으로 종합병원의 정신건강의학과에서 타 전문직과 함께 일한다. 2022년 한 해 동안 정신의료기관에 입원한 환자의 실인원은 116,277명(남자 69,530명, 여자 46,747명)이며, 기관 종류별 현황은 다음과 같다(국립정신건강센터, 2023).

표 1-4 정신의료기관의 종류별 입원환자 현황 (단위: 명)

구분		전체	남자	여자
기관 종류	종합병원 정신과	22,213	9,303	12,910
	병원 정신과	7,360	4,797	2,563
	정신병원	88,161	56,243	31,918
	요양병원 정신과	5	2	3
	한방병원 정신과	408	282	126
	의원 정신과	2,856	1,677	1,179
	한의원 정신과	–	–	–

출처: 국립정신건강센터(2023), p. 64.

4. 정신건강사회복지사의 업무 및 역할

1) 정신건강전문요원으로서의 법적 업무

「정신건강복지법」에서는 정신건강전문요원을 정신건강사회복지사, 정신건강임상심리사, 정신건강간호사 및 정신건강작업치료사로 구분하고 있다. 정신건강사회복지사를 포함한 정신건강전문요원은 1급과 2급으로 구분된다. 「정신건강복지법 시행령」에서 정신건강사회복지사의 업무는 정신건강전문요원 모두가 수행할 수 있는 공통 업무와 개별 업무로 구분되어 있다.

표 1-5 정신건강전문요원의 업무 범위

업무		내용
공통 업무		① 정신재활시설의 운영 ② 정신질환자 등의 재활훈련, 생활훈련 및 작업훈련의 실시 및 지도 ③ 정신질환자 등과 그 가족의 권익보장을 위한 활동 지원 ④ 법 제44조 제1항에 따른 진단 및 보호의 신청 ⑤ 정신질환자 등에 대한 개인별 지원계획의 수립 및 지원 ⑥ 정신질환 예방 및 정신건강복지에 관한 조사·연구 ⑦ 정신질환자 등의 사회적응 및 재활을 위한 활동 ⑧ 정신건강증진사업 등의 사업 수행 및 교육 ⑨ 그 밖에 제1호부터 제8호까지의 규정에 준하는 사항으로 보건복지부장관이 정하는 정신건강증진 활동
개별 업무	정신건강 사회복지사	① 정신질환자 등에 대한 사회서비스 지원 등에 대한 조사 ② 정신질환자 등과 그 가족에 대한 사회복지서비스 지원에 대한 상담·안내
	정신건강 임상심리사	① 정신질환자 등에 대한 심리 평가 및 심리 교육 ② 정신질환자 등과 그 가족에 대한 심리 상담 및 심리 안정을 위한 서비스 지원
	정신건강 간호사	① 정신질환자 등의 간호 필요성에 대한 관찰, 자료수집, 간호 활동 ② 정신질환자 등과 그 가족에 대한 건강증진을 위한 활동의 기획과 수행
	정신건강 작업치료사	① 정신질환자 등에 대한 작업 수행 평가, 정신질환자 등의 신체적·정신적 기능 향상을 위한 작업치료 ② 정신질환자 등과 그 가족에 대한 작업치료 교육과 작업치료 서비스 기획·수행

출처: 「정신건강복지법 시행령」 별표 2.

2) 지역사회 실천현장의 업무

(1) 정신건강복지센터

정신건강복지센터의 정신건강사회복지사는 다양한 업무를 수행하지만 기본적으로 개인력 조사와 사회 조사를 바탕으로 하는 심리사회적 사정, 지역사회개입계획 수립, 개별 및 집단 상담 실시, 가족교육과 가족상담, 가정방문을 수행하고 있으며, 특히 사례관리를 중요한 실천의 방법으로 활용하고 있다. 또한 정신건강복지센터의 사회복지사는 위기개입이론을 근거로 자살예방사업이나 위기 속의 클라이언트에 대해 적절히 개입할 수 있어야 하며, 지역사회지지망 연결서비스, 지역주민의 권익옹호활동, 연구조사 및 자문 활동에도 적극적으로 임해야 한다.

광역정신건강복지센터와 기초정신건강복지센터의 주요 업무를 제시하면 다음과 같다(〈표 1-6〉, 〈표 1-7〉 참조). 지역 인구 규모 및 예산에 따라 사업을 수행하며 기본사업을 우선순위에 두고, 지역특성에 따라 특화사업을 추진한다.

표 1-6 광역정신건강복지센터의 주요 업무

구분	사업영역	세부사업
기본사업	광역단위 사업기획 및 운영업무	• 지역 정신건강 연구조사 및 확산 • 지역자원 연계 및 협력체계 구축 • 정신질환 · 정신건강 인식개선 등 홍보 · 캠페인
	기초 · 중독센터 지원업무	• 직원대상 교육 프로그램 운영 및 센터교육 과정 지원 • 지역 맞춤 프로그램 기획 · 개발 및 확산 • 센터 평가업무 및 컨설팅 지원
	지역사회 정신건강 위기대응사업	• 위기개입팀 운영 • 정신건강 위기대응 지역협의체 구성 · 운영 지원 • 정신건강위기상담전화(1577-0199) 운영
	재난정신건강서비스 지원업무	• 광역단위 재난심리지원 업무
특화사업	찾아가는 심리지원사업	• 찾아가는 심리지원
	청(소)년 정신건강사업	• 청(소)년 정신건강 조기중재사업 • 청년마음건강센터 운영
	중독관리사업	• 중독관리 지원업무

출처: 보건복지부(2024), p. 69.

표 1-7 기초정신건강복지센터의 주요 업무

구분	사업영역	세부사업
기본사업	중증정신질환자 관리사업	• 정신질환자 조기발견 • 중증정신질환자 사례관리 • 보건복지부 정신질환자 치료비 지원사업 • 정신건강심사위원회 업무지원

특화 사업	지역사회 정신건강 위기대응사업	• 정신건강 위기개입업무 • 정신건강 위기대응 지역협의체 구성 · 지원 • 정신건강위기상담전화(1577-0199) 운영
	생애주기별 마음건강사업	• 아동 · 청소년 대상 정신건강서비스 • 청(소)년 정신건강 조기중재사업 • 청년마음건강센터
	정신건강증진사업	• 맞춤형 마음건강사업 • 찾아가는 심리지원 • 정신질환 정신건강인식개선 등 지역단위 홍보 · 캠페인 • 지역복지자원을 활용한 정신건강지원사업 • 중독관리업무
	재난정신건강서비스 지원업무	• 기초단위 재난심리지원업무
	정신건강 환경조성사업	• 지역사회네트워크 구축 • 지역사회 협의체 운영지원

출처: 보건복지부(2024), p. 84.

정신건강복지센터에는 정신과의사 및 정신건강사회복지사를 포함한 정신건강전문요원, 그리고 간호사, 임상심리사, 사회복지사 및 기타 관련 분야의 자격증 소지자들이 업무를 수행하고 있다. 많은 정신건강사회복지센터에서는 정신건강사회복지사들이 중추적 역할을 수행하고 있다.

(2) 자살예방센터

자살예방센터는 자살로부터 안전한 사회를 구현하기 위해 자살 고위험군 발굴과 위험요인 관리, 고위험군 지원 및 사후관리를 위한 활동을 수행하고 있다. 자살예방센터에서 정신건강사회복지사는 정신과의사 및 정신건강전문요원들과 함께 자살예방을 위한 활동을 하고 있다.

(3) 중독관리통합지원센터

중독관리통합지원센터에서는 알코올 및 기타 중독자 관리 및 가족지원사업, 예방 및 교육사업, 지역사회 안전망조성사업, 지역진단 및 기획사업 등을 수행하고 있다. 보다 세부적인 사업으로는 사례관리서비스, 위기관리서비스, 재활 프로그램 및 직업재활서비스, 가족교육, 가족상담, 가족모임지원서비스 등을 실시하고 있다.

중독관리통합지원센터의 전문가는 정신건강사회복지사를 포함하여 정신과의사, 정신건강간호사, 정신건강임상심리사 등이며, 팀 접근을 바탕으로 업무를 수행하고 있다. 현재 중독관리통합지원센터의 주요 대상은 알코올중독자 및 그 가족이라고 할 수 있다. 따라서 알코올중독과 관련된 내용을 이후의 장에서 자세히 다룰 것이다.

표 1-8 기초형 중독관리통합지원센터 주요 업무

구분	사업영역	세부사업
기본사업	중독문제 조기발견 및 개입사업	• 등록 전 대상자 상담 • 단기 개입상담(SBIRT)
	중독질환자 관리사업	• 중독질환자 등록 및 사례관리 • 중독질환자 재활프로그램 • 가족지원사업 –사례관리서비스 –교육 및 프로그램
특화사업	지역사회 중독정신건강증진사업	• 지역사회 중독 정신건강 실태조사 • 지역사회 중독 관련 교육 · 홍보
	청년중독관리사업(해당 사업예산을 받는 경우 필수)	
	노숙인 등 취약계층 관리사업(해당 사업예산을 받는 경우 필수)	
	중독 당사자 동료지원가 양성 및 활동지원	

출처: 보건복지부(2024), p. 108.

(4) 정신재활시설

정신장애인의 사회복귀 촉진을 위한 정신재활시설에서 정신건강사회복지사의 업무는 다음과 같다. 정신장애인을 위한 개별 접근으로는 재활계획상담, 사회복귀 촉진을 위한 상담과 서비스, 사회기술 및 적응 훈련, 약물 및 증상관리를 포함한 정신건강증진 활동, 생활기술 및 대인관계기술의 훈련, 금전사용과 여가 활용 및 교통수단 활용 교육, 여가 및 문화 활동, 직업재활 활동 등이다.

직업재활 활동은 어느 정도 작업능력이 있는 정신장애인에 대해 직업과 관련된 활동을 정신재활시설 내 · 외부에서 실시하는 것을 말한다. 세부 내용으로는 지역사회자원 연계를 통한 작업훈련, 취업알선 및 취업지도 활동, 취업자의 직업유지 및 관리활동 등을 말한다.

가족을 위한 역할로는 가족교육 및 상담, 가족모임 활성화, 재가서비스, 단기 가족상담 등이다. 마지막으로 지역사회 차원의 역할은 사회복귀프로그램 실시, 지역사회자원 동원과 후원조직 활성화, 지역사회를 위한 정신건강교육, 의료기관 및 지역사회기관과의 연결 업무, 지역사회의 정신건강 조사활동, 지역사회 자문활동 등이다.

(5) 트라우마센터

트라우마센터에서는 재난이나 그 밖의 사고를 당한 사람에 대한 심리평가, 심리상담, 심리치료를 제공하며 관련 기관 간 협력 및 연계 체계를 구축한다. 또한 트라우마와 관련된 조사와 연구, 심리지원을 위한 지침의 개발과 보급 등을 수행한다.

3) 입소 · 입원 실천현장의 업무

(1) 정신요양시설

한국의 정신요양시설 상황을 고려하여 정신건강사회복지사는 다음과 같은 업무를 해야 한다. 우선, 정신요양시설에서 정신장애인이 잘 적응하기 위한 심리사회적 상담, 생활훈련, 집단프로그램, 대인관계기술과 작업능력훈련 및 인권옹호 업무를 수행할 필요가 있다. 다음으로 가족 및 지역사회 대상으로는 가족상담이나 방문, 지역사회자원 동원과 후원조직의 활성화 등이다. 마지막으로 행정적 역할로는 국민기초생활보장 수급권자를 위한 행정 업무나 무연고 정신장애인을 위한 후원자 연결 업무 등이라고 할 수 있다.

(2) 정신의료기관

정신건강사회복지사는 정신요양시설보다는 정신의료기관에서 주로 활동한다. 정신의료기관의 사회복지사는 초창기부터 의료모델을 중심으로 개별 및 집단 사회복지실천의 방법을 적용해 왔다. 하지만 최근에는 정신의료기관의 사회복지사도 지역사회 중심의 실천을 폭넓게 이해하면서 업무를 수행하고 있다. 정신의료기관의 사회복지사 업무를 개관하면 다음과 같다(김기태 외, 2016: 73-76).

첫째, 정신장애인과 가족의 욕구를 상담하여 적절한 서비스를 연결하며, 전반적인 의료기관의 치료프로그램들을 오리엔테이션해야 한다.

둘째, 초기면접에서는 정신장애인과 가족의 새로운 환경에 대한 불안감을 해소하고 클라이언트와 관련된 심리 · 사회 · 문화적인 배경을 파악하고 이해하여 충분한 회복 동기를 갖도록 한다.

셋째, 입원 중에는 정신장애인이 치료에 집중할 수 있도록 다양한 문제, 걱정, 불안을 제거하기 위해 상담한다. 이 과정에서 다른 클라이언트나 직원, 그리고 입원기관의 환경과 관련된 문제들을 개선하거나 조정해야 한다.

넷째, 입원비 등 경제적 문제에 대해 사회보장제도나 다양한 방법을 활용하여 지원할 수 있도록 해야 한다.

다섯째, 가족 면담을 통해 정신장애인과의 관계를 개선하거나 조정할 필요가 있으며, 클라이언트의 치료에 방해가 되는 가족적 요인이 있는 경우에 개입해야 한다.

여섯째, 학업의 유지, 직업의 유지 및 선택, 주거지 확보 등과 관련된 지역사회 기관이나 시설들과 협력해야 한다. 학생의 경우 퇴원 후 학업을 유지할 수 있도록 정신장애인 및 가족과 상담하고 학교관계자와 여러 가지 문제를 조정해야 한다. 정신장애인이 직업 관련 훈련이나 기술을 습득하고 싶어 하면 입원기관 내에서 할 수 있는 방안과 퇴원 후 관련 있는 기관을 연결시켜 주어야 한다. 또한 퇴원 후 주거지를 확보할 수 없는 정신장애인을 위해서는 공공 및 민간 자원을 연결하는 서비스를 실행해야 한다.

일곱째, 퇴원 후 독립적 혹은 어느 정도의 원조하에서 생활할 수 있도록 생활기술을 훈련시키며, 지역사회의 정신건강복지센터 및 정신재활시설 등과 연결시켜야 한다.

여덟째, 정신장애인의 인권과 관련된 문제에 대해 적극적으로 개입해야 한다.

아홉째, 정신장애인 및 가족의 자조모임을 적극 권장하여 스스로의 힘과 능력을 향상하고 권익을 도모하도록 도와야 한다.

열 번째, 퇴원 이후에도 지역사회에서의 생활이 안정적이고 인간다운 삶을 살고 있는지를 직접 방문이나 전화 등으로 확인해야 한다.

정신의료기관에 근무하는 정신건강사회복지사의 세부적 업무 내용은 〈표 1-9〉와 같다.

표 1-9 정신의료기관의 정신건강사회복지사 세부 업무

구분	업무
입원 전 면담	• 입원의 자발성과 비자발성 확인 • 정신의료기관의 서비스 내용 전달 • 현 기관에서의 치료가 부적절하다면 적절한 의료기관 의뢰 • 가족 및 경제적 영역과 관련된 일반적 사회복지 상담

입원 초기 면담	• 정신장애인과 가족의 불안과 긴장 감소 노력 • 정신장애인과 가족의 주요 욕구나 문제 파악 • 치료 동기의 구체화 • 면담을 통해 확보한 심리사회적 사정을 치료팀에 보고 • 폐쇄공간에서의 자기결정권 제한에 대한 정신장애인의 동의 • 모든 서비스 및 인권과 관련된 권리 설명
입원서비스	• 입원생활에 대한 상담과 사회복지서비스 • 정신장애인의 가족 및 관련 지역사회 기관과 업무 조정 • 정신장애인 및 가족을 위해 치료팀과 서비스 조정 • 장기 입원 정신장애인을 위한 사회성 회복 훈련 • 의료기관 및 제도적인 불만이나 고충에 대한 적절한 개입
퇴원서비스	• 퇴원 시점에서는 원내·외 활동에 적극 참여하도록 함 • 퇴원 후 가족과의 원만한 관계 유지를 위한 준비 • 가족 이외의 주거지 마련이 필요하다면 공공 및 민간 자원으로 확보 • 퇴원 후 정신재활시설, 정신건강복지센터, 낮병원 등에 관한 정보제공
지역자원의 연결	• 지역주민들이 정신장애인을 받아들이는 분위기 형성 • 정신재활시설, 정신건강복지센터의 핵심 연결 고리 역할 • 가족 및 지역사회 지지망과 지속적으로 상호협력 • 정신장애인을 위한 지역사회 활동 참여

4) 정신건강사회복지사의 태도와 역할

(1) 기본 태도

정신건강사회복지사는 다양한 실천현장에서 활동하면서 다음과 같은 기본적 태도 혹은 믿음을 중심으로 실천해야 한다.

첫째, 클라이언트의 일상적 삶의 유지가 최우선이 되어야 한다. 정신건강사회복지사는 정신장애인의 질병 자체에 초점을 두는 것이 아니라 정신질환에도 불구하고 일상생활이나 사회생활을 잘 유지하는 데 역점을 두어야 한다.

둘째, 클라이언트에게 공감해야 한다. 정신건강사회복지사는 정신질환으로 인하여 정신장애인이 포기하고 절망한 상황에 대해 충분히 공감할 수 있어야 한다.

셋째, 클라이언트의 내면에 숨겨진 인간관계에 대한 욕구를 이해해야 한다. 정신건강사회복지사는 정신장애인의 능숙하지 못한 의사소통능력에 대해 초조해하거나 불편해하지 않고 기다릴 수 있어야 한다. 또한 정신장애인과의 정서적 유대는 오랜 시간이 걸리며, 이는 정신장애인이 이전에 타인과의 불신 경험이나 대인관계의 부족 등에 기인한다는 사실을 알아야 한다.

넷째, 클라이언트의 입장에서 모든 서비스가 이루어져야 한다. 정신질환으로 인하여 생활능력이 저하된 경우에는 대처능력을 향상함과 동시에 정신장애인의 그러한 능력에 보조를 맞추어 서비스를 제공해야 한다. 마찬가지로 전 생애 인간발달의 관점에서 정신장애인을 이해해야 하지만 질병으로 인하여 일상생활 대처능력이 결핍되었거나 장기간의 정신의료기관 입원으로 독립적 생활능력을 상실하였을 가능성을 고려해야 한다.

다섯째, 지역사회정신건강의 이념을 토대로 실천해야 한다. 정신건강사회복지사는 정신장애인의 상황이 어렵더라도 입원 중심의 대처보다는 최대한 사회생활을 유지하면서 지역사회에서 회복할 수 있는 방안을 중심으로 실천해야 한다.

(2) 정신건강사회복지사의 역할

정신건강사회복지사는 실천현장에 따라 역할의 차이가 있을 수 있지만 대체로 사례관리자, 상담가/치료자, 조력자, 교육자, 조정자, 옹호자 등의 역할을 수행한다.

① 사례관리자

사례관리의 전 과정에서 정신장애인과 가족의 욕구해결을 위한 다양한 역할이다. 예컨대, 정신건강복지센터에서 정신장애인과 가족을 위한 사례관리를 실천하는 경우이다.

② 상담가/치료자

정신장애인 및 가족의 심리사회적 문제를 치료 · 해결하는 역할이다. 예컨대, 자녀의 조현병으로 인해 안절부절못하는 가족에 대해 지지하고 치유와 회복 과정을 안내하는 경우이다.

③ 조력자

개인, 가족, 집단, 지역사회의 문제를 확인하고 해결하도록 도우며, 대처능력을 개발하는 역할이다. 예컨대, 정신장애로 인해 실직한 클라이언트를 위한 심리적 대처능력 개발 및 직업 관련 전략을 세우는 것을 의미한다.

④ 교육자

정보를 제공하거나 여러 가지 사회기술을 가르치는 역할이다. 예컨대, 조현병을 지닌 사람의 가족에게 조현병의 증상과 과정을 교육하거나, 알코올중독자에게 회복 교육 프로그램을 진행하는 경우이다.

⑤ 조정자

다양한 자원과 서비스들을 적절히 배분·배치하는 역할이다. 예컨대, 경제적 어려움이 있는 정신장애인의 지역사회 거주 시 재정, 법률, 건강, 교육, 건강, 상담 관련 기관 간 협력 및 조정하는 것을 말한다.

⑥ 옹호자

인권과 사회정의를 위해 개인, 집단, 지역사회의 입장을 지지·옹호하는 역할이다. 예컨대, 정신장애인의 장기 입원과 관련된 인권침해 개선을 요구하거나, 정신장애인에 대한 편견이나 낙인 및 차별을 금지하는 활동에 참여하는 것을 말한다.

제 2 장

정신건강사회복지의 기초로서의 정신장애

학습 목표

1. 정신장애의 시대별 인식 변화 과정을 설명할 수 있다.
2. 정신장애의 개념 및 판정 과정을 설명할 수 있다.
3. 정신장애의 스트레스-취약성 모델과 생리 · 심리 · 사회적 모델을 설명할 수 있다.

정신장애는 인간의 역사만큼 오래된 인간의 문제이다. 이 장에서는 고대부터 오늘에 이르기까지 일반 대중의 정신장애와 관련된 인식의 변화를 살펴본다. 이를 통해 정신장애인에 대한 편견과 낙인 그리고 대처 방안들의 흐름을 파악할 것이다.

정신장애(mental disorder)의 개념을 정확하게 규정하기에는 어려움이 많다. 왜냐하면 실제적으로나 이론적으로 정신병, 정신질환 등의 용어와 차이를 분명하게 드러내기가 쉽지 않기 때문이다. 이 교과목에서는 일상적 혹은 법적인 규정을 일컫는 경우를 제외하고 정신질환이라는 용어 대신에 정신장애로 기술할 것이다. 여기서는 정신장애와 정신건강은 이분법적으로 구분되는 것이 아닌 연속선상의 의미라고 규정하지만, 현재 정신장애를 분류하고 진단하는 지침이 비과학적이라고 보는 것은 아니다.

마지막으로 정신장애를 통합적 맥락에서 설명하는 스트레스-취약성 모델과 생리 · 심리 · 사회적 모델에 대해 살펴보고자 한다. 아직까지 정신장애의 원인과 그에 따른 치료 및 개입 방법들이 인과적으로 명확하게 입증되지 않았다. 따라서 환원주의적 사고보다는 복합성 혹은 상호 인과적 사고로 정신장애를 바라볼 필요가 있다.

핵심 과제

1. 일반 대중의 정신장애인에 대한 편견과 낙인은 어떻게 시작되는가?
2. 정신장애의 이분법적 모델과 연속적 모델의 장단점은 무엇인가?
3. 스트레스-취약성 모델과 생리 · 심리 · 사회적 모델의 차이점과 공통점은 무엇인가?

1. 정신장애의 인식 변천 과정

1) 서구의 인식 변천

(1) 고대

흔히 정신병이라 불리는 정신장애는 어느 시대에나 존재했으며, 인간의 역사만큼 오래되었다고 할 수 있다. 고대에는 샤머니즘(shamanism)을 바탕으로 정신장애를 이해하였기 때문에 정신장애를 귀신에 씌었거나 신의 저주를 받아서 나타난 결과라고 보았다. 이러한 인식을 바탕으로 정신장애의 문제를 해결하기 위해서 서양에서는 때리거나 불태우는 행위들이 있었으며, 동양에서는 무당이 굿을 하여 악귀를 쫓아내려는 시도들이 있어 왔다.

또한 고대의 중남미 지역에서는 정신장애를 가진 사람을 다스리기 위해 두개골에 구멍을 뚫는 천공술을 사용하였다는 고고학적 증거들이 발견되었다(Morgan & Johnston, 1976). 이는 머릿속에 들어와 나가지 못한 채 사람을 미치게 만드는 귀신을 쫓아내기 위한 정신병 치료방법이라고 추측된다.

고대의 샤머니즘을 바탕으로 하는 정신장애관은 오늘날까지도 일부 남아 있다. 하지만 그리스 · 로마 시대에서는 정신장애에 대한 새로운 이해틀이 생겼는데, 바로 그리스의 의학자인 히포크라테스(Hippocrates)로부터 시작되었다. 그는 정신장애가 신이 내린 형벌이 아니라 신체적 질병과 같이 생리학적인 문제라고 규정하였다. 이는 정신장애를 지닌 사람을 환자로 보고 치료의 대상으로 삼았다는 의미이다.

로마 시대에도 정신장애를 생리학적 문제로 보거나 심리사회적 원인을 바탕으로 대처방법을 적용하기 위해 노력하였다. 특히 정신장애인의 인권과 관련하여 주목할 사항은 정신장애인의 범죄에 대해 판사의 판결로 법적 책임을 면죄하거나 보호하는 것이었다.

(2) 중세

중세에는 그리스 · 로마 시대에 발전했던 정신장애에 대한 생물학적, 심리적, 사회적 개념들이 다시 악령, 마귀의 관점으로 전환되었다. 따라서 이 시기에는 망상이나 환각과 같은 정신증상을 보이는 정신장애인을 마귀로 여겼고, 종교 망상이 있는 정신장애인에게는 이단으로 취급하여 고문하거나 심하면 사형을 집행하기도 하였다(Cockerham, 2006).

이 시기에 유럽에서는 독특하거나 일반적인 범주를 벗어나서 행동하는 사람들을 마녀로 취급하였다. 이러한 상황에서 1450~1670년에 이르기까지 수만에서 수십만 명으로 추정되는 사람들이 마녀사냥의 희생자들로 처형되었다. 특히 종교개혁 이후 프로테스탄트와 가톨릭의 대립이 심각했던 독일에서 집중적으로 행해졌으며, 프랑스의 전쟁 영웅인 잔 다르크(Jeanne D'arc)도 마녀사냥의 희생자가 되었다.

유럽 사회는 오래전부터 악마적 마법이 존재한다고 믿었지만 반사회적인 행동이 아니라면 처벌을 받지 않는 등 관대하였다. 하지만 중세에는 이러한 범주에 속한 사람들을 마녀로 규정하여 사회적 분열과 혼란의 원인을 규명하고 돌파구를 찾으려는 대다수 사람의 희생양으로 삼았다. 마녀사냥의 희생자 중 80% 이상은 여성이었던 것으로 보아서 당시 유럽 사회에 만연해 있던 성차별적이고 남성우월주의의 분위기를 반영하는 것이었다(Shorter, 1997).

다르게 말하면 창조적이고 능력이 있으며 종교에 비판적인 여성들이 사회적 원인에 의해 희생되었다고 볼 수 있다. 또한 기존 체제에 대한 불만을 품고 저항하는 세력을 마녀라는 이름으로 처단함으로써 지배 계층의 기득권을 유지하는 중요한 정치적 수단으로 활용되기도 하였다. 그러나 마녀사냥은 계몽주의의 전파와 자연과학의 발달로 18세기 이후 격감하였고, 마녀 내지 마법에 대한 믿음은 무지에 의해 만들어 낸 환상으로 치부되면서 점차 사라졌다

이 시기에 정신증상을 가진 모든 사람이 마녀사냥으로 희생된 것은 아니었다. 사회 체제를 위협하거나 사회적 혼란의 돌파구로서 희생양이 되지 않은 이른바 조용한 정신장애인들은 동네에서 바보 취급을 당하고 놀잇감으로 희화화되거나, 일부는 중산층이 행하는 자선사업의 대상으로 이용당하였다. 또한 이들은 '광인들의 배'라고 명명된 배에 태워져 이웃 마을 혹은 멀리 바다로 보내지기도 하였다(Foucault, 1965).

(3) 근대

근대는 르네상스 시대부터 산업혁명으로 이어지는 15세기 중반부터 19세기까지의 시기를 말한다. 근대로 오면서 정신장애인을 마녀사냥으로 처형하거나 사회적 혹은 정치적으로 활용하는 대신에 감금이나 수용을 하기 시작하였다. 이러한 흐름은 20세기 초 항정신병약물의 발견 등을 바탕으로 한 지역사회정신건강운동이 본격화되기 이전까지 지속되었다.

중세까지 유럽에는 대규모로 정신장애인을 수용하는 시설이 존재하지 않았다. 그러나

16세기에 들어오면서 엄청나게 많이 입원했던 한센병(Hansen's Disease) 환자들이 급감하여 대체할 수 있는 입원 대상으로 정신장애인을 생각하게 되었다. 결국 한센병 환자들이 입원하고 있었던 병원에 정신장애인을 수용하기 시작하였으며, 입원하는 정신장애인이 증가하게 되었다(양옥경, 2006: 122).

이 시기에 정신장애인을 수용하였던 시설에서는 신체적 감금이나 억류로 그들의 정신증상에 대처하려고 하였다. 예를 들면, 정신장애인들의 이상 행동이나 과격한 행위들에 대하여 쇠고랑이나 쇠사슬 채우기, 투구옷(straight jacket) 입히기, 특수의자에 앉히기 그리고 독방에 감금하기 등이었다(Foucault, 1965). 이러한 인권침해적인 처우는 당시 정신장애에 대한 폭넓은 지식이 부족하였으며 이와 동시에 치료 혹은 재활의 방법들을 알 수 없었기 때문에 발생하였다.

그러나 또 다른 측면에서 본다면 정신장애인을 거리의 부랑인이나 일탈자들과 동일시하여 취급하면서 사회경제적 차원에서 비용효율적인 관점에서 대처하였기 때문에 나타난 현상이다. 당시 경제적 위기에 대한 비판자들이나 폭동을 일으키는 사람들은 사회의 안정화 차원에서 감금되었으며, 여기에 정신장애인도 포함되었다. 18세기 말에 이르러 산업혁명과 평등주의, 인도주의 사상의 영향으로 정신장애인도 억압과 감금으로부터 해방되어 인간다운 대우를 받아야 한다는 사회적 분위기가 형성되기 시작하였다. 이에 따라 정신장애인에게 쇠사슬을 풀어 주고 안락한 환경에서 생활하면서 심리적·정서적 지원을 충분히 해야 한다는 이른바 도덕치료가 등장하게 되었다(Davison & Neale, 2001).

도덕치료는 정신장애인을 위한 치료 패러다임으로 자리 잡지 못하였다. 왜냐하면 치료방법이 구체적으로 체계화되지 않았으며, 효과를 입증할 방법이 뚜렷하지 않았고, 한 명 한 명에 대한 치료비용이 너무 과대하였기 때문이다. 당시의 시대적 상황도 도덕치료를 뒷받침하지 못하였다. 정신장애인 수용시설에 도덕치료로 크게 효과를 볼 수 없거나 오히려 이용할 수 있는 범죄자, 성격장애자 그리고 중독자들이 함께 보호되었기 때문이다. 또한 그 당시의 사회적 분위기인 사회진화론(Social Darwinism)으로 인해 사회적 기여가 부족하다고 판단된 사람들에 대해 적극적으로 치료와 보호를 할 필요가 없다는 주장도 제기되어 논쟁 중이었기 때문이다. 따라서 19세기로 들어오면서 정신장애인들은 수용시설에 단순 보호되거나 지역사회에 방치되었다(양옥경, 2006: 127).

이때부터 세계 각국에서는 정신장애인의 치료와 보호에 가족의 역할이 강조되기 시작하였으며, 이로 인해 가족의 정서적·경제적 부담은 가중되었다. 가족의 보호를 받지 못하는 정신장애인은 범죄를 저질러서 감옥에 가거나 거리의 부랑인이 되기도 하는 등 열악한 삶을 살았다. 마찬가지로 가족들도 정신장애인에 대한 장기간의 치료와 보호로 인한 정서적 · 경제적 어려움으로 고통받았다.

이렇게 정신장애인들이 거리나 감옥에 방치되고 가족부담이 증가하자 사회적 책임론이 대두하기 시작하였다. 이에 따른 영향으로 미국의 경우 1841년부터 약 40여 년간 32개의 주립정신병원이 설립되었다(Bloom, 1984). 미국의 주립정신병원들은 설립 초기에 도덕치료의 방법이라고 할 수 있는 쾌적한 환경의 제공, 독서, 취미활동 등을 시행하였으나 점차 지역사회로부터 멀어지고 격리되면서 대규모의 단순한 보호 위주로 전환되었다. 이때부터 20세기 중반 탈원화가 본격화되기까지 정신장애인에 대한 사회적 대처는 수용 혹은 격리 중심이었다.

한편, 18세기 말부터 본격화된 정신의학, 그리고 정신과의사들에 의해 정신장애의 생물학적 원인론이 대두되기 시작하였다. 이는 그리스 · 로마 시대에 시작한 정신장애에 대한 질병 관점 이후에 당시의 생화학과 세균학 등의 발전에 따라 병리학적 관점에서 정신질환을 바라보기 시작하였던 것이다(Shorter, 1997).

그리징거(Griesinger)는 정신질환을 뇌의 병이라고 주장하였으며, 크레펠린(Kraepelin)은 정신질환도 신체질환처럼 증상, 경과, 예후, 병리 등의 관점에서 연구하며 분류하고 병명을 기술하였다. 크레펠린은 현재의 조현병을 내인성 정신질환으로 보고 점차 진행되어 결국 바보가 된다고 생각하여 조발성 치매(dementia praecox)라고 명명하였다. 그러나 이후 브로일러(Bleuler)는 조현병은 바보가 되는 병이 아니라 정신이 분열된다는 정신병리적 해석을 통해 정신분열병(schizophrenia, 우리나라에서는 조현병이라는 용어로 변경함)으로 명명하였으며, 오늘날까지 그대로 이어지고 있다.

(4) 현대

현대는 20세기부터 지금까지의 시기로 볼 수 있다. 이때부터는 정신장애에 대한 다양한 이론과 치료방법이 개발되기 시작하였다. 우선, 정신장애를 심리사회적 맥락에서 이해하려는 노력들이 나타났다. 프로이트(Freud)를 비롯한 심리학자들의 치료는 신경증에는 다양한 차원에서 어느 정도 효과가 있었으나 심각한 정신증이나 성격장애에는 큰 효과가 없다고 보기도 한다(민성길, 1990).

20세기 초에는 다양한 충격치료 방법이 정신장애인에게 시도되었다. 인슐린의 과잉투여가 정신증상을 호전시킨다는 인슐린 혼수치료(insulin coma therapy), ECT로 알려진 전기경련치료(electroconvulsive therapy) 및 뇌의 전두엽 절제법 등이 시행되었으나 현재는 거의 실시되지 않고 있다.

정신장애 치료의 획기적 변화는 항정신병약물(antipsychotic drug)의 발견이다. 1952년 프랑스에서 내과 환자를 치료하던 중 발견한 항정신병약인 클로르프로마진(chlorpromazine)은 정신증상을 완화하는 효과를 보이는 것으로 나타났다. 이후 항우울제(antidepressant drug), 항불안제(antianxiety drug), 기분조절제(mood stabilizers)의 개발로 이어졌으며, 클로르프로마진 이외에도 화학구조를 달리하는 항정신병약물이 다양하게 개발되고 있다(박원명, 김찬형, 2014: 5). 현재는 각종 뇌 신경전달물질의 지속적인 발견과 분자생물학의 획기적인 성과로 정신약물학이 더욱 발달하고 있다.

서구에서는 항정신병약물로 정신장애인의 증상을 조절할 수 있게 됨에 따라 20세기 중반부터 본격적인 탈원화의 시대로 전환되었다. 미국의 대형 주립정신병원의 정신장애인들은 약물치료를 바탕으로 하여 지역사회로 돌아가게 되었다. 이에 따라 대형 정신병원의 환자 수는 급격히 감소하였으며, 입원을 할 경우에도 장기 입원이 아니라 단기 입원으로 추세가 바뀌었다. 물론 이 과정에서 정신장애인들이 지역사회에서 생활할 수 있는 인프라가 충분히 갖추어지지 않아서 나타난 소위 '회전문 현상'이나 '지역사회의 정신병원화'라는 어려움도 있었다. 그러나 정신장애인이 지역사회에서 동시대의 사람들과 함께 살아가야 한다는 원칙은 더욱 확고해지고 있다.

2) 우리나라의 인식 변천

우리나라의 경우에는 현대 이전까지 정신장애에 대해 사회문화적으로 어떻게 인식하고 대처하였는지에 대한 정확한 기록들이 존재하지 않아 자세히 알 수는 없다. 다른 동양의 경우와 마찬가지로 정신병, 즉 정신장애는 샤머니즘적 입장에서 죽은 사람의 영혼에 사로잡혀서 나타난다고 보았다.

우리나라를 포함한 동양에서도 정신장애인이 보이는 증상들은 시대나 장소에 상관없이 존재했음을 기록으로 보여 주고 있다(양옥경, 2006). 명 · 청 시대의 의학서에 정신장애에 대한 증상들, 즉 불안장애(담이 허하면 무서워서 혼자 자지 못하고, 잘 두려워하며 잠을 잘 자지 못함)나 환각(광증이 생기면 입과 코에 벌레가 기어다니는 것 같아 두 손으로 긁음) 등이 기록되어 있다.

또한 정신장애는 양(陽)이 넘치거나 음(陰)이 양을 누르지 못하여 나타나는 광(狂), 즉 미치는 현상이라고 보았다. 『동의보감』의 기록에 의하면 광이 생기면 잠을 잘 자지 않고 늘 돌아다니고 스스로 현명하거나 귀하다고 생각하고 거만하게 행동하며 까닭 없이 웃고 노래 부르며 제멋대로 돌아다니고, 심하면 흉하게 날뛰고 옷을 벗어던지거나 지붕을 올라가고 머리를 풀어 헤치고 큰 소리를 지르거나 불과 물을 피하지 않으며 사람을 죽이려 한다고 기술하고 있다(양옥경, 2006: 112). 이는 현대의 진단기준에 의하면 조현병이나 양극성장애에 해당하는 증상들을 기술하고 있는 것이다.

우리나라를 포함한 동양에서 정신장애에 대한 치료는 약물치료를 하거나 음식을 먹이지 않고 굶겨 양의 기운이 성하지 않도록 하는 것이었다. 이때 약물치료는 주로 음과 양의 기운을 조절하는 것으로 주로 토하게 하거나 설사하게 하는 약이었다. 탈진하게 만들어 대처한 것이며, 현대적 의미의 약물치료와 다르고 효과도 두드러지게 나타나지는 않았다. 또한 무속신앙에 기대어 굿을 하거나 동물의 발톱이나 이빨을 탕으로 만들어 처방하기도 하였지만 크게 효과를 보지는 못하였다.

19세기에 이르러 청나라에서는 서구의 정신의학을 도입하면서 정신병원을 설립하였으며, 일본에서도 근대적 정신병원을 세우고 동경대학에서 정신의학 강의를 시작하였다(민성길, 1990: 9). 우리나라의 경우에는 이때까지 샤머니즘적 입장에서 무당에게 굿을 하거나 한방 약물치료가 주를 이루었으며, 조용한 정신장애인은 지역사회에서 이상한 사람으로 살거나 가족에 의해 방치되었다. 20세기 이전까지 서구의 정신의학 개념을 도입한 사례는 크게 찾을 수가 없다.

우리나라에서 정신장애인 대처에 대한 획기적 변화는 1995년 「정신보건법」의 제정으로부터 시작된다. 이 법은 정신장애인을 지역사회에서 보호하고 살도록 하는 것을 비전으로 제시하고 있다. 우리나라는 2016년 「정신보건법」을 전면 개정한 「정신건강복지법」을 통해 입원에 대한 엄격한 통제 등 정신장애인의 인권과 삶의 질을 향상하기 위해 노력하고 있다. 하지만 조현병과 같은 정신장애를 지닌 사람은 정신병원이나 정신요양원에 장기간 입원하고 있으며, 지역사회의 정신건강복지센터나 정신재활시설은 정신장애인들의 욕구와 권리를 충분히 반영하지 못하고 있다.

우리나라는 여러 가지 노력에도 불구하고 고대 시대에 가졌던 정신장애관에 머물러 무속신앙으로 정신장애의 문제를 해결하려고 하거나 가족이나 사회에 의해 방치 또는 격리되기도 한다. 또한 정신장애인에 대한 편견과 낙인은 어떠한 클라이언트보다도 심하게 사회 · 문화적으로 형성되어 있어 그들의 일상생활과 사회생활을 힘들게 하고 있다.

2. 정신장애의 개관

1) 장애의 개념

장애(disorder)란 일반적으로 무엇을 수행하고자 할 때 방해가 되는 것을 의미하지만 장애인복지에서 말하는 장애는 크게 장애인 자신이 가지고 있는 개인적 장애와 사회가 가지고 있는 사회환경적 장애로 구분된다(권선진, 2007; 문선화 외, 2005).

(1) 개인적 장애

개인적 장애는 신체장애, 의식장애, 그리고 능력장애로 구분할 수 있다. 신체장애(impairment)는 생리학적 신체구조장애(예를 들면, 신체절단 등)와 신체기능장애(예를 들면, 걷는 기능 장애 등)를 포함한다.

의식장애(despair)는 신체장애가 원인이 되어 2차적으로 발생하는 장애를 말하며, 신체장애가 직접 혹은 간접적 원인이 되어 나타나는 현상이다. 의식장애는 신체장애에 기인한 결과로 대상이나 현상을 객관적으로 인식하지 못하고, 그에 따른 반응도 부적절하게 하는 것을 말한다. 하지만 모든 신체장애를 가진 사람들이 의식장애를 가지는 것은 아니다.

능력장애(disability)는 신체장애와 의식장애가 통합되어 주체적 행동을 할 수 없는 상태를 말한다. 신체장애의 경중에 관계없이 의식장애가 없이 주체적으로 생활을 한다면 신체장애 이외의 다른 장애는 없음을 말한다. 즉, 의식장애는 가변적 장애로 완전히 변화가 가능하기 때문에 능력장애의 기준이 되는 것은 신체장애가 아니라 의식장애라고 할 수 있다.

(2) 사회환경적 장애

장애인이 적응하기 어려운 사회환경적 장애는 크게 물리적 환경장애와 문화적 환경장애로 구분할 수 있다(권도용, 오길승, 박희찬, 1998 재인용). 물리적 환경장애는 이동 수단 등의 물리적 사회환경으로 인해 장애인의 사회생활이나 적응을 어렵게 하는 것을 말한다. 문화적 환경장애는 상징적 문화환경장애, 규범적 문화환경장애, 사회심리적 환경장애를 포함한다.

상징적 문화환경장애는 문화환경에의 접근성이 떨어져서 문화학습에 제한을 받고 문화를 내면화하는 데 어려움이 있어 사회가 공유하고 있는 문화환경에 적응하는 데 어려움을 겪는 것을 말한다. 많은 장애인이 문화적 가치 기준이나 행동양식을 수립하는 데 어려움을 겪음에 따라 문화환경 자체가 하나의 장애 요인이 될 수 있다.

규범적 문화환경장애는 대부분의 규범적 문화환경의 구성이 장애인의 장애를 고려하지 않고 있기 때문에 발생하는 장애이다. 문화적 환경이 제시하는 가치 기준이나 실용성을 장애인이 체득할 수 없도록 구성되어 있기 때문에 장애인이 사회구성원으로 적응하고 성장하는 것을 어렵게 만든다.

사회심리적 환경장애는 지역사회나 공동체 등에 형성되어 있는 사회심리적 환경이 그 구성원인 장애인에 대해 편견을 가지도록 만들기 때문에 나타나는 적대적 태도 등을 말한다. 이러한 사회심리적 환경은 능력을 가진 장애인을 좌절시키고 사회접근을 방해하는 사회적 장벽이 된다. 사회심리적 환경으로서의 편견은 심리적 태도에만 머물지 않고 때로는 장애인에 대한 혐오, 회피, 거부, 추방 등의 차별 행동으로 발전하기도 한다.

개인적 장애와 사회환경적 장애가 중복된 결과로 나타나는 것이 사회적 불리(handicap)이다. 예를 들면, 신체장애의 결과로 일상의 사회생활을 유지하기 위한 능력이 저하되고, 이에 따라 직업의 기회를 얻지 못하게 되며, 지역사회에서 생활의 기초가 되는 인간관계 형성의 기회를 얻지 못하여 지역사회에서 고립되는 경우를 말한다. 이와 같은 상태를 사회적 불리라고 한다. 사회적 불리는 보는 장애 요인이 중첩되어 최종적으로 형성되는 것이며, 장애인복지에서 해결해야 할 대상으로 본다.

2) 정신장애의 개념

(1) 유사 용어의 정의

정신장애(mental disorder)를 명확하게 정의내리는 것은 쉽지 않다. 정신장애는 정신병, 정신질환과 유사하게 사용되거나 다르게 구분되기도 한다. 정신병(psychosis)이란 모든 정신적 이상을 포괄하는 일반적인 용어이다. 그러나 정신병(정신증)은 신경증(neurosis)과 대비되는 특수한 증상을 가리키는 것으로 기질적(organic)이거나 기능적(functional) 증상을 일컫는 제한적 의미를 가진다.

일반적으로 정신증은 환각이나 망상, 그리고 혼란된 사고와 행동을 동반하며 현실감이 손상되어 일상생활을 유지하는 데 심각한 어려움이 있는 상태를 일컫는다. 신경증은 불안, 우울, 강박 등을 동반하여 일상생활에 어려움이 있지만 현실을 왜곡하거나 파괴하지 않는 상태를 말한다. 정신질환(mental illness)은 정신병적(psychotic)이고 신경증적(neurotic)인 것 모두를 포함하는 개념이다. 보통 정신질환과 정신병(psychosis)은 동일한 의미로 사용되어 심각한 정신적 이상 상태를 설명한다.

(2) 법적 정의

정신장애와 정신질환도 뚜렷하게 구분되지 않는 경우가 많으며, 「장애인복지법」에서도 그러하다. 「장애인복지법」에서 정신적 장애란 발달장애 또는 정신질환으로 인해 오랫동안 일상생활이나 사회생활에 상당한 제약을 받는 상태를 일컫는다(「장애인복지법」 제2조). 이 법에서는 정신장애를 정신적 장애로 명명하여 정신질환을 포함하는 개념으로 규정하고 있다. 구체적인 정신적 장애인의 유형에는 지적장애인, 자폐성장애인, 정신장애인으로 분류되어 있다(「장애인복지법 시행령」 별표 1).

지적장애인은 정신 발육이 항구적으로 지체되어 지적 능력의 발달이 불충분하거나 불완전하고 자신의 일을 처리하는 것과 사회생활에 적응하는 것이 상당히 곤란한 사람이라고 명시되어 있다.

자폐성장애인은 소아기 자폐증, 비전형적 자폐증에 따른 언어 · 신체표현 · 자기조절 · 사회적응 기능 및 능력의 장애로 인하여 일상생활이나 사회생활에 상당한 제약을 받아 다른 사람의 도움이 필요한 사람으로 명시되어 있다.

정신장애인은 ① 지속적인 양극성 정동장애, 조현병, 조현정동장애 및 재발성 우울장애, ② 지속적인 치료에도 호전되지 않는 강박장애, 뇌의 신경학적 손상으로 인한 기질성 정신장애, 투렛장애(Tourette's disorder) 및 기면증(자신의 의지와 상관없이 갑작스럽게 잠에 빠지는 등의 증상)의 장애 · 질환에 따른 감정조절 · 행동 · 사고 기능 및 능력의 장애로 일상생활이나 사회생활에 상당한 제약을 받아 다른 사람의 도움이 필요한 사람이라고 명시되어 있다.

「장애인복지법」의 장애 유형의 분류에서도 정신장애와 정신질환의 기준을 구체적으로 확인할 수 없다. 이 법에서는 지적장애 및 자폐성장애, 그리고 정신장애로 구분하였으며, 정신장애의 범주에서도 장애와 질환을 모두 포함하여 기술하고 있다. 이 법에서는 정신증상이 활성화되어 있으면 질환으로, 그러한 증상 등에 의해 생활상의 문제가 두드러지면 장애로 간주하는 것 같다. 반면에 「정신건강복지법」에서는 정신장애가 아니라 정신질환 및 정신질환자에 대한 정의를 내리고 있다.

「정신건강복지법」에 의하면 정신질환이란 어떤 개인이 독립적으로 일상생활을 수행할 수 없을 만큼 심각한 사고장애, 기분장애, 망상, 환각 등이 나타나는 상태를 일컫는다. 따라서 정신질환자란 망상, 환각, 사고(思考)나 기분의 장애 등으로 인하여 독립적으로 일상생활을 영위하는 데 중대한 제약이 있는 사람을 말한다(「정신건강복지법」 제3조 제1항). 「정신건강복지법」에서 정신질환은 신경증적 문제를 제외한 심각한 정신병적인 상태만을 의미한다고 볼 수 있다.

「장애인복지법」에서의 정신장애와 「정신건강복지법」에서의 정신질환은 개념적 유사성을 포함하고 있다. 하지만 정신질환과 달리 정신장애는 질병 자체의 활발한 진행 외에도 질병으로 인한 기타 기능의 손상까지를 포함하는 것으로 본다(김기태 외, 2016: 50). 이에 따르면 정신장애란 정신증상이 감소하거나 사라진 이후에도 일상으로 복귀하는 데 여러 가지 어려움을 가지는 상황 혹은 상태를 말한다. 즉, 정신질환으로부터 어느 정도 회복되었다고 하더라도 장기간 일상생활이나 사회생활을 독립적으로 수행하기 어려운 경우를 의미하는 것이다.

(3) 정신장애의 정의

법적 정의 등에 근거하면 정신장애란 개인에게 신체적이고 정신적으로 불편함을 일으키는 정신증상을 동반하며 이로 인하여 일상생활이나 사회생활에 일시적 혹은 만성적으로 어려움을 가져다주는 장애를 말한다. 그러나 그 장애가 영구불변의 불가역적인 상태를 의미하는 것이 아니라 개인적 · 사회적 노력에 의해 변화 가능하다고 본다. 일반적으로 신체질환과 달리 정신질환은 불가역적인 심각한 정신적 비정상으로 알려져 있기 때문에 편견과 낙인, 그리고 차별의 용어로 의미부여되기도 한다.

따라서 정신질환보다는 정신장애라는 용어를 사용하는 것이 정신적 고통을 겪는 사람들이 사회적 차별과 배제로부터 다소 자유로울 수 있다. 마찬가지로 정신장애의 개념적 정의에서는 정신증상의 변화 가능성을 받아들이면서 정상으로부터 이탈한 심각한 비이성적 혼란에 초점을 두지 않아야 한다.

이러한 맥락에서 정신장애란 '정신질환으로 인해 일시적 또는 만성적으로 일상생활이나 사회생활에서 어려움을 겪고 있지만 개인별 특성 수준의 삶으로 회복 가능한 상태'로 규정하고자 한다. 즉, 정신장애를 지닌 사람 모두를 과도한 평범의 기준으로 재단하여 정상의 범주에 포함되도록 강요하는 것이 아니라 있는 그대로의 삶을 인정하는 변화를 추구하는 것이다. 앞선 장애의 개념적 구분에 따르면 개인적 장애와 사회환경적 장애를 모두 포함하는 의미이다. 이 책에서는 「정신건강복지법」에서의 법률적 명칭 등과 같은 특정한 경우를 제외하고는 정신질환이 아니라 정신장애로 기술할 것이다.

3) 정신장애와 정신건강

(1) 정신건강의 정의

정신건강(mental health)이란 단순히 정신장애 혹은 정신질환이 없는 상태만을 기준으로 하지 않는다. 세계보건기구(WHO)에 의하면 정신건강은 개인이 일상생활을 스스로의 힘으로 처리해 나갈 수 있고, 스트레스에 대한 적절한 대처능력을 가지고 있으며, 개인생활과 사회생활을 원만하게 할 수 있는 상태라고 정의하였다(박선환, 박숙희, 이주희, 정미경, 김혜숙, 2001).

또 다르게 미국정신위생위원회(National Committee for Mental Hygiene)의 보고서에서 정신건강이란 정신적 질병에 걸리지 않은 상태만이 아니고 만족스러운 인간관계와 그것을 유지해 나갈 수 있는 능력이라고 정의하였다(박용순, 문순영, 임윤선, 임종호, 2012). 이는 정신기능의 제 영역인 지능, 지각, 사고, 기억, 의식, 정서, 성격 등에서 병적인 증상이 두드러지게 나타나지 않을 뿐만 아니라 자신에 대한 긍정적인 태도를 가지고 현실감 있게 주위의 다양한 환경과 상호관계를 유지할 수 있는 상태를 말하는 것이다.

(2) 정신장애와 정신건강의 연속적 모델

정신장애와 정신건강을 분류하는 기준에는 연속적 모델(continuous model)과 이분법적 모델(dichotomous model)이 있다(Horwitz & Scheid, 1999). 연속적 모델에 따르면 정신장애와 정신건강 사이에 분명한 경계선은 없으며, 모든 인간의 행동은 정신건강과 정신장애의 연속선상의 어떤 지점에 놓여 있다고 본다. 정신장애와 정신건강은 일상생활과 사회생활에 적응적인가, 그렇지 않은가 그리고 개인과 사회를 성장으로 이끄는가, 그렇지 않은가의 연속선에서 평가하는 것이 적절하다(이경순 외, 2007: 24-27).

첫 번째 차원은 적응-부적응의 연속선 평가이다. 개인의 행동이 그 자신이나 사회의 요구에 적절히 대처하는지 아니면 문제를 유발하고 방해하는지와 관련이 있다. 예를 들면, 개인의 어떤 행동이 자신의 삶의 긍정적 범위를 넓히는지 아니면 제한하는 행동인지, 그러한 행동이 자존감을 높이는지 아니면 저하시키는지, 그 행동이 자신이나 타인들에게 긴장이나 스트레스를 고조시키는지 아니면 경감시키는지 등의 평가이다.

적응적 행동이란 자신의 건강, 일, 사랑 등과 같은 인생의 중요한 과업들을 해결하면서 개인의 삶을 향상하는 데 기여하는 것을 말한다. 반면에 부적응적 행동은 인생과업을 해결하는 능력에 문제가 생기고 새로운 문제를 일으키며 이를 해결하는 데 방해가 되거나 오랜 시간이 걸리도록 만드는 것을 말한다. 이때 적응적 행동에 가까우면 정신건강의 상태에 있다고 볼 수 있으며, 부적응적 행동이 부각되면 정신장애와의 관련성을 파악해 볼 필요가 있는 것이다.

두 번째 차원은 성장적-파괴적 연속선 평가이다. 성장적 행동은 자신의 심리사회적 성장과 신체적 안녕에 기여하며, 중요한 타인들의 심리사회적 안녕에도 긍정적으로 영향을 미친다. 반면에 파괴적 행동이란 문제를 대처하는 과정에서 실패한 결과물일 뿐만 아니라 자신이나 다른 사람들의 생리 · 심리 · 사회적 안녕을 서서히 해치거나 파괴시키는 것을 말한다. 이러한 행동은 단 한 번 일어나거나 반복되거나 간에 개인이나 중요한 타인에게 심각하게 부정적 영향을 미친다. 마찬가지로 성장적 행동은 정신건강과 관련되며, 파괴적 행동은 정신장애와 연관이 된다.

(3) 정신장애와 정신건강의 이분법적 모델

이분법적 모델에서 정신장애란 구체적 증상을 보이고 질병으로 진단이 가능한 경우를 말하며, 그렇지 않다면 정신건강의 범주에 포함시키는 것이다. 이분법적 분류의 기준은 정상(normal)과 비정상(abnormal)으로 확인한다. 정상과 비정상의 구분도 단일한 척도가 있는 것이 아니라 통계학적, 임상적, 사회적 차원으로 파악한다.

통계학적 차원에서는 정신적 현상들이 보통 사람들의 평균으로부터 이탈 정도가 심할 때 비정상이라고 보는 것이다. 예를 들면, 자기보고식 질문지를 통해 우울의 정도가 일반 사람들의 평균 점수보다 많이 높다면 이를 우울증으로 추정해 보는 것이다.

임상적 차원은 신체적 건강에서 체온과 혈압 등을 체크하여 일반적 기준을 벗어나면 질병을 의심하는 것과 같이 정신건강도 정신증상을 체크하여 정상과 비정상을 구분하는 것이다. 예를 들면, 어떤 개인에게 환각이나 망상 등의 정신증상이 있으면 비정상이며, 그렇지 않다면 정상이라고 보는 것이다.

사회적 차원의 구분은 각 개인이 만족스러운 인간관계를 유지하면서 최소한의 필요한 사회적 참여를 통해 환경과의 관계를 지속하는지를 기준으로 한다. 그러나 사회적 차원의 정상과 비정상의 구분은 개인적, 문화적 차이가 심하기 때문에 일률적으로 적용하기에는 제한점이 있다.

정신장애는 어떤 시점이나 상황에서 부적응하거나 파괴적인 행동의 정도와 범위, 그리고 기간 등의 평가를 통해 내리는 일시적 결정이다. 조현병과 같이 오랜 기간 정신장애로 진단되고 유지되는 사례도 있지만 대부분의 정신장애는 회복과 변화 가능성이 열려 있는 상태임을 가정할 필요가 있다.

4) 정신장애의 판정

정신질환으로 진단받은 모든 사람이 「장애인복지법」에 따른 장애인 등록을 할 수는 없다. 〈표 2-1〉에서와 같이 지적장애인, 자폐성장애인, 정신장애인에 포함되는 경우에만 장애인 등록이 가능하다.

표 2-1 정신장애의 분류와 정도

구분	장애 정도	
	장애의 정도가 심한 장애인	장애의 정도가 심하지 않은 장애인
지적 장애인	지능지수가 70 이하인 사람으로서 교육을 통한 사회적 · 직업적 재활이 가능한 사람	
자폐성 장애인	국제질병분류표(International Classification of Diseases: ICD-10)의 진단기준에 따른 전반성발달장애(자폐증)로 정상발달의 단계가 나타나지 않고, 기능 및 능력 장애로 일상생활이나 사회생활에 간헐적인 도움이 필요한 사람	
정신 장애인	1) 조현병 또는 뇌의 신경학적 손상으로 인한 기질성 정신장애로 망상, 환청, 사고장애 및 기괴한 행동 등의 양성증상이 있으나, 인격변화나 퇴행은 심하지 않은 경우로서 기능 및 능력 장애로 일상생활이나 사회생활에 간헐적으로 도움이 필요한 사람	1) 조현병 또는 뇌의 신경학적 손상으로 인한 기질성 정신장애로 망상, 환청, 사고장애 및 기괴한 행동 등의 양성증상이 있으나, 인격변화나 퇴행은 심하지 않은 경우로서 기능 및 능력 장애로 일상생활이나 사회생활에 경미한 도움이 필요한 사람
	2) 양극성 정동장애(여러 현실 상황에서 부적절한 정서 반응을 보이는 장애)에 따른 기분 · 의욕 · 행동 및 사고의 장애증상이 심하지는 않으나, 증상기가 지속되거나 자주 반복되는 경우로서 기능 및 능력 장애로 일상생활이나 사회생활에 간헐적으로 도움이 필요한 사람	2) 양극성 정동장애(여러 현실 상황에서 부적절한 정서 반응을 보이는 장애)에 따른 기분 · 의욕 · 행동 및 사고의 장애증상이 심하지는 않으나, 증상기가 지속되거나 자주 반복되는 경우로서 기능 및 능력 장애로 일상생활이나 사회생활에 경미한 도움이 필요한 사람

	3) 재발성 우울장애로 기분 · 의욕 · 행동 등에 대한 우울 증상기가 지속되거나 자주 반복되는 경우로서 기능 및 능력 장애로 일상생활이나 사회생활에 간헐적으로 도움이 필요한 사람	3) 재발성 우울장애로 기분 · 의욕 · 행동 등에 대한 우울 증상기가 지속되거나 자주 반복되는 경우로서 기능 및 능력 장애로 일상생활이나 사회생활에 경미한 도움이 필요한 사람
	4) 조현정동장애로 1)부터 3)까지에 준하는 증상이 있는 사람	4) 조현정동장애로 1)부터 3)까지에 준하는 증상이 있는 사람
		지속적인 치료에도 호전되지 않는 강박장애, 투렛장애 또는 기면증으로 기분 · 의욕 · 행동 및 사고의 장애증상이 심한 경우로서 일상생활이나 사회생활에 수시로 도움이 필요한 사람

출처: 「장애인복지법 시행규칙」, 별표 1

1988년부터 시행되었던 의학적 심사기준에 따라 1~6급으로 구분하던 장애등급제는 2019년 폐지되었다. 그에 따라 장애 정도는 장애의 정도가 심한 장애인과 장애의 정도가 심하지 않은 장애인으로 변경되었다.

장애등급제의 폐지는 장애인에게 등급을 매겨 서비스를 제공한다는 반인권적 처우를 개선하고, 장애인의 욕구에 따라 서비스를 제공하기 위한 취지에서 비롯되었다. 그러나 1~6등급만 폐지되었고 경증과 중증으로 구분된 기준이 여전히 작동하는 등 폐지의 본질적 의미를 벗어나 있기도 하다.

정신장애의 경우, 지적장애인과 자폐성장애인은 장애의 정도가 심한 장애인에 포함되었고, 조현병, 양극성 정동장애, 재발성 우울장애, 조현정동장애는 장애의 정도에 따라 심한 장애 혹은 심하지 않은 장애로 판정될 수 있다. 그리고 강박장애, 투렛장애 및 기면증은 장애의 정도가 심하지 않은 장애인으로만 장애 등록이 가능하다.

정신장애인도 다른 장애인과 마찬가지로 「장애인연금법」에 따른 장애인연금을 신청할 수 있다. 이를 위해서는 중증장애인에 해당되어야 한다. 지적장애인의 경우 지능지수가 50 미만인 사람으로 일정 요건을 갖추어야 하며, 자폐성장애인의 경우에는 국제질병분류표(International Classification of Diseases: ICD-10)의 진단기준에 부합하고 지능지수가 70 이하이며, 기능 및 능력장애로 인하여 GAS(Global Assessment Scale) 점수가 40 이하인 사람이다. 조현병, 양극성 정동장애, 재발성 우울장애, 조현정동장애는 장애의 정도가 심하며 일정 요건을 갖추어야 장애인연금을 신청할 조건이 된다. 그리고 강박장애, 투렛 장애 및 기면증은 중증장애의 요건에 해당하지 않아 장애인연금을 신청할 수 없다.

표 2-2 전반적 발달 평가 척도(GAS)

지수	설명
100~91	독립적인 자조기술과 양호한 일상생활 기술. 다룰 수 없을 정도의 어려움 없음. 여러 가지 활동에 참여
90~81	독립적인 자조기술과 양호한 일상생활 기술. 일과성 증상이 있고 일상생활에서의 문제가 간혹 다루기 힘듦. 기능상의 장애는 없음
80~71	독립적인 자조기술. 약간의 양호한 일상생활 기술. 일과성 감정 반응으로 인하여 약간의 기능상 붕괴
70~61	독립적인 자조기술이 있으나 다소의 지도감독이 필요함. 약간의 신체적 도움이 필요하기도 하나 이것은 단지 신체적 장애 때문. 일반적으로 행동문제는 없음. 혹은 약간의 양호한 일상생활 기술을 갖고 있지만 사회적으로 부적절한 행동 때문에 중재가 간헐적으로 필요함
60~51	자조기술 수행할 수 있으나 지도감독이 필요함. 언어를 통한 지시가 자조에 필요하나, 신체적 도움은 조금 필요한데 이것은 신체적 결함 때문. 중재가 필요한 행동문제가 발생할 때도 있으나 이것은 간헐적임
50~41	자조를 위하여 언어나 신체적 지시가 필요함. 중재가 필요한 행동 문제가 지속적 양상으로 나타나지는 않음. 일반적으로 활동에 참가하려는 의도가 있음
40~31	자조기술에 약간의 신체적 도움이 필요함. 자주 발생하는 행동문제나 신체적 제한을 지도 감독하면 활동에 참여할 수 있음. 혹은 간헐적으로 심각한 행동문제(폭력적이거나 자학적)를 보이지만 자조기술은 있음
30~21	자조에 약간의 신체적 도움이 필요하고 활동에 참여할 의도가 다소 있으나 행동문제 때문에 정기적인 지도감독이 필요함. 혹은 결함 때문에 광범위한 도움이 필요하나 신체적으로 할 수 있는 한도 내에서는 과제를 수행하고 참여하려는 의지를 보임
20~11	자조에 신체적 도움이 필요. 자주 참여하려 하지 않음. 혹은 심각한 행동문제(폭력, 자해) 때문에 정기적인 중재가 필요
10~1	거의 전적인 신체적 보살핌이 필요. 혹은 심각한 행동(폭력이나 자해) 때문에 정기적 중재가 필요하기 때문에 항상 지도감독이 필요

「장애인복지법」에서의 정신적 장애의 진단은 ICD-10의 진단지침에 따른다. 정신보건 영역에서 주로 사용하는 분류체계인 『정신질환의 진단 및 통계편람(Diagnostic Statistical

Manual of Mental Disorders: DSM-5-TR)』과 유사하지만 약간의 차이가 있다. 이 책에서는 「장애인복지법」상의 규정을 제외하고 대부분 DSM의 분류체계를 따른다.

정신장애의 판정은 대부분 정신건강의학과 전문의에 의해 이루어진다. 지적장애는 의료기관의 정신건강의학과 · 신경과 · 재활의학과 · 소아청소년과의 전문의가 심사하고, 자폐성장애는 의료기관의 정신건강의학과 전문의가 장애진단을 한다. 정신장애는 장애진단 직전 1년 이상 지속적으로 진료한 정신건강의학과 전문의, 또는 장애진단 직전 3개월 이상 지속적으로 진료한 의료기관의 정신건강의학과 전문의가 진단할 수 있으나, 장애진단 직전 1년 또는 2년 이상의 지속적인 정신건강의학과 진료기록을 진단서 또는 소견서 등으로 확인하고 장애진단을 할 수 있다.

정신장애의 판정은 ① 현재 치료 중인 상태를 확인, ② 정신질환의 진단명 및 최초 진단 시기에 대한 확인, ③ 정신질환 상태(impairment)의 확인, ④ 정신질환으로 인한 정신적 능력장애(disability)의 확인, ⑤ 정신장애 정도의 종합적인 판정의 순서로 진행된다.

표 2-3 능력장애 측정 기준

기준	설명
적절한 음식섭취	영양의 균형을 생각하고, 스스로 준비해서 먹는 음식섭취의 판단 등에 관한 능력장애 유무를 판단한다.
대소변관리, 세면, 목욕, 청소 등의 청결 유지	세면, 세족, 배설 후의 위생, 목욕 등 신체위생의 유지, 청소 등의 청결의 유지에 관한 판단 등에 관한 능력장애의 유무를 판단한다. 이들에 대해 의지의 발동성이라는 관점으로부터, 자발적으로 적절하게 행하는 것이 가능한지 여부, 도움이 필요한지 여부를 판단한다.
적절한 대화기술 및 협조적인 대인관계	타인의 말을 알아듣고, 자신의 의사를 상대에게 전하는 의사소통의 능력, 타인과 적절하게 사귀는 능력에 주목한다.
규칙적인 통원 · 약물 복용	자발적 · 규칙적으로 통원 및 복약을 하고, 병상이나 부작용 등에 관하여 주치의에게 잘 이야기하는 것이 가능한가, 도움이 필요한가 여부를 판단한다.
소지품 및 금전관리나 적절한 구매행위	금전을 독립적으로 적절하게 관리하고, 자발적으로 적절하게 물건을 사는 것이 가능한가, 도움이 필요한가 여부를 판단한다(금전의 인지, 물건사기의 의욕, 물건 사기에 동반되는 대인관계 처리능력에 주목한다).
대중교통이나 일반 공공시설의 이용	각종의 신청 등 사회적 수속을 행하거나, 은행이나 보건소 등의 공공시설을 적절하게 이용하는 것이 가능한지 여부를 판단한다.

출처: 보건복지부(2023), p. 42.

3. 정신장애의 모델

1) 스트레스-취약성 모델

스트레스-취약성 모델(stress-vulnerability model)은 정신장애가 신체적, 심리적, 사회적 측면의 다양한 요인에 의해서 유발될 수 있으며 또한 이러한 요인들이 정신장애를 유발하는 인과적 경로가 다양할 수 있음을 인정하는 모델이다. 정신장애는 개인이 삶의 과정에서 겪게 되는 불행한 사건으로 인한 스트레스가 원인이 되어 발생할 수 있다. 그러나 똑같은 불행한 사건을 경험한 사람들이 모두 동일한 정신장애를 겪게 되는 것은 아니다. 그 이유는 개인마다 성격이나 내적 특성이 달라서 불행한 사건에 대처하는 방식도 다르고 그에 따른 결과도 다르기 때문이다.

스트레스-취약성 모델에서는 정신장애의 유발과정을 이해하기 위해 크게 두 가지 요인, 즉 환경으로부터 주어지는 심리사회적 스트레스와 그에 대응하는 개인의 특성을 동시에 고려한다. 취약성(vulnerability)은 특정한 장애에 걸리기 쉬운 개인적 특성을 의미하는데, 유전적 소인을 비롯하여 환경과의 상호작용 과정에서 점진적으로 형성된 신체적, 심리적 특성을 모두 포함한다. 이러한 취약성은 생리적 과민성이나 성격적 특성과 같이 개인이 지닌 특성을 말한다.

스트레스(stress)는 환경으로부터 주어지는 부정적인 생활사건으로부터 개인이 그러한 사건에 대처하기 위해 느끼는 심리적 부담이나 압박을 의미한다. 이러한 스트레스는 가족이나 당사자의 심각한 질병, 가족의 사망, 실직, 파산, 실연 등과 같이 개인의 인생에서 경험하는 크고 작은 다양한 사건으로부터 유발된다.

스트레스-취약성 모델에 의하면 정신장애는 스트레스 요인과 취약성 요인이 함께 결합되었을 때 발생한다(권석만, 2013). 즉, 정신장애는 유전적, 신체적 그리고 심리사회적으로 취약성을 지니고 있는 사람에게 일정 수준 이상의 스트레스가 주어졌을 때 발생하며, 취약성과 스트레스 중 어떤 하나의 요인만으로 발생하지 않는다고 본다. 또한 스트레스와 취약성이 정신장애의 발생에 미치는 비중은 사람에 따라 다양하게 나타난다. 예를 들면, 어떤 사람은 스트레스의 수준이 지나치게 높아 경미한 취약성을 가졌더라도 정신장애가 나타날 수 있으며, 또 다른 사람은 스트레스의 수준이 낮더라도 매우 심각한 취약성을 지니고 있어서 정신장애를 경험할 수 있다.

스트레스-취약성 모델은 인간의 행동이 개인과 환경의 함수관계에 의해 설명될 수 있다는 사실에 입각하여 정신장애의 발생에 영향을 미치는 개인적 요인과 환경적 요인을 통합할 수 있는 이론적 토대를 제공하고 있다. 예컨대, 조현병을 지닌 사람에 대해 스트레스-취약성 모델로 설명하면 다음과 같다(Zubin & Spring, 1977). 조현병을 지닌 사람은 이러한 장애에 대한 유전적 요인과 출생 전후의 신체적, 심리적 요인을 취약성으로 지니고 있으며 삶의 과정에서 스트레스를 경험할 때 취약성과 스트레스가 상호작용하여 일정한 수준을 넘으면 조현병이 발병하게 된다는 것이다. 이를 뒷받침하는 근거로 동일한 유전자를 지닌 일란성 쌍생아가 흔히 유사한 정신장애를 나타내기는 하지만 그들의 발병이 항상 일치하지 않는 현상을 스트레스-취약성 모델로 설명할 수 있다.

2) 생리 · 심리 · 사회적 모델

생리 · 심리 · 사회적 모델(biopsychosocial model)에서는 정신장애에 미치는 영향을 생물학적, 심리적, 사회적 요인을 종합적으로 고려하여 설명한다. 이 모델은 1977년 엥겔(Engel)에 의해 주장되었는데, 정신장애와 신체질환은 생물학적, 심리적, 사회적 요인의 영향을 받으며 이러한 세 영역의 요인이 상호작용한다는 가정에 근거한다.

생리 · 심리 · 사회적 모델은 정신장애를 설명하는 기존의 특정한 이론적 입장을 바탕에 두지 않는 탈이론적 모델이라 할 수 있다. 즉, 정신장애에 대한 이해와 개입을 위해서 생물학적, 심리적, 사회적 요인을 종합적으로 고려하는 입장이라고 볼 수 있다. 따라서 이 모델에서는 정신장애의 이해와 개입을 위해서 다요인적, 다차원적, 그리고 상호작용적 접근을 강조하고 있다. 〈표 2-4〉에서 생리 · 심리 · 사회적 모델의 정신장애 유발요인과 개입방법을 제시하고 있다.

표 2-4 정신장애에 대한 생리 · 심리 · 사회적 모델의 입장

생리 · 심리 · 사회적 요인	정신장애의 유발원인	개입방법
생물학적 요인		
유전적 요인	유전자의 이상	유전자 치료
신경해부학적 요인	뇌의 구조적 이상과 결함	뇌절제술
신경생리학적 요인	신경전달물질 및 내분비계통의 이상	약물치료, 호르몬치료
기타 생물학적 요인	질병, 감염, 약물복용, 태내환경, 출산 전후의 손상, 영양섭취 등	건강관리, 식이요법

심리적 요인		
정서 · 동기적 요인	정서체험 및 표현양식, 불균형적 동기와 욕구	정신역동치료
인지적 요인	부적응적 인지도식, 역기능적 신념, 부정적 사고, 인지적 편향, 인지기능의 결손	인지적 치료
행동적 요인	부적응적 행동양식, 미숙한 대처방식, 대인기술 부족, 잘못된 습관	행동치료
발달적 요인	발달적 지체, 발달과업, 부모 양육방식	행동치료, 교육
기타 심리적 요인	가족관계의 갈등, 형제간 갈등 등	가족치료, 가족교육
사회적 요인		
개인적 환경요인	결혼상태, 가족구조, 직업, 거주지역, 사회적 지지	가족교육, 환경변화
사회문화적 요인	성차별, 인종차별, 사회적 낙인, 문화적 가치	사회교육, 사회정책, 사회운동
사회경제적 요인	사회경제적 하위계층, 가난과 빈곤, 경제적 불황	사회보장, 경제발전
기타 사회적 요인	이기주의적 사회, 경쟁적이고 성취지향적 문화	사회구조적 변화, 사회운동

출처: 권석만(2013), p. 105.

생리 · 심리 · 사회적 모델은 체계이론(system theory)을 바탕으로 하고 있다(McDaniel, 1995). 체계이론은 기본적으로 전체론(holism)에 근거한다. 즉, 전체는 그것을 구성하는 부분의 합 그 이상이라는 것이다. 물이 단순히 수소와 산소의 합 이상의 속성을 지니듯이 인간의 경우에도 유전인자, 타고난 기질, 어린 시절의 경험, 후천적 학습 등의 합 그 이상이라고 본다. 전체론과 대비하여 현상을 이해하려는 입장이 환원주의(reductionism)인데, 이는 모든 현상을 보다 미시적 원인에 의해 설명하려는 것이다. 즉, 미시적 구성요소들의 이해를 통해 전체 현상을 파악하려는 논리이다.

환원주의적 입장에서는 어떤 현상에 대해 생물학적, 생화학적, 원자물리적 수준 등 가장 미시적 수준의 설명이 나타난 원인의 궁극적인 설명이라고 본다. 환원주의적 사고방식에 따르면 우울증에 수반되는 신경화학물질의 이상을 발견하였을 때 이 신경화학물질을 우울증의 원인이라고 본다. 그러나 이 신경화학물질은 원인이 아니라 우울증으로 인한 고통스러운 경험의 결과일 수도 있다.

체계이론은 정신장애를 유발하는 요인과 경로가 다양하다고 보는 입장이다. 즉, 정신장애는 생물학적, 심리적, 사회적 측면의 다양한 요인에 의해서 나타날 수 있으며, 그 인과적 경로도 다양할 수 있다는 것이다. 보다 구체적으로 체계이론의 동등종결성의 원리로 살펴볼 수 있다. 동등종결성(principle of equifinality)은 동일한 목표에 도달하는 길이 매우 다양하다는 의미이며, 이에 따르면 정신장애인이 나타내는 동일한 증상일지라도 여러 요인이 복합적으로 작용하여 유발될 수 있고 강력한 한두 가지 요인에 의한 결과일 수도 있다.

예를 들면, 교통사고는 자동차의 기계적 결함, 운전자의 음주나 부주의, 열악한 도로상황, 혼란스러운 교통관리체계가 모두 관여하여 발생할 수도 있고 이들 중 한 가지 요인에 의해서 발생할 수도 있다. 마찬가지로 우울증은 뇌화학적 이상, 비관적 사고양식, 미숙한 대인기술, 개인적 상실사건 등의 요인들이 복합적으로 작용하여 유발될 수도 있고 이들 중 한두 요인에 의해서만 유발될 수 있다(권석만, 2013).

체계이론에 의하면 동일한 원인이더라도 다양한 결과를 가져올 수 있다고 보는데, 이를 다중동결성의 원리(principle of multifinality)라고 한다. 예를 들면, 어린 시절에 성적 학대를 받은 사람이 성장하여 경계성 성격장애, 성기능 장애, 우울증 등과 같은 다양한 장애를 사람에 따라 다르게 나타낼 수 있다. 이는 인간의 복잡성과 삶의 과정에서 접하는 많은 요인이 상호작용하여 다양한 결과를 만들어 내는 것이다.

또한 체계이론에서는 환원주의와 밀접한 관련이 있는 직선적 인과론과 대비되는 상호적 인과론을 지지한다. 예를 들면, 정신장애를 가진 아동은 가족으로부터 영향을 받을 수도 있지만 가족들도 마찬가지로 아동에게 영향을 받을 수 있다. 생리 · 심리 · 사회적 모델에서는 정신장애를 어느 하나의 단일 요인에 의해서 발생하는 문제로 보지 않고 생물학적, 심리적, 사회적 요인들의 복합적 상호작용으로 발생한다고 본다. 마찬가지로 정신장애인의 치료를 위해서도 생물학적 개입의 핵심인 약물치료뿐만 아니라 심리적 안정, 가족과 사회의 지지, 경제적 그리고 문화적 지원까지를 포함해야 함을 의미한다.

정신건강사회복지는 탈이론적 모델이라고 할 수 있는 생리 · 심리 · 사회적 모델로 정신장애의 원인과 개입을 이해하고 대처하려고 한다. 정신건강사회복지는 정신장애의 원인에 대해 생화학적인 측면에서의 결손도 받아들이며, 심리적 측면에서의 정신역동이론, 행동주의이론, 인지적 이론 등에서 설명하는 원인도 동시에 고려하며, 가족적, 그리고 사회환경적 요인들도 의미가 있다고 본다. 마찬가지로 생물학적 측면의 주된 개입인 향정신성 약물(psychotropic drugs)에 의한 치료, 심리학적 측면의 상담, 그리고 사회환경적 측면의 다양한 지지와 조정도 필요하다고 본다.

이러한 통합적인 관점에 대한 이해를 바탕으로 정신건강사회복지의 초점은 정신장애의 사회환경적 측면에 두고 있다. 구체적으로 보면 정신장애로 인한 생활의 문제, 즉 일상생활이나 사회생활의 유지와 발달이라고 할 수 있다. 이러한 접근을 위해서는 정신장애의 생물학적, 심리학적 관점에 대한 충분한 이해가 선행되어야 한다.

제 3 장

정신건강사회복지의 기초로서의 정신병리

학습 목표

1. 정신장애의 생물학적 및 심리사회적 관련 요인을 설명할 수 있다.
2. 정신증상의 의미를 설명할 수 있다.
3. 사고 및 지각의 영역에서 나타나는 정신증상의 내용들을 설명할 수 있다.
4. 기분, 행동, 기억 및 의식의 영역에서 나타나는 정신증상의 내용들을 설명할 수 있다.

이 장에서는 정신장애의 원인을 설명하는 생물학적, 심리사회적 요인을 제시하고 정신장애를 이해할 수 있는 정신증상을 다룬다. 정신장애의 생물학적 원인은 뇌의 구조, 신경전달물질, 유전, 기질 등으로 설명하고, 심리사회적 요인은 자기효능감, 자기존중감, 대처전략, 발달단계, 가족, 지역사회, 치료 접근성 등으로 살펴보고자 한다.

정신증상은 정신병리학(psychopathology)의 영역으로, 인격기능이 비정상적일 때 나타나는 생각 · 느낌 · 행동 등의 증상(symptom)을 일컫는다. 정신보건영역의 사회복지사가 정신증상을 쉽게 파악하기에는 어려움이 많을 것이다. 물론 환각이나 과잉행동과 같이 언어적, 비언어적 관찰을 통해 비교적 쉽게 확인할 수 있는 증상들도 있다.

대부분의 정신증상은 서로 복잡하게 얽혀 있으며 정신장애인이 숨기거나 표현하지 않을 수 있기 때문에 객관적으로 증상들을 확인하고 이를 종합적으로 분석하기란 쉽지 않다. 하지만 정신보건영역의 사회복지사는 정신증상을 이해하여 정신장애인과의 공감 및 의사소통에 유용하게 활용할 수 있어야 한다. 여기서는 정신증상을 사고, 지각, 기분, 행동, 기억 및 의식의 장애로 구분하여 살펴보고자 한다.

핵심 과제

1. 정신장애의 발병 이유는 무엇인가?
2. 정신증상을 어떻게 이해할 것인가?
3. 망상과 환각이란 무엇인가?
4. 사고, 기분, 행동은 어떻게 관련되어 있는가?

1. 정신장애의 관련 요인

1) 생물학적 요인

(1) 뇌의 구조

정신장애는 뇌의 구조적 손상으로 발생할 수 있다. 예를 들면, 만성 조현병 환자는 뇌실이 정상인보다 두 배나 큰 반면에 전두엽 피질, 해마, 편도핵 등은 위축되어 있다는 연구결과에 근거하여 조현병이 특정한 뇌부위의 구조적 이상과 관련되어 있다는 주장 등을 말한다. 생물학적 관점에서는 정신장애와 관련된 뇌의 구조적, 기능적 이상을 밝히고자 한다. 따라서 뇌의 구조적 손상을 유발하는 원인을 규명하는 것을 중요하게 생각한다.

(2) 뇌의 화학 반응

신경전달물질(neurotransmitter)은 신경세포 사이를 연결해 주는 화학물질이며, 세포들을 전달하는 과정에서 재흡수 혹은 분해되면서 자연스럽게 조절된다. 이러한 신경전달물질의 불균형 상태는 다양한 정신장애와 관련 있는 것으로 알려져 있다. 예를 들면, 세로토닌(serotonin)의 부족은 우울, 불안, 경계성 성격장애와 관련이 있으며, 세로토닌의 과잉은 자폐스펙트럼장애와 관련 있는 것으로 보고되고 있다. 그리고 도파민(dopamine)은 조현병과 주의력결핍 과잉행동장애의 발생에 관여하는 것으로 알려져 있다(Corcoran & Walsh, 2009).

(3) 유전

유전은 정신장애의 주요한 결정요인이다. 하지만 정신장애의 유전적 요인은 유형에 따라 미치는 영향력이 다르다. 주요우울장애의 유전율(heritability)은 31~42%이며, 불안장애도 비슷하다(Sullivan, Neale, & Kendler, 2000). 이러한 가정은 특정 정신장애가 환경적 메커니즘으로 발생한다는 것과 마찬가지로 이들 장애의 유전적 취약성을 제공하는 것이 된다. 양극성장애와 조현병의 경우에는 유전 가능성이 더욱 높다(박원명, 김찬형, 2014).

그러나 아직까지 객관적으로 정신장애와 유전의 관련성이 입증된 것은 아니다. 그 대표적인 것이 입양아 연구이다. 일란성 쌍생아가 입양되어 서로 다른 환경에서 양육된 후에 성인이 되어 동일한 정신장애를 보인다면 이는 유전적 요인의 강력한 증거가 되는 것이다. 그러나 일란성 쌍생아 중 한 명이 정신장애를 나타낸다고 하더라도 모두 똑같은 정신장애를 유발하지는 않는다. 따라서 정신장애는 유전적 요인뿐만 아니라 환경적 요인도 상호작용하여 발생한다고 볼 수 있다.

(4) 기질

기질은 성격의 기초를 제공한다. 기질은 영 · 유아기부터 관찰되는 생물학적 특성이며, 일생 동안 큰 변화 없이 유지되는 경향이 있다. 기질은 활동수준, 격렬함, 주의집중, 기분의 특성, 적응력, 융통성 그리고 수면, 배설 등과 같은 일상적인 생활리듬과 관련이 있다. 환경의 변화에 잘 적응하지 못하거나, 산만하고 쉽게 흥분하는 기질을 가진 개인은 역경에 적절하게 대처하기가 어렵다. 반면에 온화함, 성숙함, 탐구심, 위험에 기꺼이 대하려는 자세, 낙관주의, 희망, 이타심 등과 같은 긍정적 기질을 가진 개인은 생활스트레스에 더욱 적절하게 대처하고 다른 사람들과도 잘 지낸다.

정신장애와 관련 있는 기질은 공포, 걱정, 수줍음, 자기불만족 그리고 적대감 등과 같은 부정적 정서 요인들이다(Corcoran & Walsh, 2009). 이러한 경향을 가진 사람들은 불안이나 우울 혹은 둘 다를 유발할 가능성이 높다. 어떤 기질은 정신적 문제를 불러일으킬 수 있지만 동시에 예방적 기능을 할 수도 있다. 예컨대, 소심함, 수줍음, 정서적 격리 그리고 낯선 환경에서의 위축 등과 같은 행동 억제적 기질은 불안장애를 일으킬 위험이 높은 기질이지만 반항적 행위나 다른 행동장애의 보호요인으로 작용할 수 있다.

2) 심리사회적 요인

(1) 자기효능감과 자기존중감

개인이 내적 통제감에 의해 긍정적 자기 개념과 자기 인식을 가지고 있다면 생활스트레스에 더욱 대처를 잘하게 될 것이다. 자기효능감과 자기존중감이 높은 개인은 자기 자신이 환경에 영향을 미칠 수 있다고 믿으며, 효과적인 대처전략을 알고 있다고 생각한다. 따라서 이러한 개인들의 정신장애 유병률은 낮다.

(2) 대처전략

경직된 신념 체계를 갖고 있거나 인지 왜곡이 심한 사람들은 정신장애의 위험이 높다. 우울증은 자신을 가치 없는 존재로 보거나 세상은 불공평하고 미래에 희망이 없다는 인지적 왜곡과 깊은 관련이 있다. 행동 문제를 가진 청소년들도 그들의 사회적 경험에 대해 인지적 왜곡을 한다. 경직된 신념 체계를 갖고 있거나 인지 왜곡이 심한 사람들은 다음과 같이 대인관계에서 어려움을 경험한다(Kazdin, 2001).

첫째는 바라는 결과를 성취하는 것에서의 어려움, 둘째는 다른 사람에 대한 행동과 그것의 영향을 제대로 인지하는 것에서의 어려움, 셋째는 다른 사람의 행동에 대해 적대적 의심을 하는 경향, 넷째는 다른 사람의 생각에 대한 오해 등이다. 이러한 인지적 왜곡으로 인하여 대인관계에서 적절한 대처를 하지 못하게 된다. 또한 그들은 다른 사람의 행동을 위협적으로 인식하거나 사회적 상황에 대한 선택 방법의 협소함으로 인해 반사회적 행동을 하거나 공격적으로 반응한다. 그 결과 적응적인 문제해결전략들을 사용할 수 없게 된다.

개인의 대처전략은 위험 혹은 보호 요인으로 작용할 수 있다. 예를 들면, 회피 대처 전략은 불안이나 우울 장애를 일으키는 요인이 될 수 있다. 불안장애는 불안을 일으키는 상황을 회피하려 하기 때문에 발생한다. 그들은 불안이 없어질 때까지 그러한 상황을 참을 수가 없다. 우울에 대한 회피 전략도 더욱 많은 생활스트레스를 경험하도록 만들며, 그 결과로 우울증상들이 나타나게 된다. 반추(rumination)도 해로운 대처전략인데, 반추는 문제를 해결하는 전략이 아니라 수동적으로 끊임없이 그 문제의 발생 이유를 고민하고 저하된 기분에 초점을 두는 것이다.

(3) 발달단계

정신장애는 대개 인생 초기에 발병한다. 정신장애 발생의 대략 50% 정도는 14세 이전에 시작되며, 75%는 24세 이전에 첫 발병을 하는 것으로 알려져 있다. 정신장애의 위험은 30~44세까지 높아지다가, 그 이후의 유병률은 점차로 감소한다(Corcoran & Walsh, 2009). 예를 들면, 경계성 성격장애와 반사회성 성격장애는 40대 이후에 완화되는 경향이 있다.

종단연구를 통해 보면 10대에 정신장애, 학습장애 그리고 정신적인 어려움을 겪은 많은 사람이 40세에 이르러서 긍정적 적응을 하고 있었다(Werner & Smith, 2001). 이때 긍정적 적응의 보호요인은 학교 교육, 군대에서의 교육적 · 직업적 기술, 안정된 결혼생활, 적극적인 종교 활동, 삶을 위협하는 사건이나 질병 경험의 미미함 등이었다.

(4) 가족

가족은 유전적 그리고 환경적 요인 둘 다를 설명할 수 있지만 언제나 완전하게 이해되는 것은 아니다. 가족구성원들 간의 적대감, 갈등, 고립, 낮은 응집력, 함정에 빠트리기 그리고 양육의 부재 등은 정신장애를 일으키는 요인으로 작용할 수 있다. 또한 부모-자녀 관계에서 부모의 거부, 일관적이지 않고 비효과적인 규율, 아이의 활동에 무관심한 경우에도 정신장애의 위험을 증가시킨다. 만성적인 부부 불화와 가족 폭력은 양육자의 정신건강, 즉 우울장애와 외상후 스트레스장애의 발병률을 높이고 아동 양육을 회피하도록 만든다. 이러한 가족 상황은 우울증, 약물남용, 반사회성 성격장애, 범죄 혹은 다른 정신병적 장애를 일으키는 요인으로 작용할 수 있다.

가족의 안정성과 지지는 정신장애의 보호요인이다. 가족 내의 효과적인 규율 기술과 응집력 그리고 긍정적 의사소통은 자녀들의 정신적 문제에 대한 완충적 요인으로 작용한다. 지지적 양육은 아이의 성격적 특성에 영향을 미치며, 이러한 아이들은 정서를 조절하고 인지적 · 사회적 유능성을 발달시키는 방법을 배울 수 있다. 부모의 개인적 특성도 중요하다. 부모가 문제를 해결할 수 있는 능력과 자원이 풍부하거나 좌절에 대한 참을성이 있는 경우에는 부모 역할을 더욱 효과적으로 수행할 수 있다.

가족 내의 성적, 신체적 학대는 정신장애의 위험요인이다. 성적, 신체적 학대는 행동장애, 적대적 반항장애, 우울, 불안 그리고 경계성 성격장애와 관련이 있는 것으로 알려져 있다. 학대와 방임의 반복으로 가정으로부터 분리되어 쉼터에 머무는 아동은 정신장애의 고위험 상황에 놓이게 된다.

(5) 지역사회

빈곤하거나 소외된 지역사회에 거주하는 것은 아동에게 반사회성 성격장애의 실제적 위험을 높인다. 이렇게 정신장애의 유병률을 높이는 위험요인은 빈곤, 실업, 혼란, 과밀, 폭력 그리고 약물사용 등이 빈번한 지역에 거주하는 경우이다. 아동 양육은 낮은 사회경제적 지위, 실업, 불안정한 직업, 안전한 아동보호 시설의 부족, 교통수단의 부족, 부적절한 주거환경 그리고 범죄에 노출될 수 있는 위험 등과 같은 스트레스에 의해 어려움을 겪을 수 있다. 이러한 스트레스원은 양육에 부정적으로 영향을 미칠 뿐만 아니라 신체적, 정신적 건강서비스에 대한 접근성도 떨어뜨린다.

지역사회는 정신장애의 보호요인으로 작용할 수도 있다. 지역사회는 청소년의 약물이나 알코올 사용 그리고 범죄행동에 영향을 미칠 수 있지만 지역사회 성인의 적절한 관심과 지도가 있다면 가족적 요인으로 위험 속에 있는 청소년에게 중요한 지지 자원이 될 수 있다. 공공조직이 사회적 통제와 응집력을 제공하는 것과 마찬가지로 지역사회조직의 구성원들은 지역에 거주하는 아동과 청소년의 정신건강을 증진하는 데 기여할 수 있다.

(6) 접근성

정신장애의 예방이나 정신건강의 증진은 공식적 자원에 대한 접근성이 높아야 가능하다. 미국의 경우 정신건강 증진 및 치료를 위한 네 가지 주요한 섹터(sector)가 있다(Corcoran & Walsh, 2009). 첫째, 정신건강 전문 섹터(정신병원, 정신장애인 거주시설, 일반병원의 정신과, 지역사회 정신건강센터, 낮병원, 지역사회 재활프로그램 등), 둘째, 일반의료 및 일차진료 섹터, 셋째, 휴먼 서비스 섹터(주택, 교통 그리고 고용 등과 같은 사회복지, 범죄 예방, 교육, 종교, 자선 서비스 등), 넷째, 자발적 지지 네트워크 섹터(자조모임, 그리고 교육, 의사소통 등에 헌신하는 조직 등)이다.

일반적으로 사람들은 정신장애에 대한 치료를 제때에 받지 않는다. 정신장애의 치료는 발병된 이후에 평균 10년 정도 지나서 시작한다. 정신장애의 치료를 늦추면 심각하게 진행되거나 취약성이 강화될 수 있다. 또한 정신적 문제들은 더욱 견고해져서 이후 치료에 대한 저항이 강하게 나타난다. 특히 아동・청소년기에 발병하는 정신장애 문제에 바로 개입하지 않는다면 학교와 직업 생활의 실패, 이른 임신과 결혼 그리고 결혼생활의 문제 등을 동반할 가능성이 높다.

2. 정신증상의 이해

1) 정신증상의 의미

정신장애인이 보이는 정신증상은 단순한 원인도 있지만 대개는 복잡하여 그 원인을 제대로 이해하기 어렵다. 일반적으로 정신장애인의 정신증상은 방어적, 도피적, 보호적, 그리고 회복적 목적을 가지고 있다. 또한 정신장애인의 증상은 생존을 위한 나름대로의 가장 효과적인 적응방법의 선택이며, 질병과 싸우는 노력의 과정으로 이해되기도 한다.

정신증상은 쉽게 눈에 띄기도 하지만 겉으로 잘 드러나지 않아 분간하기 힘든 측면도 있다. 어떤 개인은 그 증상들에 대해 고통을 호소하지만, 또 다른 사람들의 경우에 자신은 제대로 인식하지 못하고 가족이나 주위 사람들이 인지하거나 고통을 겪게 된다. 사회복지사는 정신장애인이 가지고 있는 정신증상에 대해 무조건 문제적 행동이자 제거해야 할 대상으로만 취급할 것이 아니라 자기보호와 자기치유의 과정으로도 보아야 한다.

정신보건영역의 전문가들은 정신장애인 및 가족과의 면담, 관찰, 그리고 다양한 심리검사 등을 통해 정신증상을 이해하려고 한다. 정신장애인의 주관적인 증상과 객관적인 증상을 정확하게 관찰하고 파악하는 것은 쉽지 않다. 이러한 어려움에도 불구하고 정신보건영역의 사회복지사는 정신장애인의 현재의 상황과 심리적 고통, 그리고 폭넓은 이해와 의사소통을 위해 정신증상을 파악할 필요가 있다. 사회복지사는 정신증상의 상호관계를 이해하고 통합할 수도 있어야 하며, 하나하나의 증상들이 전체 정신증상에 어떤 의미를 내포하고 있는지도 이해해야 한다.

2) 정신증상과 통찰력

사회복지사는 정신장애인이 자신의 정신장애에 대한 통찰력을 가지는 과정을 돕기 위해서도 정신증상에 대한 이해가 필요하다. 통찰력(insight)이란 자신의 증상이 비정상적이고 병적이라는 것을 아는 것을 말하며, 더 나아가서는 자신의 정신장애의 원인이 무엇이며 어떤 경과를 거쳐 왔는지를 충분히 인식하고 향후 대처 방안들을 발견할 수 있는 능력을 가진 상태를 말한다. 통찰력은 가성 통찰력과 진성 통찰력으로 나눌 수 있다.

가성 통찰력(pseudo insight)은 자신의 정신장애에 대한 객관적 사실은 인정하지만 이에 따르는 감정반응이나 적극적으로 정신장애를 해결하려는 자세가 부족한 경우를 말한다. 예를 들면, 자신이 조현병을 가지고 있다고 말하면서도 약물치료를 거부하거나, 심리적 요인에 의해 자신의 정신적 문제가 발생하였다고 하면서도 신체적 증상에만 매달린다거나, 망상이라고 말하면서 그것에 집착하는 등의 경우를 말한다.

진성 통찰력(true insight)은 자신의 정신장애를 인정하고 적절한 감정반응과 함께 정신장애를 해결하려는 적절한 노력이 동반되는 경우를 말한다. 그러나 조현병과 같은 심각한 정신장애의 경우에는 진성 통찰력을 가지기가 어렵다고 알려져 있다.

사회복지사는 정신증상을 정확하게 파악하여 진단을 내리는 전문가는 아니지만 정신장애인을 이해하고 공감하면서 사회복지실천을 하기 위해서 정신증상에 대한 지식을 습득해야 한다. 여기서는 정신보건영역의 사회복지사가 알아야 할 정신증상을 사고, 지각,

기분, 행동, 기억, 의식의 장애로 구분하여 살펴본다.

3. 사고 및 지각의 장애

1) 사고의 장애

사고(thought)는 인간이 다른 동물과 구별되는 최고의 정신기능이다. 사고는 일차적으로 의식의 기능에 영향을 받지만 무의식이나 정서적 요인도 크게 작용한다. 정상적인 사고란 합리적이고 현실적인 사고를 말하는데, 이는 외부 자극에 대한 정확한 지각 및 인지 능력과 동시에 실제적 사실과 상상 혹은 환상을 구별할 수 있는 능력도 필요로 한다.

사고의 장애(disorders of thought)란 이러한 정상적인 사고과정의 이상으로 나타나는 현상이라고 할 수 있다. 사고장애의 정도는 그 사람이 사용하는 말이나 글 그리고 행동을 보고 추론하는데, 주로 언어로 표현하는 사실들을 바탕으로 판단하게 된다. 사고장애는 상당히 복잡한 형태와 과정, 그리고 내용들이 혼합되어 나타난다. 사고의 장애는 크게 형태, 과정, 내용으로 구분된다(대한신경정신의학회, 1997; 민성길, 1990; 이정균, 1988).

(1) 사고형태의 장애

사고형태의 장애(disorders of thought form)는 비논리적 사고 및 연상의 이완으로 인해 현실과의 관계성, 질서나 논리성, 조직성이 결여된 상태들이 나타나는 것을 말한다. 대표적으로 자폐적 사고, 마술적 사고를 예로 들 수 있다. 이런 사고들은 현실적이고 이성적인 사고와는 반대로 무의식적인 콤플렉스, 욕구, 정서 그리고 능동적인 동기가 아무런 제약 없이 현실에 그대로 행해져 버리며 현실과 동떨어진 형태의 생각들이다.

① 자폐적 사고

자폐적 사고(autistic thought)란 모든 정신에너지가 외부로부터 철수하여 자신 내부로 향해 있는 상태이다. 그러므로 외부의 현실에는 전혀 무관심하거나 무시하고 자신만의 환상적인 세계를 구축함으로써 비현실적인 사고가 이성이나 논리를 대신하는 것을 말한다.

② 1차 과정 사고

1차 과정 사고(primary process thinking)는 사고의 형태가 잘 조직화되어 있지 않고 비논리적이며 현실과 관계성이 결여되어 있고 무의식적인 영향하에 있어서 질서나 논리성이 결여되어 있는 사고를 말한다. 1차 과정 사고는 비논리적 · 마술적 · 자폐적 사고 등의 정신병적 사고를 말한다. 마술적 사고는 특수한 생각 · 말 · 연상 · 몸짓 · 태도 등이 어떤 초자연적인 방법에 의해 그대로 성취될 수 있다거나 악을 쫓을 수도 있다고 믿는 것이다.

③ 집착과 강박사고

집착(preoccupation)은 어떤 특정한 생각이 그 사람의 모든 사고 영역을 지배하고 있는 상태를 말한다. 강박사고(obsession)는 특정한 생각이 비합리적이고 부적절하다는 사실을 잘 알고 있어서 그런 생각을 하지 않으려고 애를 씀에도 불구하고 본인의 의사와 무관하게 반복해서 같은 내용의 생각 때문에 심하게 고통받는 사고 형태를 일컫는다. 강박사고와 동반해서 나타나는 행동으로, 자신은 쓸데없는 행동인지를 알지만 안 할 수가 없어서 반복하는 행동을 강박행동(compulsion)이라고 한다. 강박사고는 주로 강박장애를 가진 사람에게 많이 나타나지만 조현병을 지닌 사람에게도 다른 증상들과 함께 동반되는 경우도 많다.

④ 공포

공포(phobia)는 어떤 특정 대상에 대해 사실무근의 위험을 느껴 두려워하는 것으로 내적 불안요소가 외부의 대상으로 투사, 전치, 상징화되어 나타나는 것이다. 이는 주로 강박장애에서 특징적으로 보이지만 조현병에서도 나타나며, 대부분 죄책감이나 우울한 감정과 연관된 경우가 많다. 주 대상은 세균, 암, 동물 등 구체적인 사물과 좁은 공간, 군중, 광장, 높은 곳 등 특정 상황이 된다.

(2) 사고과정의 장애

사고과정(thought stream)이란 연상의 속도와 그 방식을 의미한다. 즉, 사고과정이란 어떤 생각과 생각들 사이에는 정상적인 연결과정이 고리와 같이 연결되어 있는데, 이 연결된 고리의 흐름을 말한다. 이러한 흐름이 매끄럽게 진행되지 않으면 사고의 양과 속도가 모두 변화하면서 사고과정의 장애를 보이게 된다.

① 사고의 비약

사고의 비약(flight of idea)이란 한 생각에서 다른 생각으로 연상이 너무 빨리 진행되어 원래의 주제에서 벗어나는 상태를 말한다. 사고의 비약은 전반적인 논리성은 결여되어 있지만 단편적인 연결성을 가지고 있어 면담 중에 클라이언트가 아주 빠르게 말한다면 더욱 판단하기가 어렵다. 사고비약의 극단적 형태는 소리가 비슷한 단어만을 연결하는 음연상(clang association)이라고 할 수 있다. 사고의 비약은 주로 양극성장애의 조증 상태에서 많이 나타나는 특징이다.

② 사고의 지연

사고의 지연(retardation of thought)은 사고과정에서 연상의 속도가 느린 경우를 말한다. 연상의 시작도, 말의 속도도 느린 것을 말하며 목소리도 아주 작아서 상대방이 알아듣기가 어렵다. 우울증이나 조현병 환자에게 자주 나타나는 증상 중 하나이다.

③ 사고의 우원증과 이탈

사고의 우원증(circumstantiality)은 많은 불필요한 내용을 삽입하고 엉뚱한 방향으로 사고가 진행된 후에야 말하고자 하는 목적에 도달하는 것을 말한다. 사고의 이탈(tangentiality)은 빗나간 사고를 말하며, 다시 의도된 목적으로 되돌아가지 못해 결과적으로 처음 의도한 생각이나 목표에 도달하지 못한다는 측면에서 우원증과 구별된다. 우원증과 이탈은 지능이 낮거나 노인성 정신장애, 조현병 그리고 기질성 정신장애를 가진 사람에게서 가끔 나타나는 증상이다.

④ 사고의 차단과 박탈

사고의 차단(blocking of thought)은 사고의 진행이 갑자기 멈추어 버리는 것을 말한다. 예컨대, 외부의 아무런 영향 없이 말하던 사람이 갑자기 도중에 마치 생각이 떠오르지 않는 것 같이 말을 중단해 버리는 경우이다. 사고의 박탈(deprivation of thought)은 사고의 차단이 너무 심하여 처음부터 전혀 생각나지 않는 것을 일컫는다. 사고의 박탈은 조현병의 특징적인 증상 중 하나이다.

⑤ 사고의 이완

사고의 이완(loosening of association)이란 전혀 관련이 없거나 관련이 적은 대상으로 연상이 진행되는 엉성한 사고를 말한다. 따라서 듣는 사람이 말하는 내용을 이해하거나 파악하기 어렵다. 사고의 이완에 대한 예는 다음과 같다(이경순 외, 2007: 29-30).

34세의 조현병 환자가 자신의 살아온 이야기를 하던 중 갑자기 "해바라기 꽃이 피었는데 김밥을 싸서 그네를 탔다. 비파와 수금으로 이 세상을 아름답게 하는데 스위스에 가야 한다. 하나님 용서해 주세요. 산토끼는 산에 가서 누워야지, 변비가 생겼는데 라면이 끓을 때까지 기다려야 한다."고 말했다.

⑥ 사고의 부적절성

사고의 부적절성(irrelevance)이란 어떤 질문에 대해서 질문의 내용과 전혀 맞지 않는 엉뚱한 대답을 하는 경우를 말한다. 사회복지사가 어디에 살고 있느냐고 질문하면 어제 저녁에 밥맛이 아주 좋았다는 식의 질문과 아무 상관없는 동문서답을 하는 경우를 말한다. 이는 조현병이나 뇌의 기질적인 문제가 생겼을 때 흔히 나타난다.

⑦ 사고의 지리멸렬

사고의 일관성(coherence)이란 개인이 자신의 생각을 정리하여 처음부터 말을 종결지을 때까지 말의 줄거리와 상호 연결성이 있어서 타인이 이해하기 쉽게 조리 있게 유지하는 것을 말한다. 그러나 지리멸렬(incoherence)은 사고 진행이 와해되어 논리적 연결이 없고 조리가 없어 도무지 줄거리를 알 수 없는 것을 일컫는다.

지리멸렬의 정도가 약하면 사고가 흩어진다(scattered)로 기술하며, 말이 완전히 토막이 되어서 단절된 낱말들만 되풀이하는 경우를 음송증(verbigeration)이라고 한다. 또 비슷한 모양으로 명사만 줄이어 내뱉을 때, 이를 말비빔(wordsalad)이라고 한다. 본인의 노력에도 불구하고 계속적으로 한 단어 또는 몇 개의 단어만을 반복해서 되풀이하는 경우는 사고의 보속증(perseveration)이라고 한다. 보속증은 흔히 뇌의 기질적인 장애가 있을 때 나타난다.

⑧ 신어조작증

신어조작증(neologism)이란 정신장애인이 자기만 뜻을 아는 새로운 말을 만들어 내는 현상을 말한다. 대체로 두 가지의 말을 합쳐서 하나의 말로 압축시킨 경우가 많다. 예를 들면, 과대망상을 갖고 있는 환자가 "이순신 특장"이란 말을 사용했다면, 이 특장은 "특별한 장군 이순신"이란 뜻이다. 주로 조현병을 지닌 사람에게서 나타나는 증상이다.

(3) 사고내용의 장애

사고내용은 개인이 의사소통할 때 표현하는 특정한 의미로 개인의 사고에서 '무엇'에 해당한다. 사고내용의 장애(disorders of thought contents)에서 가장 대표적인 것이 망상이다. 망상(delusion)이란 사실과 다른 신념으로 그 사람의 교육정도나 환경과 맞지 않고 현실과 동떨어진 생각이며 비합리적이어서 이성적 · 논리적 방법으로 교정이 어려운 생각을 말한다. 망상은 정신역동적 관점에서 충족되지 못한 무의식적 욕구나 불안 등에 대한 투사 혹은 방어적 표현으로 설명된다.

망상의 내용은 대상자가 처한 시대적 상황이나 사회 · 문화의 영향을 받는다. 예를 들면, 독재시절에는 주로 중앙정보부나 비밀경찰에게 미행당했고, 그들이 다양하고 교묘한 방법을 동원해 자신을 죽이려고 한다는 피해망상이 많았다. 그 이후로는 이웃이나 직장 동료가 자신을 못살게 굴고 음해하려고 한다거나 자신의 일을 방해한다는 식의 내용이 많았다.

체계화된 망상(systematized delusion)이란 망상의 내용이 잘 짜여 있어서 전제조건들만 틀리지 않았다면 망상적 사고 내에 있어서는 전체적으로 그 나름대로 논리와 연결성이 잘 구성되어 있는 것을 말한다. 체계화된 망상은 자세하게 관찰하지 않으면 망상이 아닌 것으로 보일 수 있다. 체계화된 망상의 예로는 일반인이 말하는 의처증을 들 수 있는데, 이 경우에는 망상이라고 보지 않고 꼼꼼하고 의심 많은 성격으로 간주하여 정신병적 상태라는 인식을 잘하지 못한다. 흔히 볼 수 있는 망상으로는 피해망상, 과대망상 그리고 관계망상 등이 있다(민성길, 1990).

① 피해망상

피해망상(persecutory delusion)은 조현병에서 가장 흔히 볼 수 있는 망상으로 타인이 자신이나 가족을 해치려고 한다거나, 죽이려고 계속 미행하고 감시한다는 등의 잘못된 생각을 말한다. 이러한 피해망상은 자신의 적개심이나 결함 등을 남에게 투사시켜서 남이 자신을 해칠 것이라고 믿는 것이다.

어떤 사람이 피해망상을 가지게 되면 처음에는 이를 무시하려고 노력하지만 계속 이런 생각과 느낌이 지속되므로 점차 현실감을 상실해 실제 시비를 걸거나 싸우게 되고, 폭력을 행사하거나 고발하는 등의 법적 문제를 일으키기도 한다. 피해망상의 내용은 아주 다양하며 비교적 그럴듯한 내용부터 현실성이 없거나 아주 기괴한 내용까지 폭넓다.

피해망상의 몇몇 구체적 사례들을 살펴보면 다음과 같다(이경순 외, 2007: 31-32).

- 친구들이 나를 못살게 굴고, 남자친구를 사귀려고 해도 방해해요.
- 일부 임원과 각 부서의 직원들이 서로 연락해서 나를 감시하고 있어요. 여기에는 검찰의 압력도 있어요. 사람들이 나를 진급하지 못하도록 하고, 결국 나를 직장에서 쫓아내기 위해 음모를 짜고 있어요.
- 국정원 직원이 나를 미행해요. 우리 집과 사무실은 모두 도청당하고 있어요.
- 외계인이 나를 말려 죽이기 위해 계속 전파를 발사하고 있어요.
- 아내가 자신을 죽이기 위해 음식물에 독을 탔다. 어떤 날은 방 안에 유독가스를 넣었다. 이에 대한 증거로 아내가 끓인 국 맛이 이상했고, 그 국을 먹은 이후로 잠을 못 자고 불안하고 집중이 되지 않으며, 방 안에 있으면 자꾸 눈이 따가워지고 자고 나면 항상 머리가 아프고 눈이 충혈되어 있다.
- TV를 보고 있으면 TV가 내 몸 안에 기를 빼앗아 가 버리기 때문에 항상 피곤하고 아무것도 할 수 없다. 그래서 자주 TV를 부수거나 방송국에 전화를 걸어 항의했다.

② 과대망상

과대망상(grandiose delusion)은 자신의 힘이나 능력 또는 중요성을 현실과는 동떨어지게 실제보다도 과대하다고 생각하는 망상이다. 예를 들면, 자신은 하느님의 계시로 모든 것을 알 수 있다고 생각하고 그렇게 행동한다든지, 부도 직전의 사장이 모든 직원에게 세계 일주를 시켜 주고 파산한다든지 하는 것이다. 주로 자신이 '위대하다', '전능하다', '부자다'라고 믿는 망상이다. 또한 '천리안을 갖고 있다', '텔레파시가 있다' 등의 마술적 사고를 동반하기도 한다. 과대망상은 양극성장애의 조증 상태에서 많이 나타나며, 조현병이나 기질성 정신장애에서도 나타난다.

③ 관계망상

관계망상(delusion of reference)이란 객관적으로나 실제적으로 자신과는 아무런 관계가 없는 일상생활에서의 어떤 사건들이 자신과 아주 특수한 관련성이 있다고 생각하는 잘못된 믿음을 말한다. 여러 망상과 관계가 있으며 내용도 다양하고 광범위해서 피해적 내용, 우울증적 내용, 과대적인 내용들이 포함될 수 있다.

예를 들면, 신문 보도나 방송 내용이 자신을 빗대서 비난하는 것이라고 믿는다든지, 뉴스 앵커가 자신에게 직접 말을 하는 것 같다고 하는 경우, 지나가는 사람들이 자기 얘기를 수군거린다고 하는 경우, 직장 동료들이 자신에 관한 일을 화제로 삼고 자기를 욕한다고 하는 경우, 가게 점원이 미소를 보이자 며칠 전 자신이 가게를 지나치면서 가게를 걱정해 준 것에 대한 답례라고 하는 경우 등이다.

④ 기타 망상

앞에서 열거된 망상 외에도 다양한 망상이 있는데, 망상들이 복잡하게 얽혀 있는 경우가 많다. 우선, 신체망상(somatic delusion)은 얼굴의 용모, 코, 입, 턱, 치아, 이마 모양, 머리, 손, 발, 가슴, 유방, 자궁, 성기 등 자신의 신체 일부가 다른 사람과 달리 기형적으로 생겼다거나, 신체 장기가 썩고 있다거나 암 · 전염병 · 에이즈 등에 걸렸다고 호소하는 경우 등 자신의 신체 부위가 이전과 달라졌다거나 몸에 큰 이상이 생겼다고 믿는 경우이다. 신체망상은 흔히 다른 사람이 자신을 이상하게 쳐다본다고 하는 관계망상과 함께 나타난다.

신체망상은 건강염려증과 유사하지만 정도가 더욱 심한 형태라고 할 수 있다. 건강염려증(hypochondriasis)은 실제 신체의 질병이나 이상이 없는데도 자신의 건강상태에 지나치게 관심을 가지고 비정상적일 것으로 생각해 염려하는 것으로 불안이나 우울, 강박적인 생각과 관련된다. 신체망상의 예는 광대뼈가 나와 아무것도 할 수 없으니 성형수술을 해 달라고 한다든지, 머리에 어떤 칩이 들어와서 힘드니 수술을 해 달라고 한다든지, 벌레나 곤충이 자신의 피부나 몸 안으로 들어온다고 하는 경우 등이다.

색정망상(erotic delusion)은 모든 이성이 자기를 사랑하고 있다고 굳게 믿고 있다든지, 어떤 여인이 나를 너무 사랑하는데 보이지 않는 사람들이 방해해서 행동으로 표시를 하지 못하고 있다고 생각하는 경우 등이다. 이는 망상 정신장애나 조현병에서 볼 수 있다.

우울망상(depressive delusion)은 원인을 정확하게 파악하기 힘든 경우가 대부분이다. 정신역동적으로 설명하면 미워해서는 안 될 사람에게 무의식적 미움을 갖게 될 때 갈등이 생기고 우울해지는데 이러한 우울감정을 피하기 위하여 합리화의 방어를 사용하면 우울망상으로 이어진다고 본다.

우울망상과 관련 있는 망상으로는 빈곤망상, 죄책망상, 허무망상, 질병망상 등이다. 빈곤망상(delusion of poverty)은 자신은 곧 파산할 것이고 가난에서 영원히 벗어나지 못할 것이라는 믿음이다. 죄책망상(delusion of sin)은 상식적으로 그럴 만한 일이 아닌데도 심한 죄를 지었다면서 심한 양심의 가책이나 죄책감을 느끼는 것이다. 허무망상(nihilistic delusion)은 허무감에 빠져 있는 것으로 자신은 이미 존재 가치도 없고 존재하지도 않으며 뇌도 없고 텅 비어 있으며 아무런 느낌도 없다는 믿음이다. 질병망상(delusion of disease)은 자기 자신은 어떤 불치병에 걸려 더 이상 살 수 없다는 믿음이다.

종교망상(religious delusion)의 대부분은 자신이 메시아나 전지전능한 신이라고 주장하거나, 악마가 씌었다거나, 용서받을 수 없는 죄를 지었다거나, 자신만이 세상을 구할 수 있다고 하는 등 종교적인 내용의 망상이다. 종교망상은 문화나 종교적 영향을 많이 받으므로 쉽게 단정하기 어려운 측면이 있다.

이러한 망상들은 상호 관련되어 나타난다. 예를 들면, 조현병 환자가 사실이 아닌데도 자신이 사람을 살해했기 때문에 자신도 죽어야 한다는 죄책망상으로 하루 종일 무릎을 꿇고 기도하면서, 사회정화 차원에서 수백 명을 자신의 눈짓으로 죽였다는 과대망상으로 고통스러워하는 경우이다.

2) 지각의 장애

지각(perception)이란 외부로부터 들어온 감각자극을 과거의 경험과 결부시켜 조직화하고 해석해서 그 외부 자극의 성질을 사실 그대로 파악하고 그 자극과 자기 자신의 관계를 이해하는 능력이라고 할 수 있다. 지각상의 변화는 정신장애의 대표적인 특성으로 인식될 정도로 정신장애인이 흔히 경험하는 증상 중 하나이며 그 양상도 다양하다. 지각의 장애를 겪는 사람은 지각의 강도가 건강한 사람보다 더 강하거나 약할 수 있으며, 감각의 질적인 변화를 경험하기도 한다(민성길, 1990: 95).

예컨대, 문 닫는 소리 같은 똑같은 청각자극에 대해 불안한 사람은 다른 사람보다 더 크게 지각할 수 있으며, 이는 종종 조증에서 관찰할 수 있다. 이와 반대로 우울한 경우는 감각이 둔화되어 실제보다 더 약하게 지각될 수 있다. 감각의 질적인 변화를 경험하는 예로는 조현병을 지닌 사람이 음식에서 독약 맛이 난다거나 꽃향기를 살이 썩는 냄새라고 호소하는 경우를 들 수 있다. 지각장애는 다음과 같이 구분할 수 있다(대한신경정신의학회, 1997; 이정균, 1988).

(1) 실인증

실인증(agnosia)은 자극의 중요성을 파악하거나 의미를 이해하는 능력이 상실된 상태로서 사물을 인지하지 못하는 현상을 말한다. 실인증에는 자신의 감각기관을 제대로 인지하지 못하거나, 글을 읽지 못하거나, 자신의 신체기관들의 상호 관계를 제대로 파악하지 못하는 경우 등이 있다. 실인증은 다양한 장애를 가진 사람에게서 발견될 수 있으며,

조현병 환자에게도 나타날 수 있다. 예를 들면, 조현병 환자가 가족을 무시하려는 무의식적인 욕구로 인해 바로 앞에 있는 가족을 자신과 상관없는 사람으로 인식하는 경우를 말한다.

(2) 착각

착각(illusion)은 외부에서 감각기관으로의 자극과 그 전달과정은 정상이지만 뇌에서 이를 통합하고 해석하는 과정에서 문제가 발생해 실제의 외부대상을 잘못 인식하는 현상을 말한다. 착각이 일어나는 경우는 심리적인 것과 대뇌의 기질적 기능변화에 기인하는 것으로 나눌 수 있다. 심리적인 것은 대개 자신의 강한 심리적인 욕구나 감정 또는 충동이 대상에 투사되어 나타나는 현상으로 설명하고 있다. 기질적인 원인은 다양한데, 독성물질에 의한 뇌 기능장애, 뇌의 감염, 알코올성 정신병, 뇌의 퇴행성 질환 등 뇌의 기능에 장애를 일으킬 수 있는 모든 신체적인 질환이 원인이 될 수 있다.

착각의 예는 주위 사람의 얼굴이 이상하고 색깔 있는 가면처럼 보이거나 전혀 다른 사람의 얼굴로 보이는 경우, 죄책감이 심한 우울증 환자가 바람소리에 대해 자신을 채찍질하는 소리로 듣는 경우, 판자가 삐걱거리는 소리나 열차의 기적을 호출, 권고, 명령, 위협하는 소리로 듣는 경우 등이다.

(3) 환각

환각(hallucination)은 외부에서 감각기관으로 투입된 자극이 없는데도 있는 것으로 실제처럼 지각하는 현상을 말한다. 환각은 외부의 자극이 있을 때 이 자극을 왜곡하여 인식하는 착각과는 다르다. 정신역동적 관점에서는 투사의 기제를 이용하여 자신의 욕구, 자존심, 죄의식, 억눌리고 배척당한 충동 등이 환각으로 나타난 것이라고 본다. 환각은 대개 심인성이지만 때로는 기질적인 원인으로 발생하기도 한다.

환각은 다양하게 나타날 수 있다. 예컨대, '쿵' 하거나 '휙' 하는 소리, 소음이나 벌레 울음소리 같은 단순한 잡음, 섬광 같은 빛이 비치는 것 등의 단순한 형태에서 목소리나 음악을 듣는다든지, 어떤 얼굴이나 장면을 보는 것처럼 복잡한 형태에 이르기까지 매우 다양하다. 환각은 청각, 시각, 후각, 미각, 촉각의 모든 감각기관을 통해 나타날 수 있다(대한신경정신의학회, 1997).

① 환청

환청(auditory hallucination)은 외부에서 자극이 없는데도 실제처럼 어떤 소리를 듣는 경우를 말하며, 환각 중에서 가장 흔하게 나타나는 현상이다. 환청의 내용이나 강도는 매우 다양해 내용이 명확하지 않고 모호하며 단순한 소음 형태인 경우, 목소리가 속삭이는 듯 작은 경우부터 공포를 느낄 정도로 분명하고 큰 경우, 일일이 비판하거나 지시하고 명령하는 경우도 있다. 내용은 즐겁고 행복한 경우도 있지만 불쾌하고 위협적인 내용이 훨씬 더 많은 것으로 알려져 있다.

환청은 무의식적 욕구, 심리적인 상태나 기분을 투사해 이를 잘 반영해 주기도 하며, 망상이 있는 환자는 환청 내용이 망상과 일치하는 경우도 많다. 환청을 경험하는 사람들은 처음에는 두려워하고 이를 무시하려 하지만 그 강도가 점점 심해지면서 이를 무시할 수 없으므로 충동적이고 공격적인 행동을 초래하거나 주변 사람과 갈등도 일어난다. 심각한 사례는 "너는 죽어야 한다. 지금 당장 뛰어내려라."라는 환청을 듣고 실제로 건물에서 뛰어내리는 상황이다. 환청이 있는 사람은 주변 사람이 믿지 않으면 숨기려 하거나, 귀를 기울여 듣는 자세를 취하거나, 허공을 보고 실없이 혼자 웃거나, 혼자 중얼거리는 등의 모습을 보이기도 한다. 대부분 조현병에서 많이 나타나며, 기분장애나 물질 관련 장애에서도 나타난다.

② 환시

환시(visual hallucination)는 실제 존재하지 않는 대상을 보는 경우를 말하며, 환청 다음으로 흔한 현상이다. 환시도 그 양상이나 내용이 다양해 단순한 불빛, 불꽃 형태에서 검은 사람의 그림자와 변형된 사람들의 모습, 천재성이 넘치고 기쁨에 찬 베토벤의 영상, 가면을 쓴 노인과 이상적인 여성의 형체, 창문을 통해 비치는 특별한 의미가 있는 빛의 신호, 죽은 아버지의 영혼이 금처럼 빛나는 모습, 자신의 침상만을 제외하고 주변이 활활 타는 모습 등 어떤 장면이 보이는 복잡한 형태도 있다. 환시는 조현병과 같은 정신병에서도 나타나지만 대개는 뇌의 기능 장애를 보이는 기질성 정신장애에서 흔하다.

③ 환촉

환촉(tactile hallucination)은 실제 자극이 없는데도 몸에 닿거나 찌르거나 누르는 등의 감각을 갖게 되는 현상으로 작은 벌레, 곤충 등이 피부 밑에서 움직이는 것처럼 느끼기도 하고, 내장이 당긴다든지 팽창된 느낌 혹은 성적 자극이나 전기적 쇼크의 감각을 경험하기도 한다. 흔히 알코올중독, 진전섬망, 코카인중독에서 나타난다.

④ 환후

환후(olfactory hallucination)는 외부 자극이 없는데도 특정 냄새를 지각하는 현상을 말한다. 대개 송장이나 고기 썩는 냄새, 이상한 체취, 분변, 정액, 암내 등 불쾌한 형태가 많다.

⑤ 환미

환미(gustatory hallucination)는 실제로 없는 맛을 지각하는 현상으로 매우 드문 환각이며, 대개는 환후와 동시에 나타난다. 순수한 환각으로 인해 나타나기보다는 착각인 경우가 더 많으며, 피해망상이 있을 때 음식에서 독약 맛이 난다고 주장하기도 한다.

4. 기분, 행동, 기억 및 의식의 장애

1) 기분의 장애

정동, 기분, 감정이란 사람의 생각으로 동반되는 어떤 정서적 상태를 표현하는 개념이며, 일상적으로는 거의 같은 뜻으로 구별 없이 사용되고 있다. 구체적으로 살펴보면, 정동(affect)이란 어떤 사람의 마음속에 나타나는 주관적인 느낌이라고 할 수 있으며, 가장 직접적인 본능의 정신적 산물이다. 기분(mood)이란 어느 일정한 기간 지속되는 정동을 의미한다. 감정(emotion)이란 무의식적인 면보다는 의식적으로 받아들여지는 마음속의 어떤 느낌을 말하며, 객관적인 느낌이고 대개 생리적인 현상을 동반한다. 기분장애란 일정한 기간 지속되는 정동의 장애를 말한다. 기분장애의 내용을 살펴보면 다음과 같다(이정균, 1988).

(1) 정동의 부적합성

그 사람이 처해 있는 상황이나 생각 또는 말과 조화로운 감정을 정동의 적합성이라고 하며, 반대로 어떤 상황이나 생각의 내용 그리고 말과는 전혀 엉뚱한 조화롭지 못한 감정상태를 정동의 부적합성(inappropriateness)이라고 한다. 이는 조현병을 지닌 사람에게서 흔히 볼 수 있다.

(2) 정동의 둔마와 무감동

정동의 둔마(blunted affect)는 자신의 마음속에 있는 느낌을 외부로 적절하게 나타내지 못해서 겉으로 감정이 거의 없는 것 같은 상태를 말한다. 그리고 무감동(apathy)은 외부 자극에 대해서 주관적인 느낌이 없는 것 같으며 객관적인 반응조차도 없는 정동상태를 말한다. 무관심과 무감동은 다른데, 무감동은 느낌이 없는 데 반해서 무관심은 객관적인 반응이 없음을 의미한다.

(3) 유쾌한 기분

유쾌한 기분에는 그 정도에 따라서 다행감, 의기양양, 고양감, 황홀감으로 나누어 구별한다. 다행감(euphoria)이란 언뜻 보기에는 정상적인 것 같지만 자세히 관찰하면 약간 들떠서 기분이 적당하게 좋은 상태를 말하며, 경조증 상태에서 전형적인 다행감을 볼 수 있다.

의기양양(elation)이란 다행감에 자신감과 정신운동성의 초조가 추가된 상태를 말한다. 이러한 상태의 개인은 도취된 기분과 즐거움 그리고 자신감에 차 있으며, 행동도 과감하게 한다. 너무 자신감에 찬 나머지 집을 팔고 사는 계약 등에서 불이익을 당하는 경우가 허다하다.

고양감(exaltation)이란 의기양양 상태에 자신감이 너무 넘쳐흘러 과대적인 생각이나 행동을 동반한 경우를 말한다. 이때는 과대적인 생각이 주류를 이루어 타인과의 타협이 잘되지 않으며, 자신의 생각대로 되지 않을 때에는 충동적이 되며 화를 잘 낸다.

황홀감(ecstasy)이란 유쾌한 기분의 극치를 말하는데, 기분 좋음이 최고 상태이며 모든 것이 평화롭고 못할 것이 없는 무한한 힘을 느끼는 상태로, 종교적인 체험과 같은 무아지경의 상태를 말한다. 이렇게 기분의 비정상적 고조는 양극성장애의 조증 상태나 조현병 그리고 마약 등으로 인한 중독상태 등에서 나타난다. 이후에는 정서적 또는 행동적으로 고통스러운 결과를 초래하게 된다.

(4) 우울한 기분

우울(depression)은 불쾌한 기분 중에서 슬픔의 정도가 비정상적으로 심하고 기간도 오래 끌어서 병적인 상태를 말한다. 이러한 상황에 있는 개인은 무겁고 처진 느낌, 절망감,

자기 비하, 의욕감퇴, 무력감, 흥미와 재미의 상실 등을 가지며 말수가 적어지고 행동이 위축된다. 또한 두통, 피곤, 식욕상실, 변비, 불면, 월경불순, 성욕감퇴, 체중 감소 등이 나타난다. 심하면 식욕을 완전히 잃고 거의 움직이지 않고 집안에서 주로 생활하며, 사람을 만나기도 싫어해 방에서 나오지 않으려고 한다.

가면우울(masked depression)이란 우울에 대항하는 하나의 방어로 볼 수 있는데 나이에 따라 그 양상이 달라진다. 청소년기에는 반항적인 행동, 청소년 비행, 알코올남용, 약물남용 등으로 나타나며, 노년기에는 정신 · 신체 장애 등의 신체증상 호소로 우울이 표현된다.

(5) 불안

불안(anxiety)이란 뚜렷한 외부의 자극이 없음에도 불구하고 막연하게 닥쳐올 수도 있다고 주관적으로 느끼는 위험 때문에 일어나는 초조하거나 두려운 느낌을 말한다. 따라서 현실적인 두려움의 대상이 있어서 나타나는 공포(phobia)와는 구별이 된다.

불안이 아주 심해서 근육계통까지 영향을 미쳐 안절부절못할 때 이를 초조증(agitation)이라 한다. 불안이 장기간 지속되어서 감정과 근육계까지 모두 팽팽함을 느끼게 되는데 이를 긴장(tension) 상태라고 한다. 또한 불안이 너무 극심한 상태를 공황(panic)이라고 하는데, 이때의 불안은 건강한 사람은 도저히 상상할 수 없을 정도의 불안이며, 곧 죽을 것 같은 공포에 휩싸이게 된다.

2) 행동의 장애

행동(behavior)이란 인간 정신활동의 총체적인 결과가 표면적으로 드러나는 형태로, 인간의 사고 · 감정 등을 포함한 모든 행위를 의미한다. 행동의 장애(disorders of behavior)는 인간의 행동과 관련된 복합적인 장애를 보이는 현상이라고 할 수 있다. 여기서는 운동기관의 활동을 통해 관찰할 수 있는 언어적 · 비언어적 행동을 중심으로 살펴볼 것이다(대한신경정신의학회, 1997).

(1) 지나친 활동

지나친 활동(increased activities)은 개인의 활동이 필요 이상으로 지나치게 많은 상태로 잠시도 쉬지 않고 활동하는 경우부터 약간 증가된 정도까지 매우 다양하다. 증가된 내적 욕구로 지나친 활동을 한다면 정신운동성 항진(increased psychomotor activity)이나 흥분(psychomotor excitement) 상태라고 한다. 이러한 개인은 활동이 지나치게 많지만 결과물은 거의 없어 비생산적이다. 대개 양극성장애의 조증 상태나 아동·청소년의 경우에는 주의력결핍 과잉행동장애 등에서 볼 수 있다.

(2) 저하된 활동

저하된 활동(decreased activities)은 행동의 빈도나 강도가 모두 저하된 정신운동성 감퇴(decreased psychomotor activity)나 지체(psychomotor retardation)를 말한다. 이러한 개인은 모든 동작이 느리고 어떤 일을 시작하기 힘든 것에서부터 거의 움직임이 없는 혼미(stupor)에 이르기까지 다양하다. 대개 우울증을 가진 사람에게서 많이 나타나며 가끔 조현병에서도 발견된다.

(3) 반복행동

반복행동(repetition activities)은 남이 보기에는 이유가 없는 것 같은데도 같은 행동을 반복하는 것이다. 이러한 반복행동에는 상동증, 기행증, 음송증, 강직증, 납굴증 등이 있다.

상동증(stereotypy)은 같은 행동을 반복적으로 행하는 것으로, 객관적으로 특별한 의미가 없으나 무의식적인 긴장이나 갈등을 해소하기 위하여 반복행동을 하는 것이다. 예를 들면, 운동 목적이 아니라 가만히 있지 못하고 복도를 계속 왔다 갔다 하거나, 마당에서 몇 시간씩 같은 패턴으로 움직이는 것 등이다.

기행증(mannerism)은 상동증과 유사하며 정신내적 갈등이나 긴장을 유발하는 요인이 없어졌는데도 습관적으로 상동증적 행동을 하는 경우를 말한다. 기행증은 개인 특유의 습관적이고 불수의적인 반복행동을 의미한다. 예를 들면, 대화를 하면서 어떤 특유의 제스처를 반복한다거나, 뒤틀린 자세, 찌푸린 얼굴이나 입술, 혀나 눈 등의 독특한 반복행동을 보이는 것이다. 상동증보다는 덜 지속적이고 덜 단조롭다고 할 수 있다.

음송증(verbigeration)도 상동증의 일종으로 의미 없는 단어나 문장을 반복해서 말하는 것이다. 강직증(catalepsy)은 한 가지의 불편한 자세를 계속 유지하는 것을 말한다. 납굴증(waxy flexibility)은 강직증이 아주 심해서 전혀 움직임이 없이 한 가지 자세를 계속 취하며, 다른 사람에 의해 피동적으로 마치 밀랍처럼 움직여지는 것 같은 현상을 말한다.

(4) 자동증과 거부증

자동증(automatic obedience)은 자신의 의지나 생각이 전혀 없는 로봇처럼 타인의 요구에 자동적으로 복종하여 그대로 따라 하는 것을 말한다. 여기에는 다른 사람의 말을 메아리처럼 그대로 따라하는 반향언어(echolalia)와 다른 사람의 동작을 그대로 흉내 내는 반향동작(echopraxia)이 있다. 이는 조현병에서 흔하게 나타난다.

거부증(negativism)은 상대방의 요구를 묵살하거나 적극적으로 정반대의 행동을 하는 것을 말한다. 정신역동적으로 설명하면 거부증은 개인의 내재된 적개심과 복수심의 표현이거나, 다른 사람에게 불안을 유발시키려는 목적이 행동으로 나타난 것이라고 본다. 함구증(mutism)은 말을 할 수 있는데도 말을 하지 않는 것으로, 거부증의 대표적인 현상이다. 조현병 환자의 경우 지시하는 것에 따르지 않고 부탁받은 일은 어떤 것이라도 거절하는 사례에서 거부증을 확인할 수 있다.

3) 기억의 장애

기억(memory)은 인간의 정신활동에 필요한 기본적 요소로 정신활동에 필요한 정보를 받아들여서 기록하고, 이를 저장하고 보유했다가, 필요할 때 꺼내어 재생함으로써 적절하게 사용할 수 있는 능력을 말한다. 따라서 기억은 한 개체가 변화하는 환경에 적응하고, 경험을 이용해 미래를 예측할 수 있는 기능이라 할 수 있다. 기억의 장애(disorders of memory)는 형태에 따라 기억과다증, 기억상실, 기억착오 등으로 나눌 수 있다(민성길, 1990).

(1) 기억과다증

기억과다증(hypermnesia)은 기억력이 정상 이상으로 항진되어 있어서 쓸데없는 자세한 것까지 모두 기억하는 경우를 말한다. 기억과다증은 잠깐 본 지엽적이고 지나치게 자세한 것까지 기억을 많이 하는 천재에게서도 볼 수 있으며, 정신장애에서는 조증 상태나 망상성 장애에서 나타난다.

(2) 기억상실

기억상실(amnesia)의 원인은 심인성과 기질적인 것으로 구분할 수 있다. 심인성의 것은 대개 기억의 재생(recall)에 장애가 있으며, 불안에 대한 방어를 목적으로 하는데 심리적인 충격 후 갑자기 발생하며 회복도 갑자기 완전하게 되는 경우가 많다. 기질적인 것은 기억의 과정 중에서 기록(registration)이나 저장(retention)에 장애가 있는 경우가 많으며, 서서히 시작되고 진행되어 회복도 서서히 그리고 불완전하게 되거나 전반적인 기억상실의 형태를 취하는 경우가 많다.

기억상실의 시점을 중심으로 전진성 기억상실(anterograde amnesia)과 후진성 기억상실(retrograde amnesia)로 구분할 수 있는데, 기억상실은 대부분 전진성과 후진성 요소를 모두 포함한다. 전진성 기억상실은 어떤 시점 이후 특히 최근의 기억들을 상실하는 경우를 말하는데, 이는 뇌의 노인성 퇴화현상의 특징이다. 후진성 기억상실은 전진성과 반대로 어떤 시점 이전의 기억을 상실하는 것을 말하는데, 뇌에 외상적 충격 등으로 인한 뇌 기능의 기질적인 장애가 있을 때 나타난다.

(3) 기억착오

기억착오(paramnesia)는 과거에 없었던 일을 마치 있었던 것처럼 기억하거나 사실과 다르게 왜곡하여 기억하는 것을 말한다. 이는 자신의 기억능력에 문제가 있을 때 자신을 방어하고 보호하려는 무의식적 기전의 작용으로 나타난다고 알려져 있다. 이와 같이 기억손상이 있는 부분에 대해서 그럴듯한 이야기를 꾸며서 메우는 현상을 작화증(confabulation)이라고 하는데, 이는 노인성 정신병이나 알코올성 정신병인 코르사코프 증후군(Korsakoff's syndrome)에서 특징적으로 나타난다.

또한 기시감(deja vu)이란 처음 경험하는 일을 마치 과거에 경험한 것처럼 느끼는 현상이며, 미시감(jamais vu)이란 과거에 경험했던 일들을 마치 처음 경험하는 것같이 느끼는 현상을 말한다. 이러한 현상은 비정신장애인도 술에 취하였거나 극도로 피곤할 때 나타날 수 있지만 대개 조현병 등의 정신장애인에게서 심각하게 나타난다.

4) 의식의 장애

의식(consciousness)이 명료하다는 것은 외부 자극을 받아들이는 감각기관에서부터 이를 중추신경까지 전달하고 이해하는 과정에 이상이 없음을 의미한다. 이를 위해서는 일차적으로 주의집중하는 능력을 유지할 수 있어야 한다. 주의력(attention)은 의미 있는 자극에 반응해 관심을 지속적으로 기울이는 능력을 말하는 것으로 외부 세계를 검증하는 적극적이고 선택적인 특성이 있으며, 또한 각성과 집중, 연상과정을 통해 이루어진다.

즉, 외부 자극에 대한 기민한 태세인 각성을 통해 외부 자극을 적극적 · 능동적으로 수용하며, 받아들인 자극 중에서 중요한 것을 선택해 집중하고, 과거 경험과 연관시켜 해석하고 판단하는 능력이다.

주의력 장애(disorders of attention)는 각종 정신질환의 초기 증상, 치매나 섬망, 주의산만, 선택적 부주의가 특징인 중증 불안상태 등에서 나타난다. 주의산만(distractability)은 주의를 충분한 기간 동안 유지하지 못하고 계속 다른 자극에 주의를 돌리는 것이다.

이렇게 주의력의 장애로부터 시작되는 의식의 장애(disorders of consciousness)는 심각성의 정도에 따라 의식의 착란, 의식의 혼탁, 섬망, 그리고 혼미와 혼수로 구별할 수 있으나 실제로 그 경계가 뚜렷하지는 않다(대한신경정신의학회, 1997).

(1) 의식의 착란

착란(confusion) 상태는 의식의 장애 중 가장 가벼운 상태이다. 이때는 자극에 대한 반응이 신속하지 못하고 지남력 장애를 보이며 주의력과 사물에 대한 이해력도 감퇴된 상태를 말한다. 지남력(orientation)은 개인이 시간 · 장소 · 사람에 대해 정확하게 인식한 상태를 말하며, 지남력에 장애가 있으면 정확한 현재의 날짜를 모르거나, 자신이 있는 곳을 정확히 인지하지 못하며, 평소에 잘 아는 사람을 인식하지 못하게 된다. 지남력의 장애는 대개 시간, 장소, 사람 순으로 나타난다.

(2) 의식의 혼탁

의식의 혼탁(clouding of consciousness)은 의식의 착란보다 정도가 심한 의식의 장애로 지각력과 주의력이 상당히 감퇴하고 주변 환경이나 언어에 대한 이해력도 거의 상실한 상태이다. 이러한 상황에서 벗어난 후에도 이를 기억하지 못하는 경우가 대부분이다.

(3) 섬망

섬망(delirium)은 단기간에 발생하는 의식장애와 인지 변화가 특징이다. 섬망은 의식의 혼탁이 심해지면서 지남력 장애, 외부 자극에 대한 주의력 감소 같은 다양한 인지장애의 징후, 심한 정서적 불안정, 초조, 당황, 자율신경의 부조화 증상, 착각과 환각 등의 특징을 보인다. 대부분 시간, 장소, 사람에 대한 지남력이 상실되어 있고 공포를 유발하는 심한 환각이나 착각을 경험하여 공포감에 휩싸이는 경우가 많다.

환청보다 환촉이나 환시가 더 흔하며, 벌레가 자기 피부나 바닥을 기어다닌다든지, 뱀 같은 동물이 자신을 공격하려고 한다는 내용이 가장 많이 보고된다. 또한 심한 발한이나 호흡곤란, 빈맥, 심계항진 등의 자율신경계 증상을 보인다. 섬망은 알코올중독이나 약물중독 상황에서 나타날 수 있다. 섬망의 대표적인 예는 알코올중독자의 금단 상황에서 나타나는 진전섬망(delirium tremens)이라고 할 수 있다.

진전섬망의 구체적 사례를 보면 다음과 같다(이경순 외, 2007: 48). A 씨는 알코올중독으로 진단받아 입원한 지 이틀이 지났다. A 씨는 집과 나무가 사라졌다가 다시 나타난다고 하고, 마룻바닥의 얼룩을 돈으로 착각해 계속 집으려 하거나, 벽에는 거미가, 자신의 몸에는 벌레가 기어다닌다고 호소하면서 허공에 손을 휘젓기도 하고 사방을 두리번거리고 뭔가를 떼어 내려는 듯한 행동을 했다. 또한 얼굴의 홍조, 약하고 빠른 맥박 등 자율신경 기능이 항진되고 불안하고 초조해 보였으며, 누군가 자신을 해치려 하고 결국 전기로 사형이 집행될 것이라는 피해망상을 보였는데 밤이 되면 증상이 더 심해졌다.

(4) 혼미와 혼수

혼미와 혼수는 의식장애 중에서 섬망보다도 정도가 더 심한 경우를 말한다. 혼미(stupor)는 주변의 상황을 전혀 파악 또는 인식하지 못하며, 상당한 정도의 자극에 대해서도 거의 반응을 하지 않는 상태를 말한다. 혼미는 심인성 또는 기질적인 원인이거나 두 가지 모두에 의해서 발생한다.

심인성 혼미의 경우에는 서서히 깨어나는 기질성 혼미와 달리 갑작스럽게 깨어나 공격적 행동을 보일 수도 있으며, 우울성 혼미나 긴장성 혼미 등의 경우이다. 혼수(coma)는 혼미의 아주 극심한 상태로 외부의 어떠한 자극에도 거의 반응이 없으며, 모든 의식은 사라지고 생명을 유지하는 데 필요한 심장과 호흡만이 기능하는 상태이다.

제 2 부

정신장애의 유형

제 4 장

아동 · 청소년기 정신장애

학습 목표

1. DSM-5-TR에 따른 정신장애 분류의 의미와 범주를 설명할 수 있다.
2. 지적장애, 자폐스펙트럼장애, 주의력결핍 과잉행동장애, 품행장애의 특징, 원인 및 개입을 설명할 수 있다.

이 장에서는 DSM-5-TR의 정신장애 유형 중에서 신경발달장애와 파괴적, 충동조절, 그리고 품행장애를 살펴보고자 한다. 우선, 정신장애의 국제분류기준으로 활용되고 있는 DSM 분류의 의미와 DSM-5-TR에서 22개 범주의 정신장애 유형을 개괄적으로 이해하고자 한다.
신경발달장애는 영 · 유아기나 아동기에 흔히 진단되는 장애를 포함하고 있다. 아동 · 청소년기에도 조현병, 양극성장애, 우울장애 등이 연령과 관계없이 진단될 수 있지만 이들 정신장애는 성인에게서 나타나는 장애의 특성과 큰 차이가 없다. 이러한 장애는 이후의 장에서 다룰 것이며, 이때 자세한 특성을 살펴볼 것이다. 여기에서는 신경발달장애 중에서 아동기에 주로 진단되는 지적장애, 자폐스펙트럼장애, 주의력결핍 과잉행동장애를 살펴보고자 한다.
파괴적, 충동조절, 그리고 품행장애도 아동 · 청소년기에 흔히 처음으로 관찰되는 장애이며, 또래관계나 적응에 상당한 문제를 나타낸다. 이 장에서는 하위 유형 중에서 본인이나 주위 사람들에게 여러 가지 어려움을 가져다주는 품행장애를 살펴보고자 한다.

핵심 과제

1. 지적장애 학생의 통합 교육 방향은 어떠해야 하는가?
2. 자폐스펙트럼장애를 지닌 사람은 어떻게 행복을 유지해야 하는가?
3. 주의력결핍 과잉행동장애는 어떻게 오남용되고 있는가?
4. 품행장애 아동을 위한 학교의 대책은 어떠해야 하는가?

1. 정신장애 유형의 개관

1) DSM 분류의 의미

정신장애의 유형은 매우 다양하지만 여기서는 미국정신의학회(American Psychiatric Association: 이하 APA)의 『정신질환의 진단 및 통계편람(Diagnostic Statistical Manual of Mental Disorders: 이하 DSM)』의 분류 기준을 살펴볼 것이다. DSM은 1952년 미국정신의학회에서 DSM-I이 발간된 것을 시작으로 1994년 네 번째 개정판인 DSM-IV, 2013년 DSM-5, 그리고 2022년 DSM-5-TR(Text Revision)이 발간되었다. DSM-IV까지는 개정판 숫자를 로마자로 표기해 왔으나 DSM-5부터는 아라비아 숫자로 표기하였는데, 이는 새롭게 나타난 증거들이 있을 경우 지속적으로 진단과 진단범주를 개정하겠다는 의지의 표현이라고 할 수 있다(고진경, 2013).

DSM의 분류는 정신장애의 원인이 아닌 증상의 기술적 특징에 근거하여 구성되어 있다. DSM-5에서는 진단범주를 20개로 분류하였지만 DSM-5-TR에서는 '치료약물로 유발된 운동장애 및 치료약물의 기타 부작용'과 '임상적 관심의 초점이 될 수 있는 기타 상태'를 추가하여 진단범주를 22개로 목록화하였다(권준수 외, 2023). 특히 DSM-5-TR에서는 문화, 인종차별, 차별이 정신과적 진단에 미치는 영향을 검토하였다.

DSM-5-TR에서도 DSM-5의 진단범주의 배열순서와 마찬가지로 신경발달적 전 생애 접근법(neurodevelopmental life span approach)을 적용하여 아동기, 청소년기, 성인기, 노년기의 순으로 구성하였다. 또한 DSM-5-TR에서도 취약성과 특징적인 증상들이 유사하여 연관성이 있는 정신장애들을 연속적으로 배열하였다. 예를 들면, 우울과 불안은 서로 밀접한 상관관계가 있는 것으로 알려져 있기 때문에 우울 다음에 불안의 순으로 배열하였다. 조현병과 양극성장애의 경우에도 서로 유전적 변이를 공유하고 증상들이 서로 중첩되는 것으로 알려져 있기 때문에 조현병 다음에 양극성장애 순으로 배열되어 있다.

2) DSM-5-TR의 정신장애 유형

DSM-5-TR에서 제시하고 있는 22가지 정신장애의 범주와 핵심 증상 그리고 하위 유형별 장애를 개략적으로 살펴보면 다음과 같다.

표 4-1 정신장애의 범주, 핵심 증상 및 하위 유형별 장애

범주	핵심 증상	하위 유형별 장애
신경발달장애	뇌의 발달 지연이나 손상과 관련된 아동 · 청소년기의 장애	지적장애, 자폐스펙트럼장애, 주의력결핍 과잉행동장애 등
조현병 스펙트럼 및 기타 정신병적 장애	망상, 환각, 혼란스러운 언어와 행동, 둔마된 감정과 사회적 고립	조현형장애, 망상장애, 단기 정신병적 장애, 조현병, 조현정동장애 등
양극성 및 관련 장애	기분이 고양된 조증 상태와 저하된 우울증 상태의 주기적 반복	제 I 형 양극성장애, 제 II 형 양극성장애, 순환성장애 등
우울장애	우울하고 슬픈 기분, 의욕과 즐거움의 감퇴	파괴적 기분조절부전장애, 주요우울장애, 지속성 우울장애 등
불안장애	극도의 불안과 공포, 회피행동	사회불안장애, 공황장애, 광장공포증, 범불안장애 등
강박 및 관련 장애	강박적인 집착, 반복적인 행동	강박장애, 신체변형장애, 저장장애 등
외상 및 스트레스 관련 장애	충격적인 외상이나 스트레스 사건 후에 나타나는 부적응 증상	외상후 스트레스장애, 급성 스트레스장애, 적응장애 등
해리장애	의식, 기억, 자기정체감 및 환경지각 등이 급격하게 변함	해리성 정체감장애, 해리성 기억상실 등
신체증상 및 관련 장애	원인이 불분명한 신체증상의 호소, 건강에 대한 과도한 염려	신체증상장애, 질병불안장애, 전환장애 등
급식 및 섭식장애	부적절한 섭식행동으로 인한 신체적 건강과 적응기능의 손상	신경성 식욕부진증, 신경성 폭식증, 폭식장애 등
배설장애	소변이나 대변을 부적절한 장소에서 반복적으로 배설	유뇨증, 유분증 등
수면-각성장애	수면의 양이나 질의 문제로 인한 수면-각성에 대한 불만과 불평	불면장애, 과다수면장애, 기면증, 호흡관련 수면장애, 악몽장애 등
성기능장애	원활한 성행위를 저해하는 성기능의 문제	발기장애, 여성 성적 관심/흥분장애, 남성성욕감퇴장애 등
젠더 불쾌감	생물학적 성에 대한 심리적 불편감과 고통	젠더 불쾌감 등
파괴적, 충동조절, 그리고 품행 장애	충동통제의 곤란으로 타인의 권리 침해와 사회적 규범 위반 행위	적대적 반항장애, 간헐적 폭발장애, 품행장애 등
물질관련 및 중독장애	알코올, 대마, 아편과 같은 물질이나 도박과 같은 행위로 인한 부적응	물질관련장애(알코올, 카페인, 대마, 환각제, 흡입제, 아편계 관련장애 등), 비물질관련장애(도박중독)

신경인지장애	뇌의 손상으로 인지기능의 심각한 저하나 결손	섬망, 주요신경인지장애, 경도신경인지장애 등
성격장애	부적응적인 사고, 감정 및 행동 패턴으로 나타나는 성격적 문제	편집성, 조현성, 조현형, 반사회성, 경계성, 연극성, 자기애성, 회피성, 의존성, 강박성 성격장애
변태성욕장애	성적인 욕구를 부적절한 대상이나 방식으로 해소하는 행위	관음장애, 노출장애, 성적피학장애, 성적가학장애, 소아성애장애 등
기타 정신질환 및 추가적 부호	이외의 기타 개인 적응을 저하하는 정신적 증상들	달리 명시되지 않은 정신질환 등
치료약물로 유발된 운동장애 및 치료약물의 기타 부작용	항정신병약물의 복용이나 항우울제 복용 중단 및 기타 치료약물로 인한 부작용	치료약물로 유발된 파킨슨증, 신경이완제 악성 증후군, 근육긴장이상, 지연성 운동이상 등
임상적 관심의 초점이 될 수 있는 기타 상태	자살, 학대, 방임, 폭력, 가족환경, 대인관계, 교육, 직업, 주거, 경제 등과 관련된 정신적 문제	자살행동, 비자살적 자해, 학대 및 방임, 관계 문제, 직업 문제, 주거 문제, 경제 문제 등

이상과 같이 DSM-5-TR에서는 22가지의 정신장애를 대범주로 분류하고 수많은 하위장애에 대한 진단기준, 진단적 특징, 유병률, 경과, 위험 및 예후 인자, 감별진단 등을 제시하고 있다. 여기서는 22가지 범주의 하위 유형을 모두 살펴보는 것이 아니라 정신건강사회복지사, 그리고 사회복지 실천현장에서 자주 접하는 정신장애를 고찰할 것이다. 우선, 아동 · 청소년기에 주로 발생하는 정신장애들을 살펴보려고 한다.

2. 지적장애

1) 특징

지적장애는 DSM-5-TR의 정신장애의 유형 중에서 신경발달장애의 하위 유형 중 하나이다. 신경발달장애(Neurodevelopmental Disorders)는 6가지 하위장애, 즉 지적장애, 자폐스펙트럼장애, 주의력결핍 과잉행동장애, 의사소통장애, 특정학습장애, 운동장애로 분류되어 있다. 여기서는 사회복지사들이 흔히 접할 수 있는 지적장애, 자폐스펙트럼장애, 주의력결핍 과잉행동장애에 대해 자세히 살펴보기로 한다. 나머지 장애에 대한 간략한 설명은 〈표 4-2〉와 같다.

표 4-2 의사소통장애, 특정학습장애, 운동장애의 특징

장애 유형	특징
의사소통장애	의사소통장애(Communication Disorders)란 지능수준은 정상적이지만 언어사용에 문제를 나타내는 장애를 말한다. 이는 의사소통에 필요한 말이나 언어의 사용에 결함을 나타내며, 하위장애로는 언어장애(language disorder), 말소리장애(speech sound disorder), 아동기 발병 유창성장애(말더듬)[(childhood-onset fluency disorder(stuttering)], 사회적 의사소통장애(social communication disorder)가 있다.
특정학습장애	특정학습장애(Specific Learning Disorders)란 정상 범주의 지능을 가지고 있고 정서적인 문제가 없음에도 불구하고 지능수준에 비하여 현저한 학습부진을 보이는 장애를 말한다. 이러한 장애를 가진 아동은 읽기, 쓰기, 산술적 계산 등과 관련된 학습을 하는 데 어려움을 보인다.
운동장애	운동장애(Motor Disorders)란 연령이나 지적 능력에 비해서 운동 기술의 발달이 적절하게 이루어지지 않거나 부적응적인 반복적 행동을 지속적으로 나타내는 장애를 말한다. 하위장애로는 발달성 협응장애, 상동증적 운동장애, 틱장애가 있다. 발달성 협응장애(developmental coordination disorder)는 앉기, 기어나니기, 걷기, 뛰기 등이 연령에 맞는 발달을 하지 못하고 동작이 서툴러서 물건을 자주 떨어뜨리고 깨거나 운동을 잘하지 못한다. 상동증적 운동장애(stereotypic movement disorder)는 특정한 패턴의 행동을 어떤 목적 없이 반복적으로 지속하여 일상적 적응에 어려움을 일으키는 경우를 말한다. 틱장애(tic disorder)는 갑작스럽고, 빠르며, 불수의적이고, 반복적인 운동 또는 음성이 나타나는 장애이다. 틱장애의 하위 유형으로는 여러 가지 운동 틱과 음성 틱이 1년 이상 지속적으로 나타나는 투렛장애(Tourette's disorder), 운동 틱이나 음성 틱이 1년 이상 지속되는 만성 운동 또는 음성 틱장애(chronic motor or vocal tic disorder), 그리고 운동 틱 또는 음성 틱이 1년 미만으로 나타나는 일시적 틱장애(provisional tic disorder)가 있다.

지적장애(Intellectual Developmental Disorders)란 지능이 비정상적으로 낮아서 학습 및 사회적 적응에 어려움을 나타내는 경우를 말한다. DSM-5-TR에서는 지적장애를 지

적 기능과 적응 기능 모두에 결함이 있는 상태라고 정의하고 있다. 지적 기능(intellectual functions)의 결함은 표준화된 지능검사에서 70 미만의 지능지수(IQ)를 나타내는 경우에 해당하며, 추리, 문제해결, 계획, 추상적 사고, 판단, 학교에서의 학습 및 경험에 상당한 어려움을 갖는다.

적응 기능(adaptive functions)의 결함으로 인해 독립성과 사회적 책임 의식에 필요한 발달학적·사회문화적 표준을 충족하지 못한다. 또한 지속적인 지원 없이는 가정, 학교, 직장, 지역사회와 같은 다양한 환경에서 의사소통, 사회적 참여, 독립적인 생활과 같은 일상생활을 하는 데 어려움을 겪는다.

지적장애의 유병률은 일반인구의 약 1%이며, 남성이 전체의 60%로 여성보다 남성에게 더 흔하다. DSM-5-TR에서는 지적장애의 심각도를 경도, 중등도, 고도, 최고도로 구분하고 있다. 경도는 지능지수 55~70, 중등도는 40~54, 고도는 25~39, 최고도는 25 미만으로 기준을 삼고 있으며, 전체 지적장애인의 85% 정도가 경도 수준인 것으로 알려져 있다.

표 4-3 지적장애의 심각도 수준

심각도 수준	학습능력 영역	사회생활 영역	일상생활 영역
경도 (mild)	학습을 하는 데 어려움이 있음	또래에 비해 사회적 상호작용이 미숙하며, 연령에 적합한 방식으로 감정이나 행동을 조절하는 데 어려움이 있음. 사회적 판단이 미숙하여 다른 사람에게 속거나 조종당할 위험이 있음	자기관리는 연령에 적합하게 수행할 수 있으나 복잡한 일상생활 영역에서는 또래에 비해 약간의 도움이 필요함. 여가 기술은 또래와 유사하나, 여가 계획과 관련된 판단에는 도움이 필요함
중등도 (moderate)	전 발달 영역에 걸쳐, 학습능력이 또래에 비해 현저히 뒤처짐	전 발달 과정에 걸쳐 사회적 행동과 의사소통 행동에서 또래들과 확연한 차이를 보임. 대인관계 능력에 있어 가족 및 친구와 유대관계를 가질 수 있지만 사회적 판단과 결정 능력에 제한이 있어 중요한 결정을 내릴 때에는 보호자가 반드시 도와주어야 함	식사, 옷 입기, 배설, 위생관리는 가능하나, 이러한 영역을 독립적으로 수행하기 위해서는 장기간에 걸친 교육과 시간이 필요하며, 할 일을 상기시켜 주는 것도 필요함

고도 (severe)	학습능력은 제한적임. 글이나 수, 양, 시간, 금전에 대한 개념 이해가 거의 없음	말 표현 시 어휘나 문법에 상당한 제한이 있음. 말이나 의사소통은 현재의 일상생활에 관한 내용에 치중됨. 가족구성원이나 친밀한 이들과의 관계에서 즐거움을 얻고 도움을 받을 수 있음	식사, 옷 입기, 목욕, 배설과 같은 일상생활 영역 전반에 대한 지원과 감독이 항상 필요함. 자신이나 타인의 안녕에 대한 책임 있는 결정을 내릴 수 없음
최고도 (profound)	학습능력은 주로 상징적과정보다는 물리적 세계와 연관이 있음	말이나 몸짓의 상징적 의사소통에 대한 이해가 매우 제한적임. 일부 간단한 지시나 몸짓을 이해할 수 있으나 자신의 욕구나 감정은 주로 비언어적, 비상징적 의사소통 방식을 통해 표현함. 친숙한 가족구성원이나 보호자와의 관계를 즐기며, 몸짓이나 감정적 신호를 통해 사회적 의사소통을 시도함	일부 일상 활동에는 참여할 수도 있으나, 일상적인 신체 관리, 건강, 안전의 전 영역에 걸쳐 타인에게 의존적인 생활을 하게 됨. 다른 사람의 도움하에 음악 듣기, 영화 보기, 산책하기 등의 여가 활동에 참여할 수 있음

출처: APA(2022), pp. 20-23.

2) 원인 및 개입

지적장애는 다양한 원인에 의해 나타날 수 있다. 지금까지 알려진 지적장애의 원인으로는 유전자 이상, 임신 중 태내환경의 이상, 임신 및 출산 과정의 이상, 출생 후 아동의 질환, 그리고 빈곤과 같은 사회경제적 환경 등이다. 하지만 아직까지 30% 정도의 지적장애는 그 원인이 밝혀져 있지 않다(권석만, 2014: 336).

유전자 이상으로 인한 지적장애는 약 5% 정도를 차지하며, 대표적인 장애로 다운증후군(Down's syndrome)이 있다. 임신부가 약물을 복용하거나 감염성 질환에 걸렸을 때 자녀가 지적장애를 일으킬 가능성이 있다. 예를 들면, 임신상태에서의 과도한 알코올 섭취와 관련 있는 태아 알코올 증후군(fetal alcohol syndrome)은 심각한 지적장애를 일으킨다. 이와 같이 임신 중 태내환경의 이상으로 인한 지적장애는 전체의 약 30%를 차지한다.

임신이나 출산과정에서 태아나 신생아가 뇌발달에 필요한 영양소를 적절하게 공급받지 못하거나 출생 시 난산이나 무산소증 등에 기인한 지적장애도 약 10%로 추정되고 있다. 출생 후 신생아나 아동의 신체적 질병 및 사고가 지적장애를 유발할 가능성도 약 5% 정도인 것으로 알려져 있다. 빈곤과 같은 열악한 사회경제적 환경으로 인하여 지능발달을 위한 풍부한 지적 자극을 제공받지 못한 경우에도 지적장애를 유발할 수 있다. 이는 주로 경미한 지적장애와 관련이 있으며, 전체의 약 15~20%에 해당하는 것으로 추정된다.

지적장애는 조기에 평가하여 체계적인 교육과 재활프로그램을 실시해야 한다. 특히 사회경제적 환경으로 지적 자극을 풍부하게 제공받지 못해서 발생한 경미한 지적장애의 경우에는 조기에 체계적이고 집중적인 교육을 통해 일상생활 및 사회생활의 적응수준을 현저하게 향상시킬 수 있다.

또한 지적장애의 개입에서는 심각도의 수준에 따라 그 목표와 방법이 달라져야 한다. 따라서 지적장애의 수준을 정확하게 평가하는 것은 매우 중요한 일이다. 지적장애의 원인에서도 알 수 있듯이 지역사회에서의 예방 활동도 필요하다. 지적장애와 관련된 실천을 하는 사회복지사는 지적장애인뿐만 아니라 심리적 · 경제적 어려움을 장기간 부담해야 하는 가족을 위한 서비스도 실시해야 한다.

3. 자폐스펙트럼장애

1) 특징

자폐스펙트럼장애(Autism Spectrum Disorders)는 광범위성 발달장애의 한 유형이다. 자폐스펙트럼장애는 DSM-IV에서 전반적 발달장애에 포함되었던 자폐증, 소아기 붕괴성 장애, 아스퍼거 장애, 기타의 전반적 발달장애를 통합한 것이다. 이러한 네 가지의 장애들은 증상의 심각도만 다를 뿐 연속선상에 존재하는 하나의 장애를 나타내는 것이라는 연구결과를 반영하여 DSM-5부터 자폐스펙트럼장애로 통합하였다.

자폐스펙트럼장애를 가진 아동은 사회적 상호작용과 의사소통기술에 있어 심각하고 광범위한 장애가 있거나 상동증적 행동과 관심을 나타낸다(김청송, 2016: 89). 이들 아동은 어려서부터 마치 부모와 애정 어린 관계를 거부하는 듯한 행동을 보이며 언어를 습득하지 못하고 혼자서 놀거나 생활하며 때로는 뛰어난 재능을 가진 것처럼 보이기도 한다. 자폐스펙트럼장애는 크게 사회적 의사소통 및 상호작용의 영역에서 문제를 나타내거나 행동, 흥미 및 활동의 영역에서 제한적이고 반복적인 패턴을 보인다(APA, 2013).

사회적 의사소통 및 상호작용의 영역에서는 과거와 현재에 다음과 같은 장애를 보인다.

첫째, 사회적-정서적 상호작용의 문제를 가진다. 예를 들면, 다른 사람이 이해할 수 없는 방식으로 사회적 접근을 시도하거나 대화를 유지하지 못하며, 다른 사람과 관심사나 감정을 공유하지 못한다. 심하면 사회적 상호작용을 시도하지 못하거나 그에 따른 반응을 전혀 할 수 없을 수도 있다.

둘째, 비언어적 의사소통에 어려움을 나타낸다. 예컨대, 눈맞춤을 하지 못하거나 언어적 · 비언어적 의사소통의 통합된 형태를 사용하지 못한다. 심하면 얼굴 표정 등의 비언어적 의사소통을 전혀 사용할 수 없다.

셋째, 대인관계를 유지, 발전시키지 못한다. 예를 들면, 다른 아이들과 상상적 놀이를 함께하거나 친구를 사귀는 데 어려움을 겪는다. 심하면 또래친구에 대해 전혀 관심을 보이지 않는다.

다음으로 행동, 흥미 및 활동에서의 제한적이고 반복적인 패턴들은 다음과 같다.

첫째, 반복적인 운동 동작, 물체 사용 그리고 언어 사용이다. 예를 들면, 단순하게 반복적인 몸동작을 지속적으로 하거나, 장난감을 한 줄로 정렬하거나, 물체 뒤집기를 단순하게 반복한다든지, 의미 없는 단어를 반복적으로 사용하거나, 특이한 어구를 표현하는 것 등이다.

둘째, 동일한 것에 대한 고집, 일상생활에서의 완고한 집착, 또는 언어적 · 비언어적 행동의 의식화된 패턴을 나타낸다. 예를 들면, 작은 변화에 심한 불쾌감을 나타내거나 경직된 사고패턴이나 의식화된 인사법을 가지고 있으며, 매일 똑같이 고정된 일상활동을 하거나 동일한 음식을 먹으려는 모습을 보이는 것 등이다.

셋째, 매우 제한적이고 고정된 흥미를 보이는데 그 강도나 초점이 비정상적이다. 예컨대, 특이한 물건에 대한 강한 애착 또는 집착을 보이거나 고집스러운 흥미 등을 말한다.

넷째, 감각적 자극에 대한 과도한 혹은 과소한 반응을 보이거나 외부 환경의 감각적 측면에 대해서 비정상적 관심을 보인다. 예컨대, 고통이나 온도에 대해 현저하게 무감각하다든지, 특정한 소리나 재질에 대해서 혐오 반응을 보이거나, 특정한 물건을 만지거나 냄새를 맡는 데 집착한다든지, 어떤 빛이나 물건의 움직임에 지나치게 매료된다든지 등을 말한다.

DSM-5-TR에서는 앞의 두 가지 영역, 즉 사회적 상호작용의 결함과 제한적이고 반복적인 행동 패턴을 핵심 증상으로 기술하고 있다. 이를 바탕으로 심각도에 따라 1단계-도움이 필요한 수준, 2단계-많은 도움을 필요로 하는 수준, 3단계-매우 많은 도움을 필요로 하는 수준으로 평가한다. 자폐스펙트럼장애의 유병률은 전체 인구의 약 1%인 것으로 추산되고 있다.

2) 원인 및 개입

자폐스펙트럼장애는 유전과 같은 생물학적 원인에 의해 나타난다고 보지만 일반적으로 환경적 요인과의 상호작용으로 발생한다고 추정된다. 또한 뇌의 신경학적 손상에 의해 나타난다는 증거들이 발견되고 있으며 세로토닌과 같은 신경전달물질과 관련이 있다고 보기도 한다. 초기 일부 연구에서는 부모의 성격이나 양육방식이 아동의 자폐증을 유발한다고 보기도 하였으나 이후 대부분의 연구에서 이러한 주장들이 입증되지 못하였다.

자폐스펙트럼장애는 대부분 3세 이전에 발병한다. 양육자는 신생아기부터 아이가 양육자를 포함하여 다른 사람과의 상호작용에 관심이 없다는 사실에 걱정을 한다. 이후 점점 뚜렷하게 증상들이 나타나며, 전문기관을 통해 자폐스펙트럼장애로 진단받는다. 이 장애를 가진 대부분의 아동은 지적장애에 해당하는 지적 기능과 적응 기능을 나타낸다. 그러나 지적장애 아동과 달리 일부 자폐스펙트럼장애를 가진 아동 중에는 자신이 관심 있는 영역에 놀라운 기억력이나 지적 능력을 보이는 경우도 있다.

이 장애는 증상들로 인하여 행동을 학습하는 것이 상당히 어려운 것으로 알려져 있다. 보통 행동치료가 가장 일반적인 접근 방법이며, 부모와 가족의 역할이 매우 중요하다. 자폐스펙트럼장애를 가진 개인은 성인이 되어도 대부분 사회적 상호작용과 의사소통에 어려움을 겪는다.

자폐스펙트럼장애 중 언어능력과 지적으로 높은 기능을 가진 약 5% 이내의 사람들은 독립적으로 일하면서 살고 있다. 자폐스펙트럼장애를 가진 사람 중 약 1/3 정도만 부분적인 독립생활을 할 수 있지만 나머지의 사람들은 보호자나 다른 사람에게 의존하는 정도가 높은 것으로 알려져 있다. 따라서 이 장애의 개입에서 사회복지사는 옹호 역할을 비중 있게 다루어야 한다.

4. 주의력결핍 과잉행동장애

1) 특징

주의력결핍 과잉행동장애(Attention Deficit−Hyperactivity Disorder: 이하 ADHD)는 사회적, 학업적, 작업적 기능에 심한 장애를 초래하는 것으로 12세 이전에 증상을 보여야 한다. ADHD의 두 가지 핵심증상은 부주의와 과잉행동-충동성이다(APA, 2013).

부주의 측면을 살펴보면, 학업이나 다른 활동에 있어 주의집중을 하지 못하고 다른 사람의 이야기를 차분하게 듣지 못한다. 학교 숙제와 같은 과업을 제대로 이행하지 못하며 정당한 지시도 따르지 않고 지속적인 노력이 필요한 일이나 활동을 싫어한다. 또한 외부 자극에 쉽게 산만해지며 자신에게 필요한 물건을 잘 잃어버린다. 예컨대, 학교에 다닌다면 연필, 책, 우산 등을 자주 잃어버린다.

다음으로 과잉행동-충동성 측면을 보면, 가만히 앉아 있지 못하고 부산하게 움직이며 부적절하게 끊임없이 다니거나 지나치게 말을 많이 한다. 또한 충동적으로 다른 사람의 일을 방해하거나 불쑥 끼어든다. 차례를 기다리는 것이 어렵고 질문이 끝나지 않아도 중단하고 말을 한다.

ADHD를 지닌 아동은 대부분 자신의 행동이나 정서에 대해 스스로 조절하거나 통제하지 못하여 문제행동을 일으킨다. 따라서 부모와의 관계, 교사와의 관계, 또래친구와의 관계 모두에서 갈등을 경험한다. 이런 관계를 지속하게 되면 심리적 문제뿐만 아니라 학교생활이나 친구관계 등의 사회적 기능 영역에서도 심각한 문제를 초래한다. ADHD는 청년기 이후에 증상이 호전되는 경우가 많지만 품행장애나 반사회적 성격장애로 이어질 수도 있다.

ADHD의 유병률은 아동의 경우 약 5%이며 성인의 경우 약 2.5%로 보고되고 있다(APA, 2013: 61). ADHD의 발병 시기는 약 3세경이지만 초등학교에 입학할 때까지는 진단을 내리지 않는다. DSM-5-TR에서는 ADHD를 주의력 결핍형, 과잉행동-충동형, 그리고 혼합형의 세 하위 유형으로 구분하고 있으며 증상의 심각도에 따라 세 수준으로 평가한다.

2) 원인 및 개입

ADHD는 단일한 요인이 아니라 복합적인 생물·심리·사회적 요인에 의해 유발되는 것으로 알려져 있다. 생물학적 원인으로는 유전이나 뇌손상을 중요한 요인으로 보고 있으며, 노르에피네프린이나 도파민과 같은 신경전달물질이 관여한다는 주장도 제기되고 있다. 또한 아동의 과잉활동적인 기질과 부모의 잘못된 양육방식이 결합하면 ADHD가 발생한다고 보기도 한다.

ADHD는 약물치료를 통해 주의집중력을 높이고 산만한 행동을 감소시킬 수 있다고 알려져 있다. 그러나 약물치료가 모든 ADHD 아동에게 효과가 있는 것은 아니며 식욕 감퇴, 두통, 불면, 틱과 같은 부작용을 초래할 수 있다. 따라서 ADHD를 가진 아동에 대한 개입은 신중한 약물치료와 더불어 아동과 부모에 대한 효과적인 심리사회적 접근도 필요하다. 아동을 위한 개입에는 행동치료와 인지행동치료가 효과적인 것으로 알려져 있으며, 부모교육을 통해 아동과 부모가 효과적인 의사소통이 이루어지도록 하는 것도 중요하다.

ADHD는 정신보건영역의 사회복지사뿐만 아니라 지역사회에서 사회복지를 실천하는 사회복지사, 특히 학교사회복지사가 흔히 직면하는 문제라고 할 수 있다. 이때 약물치료만 해결책으로 제시하기보다는 아동과 긍정적 관계를 유지하면서 가족, 학교 및 지역사회의 다양한 자원을 활용할 수 있는 방법들을 찾아야 한다.

5. 품행장애

1) 특징

품행장애는 DSM-5-TR의 분류 범주 중 파괴적, 충동조절, 그리고 품행장애(Disruptive, Impulse Control, and Conduct Disorders)의 하위 유형 중 하나이다. 파괴적, 충동조절, 그리고 품행장애는 아동 · 청소년기에 처음으로 관찰될 수 있으며, 학교적응이나 사회적응에 많은 어려움을 가지는 장애이다. 파괴적, 충동조절, 그리고 품행장애는 정서와 행동의 통제와 관련하여 다양한 문제를 가지는 장애를 말한다. 여기에는 다른 사람의 권리를 침해하거나 고통을 주는 것 등을 포함하여 사회적 규범을 위반하는 부적응적 행동들을 포함한다.

DSM-5-TR에서는 이 장애범주의 하위장애로 적대적 반항장애, 품행장애, 간헐적 폭발장애, 병적 방화, 병적 도벽, 반사회성 성격장애를 포함하고 있다. 아동 · 청소년기에 심각한 부적응 행동과 관련 있는 장애는 적대적 반항장애, 간헐적 폭발장애, 그리고 품행장애이다. 여기서는 주로 품행장애를 중심으로 살펴볼 것이며, 성인기에 진단하는 반사회성 성격장애는 이후의 장에서 자세하게 다룰 것이다. 품행장애 이외의 파괴적, 충동조절, 그리고 품행장애의 하위 유형에 대한 간략한 설명은 〈표 4-4〉와 같다.

표 4-4 품행장애 이외의 파괴적 및 충동조절, 그리고 품행장애의 특징

장애 유형	특징
적대적 반항장애	적대적 반항장애(Oppositional Defiant Disorders)는 분노하며 짜증내는 기분, 논쟁적이고 반항적인 행동, 그리고 복수심의 세 가지 핵심증상으로 구성된다. 적대적 반항장애로 진단받는 아동은 화를 참지 못하고 어른들의 요구나 규칙을 무시하거나 고의적으로 타인의 기분을 상하게 하거나 귀찮게 한다. 자신의 잘못이나 실수에 대해서도 다른 사람 탓을 하고 복수심으로 타인을 괴롭힌다. 이러한 반항적 행동들이 6개월 이상 지속되어 가정이나 학교에서 심각한 문제가 발생하는 경우에 진단하게 되는데, 품행장애의 기준에 해당되지 않아야 한다. 적대적 반항장애는 성장하면서 자연스럽게 사라질 수도 있지만 품행장애나 우울장애 등으로 이어질 위험성도 많다.
간헐적 폭발장애	간헐적 폭발장애(Intermittent Explosive Disorders)는 공격적 충동을 통제하지 못해서 보이는 반복적인 행동폭발을 말하며, 분노발작이나 언어적 다툼과 같은 언어적 공격성 또는 재산, 동물, 타인에게 가하는 신체적 공격성이 심각하게 나타난다.
병적 방화	병적 방화(Pyromania)는 불을 지르고 싶은 충동을 조절하지 못해 반복적으로 방화를 하게 되는 장애를 말한다.
병적 도벽	병적 도벽(Kleptomania)은 개인적인 용도로 쓸모가 없거나 금전적으로 가치가 없는 물건을 훔치려는 충동을 참지 못해 반복적으로 도둑질을 하게 되는 장애이다.

품행장애(Conduct Disorder)는 아동·청소년기에 흔히 관찰되는 장애 중 하나이다. 품행장애로 진단받는 아동·청소년들은 다른 사람의 권리를 침범하며 자신의 나이에서 지켜야 할 사회적 규범을 어기는 행동을 반복적으로 나타낸다. 예를 들면, 폭력, 도둑질, 거짓말, 가출, 방화 등과 같이 난폭하거나 무책임한 행동을 통해 다른 사람을 고통스럽게 하는 행동을 하는 것이다. 심각하고 지속적인 비행 행동을 하는 청소년들은 품행장애에 해당될 가능성이 높다.

품행장애는 사람과 동물에 대한 공격, 재산 파괴, 사기나 절도, 중대한 규칙위반의 네 가지 범주에서 문제행동을 일으킨다. 품행장애를 지닌 청소년은 어른에게 반항적이고 적대적이며 복종하지 않는 경향이 있다. 또한 학교에서의 잦은 결석과 성적 저조, 흡연, 음주, 약물남용, 그리고 거짓말, 잦은 가출, 공공기관 파괴행동 등의 문제를 반복한다. 이러한 문제적 행동은 가정, 학교, 지역사회와 같은 다양한 장면에서 관찰된다. 품행장애 청소년은 자신의 문제행동을 다른 사람 탓으로 돌리며, 자신의 공격적이고 파괴적인 행동에 대해 죄책감이나 후회를 하지 않는다.

품행장애는 18세 이하 남자 아동의 6~16%, 여자 아동의 2~9%에서 나타나는 것으로 추산되고 있으며, 남성이 여성보다 4~12배 정도 많이 유발되는 것으로 알려져 있다(권석만, 2014: 393). DSM-5-TR에서의 진단기준은 다음과 같다.

표 4-5 품행장애의 진단기준

다른 사람의 기본적 권리를 침해하고 연령에 적절한 사회적 규범 및 규칙을 위반하는 지속적이고 반복적인 행동패턴이 지난 12개월 동안에 다음의 15개 기준 중 3개 이상으로 나타나야 하며, 그중 1개 이상의 기준은 지난 6개월 이내에 나타나야 한다.

사람과 동물에 대한 공격

1. 자주 다른 사람을 괴롭히거나, 위협하거나, 협박함
2. 자주 신체적인 싸움을 일으킴
3. 다른 사람에게 심각한 신체적 손상을 입힐 수 있는 무기 사용(예: 방망이, 병, 칼)
4. 다른 사람에게 신체적으로 잔인하게 대함
5. 동물에게 신체적으로 잔인하게 대함
6. 피해자가 보는 앞에서 도둑질을 함(예: 노상강도, 소매치기, 무장 강도)
7. 다른 사람에게 성적 활동을 강요함

재산파괴

8. 심각한 손상을 입히려는 의도로 고의적으로 불을 지름
9. 다른 사람의 재산을 고의적으로 파괴함

사기 또는 절도

10. 다른 사람의 집, 건물 또는 자동차를 파괴함
11. 어떤 물품이나 호의를 취득하거나 의무를 피하려고 자주 거짓말을 함
12. 피해자와 대면하지 않은 상황에서 귀중품을 훔침(예: 부수거나 침입하지 않고 물건을 사는 체하고 훔치기, 문서위조)

중대한 규칙위반

13. 부모의 제지에도 불구하고 13세 이전부터 자주 밤늦게까지 집에 들어오지 않음
14. 부모 또는 대리부모와 같이 사는 동안 적어도 두 번 이상 가출, 또는 한 번 가출했으나 장기간 귀가하지 않음
15. 13세 이전에 무단결석을 자주 함

출처: APA(2022), pp. 183-185.

2) 원인 및 개입

품행장애의 원인은 단일하지 않고 복합적인 요인에 의해 발생하는 것으로 알려져 있다. 주로 아동의 기질적 성향과 환경적 요인이 결합하여 발생한 결과로 본다. 생물학적 요인에 대한 연구는 부족하며, 주로 유전이나 뇌기능 장애 또는 손상에서 오는 기질적 문제를 원인으로 추정하고 있다.

품행장애의 원인에 대한 가장 활발한 연구는 부모의 양육태도와 가정환경 부분에서 이루어지고 있다. 부모의 강압적이고 폭력적인 양육태도나 무관심하고 방임적 양육태도는 품행장애를 촉발할 수 있다고 본다. 또한 가정불화, 가정폭력, 학대, 부모의 약물남용이나 정신장애 등도 아동의 품행장애와 연관될 수 있다. 빈곤계층과 같이 사회경제적 수준이 낮은 가정의 자녀들에게 품행장애가 유발될 가능성이 높은 것으로 알려져 있다. 그러나 인과관계가 객관적으로 입증된 것은 아니다.

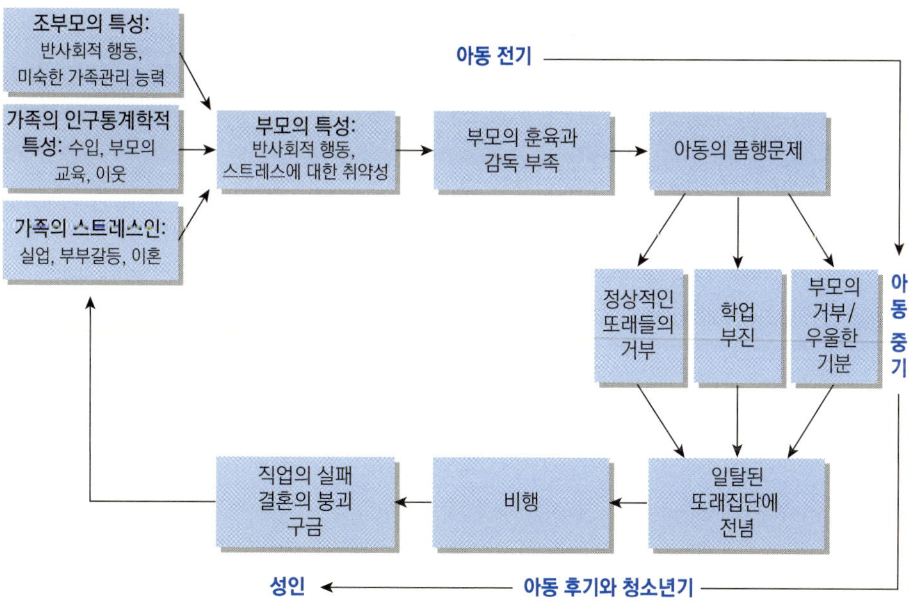

그림 4-1 품행장애의 발달경로에 대한 하나의 가설

출처: 김청송(2016), p. 597에서 재인용.

품행장애는 갑자기 나타나는 문제행동이 아니라 시간을 두고 서서히 여러 가지 부적응적 행동이 발생하다가 심각한 상황에 이르게 된다. 일반적으로 품행장애의 심각성이 낮고, 늦은 나이에 시작되며, 지능이 높은 경우에 예후가 좋다. 품행장애에 대한 개입은 부모나 교사뿐만 아니라 가족, 학교, 정신건강전문가, 지역사회의 협력하에 이루어져야 효과가 높다. 가장 바람직하지 않은 방법은 품행장애 아동 · 청소년에 대한 직접적 비난과 처벌이라고 할 수 있다. 이는 대상 아동과 청소년의 저항과 반발을 통해 문제행동이 악화될 수 있다.

품행장애를 가진 아동 · 청소년의 불만과 좌절을 사회적으로 받아들여질 수 있는 방법으로 표현하도록 교육하는 것이 중요하다. 또한 부모의 양육태도와 가정의 문제들이 변화될 수 있도록 부모를 교육하는 것도 필요하다. 특히 가정과 학교에서는 대상 아동 · 청소년과 함께 일관성 있는 보상과 처벌의 규칙을 만들어 꾸준히 실행해야 한다. 품행장애는 학교나 청소년 관련 기관에서 활동하는 사회복지사가 자주 접할 수 있는 문제 중의 하나이다. 이들 사회복지사는 사전에 품행장애의 특성에 대한 충분한 이해를 바탕으로 다양한 전문가와 함께 문제를 해결해 나가야 한다.

제 5 장

만성 정신장애

학습 목표

1. 조현병의 특징, 원인과 개입 방향을 설명할 수 있다.
2. 양극성장애의 특징, 원인과 개입 방향을 설명할 수 있다.
3. 주요우울장애의 특징, 원인과 개입 방향을 설명할 수 있다.

이 장에서는 DSM-5-TR의 22개 정신장애 범주 중에서 조현병 스펙트럼 및 기타 정신병적 장애, 양극성 및 관련 장애, 우울장애를 살펴볼 것이다. 특히 이들 정신장애의 하위 유형 중에서 조현병, 양극성장애, 주요우울장애를 자세하게 고찰하고자 한다.
이들 세 가지 정신장애는 현재 정신의료기관이나 지역사회 관련 기관에서 정신건강사회복지사 및 사회복지사들이 다양한 직접적인 서비스를 제공하고 있는 장애라고 할 수 있다. 이러한 장애를 지닌 개인들은 만성적인 정신증상들로 인해 일상생활이나 사회생활에 상당한 어려움을 경험하며, 장기간 및 복합적인 서비스를 필요로 한다. 제3부의 정신건강사회복지 실천방법들은 주로 여기서 설명하고 있는 조현병, 양극성장애, 주요우울장애를 지닌 사람들과 함께하는 실천방법들이라고 할 수 있다.

핵심 과제

1. 조현병을 지닌 사람의 사회적 배제 원인은 무엇인가?
2. 양극성장애와 심한 기분 변화를 어떻게 구분하는가?
3. 주요우울장애와 자살을 체계이론으로 어떻게 설명할 수 있는가?

1. 조현병

1) 특징

조현병은 DSM-5-TR의 정신장애 유형 중에서 조현병 스펙트럼 및 기타 정신병적 장애의 하위 유형 중 하나이다. 조현병 스펙트럼 및 기타 정신병적 장애(Schizophrenia Spectrum and Other Psychotic Disorders)는 기괴한 사고, 환각, 부적절한 행동과 감정, 혼란스러운 언어 그리고 사회적 고립을 특징적으로 하는 스펙트럼상의 정신장애를 말한다. 증상의 정도에 따라 가장 경미한 조현형 성격장애, 그다음으로 망상장애, 단기 정신병적 장애, 조현양상장애 순으로 심각하며, 가장 심각한 증상을 나타내는 장애는 조현정동장애와 조현병이다(권석만, 2014). 여기서는 조현병에 대해 자세하게 살펴볼 것이며, 나머지 장애에 대한 간략한 설명은 〈표 5-1〉과 같다.

표 5-1 조현병 이외의 조현병 스펙트럼 및 기타 정신병적 장애의 특징

장애 유형	특징
조현형 성격장애	조현형 성격장애(Schizotypal Personality Disorder)는 경미한 조현병의 증상이 성격의 일부처럼 나타나는 것을 말하며, 자세한 내용은 성격장애를 다루는 이후의 장에서 설명할 것이다.
망상장애	망상장애(Delusional Disorder)는 다른 적응기능은 비교적 적절하게 유지하고 있지만 망상이 특징적으로 나타나는 경우를 말한다. 이때 최소한 1개월 동안 지속된 하나 혹은 그 이상의 망상이 존재해야 한다. 조현병의 특징적 증상이 뚜렷하게 나타나면서 보이는 망상은 조현병으로 진단해야 한다.
단기 정신병적 장애	단기 정신병적 장애(Brief Psychotic Disorder)는 정신병적 증상, 즉 망상, 환각, 와해된 언어, 또는 긴장증 같은 극도의 비정상적인 정신운동 행동 중 최소 하나의 갑작스러운 발병이 포함되는 장애이다. 그리고 이러한 특징적 증상이 1개월 이내로 짧게 나타나는 것을 말한다.
조현양상장애	조현양상장애(Schizophreniform Disorder)는 특징적인 증상이 조현병과 동일하지만 지속 기간이 1개월 이상 6개월 이내로 나타나는 경우를 말한다. 만약 장애가 6개월 이상 지속되면 조현병으로 진단을 변경해야 한다.
조현정동장애	조현정동장애(Schizoaffective Disorder)는 조현병의 증상과 함께 양극성장애 또는 주요우울장애가 동시에 나타나는 것을 말한다. 조현정동장애를 정신병적 양상을 동반한 우울 또는 양극성 장애와 구별하기 위해서는 평생의 유병 기간 동안의 어떤 시점에 망상 혹은 환각이 주요 기분 삽화(우울 또는 조증) 없이 최소 2주

간 있어야 한다. 이 장애는 조현병보다는 음성증상이 덜 심하고 덜 지속적이며, 조현병의 증상들이 관해된 이후에 기분 증상들이 계속되면 주요우울장애나 양극성장애로 진단될 가능성이 높다. 조현정동장애의 양극형은 초기 성인기에 흔하며, 우울형은 더 나이 든 성인에서 흔하게 나타난다.

조현병(Schizophrenia)[1]은 사고, 지각, 정동, 행동 그리고 대인관계를 포함하는 사회활동 등 다양한 정신기능에 이상을 초래하는 대표적인 정신장애이다. 조현병은 현실검증 능력이 손상되어 비현실적인 지각과 비논리적인 사고, 혼란스러운 심리상태 등으로 나타난다. 조현병은 개인에 따라 다양한 질병의 과정과 예후를 가지며, 심각한 증상들로 인해 일상생활의 적응에 필요한 여러 사회적 기능들이 현저하게 저하되어 한 개인의 삶의 전 영역에 걸쳐 심각한 장애를 초래한다(Comer, 2014).

조현병의 주요 증상은 사고, 감정, 지각, 행동, 의욕 등 모든 영역에 걸쳐서 다양하게 나타나며, 개인에 따라 증상이 다르고, 한 개인에서도 시기에 따라 다른 증상들이 나타난다. 조현병의 증상은 크게 양성증상(positive symptom)과 음성증상(negative symptom)으로 구분할 수 있다.

양성증상은 겉으로 뚜렷하게 드러나는 증상을 말하며, 대표적으로 망상, 환각, 그리고 행동적 증상 등이다(APA, 2013). 망상은 주변 환경에 대한 부정확한 추론에 의한 잘못된 믿음으로서, 분명한 반대 증거가 있음에도 불구하고 사실이 아닌 생각을 사실이라고 믿는 것이다. 조현병의 또 다른 양성증상은 환각인데, 현저하게 왜곡된 비현실적 지각이며 실제의 외부자극이 없는데도 시각, 청각, 후각, 촉각, 미각 등의 감각을 통해 어떤 자극을 느끼는 것을 말한다. 환각은 감각의 종류에 따라 환청, 환시, 환촉, 환후, 환미 등으로 구분된다. 조현병에서 가장 많이 일어나는 환각 경험은 환청이다(DeLisi, 2009).

뚜렷하게 구분되는 행동적 증상으로는 와해된 행동과 말, 그리고 긴장성 행동이 있다.

---

1 조현병은 '정신분열장애' 또는 '정신분열증'으로 불리다가 1995년부터 사용된 '정신분열병'의 새로운 명칭이다. 이러한 변화에는 '정신분열병'이란 명칭이 조현병 환자와 가족들에게 고통을 더하고 치료에 걸림돌이 된다는 의견이 지속되어 연구조사가 2007년부터 시작되어 2011년에 '조현병'으로 병명을 수정하였다. 조현병(調絃病)의 의미는 '악기의 줄이 적당히 긴장을 유지하고 있어야 제 기능을 발휘하듯이 인간의 정신도 적절하게 조율되어야 제 기능을 유지할 수 있다'는 관점을 반영한 것이다. 조현병으로의 명칭 변경은 정신분열병의 말 그대로에서 나타나는 '정신의 분리' 혹은 '천형(天刑)'의 이미지로부터 벗어나고자 시도한 것이다. 이를 통해 사회적으로 부정적인 시각을 줄이고 보다 적극적으로 옹호 · 보호 · 치료 · 재활을 시도하여 사회의 한 구성원으로 살아갈 수 있도록 지원하자는 의미에서 비롯되었다.

와해된 행동과 말은 조현병을 지닌 개인이 사고를 논리적으로 진행시키지 못하여, 말하고자 하는 초점을 잃거나 도중에 다른 생각들이 침투하여 생각이 엉뚱한 방향으로 흘러가서 일관성과 상관성이 결여된 말을 하는 것이다. 또한 조현병을 지닌 사람은 심하게 혼란스러운 행동이나 긴장증적 행동을 보이기도 한다.

음성증상이란 일상생활이나 사회생활을 하는 데 있어서 기본적으로 필요한 기능이 부족한 것으로 감소된 정서표현과 무의욕증과 같은 증상을 나타내는 것을 말한다. 음성증상의 경우에 가족이나 주변 사람들이 이 장애를 가진 사람이 심각하게 게을러졌다고 오해하도록 만든다. 왜냐하면 일상생활이나 사회생활의 많은 영역에서 기능을 상실하거나 적응 행동들을 시도하지 않는 것으로 보이기 때문이다.

음성증상은 감정의 변화가 없고, 얼굴 표정에 변화가 없으며, 표현이 단조롭고, 말수나 행동이 줄어드는 모습으로 나타난다. 음성증상은 긍정적인 자극으로부터 쾌락을 경험하는 능력이 감소하는 무쾌락증(anhedonia), 어떠한 사회적 활동에도 무관심하며 어떠한 목표지향적 행동도 하지 않는 철회된 무의욕증(avolition), 주도성 부족, 사고의 느림, 개인의 위생관리를 못하는 것 등이 주된 증상이다(Davison & Neale, 2001).

조현병의 평생 유병률은 민족과 국가에 따라 약간의 차이가 있지만 0.3~0.7%로 알려져 있다. 조현병은 청소년기 이전에 발병하는 경우는 드물고, 주로 10대 후반에서 30대 중반까지 많이 발병하며, 대체로 남성이 여성보다 빨리 발병하는 경향이 있다. DSM-5-TR에서 제시된 조현병의 진단기준은 〈표 5-2〉에 나와 있는데 크게 핵심증상, 경과기준, 배제기준의 세 가지로 나누어진다.

핵심증상이란 조현병의 주요한 특징적 증상들을 말하며 환각, 망상, 혼란스러운 언어, 심하게 혼란스러운 행동이나 긴장증적 행동, 음성증상 등이다. 이 핵심증상 중에 두 개 이상의 증상이 적어도 한 달 이상 지속되면 조현병의 진단 조건이 된다.

경과기준에서는 증상의 징후가 최소한 6개월 이상 지속되면 조현병의 진단을 내린다. 또한 이러한 증상이 시작된 후 상당한 시간 동안 직업, 대인관계, 자기돌봄 중의 한 가지 이상의 영역에서 기능수준이 증상의 시작 전보다 현저하게 저하될 때 조현병의 진단을 내릴 수 있다.

배제기준에서는 조현정동장애와 정신증적 특성을 나타내는 우울 또는 양극성 장애, 물질이나 다른 신체적 질병의 생리적 효과에 의한 증상은 조현병 진단에서 제외한다.

표 5-2 조현병의 진단기준

A. 다음 중 두 가지 이상의 증상(1, 2, 3 중에 하나는 반드시 포함)이 1개월 동안(성공적으로 치료되었을 경우에는 그 이하일 수도 있음) 상당 부분의 시간에 나타나야 한다.
  1. 망상
  2. 환각
  3. 혼란스러운 언어(예: 빈번한 주제 이탈이나 뒤죽박죽된 표현)
  4. 심하게 혼란스러운 행동이나 긴장증적 행동
  5. 음성 증상들(예: 감소된 정서표현이나 무의욕증)

B. 이러한 증상이 나타난 이후에 상당 부분의 시간 동안, 한 가지 이상의 주요한 영역(직업, 대인관계, 자기 돌봄)의 기능수준이 이전보다 현저하게 저하되어야 한다.

C. 증상은 최소한 6개월 이상 지속되어야 하며, 이러한 6개월의 기간에는 기준 A를 충족시키는 증상들(즉, 활성기의 증상)을 나타내는 1개월 이상의 기간과 더불어 전구기 또는 관해기의 증상이 나타나는 기간을 포함한다. 이러한 전구기나 관해기 동안에 단지 음성증상만으로 나타나거나, 기준 A에 포함된 증상 중에 2개 이상의 증상이 약화된 형태(예: 기이한 신념, 비일상적인 지각경험)로 나타날 수 있다.

D. 조현정동장애와 정신증적 특성을 나타내는 우울 또는 양극성 장애의 가능성이 배제되어야 한다. 즉, (1) 주요우울삽화나 조증삽화가 활성기 증상과 함께 동시에 나타난 적이 없어야 한다. (2) 만약 기분삽화가 활성기 증상과 함께 나타났었다면, 그것은 활성기와 잔류기의 전체 기간 중 짧은 기간 동안에만 나타난 것이어야 한다.

E. 이러한 증상은 물질(예: 남용 물질, 치료 약물)이나 다른 신체적 질병의 생리적 효과에 의한 것이 아니어야 한다.

F. 아동기에 시작하는 자폐스펙트럼장애나 의사소통장애를 지닌 과거 병력이 있을 경우, 조현병의 진단에 필요한 다른 증상에 더해서 현저한 망상이나 환각이 1개월 이상 나타날 경우에만 조현병을 추가적으로 진단하게 된다.

출처: APA(2022), pp. 45-46.

2) 원인

(1) 생물학적 요인

많은 연구의 진전이 있었지만 아직까지 조현병에 대한 정확한 원인을 규명하지 못하고 있다. 그 이유는 조현병이라는 병의 개념이 명확하게 규명되어 있지 않고, 여러 가능한 원인의 개별적 영향력을 측정하기가 어려우며, 인간행동에 영향을 미치는 요소들이 매우 복잡하다는 것을 가정하기 때문이다. 현재까지 조현병은 생물학적 요인, 심리적 요인, 가족관계 및 사회환경적 요인 등이 복합적으로 작용하여 발병하는 것으로 본다(Comer, 2014).

생물학적 입장에서는 조현병이 대체로 뇌의 병이라고 인정하여 유전적 요인, 뇌의 구조적 또는 기능적 결함, 신경전달물질의 이상 등을 중요한 발병 원인이라고 본다. 조현병이 유전병은 아니지만 유전 경향이 발병에 영향을 미친다. 가계 연구에서는 조현병 환자의 부모나 형제자매는 일반인의 10배, 조현병 환자의 자녀는 일반인의 15배까지 조현병에 노출되기 쉽다고 알려져 있다. 부모가 모두 조현병일 경우에 자녀의 조현병 유병률은 36% 정도라고 보고되고 있다. 조현병 환자의 쌍생아 연구에서 일란성 쌍생아의 공병률은 약 57%이며, 이란성 쌍생아는 성이 같은 경우에는 12%, 성이 다른 경우에는 6%로 보고되어 있다(권석만, 2014: 180). 이러한 결과들은 조현병에 대한 유전적 영향력을 보여주는 것이다.

그러나 유전은 조현병 자체가 아닌 그 위험성이 유전되며, 유전자가 100% 일치하는 일란성 쌍생아의 경우에도 한 명이 조현병인 경우 나머지도 조현병인 경우가 57%에 그치기 때문에 유전자 이외의 성장 환경, 개인 경험, 교육 등의 다른 요인의 영향 역시 크다는 것을 알 수 있다. 따라서 유전적 요인 외에도 여러 다른 요인을 고려하여 발병 원인을 포괄적으로 이해하는 것이 바람직하다.

뇌의 구조적 이상을 조현병의 원인으로 가정하는 경우에, 조현병 환자는 정상인보다 뇌피질의 양이 적고 뇌실의 크기가 크며 전두엽, 변연계, 시상, 기저 신경절, 뇌간, 소뇌 등에서 이상을 나타낸다는 연구결과가 있다. 하지만 이러한 결과들이 일관성 있게 재확인되고 있지는 않다. 또한 조현병은 뇌의 기능적 이상과의 관련설도 제기되고 있는데, 전두엽 피질의 신진대사가 저하되어 있거나 좌반구의 과도한 활동 등이 조현병과 관련이 있다고 보기도 한다(민성길, 1990: 155).

또한 조현병에 영향을 미치는 뇌의 신경전달물질에 대한 많은 연구가 진행되었다. 그 중에서 도파민이 가장 주목받고 있다. 도파민은 뇌의 여러 영역에서 사용되는 중요한 신경전달물질로서, 뇌에서 도파민의 과다 분비 혹은 도파민 활동이 과잉상태가 되면 조현병이 발생한다고 본다. 그 증거로 조현병에 사용하는 대부분의 항정신병약물은 뇌에서 도파민의 활성을 낮추는 작용을 하여 조현병의 증상을 완화시키는 것에서 확인할 수 있다(박원명, 김찬형, 2014: 133).

조현병을 지닌 사람은 그렇지 않은 사람에 비해 선택적 주의집중, 일시적 주의력, 지속적 주의력, 정신·운동 협응 속도, 추상적 사고력, 개념형성 능력에서 저조한 수행을 보인다. 이러한 역기능은 신경전달물질의 이상으로 보며, 이 중 도파민이 조현병과 관련되어 있다고 본다. 이 외의 신경전달물질인 세로토닌도 조현병의 양성 또는 음성 증상과 관련이 있다고 알려져 있다. 이 밖에도 임신 중의 감염이나 중독과 같은 태내환경, 출생 시의 사고나 질병과 같은 문제들도 조현병의 원인이 될 수 있다.

(2) 심리적 요인

조현병의 심리적 요인에 대하여 여러 가지 견해가 제기되고 있으며, 크게 정신역동적 입장, 인지적 입장의 두 가지로 구분된다(Davison & Neale, 2001). 정신역동적 입장에서는 조현병이 생애 초기의 발달 과정에 근원적 원인이 있다고 보았고, 특히 모자관계에 관심을 가지고 조현병의 원인을 연구하였다.

프로이트(Freud)는 조현병 환자의 자아기능이 점점 초기 단계로 퇴행하면서 외부세계로 향해졌던 리비도 에너지가 점차 내부로 철수되어 자신의 자기상이나 신체상에 투여되면 과대망상이나 건강염려증적 증상이 나타난다고 보았다. 그 정도가 심해지면, 외부세계와의 관계가 단절될 뿐만 아니라 내부의 대상 표상과의 관계도 소원해지고 자폐적 세계로 철수하게 되어 심각한 심리적 기능손상을 가져오게 된다는 것이다.

설리반(Sullivan)은 조현병이 초기 대인관계의 이상, 특히 모자관계의 이상 때문에 발병한다고 하였다. 어머니의 잘못된 양육은 영아에게 항상 불안을 가진 자기(anxiety-laden self)를 형성하게 하여 유아가 자신의 필요를 충족시키지 못하도록 방해한다. 이러한 자기경험은 유아의 자존심에 심각한 손상을 남긴다. 조현병은 생애초기에 치명적인 불안을 겪었던 사람들의 취약한 자아가 대인관계에서 오는 극심한 불안을 처리할 수 없어서 퇴행하여 발현된다고 보았다.

클라인(Klein)은 청소년기 이후에 자아가 심한 스트레스에 직면하게 되면, 생후 1년 이내의 인간관계 패턴인 피해의식적 입장으로 퇴행하여 조현병적 증상이 나타난다고 하였다.

페데른(Federn)은 자아경계(ego boundary)가 붕괴되어 조현병이 발병하는 것으로 보았다. 조현병 환자는 자아경계에 투여되는 에너지가 감소하여 외부적 자아경계가 손상되고 심리적 현실과 외부 현실을 구분하지 못하는 망상과 환각 등의 증상이 나타나며, 내부적 자아경계의 약화로 초기의 미숙한 자아상태가 출현하게 된다는 것이다.

말러(Mahler)는 유아가 어머니와의 관계에서 정상적 자극이 결핍되어 어머니와 안정된 공생관계를 형성하지 못할 때 타인과 자신을 구분하는 자아경계에 문제가 생긴다고 하였다. 이렇게 분리개별화에 실패한 유아는 이후의 발달과정에서 독립된 개체로서 수행해야 하는 개인화 과제에 직면했을 때, 초기의 자폐적 단계로 퇴행하여 조현병이 나타나게 된다는 것이다.

인지적 입장에서는 조현병의 원인이 인지기능 중 주의(attention) 기능의 손상과 관련 있다고 본다. 조현병의 초기에 주의 기능이 손상되면, 외부의 많고 복잡한 정보에 대해 적절한 억제를 하지 못하여 심리적 혼란을 겪게 된다. 따라서 이러한 외부 자극으로 인한 심리적 혼란을 감소시키기 위해 단순한 논리로 혼란스러운 경험을 설명하려고 망상을 발달시킨다는 것이다. 또한 외부 자극에 대해 무감각해지고 사회적 관계를 회피하여 고립된 생활을 하는 증상으로 나타난다는 것이다(원호택, 이훈진, 2000). 인지적 입장에서 조현병은 기본적으로 사고장애라고 보며, 사고장애는 주의 기능의 손상으로 발생한다고 본다.

(3) 가족관계 및 사회환경적 요인

조현병을 유발하는 가족관계 요인에 관한 연구들이 많이 이루어졌는데 특히 부모의 양육태도, 가족 전체의 상호작용, 부부관계 등과 관련 있는 것으로 보고되고 있다. 한때 조현병을 유발할 수 있는 가족적 요인으로, 조현병 환자의 어머니는 차갑고 지배적이며 자녀에게 갈등을 조장하는 경향이 있다는 '조현병 유발적 어머니(schizophrenogenic mother)' 용어나 부모의 상반된 의사전달이 조현병에 영향을 준다는 '이중구속 이론(double-bind theory)'을 주장하기도 하였다. 그러나 여러 후속 연구에서 이러한 주장은 입증되지 않았다.

또한 가족이 환자에 대해 비판 · 공격성 · 적개심 등의 지나친 감정표현을 하게 되면 그렇지 않은 경우보다 조현병 환자의 재발률이 유의하게 높다는 보고가 있다. 이러한 가족의 특성은 '표현된 정서(expressed emotion)'라는 용어로 설명되고 있다(Brown, 1959).

가족 전체의 상호작용, 특히 의사소통의 장애가 조현병의 구성요인으로 작용한다고 보기도 한다. 조현병과 관련된 가족 간 의사소통의 특징은 불분명하고 비논리적인 소통방식이라고 할 수 있다. 이러한 의사소통의 유형은 합리적인 의사소통과 생각을 할 수 없도록 만들어 조현병의 발병과 경과에 영향을 준다.

부모의 부부관계 유형도 자녀의 조현병에 영향을 준다. 예컨대, 수동적인 배우자가 정신적으로 건강하지 못한 배우자에게 가족에 대한 통제권을 양보한 채 자녀에게 집착하거나 의존하는 경우를 말한다. 또는 부부가 만성적인 갈등상태에서 자녀를 자기편으로 만들기 위해 경쟁할 경우, 자녀는 자신이 편들지 않는 부모에게 죄책감을 느끼게 되어 독립적으로 성장하지 못한다(최정윤, 박경, 서혜희, 2006). 가족관계가 조현병을 일으키는 원인으로 입증되지는 않았지만 조현병의 경과나 재발에 부정적인 영향을 준다고 알려져 있다.

사회문화적 환경이 조현병의 발병에 영향을 미친다는 주장도 있다. 조현병은 사회경제적으로 낮은 계층에서 발생 빈도가 높다는 것이다. 이러한 원인에 대해서는 두 가지 가설이 존재한다. 먼저, 사회적 유발설(sociogenic hypothesis)로 설명하면, 낮은 사회계층에 속하는 사람은 낮은 교육수준, 낮은 취업기회 및 취업조건, 그리고 다른 사람으로부터의 부당한 대우 등으로 많은 스트레스와 좌절을 경험하며 그 결과로 조현병이 발병한다는 것이다.

또 다른 가설인 사회적 선택설(social selection hypothesis)로 설명하면, 이는 사회적 유발설의 상반된 설명으로서 조현병을 지닌 사람들이 사회생활을 하는 데 있어 부적응적 증상으로 인하여 사회경제적으로 낮은 계층으로 이동하게 된다는 것이다. 상반된 두 가설은 부분적으로 입증되었지만 명확한 인과성을 설명하고 있지는 못하다. 그러나 많은 조현병을 지닌 사람과 그 가족들이 빈곤 등의 사회경제적 어려움을 경험하고 있다는 것은 분명한 사실이다.

(4) 스트레스-취약성 모델

조현병은 하나의 원인으로 발병하는 것이 아니라, 생물학적, 심리적, 사회환경적인 다양한 요인이 복합적으로 작용하여 나타난다. 이렇게 개인의 특성과 환경의 상호작용을 강조한 것이 스트레스-취약성 모델이다. 스트레스-취약성 모델에 의하면 조현병의 만성적 경과는 정신장애 자체가 만성화되는 것이 아니라 정신장애에 대한 취약성이 지속되는 것이라고 본다. 생물학적이고 심리사회적인 취약성을 지닌 개인에게 스트레스 사건이 발생하여 그 적응부담을 감당하기 어려울 때 조현병이 발병한다는 것이다(권석만, 2014: 184-185).

이 모델에 의하면 조현병의 발병에 유전적 요인이 중요한 영향을 미치지만, 유전적 취약성을 지닌 사람이라 하더라도 과중한 환경적 스트레스가 주어지지 않는다면 조현병의 발병 없이 살아갈 수 있다고 본다. 또한 조현병이 발병하더라도 스트레스 정도가 줄어들면 증상이 감소된다고 본다(Zubin & Spring, 1977). 스트레스-취약성 모델은 조현병의 원인으로 제시된 다양한 요인을 통합하여 설명하며, 개입에 있어서도 다양하고 포괄적이며 지속적 개입의 필요성을 제기하는 것이다.

3) 개입

조현병은 다양하고 복잡한 원인에 의해 발병하므로 통합적 개입이 필요하다. 제3부에서 다루고 있는 대부분의 실천방법이 조현병을 지닌 정신장애인과 관련이 있기 때문에 여기서는 다양한 전문가에 의해 일반적으로 접근하는 개입의 방법들을 기술하고자 한다. 조현병에 대한 접근은 생물학적 원인에 따른 약물치료, 스트레스-취약성 모델에 근거한 정신사회재활 그리고 지역사회를 중심으로 하는 사례관리 등을 통합적으로 활용해야 한다. 또한 조현병 환자에 대한 주거서비스와 직업재활 및 지역사회에서 생활의 유지가 중요한데 이 부분은 제3부에서 자세히 다루기로 한다.

조현병의 증상이 심각하여 자신이나 타인을 위해할 가능성이 높다면 단기 입원치료를 받는 것이 바람직하다. 약물치료는 주로 양성증상의 완화를 위해서 적용되며 최근에는 음성증상의 개선에 도움이 되는 약물도 개발되고 있다. 조현병의 치료를 위해서는 항정신병약물이 처방되는데, 보통 세 가지 종류로 나뉜다(박원명, 김찬형, 2014). 첫째는 진정성 항정신병약물로서 흥분과 초조감 등의 흥분성 증상을 진정시키는 약물이고, 둘째는 항결핍성 항정신병약물로서 자폐적 위축이나 흥미결여 등의 증상을 호전시키는 약물이며, 셋째는 항생산성 항정신병약물로서 망상이나 환각 등의 양성증상을 억제하는 약물이다.

그러나 항정신병약물은 대부분 도파민 억제제로서 여러 가지 부작용을 동반한다. 그 중에서도 가장 대표적이고 심각한 부작용은 추체외로 부작용(extrapyramidal side-effect)으로서 근육이 긴장되어 행동이 어색하고 부자연스럽거나 안절부절못하는 좌불안석이 나타나며 이상한 자세, 손떨림, 무표정, 침흘림, 입맛 다시기, 혀의 지속적 움직임 등이 특징이다. 이 외에도 구강건조증, 식욕이나 성욕 저하, 비만, 구토, 변비 등의 부작용이 나타날 수 있다. 따라서 약물치료에서는 개인의 특성에 따른 조현병 증상을 최대한 억제하는 동시에 약물의 부작용을 최소화하여 환자의 긍정적 적응기능을 최대한 유지하도록 하는 적절한 약물을 선택하여 적당한 용량을 처방해야 치료 효과를 높일 수 있다.

정신사회재활은 스트레스-취약성 모델에 근거하여 약물치료와 동시에 다양한 심리사회적 개입의 필요성을 강조하는 접근법이다. 정신사회재활의 목표는 조현병을 지닌 사람의 대처능력을 강화시킴으로써 독립적 사회생활기술을 향상하고자 하는 것이다. 이러한 정신사회재활에는 환경치료를 포함하여 개인정신치료, 집단치료, 가족상담 및 치료, 가족교육, 정신건강교육, 사회기술훈련, 인지행동 및 행동치료 방법, 직업재활, 자조모임, 가족자조모임 등이 포함된다(김기태 외, 2016).

사례관리는 조현병과 같은 만성 정신장애를 지닌 사람의 재활과 사회복귀서비스 프로그램에서 효과적인 방법이다. 사례관리(case management)는 복합적인 욕구를 가진 사람들을 대상으로 지역사회의 다양한 자원을 활용하여 연속적이고 지속적이며 통합적인 서비스를 제공하는 방법이다. 조현병을 지닌 사람에 대한 사례관리는 항정신병약물의 개발과 탈원화로 인한 지역사회 중심 정신건강실천의 확대로 점차 강화되고 있다. 조현병을 지닌 사람에 대한 사례관리도 다른 대상과 마찬가지로 인테이크, 사정, 계획, 개입, 조정, 종결 및 사후관리 등의 과정으로 진행된다(유수현 외, 2018). 특히 사례관리는 정신건강복지센터에서 필수사업으로 지정되어 있으며, 정신재활시설이나 중독관리통합지원센터에서도 사례관리가 중요한 서비스로 인정받고 있다.

2. 양극성장애

1) 특징

양극성장애는 DSM-5-TR의 정신장애 유형 중에서 양극성 및 관련 장애의 하위 유형 중 하나이다. 양극성 및 관련 장애(Bipolar and Related Disorders)는 일상적으로 나타나는 사소한 감정의 변화가 아니라 기분의 변화가 매우 심하여 고양된 기분 상태와 침체된 기분 상태가 주기적으로 나타나는 일련의 장애를 의미한다.

DSM-5 이전에 양극성장애는 우울장애와 함께 기분 조절에 어려움을 겪는 병리학적 상태를 의미하였다. 그러나 DSM-5부터 우울장애와 양극성장애의 원인, 경과, 예후 등에서 차이를 지닌다는 최근의 연구 결과들을 토대로 독립된 진단범주로 분류하고 있다. DSM-5-TR에서 범주화한 양극성 및 관련 장애는 제 I 형 양극성장애, 제 II 형 양극성장애, 그리고 순환성장애로 유형화하고 있다.

순환성장애(Cyclothymic Disorder)는 경미한 형태의 조증(mania) 상태와 우울증(depression) 상태가 2년 이상 지속적으로 나타날 때 진단된다. 우울증은 기분이 비정상적으로 저조한 상태를 묘사하는 것이고, 반대로 조증은 일반적인 범위를 벗어난 들뜬 기분 상태를 말한다. 여기서는 양극성장애를 자세하게 살펴보기로 한다.

양극성장애(Bipolar Disorder)는 우울한 기분 상태와 고양된 기분 상태가 교차되어 나타나는 경우를 말하는데 기분이 몹시 고양된 조증 상태만 나타나거나, 기분이 저조한 우울증 상태와 고양된 조증 상태가 번갈아 나타날 때 진단된다. 과거에는 조울병으로 불리기도 하였으며, 양극성장애는 제 I 형 양극성장애와 제 II 형 양극성장애로 구분할 수 있다.

제 I 형 양극성장애(Bipolar I Disorder)는 기분이 비정상적으로 고양되는 조증 상태를 특징적으로 나타내는 장애를 말한다. 제 I 형 양극성장애는 가장 심한 형태의 양극성장애로 한 번 이상의 조증삽화(manic episode)가 나타나는 모든 경우를 말한다. 하지만 조증삽화의 기준을 모두 만족시키는 대부분의 사람은 평생 다수의 주요우울삽화(major depressive episode)를 경험하게 된다. 즉, 제 I 형 양극성장애를 가진 사람은 조증 상태만 나타내는 것이 아니라 어떤 시기에는 우울 상태를 보인다는 것이다. 따라서 양극성장애는 현재의 증상뿐만 아니라 과거의 병력을 자세하게 탐색해야 한다. 현재 주요우울삽화를 나타내고 있더라도 과거에 조증삽화를 나타낸 적이 있다면 우울장애가 아니라 제 I 형 양극성장애로 진단된다(이우경, 2016).

조증삽화의 핵심적인 양상은 비정상적으로 들뜨거나, 의기양양하거나, 과민한 기분, 그리고 활동과 에너지의 증가가 적어도 일주일간(만약 입원이 필요한 정도라면 기간과 상관없이), 거의 매일, 하루 중 대부분 지속되는 분명한 기간이 있으며, 〈표 5-3〉의 일곱 가지 증상 중 세 가지(의기양양한 것 대신 기분이 과민하기만 하다면 네 가지) 이상이 심각한 정도로 나타나야 한다.

표 5-3 DSM-5-TR에서 조증삽화의 증상들

① 팽창된 자존심 또는 과장된 자신감
② 수면에 대한 욕구감소(단 3시간의 수면에도 편안하게 느낌)
③ 평소보다 말이 많아지거나 계속 말을 하게 됨
④ 사고의 비약 또는 사고가 연달아 일어나는 주관적인 경험
⑤ 주의 산만(예: 중요하지 않거나 관계없는 외적 자극에 너무 쉽게 주의가 이끌림)
⑥ 목표지향적 활동의 증가(직장이나 학교 등의 사회적 활동 또는 성적 활동) 또는 정신 운동성 초조
⑦ 피해적 결과를 가져올 확률이 높은 쾌락적 활동에 지나치게 몰두함

출처: APA(2022), p. 57.

조증삽화 기간의 개인은 과도한 행복감과 '정상에 올라간 느낌'을 나타내며, 짧은 기간 동안 기분 변동이 빠르게 변화하며, 지속적이고 과도한 의욕을 보인다. 예를 들면, 공공장소에서 낯선 사람들에게 자연스럽게 스스럼없이 말을 걸 수 있다. 또한 그들은 어떤 사업의 내용도 모른 채 시작하고, 무비판적인 자신감과 과대감, 그리고 망상적인 부분도 나타낼 수 있다. 예컨대, 전혀 재능이 없는 상태에서 소설을 쓴다거나, 터무니없는 발명품을 홍보한다거나, 유명 인사와 특별한 관계가 있다는 과대망상을 가지기도 한다. 조증삽화 동안, 가장 흔한 증상 중 하나가 수면 욕구의 감소이다. 심하면 며칠 동안 전혀 잠을 자지 않고도 피곤하지 않을 수 있다.

조증삽화 기간의 개인은 말의 속도가 빠르고 말장난, 과도한 제스처 등을 보이며, 심하면 호전적인 말투, 공격적이고 장황한 연설 등을 보인다. 그들은 사고가 매우 빠르게 진행되어 한 주제에서 다른 주제로 갑자기 전환하거나, 심하면 사고가 너무 복잡하게 꼬여 있어서 언어로 표현하기가 어려운 경우도 있다. 또한 직업적 활동이나 성적 욕구 등이 지나치게 증가하여 부적절한 행동을 하기도 한다. 자신의 경제적 능력에 비해 지나친 소비나 과도한 투자, 비정상적이고 난잡한 성적 행동 등을 보이기도 한다. 조증삽화는 사회적 또는 직업적 기능의 현저한 손상을 초래하거나, 자해나 타해(예: 재정적 손실이나 불법 행위, 자해 또는 타해 행동)를 예방하기 위하여 입원이 필요할 정도로 심각해야 한다.

제II형 양극성장애(Bipolar II Disorder)는 제I형 양극성장애와 매우 유사하지만 조증삽화의 증상이 상대적으로 미약한 경조증삽화(hypomanic episode)를 보인다는 점에서 차이가 있다. 경조증삽화는 평상시의 기분과는 분명히 다른 의기양양하거나 고양된 기분이 적어도 4일간 지속된다. 제I형 양극성장애에서 언급된 7가지의 조증 증상 중 세 가지 이상이 나타나지만, 이러한 증상들로 인해 사회적·직업적 기능에 현저한 지장을 주지 않으며 정신의료기관에 입원할 정도까지 심각하게 진행되지도 않는다. 제II형 양극성장애는 과거에 주요우울장애를 경험한 적이 있으며 조증삽화보다 그 심각도가 미약한 경조증삽화를 나타내는 경우를 말한다(Fink & Kraynak, 2016).

양극성장애의 발병 연령은 10대 후반에서 20대 중반이다. 제II형 양극성장애가 제I형 양극성장애보다 약간 늦게 발병하는 경향이 있다. 양극성장애는 청소년기부터 어떤 연령에서도 발병할 수 있으며, 60~70대에서도 첫 발병이 일어날 수 있다. 아동·청소년의 경우에 생활연령이 동일하더라도 발달연령이 다를 수 있으므로 진단에 신중을 기해야 한다. 제II형 양극성장애는 흔히 처음에는 주요우울삽화로 시작되고 이후에 경조증삽화가 발생한다. 제II형 양극성장애로 진단되더라도 한 번 이상의 조증삽화가 나타난다면

제 I 형 양극성장애로 진단이 바뀌게 된다.

2) 원인

양극성장애는 생물학적 또는 심리사회적 원인으로 발생한다고 알려져 있다. 생물학적 원인은 유전적 요인에 대한 연구들이 많은데, 양극성장애로 진단받은 사람들 중에 많은 수가 부모나 형제자매들이 양극성장애나 주요우울장애를 지녔던 것으로 알려지고 있다. 이 밖에도 양극성장애의 생물학적 원인은 뇌구조, 신경전달물질, 신경내분비적 요인, 수면생리적 요인들과 관련이 있다(Comer, 2014).

양극성장애의 원인이 되는 생물학적 요인은 취약성을 제공하지만 발병의 시기나 양상은 심리사회적 요인에 의해서 영향을 받는다. 프로이트는 조증과 우울증의 핵심적 갈등은 동일하다고 보고, 조증은 무의식적 대상의 상실로 인한 분노와 책망의 에너지가 외부로 방출된 것이라고 하였다. 또한 조증은 견디기 힘들 정도로 고통스러운 사실에 대한 방어 능력의 결여나 왜곡을 통해 이를 해결하기 위해 과대망상이 나타나거나 가상적 현실을 구성하는 것이라고 본다(Cameron, 1963).

인지적 입장에서는 조증도 인지적 왜곡에 의해서 나타난다고 본다. 조증을 보이는 사람은 사소한 성공적 경험을 통해 무슨 일이든 크게 성공할 것이라는 과잉일반화의 오류, 자신의 행동이나 계획에 대한 잠재적 단점을 보지 못하고 장점만 보려고 하는 선택적 추상화 등의 인지적 오류를 범한다는 것이다. 아직까지 조증도 단일한 원인을 찾지 못하고 있으며 생리, 심리, 사회적 요인의 복합적 작용으로 추정하고 있다(Fink & Kraynak, 2016).

3) 개입

제 I 형 양극성장애를 가진 사람이 조증삽화를 보일 때는 약물치료를 우선적으로 고려할 필요가 있다. 이때 자신이나 타인에게 큰 손실이나 피해를 줄 우려가 있다면 단기 입원도 고려해야 한다. 약물은 항조증약물이 처방되는데, 가장 대표적인 약물이 기분조절제(mood stabilizer)인 리튬(lithium)이지만 최근에는 더욱 다양한 약물이 사용되고 있다. 양극성장애는 약물치료뿐만 아니라 인지행동치료를 통하여 인지와 행동을 수정하도록 돕는 방법도 고려되어야 한다.

양극성장애에 대한 치료는 대인관계의 안정과 사회적 일상생활의 규칙성이 재발을 막는 데 효과적이라는 연구결과에 따라 대인관계 및 사회적 리듬 치료(interpersonal and social rhythm therapy)도 실행하고 있다. 대인관계 및 사회적 리듬 치료는 양극성장애에 대한 교육과 환자의 일상생활을 요일과 시간대별로 기록하는 사회적 리듬 차트(social rhythm chart)를 통해 일상적 안정화를 도모하는 방법이다(권석만, 2014). 또한 가족을 대상으로 이러한 장애에 대한 정확한 지식을 제공하여 가족의 태도를 변화시킴으로써 양극성장애의 재발을 예방하고 회복을 앞당기도록 할 수 있다. 따라서 가족교육은 양극성장애의 개입에서 중요하다.

3. 주요우울장애

1) 특징

인간의 기분은 잔잔한 파도와 같이 언제나 변한다. 매 시간, 매일 혹은 어떤 주기 속에서 기분이 좋을 때도 있고, 침체될 때도 있다. 하지만 기분이 가라앉는 정도가 심해서 심리적으로 고통을 받는다거나 일상생활에 어려움을 겪는 경우가 생길 수도 있다. 반면에 기분이 너무 들떠서 심각하게 불안하거나 산만하여 부적응하게 만드는 경우도 발생한다. 우울장애(Depressive Disorder)는 기분이 지나치게 저조하여 개인에게 고통과 현실생활에 어려움을 가져다주는 증상들을 나타내는 장애이다. 즉, 슬픔, 공허감, 짜증스러운 기분과 수반되는 신체적, 인지적 증상으로 인해 개인의 기능을 현저하게 저하시키는 부적응 증상을 말한다(APA, 2013).

DSM-5-TR에서는 우울의 기간, 발생 시기, 추정되는 원인에 따라 파괴적 기분조절부전장애, 주요우울장애, 지속성 우울장애, 월경전불쾌감장애 등으로 유형화하고 있다. 여기서는 주요우울장애를 상세하게 살펴보고, 나머지 장애에 대한 간략한 설명은 〈표 5-4〉에 제시하였다.

표 5-4 주요우울장애 이외의 우울장애의 특징

장애 유형	특징
파괴적 기분조절 부전장애	파괴적 기분조절부전장애(Disruptive Mood Dysregulation Disorder)의 주요 특징은 만성적인 고도의 지속적 과민성이다. 이러한 과민성은 두 가지, 즉 빈번한 분노발작과 분노발작 사이에 만성적이고 지속적인 화가 난 기분의 존재이다. 분노발작은 언어적이거나 행동적으로 나타나며, 만성적이고 지속적인 화는 거의 매일, 하루 대부분 시간 동안 객관적으로 관찰 가능할 정도로 나타난다. 이 장애의 시작은 10세 이전이어야 하며, 6세 미만인 아이에게 적용되어서는 안 된다.
지속성 우울장애	지속성 우울장애(Persistent Depressive Disorder)는 2년 이상 지속된 우울한 기분을 비롯하여 식욕부진이나 과식, 불면이나 과다수면, 활력의 저하나 피로감, 자존감의 저하, 집중력의 감소나 결정의 곤란, 절망감 중 두 가지 이상의 증상이 나타날 경우 진단된다. 주요우울장애가 2년 이상 지속되면 지속성 우울장애의 진단도 추가해야 한다. 지속성 우울장애의 핵심 증상은 만성적인 우울감이다. 따라서 자신에 대한 부적절함, 흥미나 즐거움의 상실, 사회적 위축, 낮은 자존감, 죄책감, 과거에 대한 반추, 낮은 에너지 수준, 생산적인 활동의 감소가 만성적으로 지속된다. 그 결과 일상생활의 부적응이나 사회적 위축 그리고 실직 상태로 이어진다. 이 장애는 생애 초기(즉, 아동기, 청소년기 혹은 성인기 초기)에 서서히 발병하여 만성적인 경과를 나타낸다.
월경전 불쾌감장애	월경전불쾌감장애(Premenstrual Dysphoric Disorder)는 월경 주기 전에 반복적으로 불안정한 기분, 과민성, 불쾌감 그리고 불안 증상을 나타내며 월경 시작 또는 직후에는 이러한 증상들이 사라진다. 이러한 증상들은 전년도 대부분의 월경 주기에 존재해야 하며, 행동 및 신체 증상이 동반되고 직업이나 사회생활에 심각한 악영향을 미치게 된다.

주요우울장애(Major Depressive Disorder)는 가장 심한 증상을 나타내는 우울장애의 하위 유형이다. DSM-5-TR의 진단기준에 의하면 〈표 5-5〉에서 제시하는 9가지의 증상 중 5개 이상의 증상이 거의 매일 연속적으로 2주 이상 나타나야 한다. 이러한 5개 증상 중 적어도 하나는 ①항의 지속적인 우울한 기분과 ②항에 제시된 흥미나 즐거움의 현저한 저하가 반드시 포함되어야 한다.

또한 주요우울장애로 진단 내리기 위해서는 이러한 우울증상에 기인한 심각한 고통이나 사회적, 직업적, 기타 중요한 기능 영역의 손상이 초래되어야 한다. 그리고 우울증상이 물질남용이나 일반 의학적 상태에 의한 것이 아니어야 하며, 양극성장애의 삽화로 나타나는 것이 아닐 뿐만 아니라 다른 정신장애로 더 잘 설명되지 않아야 한다.

표 5-5 주요우울장애의 진단기준

1. 하루의 대부분, 그리고 거의 매일 지속되는 우울한 기분이 주관적 보고나 객관적 관찰을 통해 나타난다.
2. 거의 모든 일상활동에 대한 흥미나 즐거움이 하루의 대부분 또는 거의 매일같이 뚜렷하게 저하되어 있다.
3. 체중 조절을 하고 있지 않은 상태에서 현저한 체중 감소나 체중 증가가 나타난다. 또는 현저한 식욕 감소나 증가가 거의 매일 나타난다.
4. 거의 매일 불면이나 과다수면이 나타난다.
5. 거의 매일 나타나는 정신운동성 초조나 지체를 보인다. 즉, 좌불안석이나 처져 있는 느낌이 주관적 보고나 관찰을 통해 나타난다.
6. 거의 매일 피로감이나 활력상실을 나타낸다.
7. 거의 매일 무가치감이나 과도하고 부적절한 죄책감을 느낀다.
8. 거의 매일 사고력이나 집중력의 감소, 또는 우유부단함이 주관적 호소나 관찰에서 나타난다.
9. 죽음에 대한 반복적인 생각이나 특정한 계획 없이 반복적으로 자살에 대한 생각이나 자살 기도를 하거나 자살하기 위한 구체적 계획을 세운다.

출처: APA(2022), pp. 82-83.

주요우울장애를 겪는 사람의 기분은 일상생활 전체에 영향을 미친다. 그들은 정신적 고통을 호소하며 우울하고, 희망이 없으며, 기운이 없다고 말한다. 어떤 경우에는 울음조차도 나오지 않는다고 하소연한다. 주요우울장애가 있는 대부분의 사람은 불안을 경험하는데 이것은 두려움, 공포, 위험에 따른 내적 고통이다. 이런 불안은 자율 신경계의 신체증상으로 나타나기도 한다. 기분의 저하는 아침에 심하고 저녁이면 다소 가벼워지는 하루 중의 변화를 보이기도 한다.

주요우울장애를 겪는 사람은 우울하고 슬픈 감정뿐만 아니라 좌절감, 죄책감, 고독감, 무가치감, 허무감, 절망감 등과 정서상태가 지속된다. 흥미나 즐거움의 상실이 거의 항상 나타난다. 이전에 흥미를 가졌던 활동이나 가족 및 친구들과의 관계를 멀리하고 에너지가 없어 업무를 끝내지도 못하고 새로운 일은 시작조차 하지 못한다. 또한 생활 전반에 걸쳐 의욕이 전혀 없고 행동이 느리고 침체되어 있어 식욕장애, 정력 감퇴, 정신운동의 지연, 초조 등을 보인다. 심할 경우에는 숨 쉬는 일 이외에는 아무런 동작도 없고 외부 자극에 반응이 없는 우울성 혼수(depressed stupor)를 보이기도 한다. 하루하루를 산다는 것이 매우 힘겹고 버거운 일로 여겨지며, 미래는 비관적이고 절망적이라고 생각한다.

주요우울장애를 겪는 사람은 활력과 생기가 저하되어 있기 때문에 해야 할 일을 지연시키고 사회적 활동을 회피하여 위축되는 생활을 한다. 또한 주요우울장애를 가진 사람은 수면장애를 나타낸다. 그들은 아침에 잘 일어나지 못하고 쉽게 지치거나 피로해지며 밤에는 불면증이 나타나서 잠을 이루지 못한다. 불면증 이외에도 식욕부진, 체중 감소, 소화불량, 변비, 두통, 피로감, 오심 및 구토, 월경불순, 성욕 감퇴 등이 나타나기도 한다. 간혹 비전형적으로 식욕 · 체중 · 수면이 증가할 수도 있다.

주요우울장애를 겪는 사람의 사고는 자신이나 세상에 대한 부정적 견해를 특징으로 한다. 자신에 대한 무가치감 또는 죄책감이 동반되어 사소하게 과거에 실패하였던 일에 집착하거나 비현실적 · 부정적 평가를 하고 이것들이 망상적 수준까지 이를 수 있다. 사고의 흐름에 문제가 발생하여 생각이 잘 떠오르지 않는다고 하거나 머리 회전이 잘 안 된다고 표현한다. 그들은 상실감, 죄책감, 그리고 자살이나 죽음에 대한 계속적인 생각을 하거나 심한 경우에는 건강염려증, 신체망상, 빈곤망상, 허무망상, 죄책망상, 그리고 피해망상까지 나타날 수 있다.

한 번 우울장애를 경험한 사람 중에 약 50~60%는 두 번째 우울장애를 경험하며, 두 번의 우울장애를 경험한 사람은 세 번째 우울장애를 경험할 가능성이 70%, 그리고 세 번째 우울장애를 경험한 사람이 네 번째 우울장애를 경험할 가능성은 90%에 이른다(Simons, Murphy, Levine, & Wetzel, 1986). 가족 중에 심각한 우울장애를 경험한 사람이 있는 경우, 그렇지 않은 사람에 비해 1.5~3배 정도 발병가능성이 높다.

주요우울장애를 겪는 사람에게 가장 위험한 것은 자살사고와 자살행동이다. 우울증을 지닌 사람의 약 2/3는 자살사고를 가지고 있으며, 10~15%는 자살시도를 한다(Williams, Friedman, & Secunda, 1970). 우울증이 심각하면 자살을 시도할 동기와 기력조차도 가지지 못하기 때문에 주로 회복기에 자살을 계획하고 시도한다. 또한 행동과 사고가 느린 특성을 가지는 지체성 우울증의 자살은 죄업망상 때문에, 걱정, 불안 및 흥분의 특성을 가지는 초조성 우울증의 자살은 자신의 정신적이고 신체적인 고통이 괴로워서 자살을 시도한다.

2) 원인

(1) 생물학적 원인

우울장애의 생물학적 원인으로는 유전적 요인, 신경전달물질, 뇌 구조 및 기능, 내분비계통의 이상과 관련 있는 것으로 알려져 있다(박원명, 김찬형, 2014). 유전적 요인에 관한 연구는 가계연구를 통해 확인할 수 있다. 우울장애에 관여하는 신경전달물질은 노르에피네프린(norepinephrine), 에피네프린(epinephrine), 도파민(dopamine) 등이며, 이러한 신경전달물질이 결핍되면 우울장애가 생기고 반대로 과다하면 조증이 생긴다고 본다. 그러나 아직까지 신경전달물질이 우울장애에 영향을 미치는 기제를 완전하게 밝혀내지는 못하고 있다.

또한 우울장애가 시상하부(hypothalamus)의 기능장애로 인해 생긴다는 주장도 있는데, 이는 뇌하수체 호르몬이나 부신선 또는 갑상선의 기능장애로 우울증상이 동반된다고 보는 것이다. 내분비 호르몬인 코르티솔(cortisol)의 상승이 우울장애와 관련이 있다는 주장도 있다. 특정한 계절에 주기적으로 우울장애가 나타난다면 이는 생체리듬과 관련이 있다고 보기도 한다.

(2) 심리적 원인

우울증의 심리학적 요인으로는 정신분석이론, 행동주의이론, 인지이론 등에서 다양한 차원으로 다루고 있다. 프로이트의 정신분석이론에서는 우울장애를 분노가 무의식적으로 자기에게 향해진 현상이라고 본다. 프로이트는 우울장애를 기본적으로 사랑하던 대상의 무의식적 상실에 대한 반응이라고 보았다.

행동주의이론에서는 우울장애가 긍정적 강화의 상실, 강화유발 행동의 감소, 우울행동의 강화에 의해서 발생하고 유지된다고 본다. 사랑하는 사람의 사망이나 파산 등과 같이 우울장애를 유발하는 사건들은 긍정적 강화의 원천을 상실하는 것이기 때문에 즐거운 경험이 감소하고 불쾌한 경험이 증가한다. 이러한 사람들은 다른 사람으로부터 강화를 얻을 수 있는 사회적 기술이 부족하거나 불쾌한 상황에 대처하는 기술이 부족하고 긍정적 강화의 결핍상태가 지속되어 우울증상이 나타난다. 무기력이나 사회적 고립 등과 같은 우울증상이 다른 사람으로부터 관심, 위로, 걱정 등과 같은 강화를 얻어 낼 수도 있는데, 이는 일시적으로 우울증상을 완화시킬 수 있지만 장기적으로는 역효과를 나타낼 수 있다.

인지이론에서는 우울장애의 일차적인 원인이 개인의 부정적이고 비관적인 생각이라고 본다(권석만, 2014: 149-150). 우울한 사람들은 자기 자신, 자신의 미래, 주변 환경을 부정적으로 평가하는 독특한 사고방식을 가진다는 것이다. 그들은 자신과 관련된 생활사건의 의미를 잘못 해석하는 인지적 오류(cognitive error)를 통해 현실을 부정적인 방향으로 왜곡하는 것이다.

일상생활에서 겪는 크고 작은 생활사건들의 의미를 해석할 때 인지적 오류를 자주 범하게 되면, 부정적인 생각을 많이 지닐 수밖에 없고 그 결과 심리적 고통이 가중되어 우울장애로 발전한다. 우울장애에 대한 심리학적 원인은 우울의 경과와 해결을 위한 다양한 이해를 심화시킬 수 있지만 주요우울장애와 같은 심각한 우울의 문제를 모두 설명하지는 못한다. 행동주의이론과 인지이론은 우울장애의 재발과 사회적 기능을 향상시키는 데 기여할 수 있다.

(3) 사회적 원인

우울장애는 개인을 둘러싼 부정적 생활사건이 영향을 미친다. 즉, 상실과 실패를 의미하는 부정적 생활사건이 우울장애를 촉발한다. 부정적 생활사건은 가족의 사망이나 심각한 질병, 경제적 파산이나 실직, 직장 해고나 학업의 심각한 부진 등이다. 또한 사소한 부정적인 사건, 예를 들면 가족이나 친구와의 다툼, 사소한 비난, 낯선 사람으로부터 불쾌한 일을 당함, 게임에서 지는 것 등이 오랜 기간 지속된다면 우울장애의 촉발요인으로 작용할 수 있다.

개인에게 부정적 생활사건이 있다고 하더라도 다른 사람이나 국가제도를 통해서 심리적 또는 물질적 지원을 충분히 받는다면 우울장애를 예방하거나 완화시킬 수 있다. 사회적 지지는 인정과 돌봄 등의 심리적 지지도 중요하지만 개인의 생활 문제를 실제적으로 해결할 수 있는 경제적 지원이나 심각한 질병에 대한 적극적 치료도 중요하다. 즉, 우울장애는 생활사건이나 경제적 곤란 등의 사회적 원인이 촉발요인으로 작용할 수 있다는 것이다.

3) 개입

우울장애는 심각할 경우에 자살과 같은 치명적인 결과를 낳을 수 있지만 시간과 상황이 변함에 따라 자발적으로 회복되기도 한다. 우울장애의 치료법에는 약물치료, 인지치료, 정신치료 등이 있다(Comer, 2014).

약물치료는 우울장애의 생물학적 원인에 근거한 치료로서, 대표적인 약물은 삼환계 항우울제, MAO 억제제, 세로토닌 재흡수 억제제 등이 있다. 이러한 약물들은 모두 신경전달물질의 균형을 조절하는 역할을 한다. 그러나 약물치료는 약물에 대한 거부감, 약물 부작용, 효과적 반응을 보이지 않는 개인의 존재, 약물 중단 시 증상의 재발 가능성 등의 한계도 존재한다(권석만, 2014: 152). 따라서 우울장애는 약물치료뿐만 아니라 다양한 심리사회적 접근도 동시에 이루어져야 한다.

인지치료는 우울장애를 가진 개인에게 자신을 우울하게 만드는 현실 왜곡적인 부정적 사고를 자각하여 보다 합리적인 사고로 대체함으로써 현실 적응력을 높이도록 하는 것이다. 인지치료에서는 개인을 우울하게 만드는 부정적인 자동적 사고와 역기능적 신념을 찾아내고 변화시키기 위해 구체적 기법들을 활용한다. 또한 인지의 변화와 동시에 우울장애를 가진 사람의 부적응적 행동을 변화시키기 위해 행동치료의 다양한 기법도 활용한다.

정신치료는 우울장애를 가진 사람의 무의식적 갈등을 확인하여 대상자에게 적절한 방법으로 직면시키고 해석하는 접근법이다. 치료자는 우울장애를 가진 사람의 무의식적 좌절과 대인관계 방식을 이해하게 할 뿐만 아니라 중요한 타인에 대해 억압하고 있었던 분노감정을 자각하게 한다. 이러한 과정을 통해 우울장애를 가진 사람의 우울증상에 대한 전반적 맥락을 이해하게 하고 새로운 통찰을 가져서 우울로부터 회복하는 것이다. 우울장애에 대한 정신치료의 효과성 논란은 지속되고 있다.

우울장애를 가진 개인의 환경을 조정하는 것도 필요하다. 예를 들면, 심각한 아동학대나 노인학대를 경험하여 우울장애를 겪고 있는 개인은 그러한 물리적 환경으로부터 분리될 필요가 있다. 또한 심각한 질병이나 경제적 파산으로 촉발된 우울장애의 경우에는 그러한 개인적, 경제적 곤란으로부터 벗어날 수 있는 실제적 회복이나 미래 전망이 필요하다.

우울장애에서 가장 바람직하지 않은 결과는 자살로 이어지는 경우이다. 다양한 원인이 복합적으로 작용하여 자살생각이나 자살시도, 그리고 자살로 이어질 수 있지만 우울과 자살의 관련성이 지나치게 부각되고 있다. 이는 다양한 상황과 사건들의 지속적 결과로 인해 심각한 우울 상태로 귀결되면서 우울이 자살을 유발하는 단일화된 원인으로 설명되는 것이다. 자살은 매우 복잡하고 다양한 상황의 연속으로 발생하는 것이기 때문에 해결을 위해서는 개인적, 사회적, 문화적 차원에서 다양한 방법을 통합적으로 적용해야 한다. 어떤 원인에 의해서든지 간에 심각한 우울은 자살과 관련이 있기 때문에 〈표 5-6〉에서 자살에 대한 기본 이해를 살펴보고자 한다.

표 5-6 자살에 대한 기본 이해

1. 자살의 정의

자살(自殺)의 한자를 풀이하면 '스스로(自)를 죽이는(殺) 것'이며, 영어의 자살(suicide)에 대한 어원도 라틴어의 sui(자기 자신을)와 caedo(죽이다)의 두 낱말을 합성한 말에서 비롯되었다. 세계보건기구(WHO)의 정의에 의하면, 자살이란 자살 행위로 죽음을 초래하는 경우로 죽음의 의도와 동기를 인식하면서 자신에게 손상을 입히는 행위라고 규정한다.

프로이트는 자살이란 자기 자신에게 향해 있는 죽음 본능(thanatos)의 활동 요소가 극적으로 표현되는 것이라고 보았다. 융은 자살이란 이미 생의 모든 의미를 상실했다고 사무치게 느끼는 사람에게 정신적인 재생을 갈구하는 소원이라고 하였다. 또한 뒤르켐(Durkheim)은 자살이란 장차 초래될 결과를 알고 자신에게 행하는 적극적 또는 소극적 행동의 직접 또는 간접적 죽음의 형태를 띠고 있는 자신에 대한 살인행위라고 하였다.

2. 자살의 유형

자살은 이기적 자살, 이타적 자살, 아노미 자살로 분류할 수 있다(Durkheim, 1951). 이기적 자살(egoistic suicide)이란 지나친 개인주의의 영향으로 개인이 사회에 통합되지 못하여 오직 자신의 의지와 능력에 의존하게 되고 그 힘이 약화되면 자살을 하는 것이다. 즉, 자살자는 오직 자신만의 자원에 의존한 채로 스스로 죽음을 맞이한다는 뜻이다.

이타적 자살(altruistic suicide)이란 개인이 특정한 사회 집단에 대한 몰입이 과도하여 소속된 사회 집단에 대한 의무감으로 자살을 선택하는 경우를 말한다. 이는 전투에 패한 장군의 자살, 종교인의 순교, 침몰하는 선박과 함께 자살하는 선장 등이 해당된다.

아노미 자살(anomic suicide)이란 사회가 병적으로 혼란스럽거나 무질서하여 개인에게 새로운 변화 상황에 대처할 수 있도록 사회가 더 이상 강력한 구속력을 행사할 수 없을 때 나타나는 자살을 말한다. 이는 복권에 당첨된 졸부의 자살, 주식 폭락으로 인한 자살, 경제 파산으로 인한 자살, 인기가 순식간에 폭락하거나 폭등한 연예인의 자살, 갑작스러운 실직으로 인한 자살 등이 해당된다.

3. 자살의 원인

자살은 매우 복합적인 원인에 의해서 발생한다. 이론적으로는 생리학적, 심리학적, 사회학적차원에서 설명되고 있지만 원인을 명료하게 밝히기가 어렵다. 왜냐하면 일반적으로 우울증이 자살생각, 자살시도, 그리고 자살과 강력한 연관이 있는 것으로 알려져 있지만 이는 많은 다양한 원인에 장기간 노출된 최종 결과로 우울증이 발생하기 때문이다. 즉, 어떤 사람이 직장을 상실하거나 경제적으로 파산한 경우에 오랜 기간 다양한 노력으로도 이를 극복하지 못하면 결국 우울증으로 귀결되는 것이다. 개인에게 나타나는 우울, 고독, 소외, 좌절, 자기부정, 무의미 등과 같은 생리 · 심리적 문제는 사회 · 문화적 환경에 의해서 조장되거나 강화된다는 의미이다.

4. 자살의 개인적 특성

자살은 복잡한 외부 환경적 요인의 영향을 받지만 최종적 선택은 개인이 하는 것이다. 심리학적으로 자살은 자살생각에 대한 공상을 자주 하는 사람, 상실의 고통이나 자기애적 손상, 지나친 분노와 죄책감, 죽은 사람과 동일시하는 사람에게 발생한다고 알려져 있다(엄태완, 2020). 또한 자살하는 사람은 자살을 시행함으로써 복수, 권력, 지배 혹은 징벌, 용서, 희생 또는 회복, 탈출 혹은 구원, 부활, 죽은 사람과의 재회, 그리고 새로운 삶과 같은 소원을 바라는 것이라고 보기도 한다.

자살하는 사람의 개인적 특성은 다음과 같이 여섯 가지로 정리할 수 있다. 첫째는 상황적 특성인데, 참을 수 없는 심리적 고통과 좌절된 심리적 욕구에 기인한다. 둘째는 능동적 특성인데, 목적은 문제해결이며, 목표는 목숨을 끊는 것이다. 셋째는 정서적 특성인데, 절망감과 무력감이 존재한다. 넷째는 인지적 특성인데, 인지 상태가 제한적이어서 다른 대안이 없다고 생각한다. 다섯째는 관계적 특성인데, 자신의 결정을 이해시키는 의도적 의사소통이거나, 의도한 바를 실행하거나, 관계적 고통을 없애는 것이다. 여섯째는 자살 결정은 자신 나름의 논리적인 것이며 일생 동안 개인의 대처방식과 조화를 이룬다.

자살시도의 징후들은 다양하지만 슬픔, 우울증 또는 신경증을 보이거나 평소와는 다른 단정하지 않은 외모, 어떤 명백한 이유 없이 흐느낌, 미래에 대한 절망감을 표현하는 비관적 태도, 평소 활동에 대한 관심의 상실, 자신에 대한 나쁜 감정, 자기가 없어지면 세상이 좋아질 것이라고 말하거나 죽는 것이 낫다고 말하는 것, 소중히 여겼던 소유물을 버리는 것, 논쟁하지 않고 농담에 웃지도 않는 것, 자신이 심하게 희생되었다고 느끼는 것 등이다.

5. 자살 상담의 실제(권진숙, 김정진, 전석균, 성준모, 2009: 292-299)

1) 직접적 질문

많은 사람은 자살 위험에 있는 개인에게 '자살'에 대한 직접적 질문을 힘들어한다. 왜냐하면 너무 개인적인 일이고, 혹은 더 큰 상처를 주어서 문제를 심각하게 만들 것이라는 염려, 자신이 감당하기에 너무 부담스럽다는 생각 등이 있기 때문이다. 그러나 상담가는 자살에 대한 생각, 경험, 의도, 계획, 방법 등을 구체적으로 질문해야 한다. 이때 주저하거나 두려워하고 미안해하는 태도를 보이는 것이 아니라 담담하고 명확하게 질문해야 한다.

2) 경청

자살에 대한 분명한 의지를 확인하였다면 자살의 방법과 시행계획에 대한 질문과 경청이 필요하다. 자살에 대해 오랜 기간 생각해 왔던 사람이라면 진정으로 자신을 이해하는 다른 사람과 깊은 대화를 나누고 싶은 욕구도 있다. 이때 섣부른 희망과 충고보다는 진지한 자세로 우선 그들의 이야기를 듣는 것에서 시작해야 한다.

3) 위험성 평가

자살의 위험성을 평가하는 것은 쉽지 않지만 그들의 감정, 행동이나 선행사건, 최근의 변화, 그리고 자살과 관련된 위협들을 관찰하거나 면담하면서 확인할 수 있다. 감정은 절망, 통제력 상실, 무가치, 죄책감, 수치심, 슬픔, 불안과 분노 등으로 휩싸인다. 감정 상태에 대한 표현으로는 '결코 좋아지지 않는다', '사람이 할 수 있는 일이 없다', '나와 다른 사람을 해칠 것 같다', '미칠 것 같다', '내가 없으면 모두 잘 지낼 것이다' 등이다.

행동적 특성으로는 약물이나 알코올을 남용하거나, 말이나 글로 죽음에 대한 표현을 하거나, 악몽, 공격성과 무모함 등을 보인다. 최근의 변화로는 더욱 위축되고 냉담해지거나 우유부단해지거나, 일상의 일과에 집중을 못하거나, 너무 많이 자거나 불면증이 심하고, 식욕과 체중이 늘어나거나, 예전에 즐기던 활동에 대한 흥미가 급격히 줄어드는 증상 등이 나타난다. 위협적 사건들은 위협적 언어(피를 흘리면서 죽으려면 얼마나 오래 걸릴까, 그다지 오래 네 주위에 있을 수 없을 거야), 위협적 행동(손목을 긋거나 약물을 과용하는 등), 물건을 정리하고 소중하게 생각하던 것을 남에게 나눠 주거나, 치명적 약물에 대해 공부하고 무기를 준비하는 구체적 계획 등을 말한다.

4) 도움 제공

자살을 생각하는 사람에게는 적극적인 도움의지를 표현해야 한다. "당신은 혼자가 아닙니다. 제가 도움을 드릴 수 있을 것입니다.", "저는 당신이 다치지 않고 이 문제를 해결할 수 있도록 도움을 주고 싶습니다."

5) 안전한 환경 확보

안전한 환경을 확보하는 것은 자살 위험에 있는 사람에게 가장 필수적이고 반드시 확인해야 하는 내용이다. 만약 약, 칼 등의 자살 도구가 있다면 달라고 요청하고, 옥상에서 뛰어내리겠다면 집안에서 이야기하자고 해야 한다. 자살 위기의 응급 상황에서 클라이언트를 안전하게 보호한다는 것이 쉬운 일은 아니지만 반드시 수행해야 하는 일이다.

6) 클라이언트의 표현 격려

자살을 시도하는 사람에게 자살을 통해 문제를 해결하거나 무엇을 성취할 수 있는 것이 아니라는 인식을 가지도록 이야기를 듣는 것이 필요하다. 몇 가지 내용을 살펴보면 다음과 같다. 첫째, 클라이언트의 말과 행동이 조리가 없거나 위협적이라도 온 정성을 다하여 주의를 기울여 듣고 반응해야 한다. 둘째, 자살에 대해서도 일상적인 이야기처럼 담담하고 개방적으로 해야 한다. 셋째, 자살생각에 대해 비난도 긍정도 하지 않아야 한다. 넷째, 몹시 당황하거나 압도당한 느낌을 완화시키도록 해야 한다. 다섯째, 상투적인 표현을 하지 않아야 한다(당신의 기분을 이해한다, 내일 아침이면 기분이 좋아질 것이다, 시간이 지나면 다 괜찮아진다 등). 여섯째, 자살을 시도하는 사람이 자신을 이해하지 못했다고 말하는 것에 대해 당황해하거나 두려워하지 않아야 한다.

7) 안전망 형성

자살시도자가 응급 상황에서 벗어난다면 보다 장기적인 안전망을 형성해야 한다. 이때 가족이나 지역사회의 자원들을 충분히 활용하여야 한다. 가족이 보다 집중적으로 보호하도록 하거나 지역사회의 자살예방 관련 자원들을 연결시켜 주어야 한다.

8) 생존계획의 수립

자살시도자가 단기간 병원에 입원이 의뢰되었거나 전문가에 의한 집중적 보호가 이루어지고 있지 않다면 추가적인 생존계획이 수립되어야 한다. 지역사회에 거주하면서 필요한 안정성의 확보, 전화 연락처의 확보, 상황이 악화되었을 경우의 위기 대처법 등이 명확하게 수립되어 실행에 옮겨질 수 있도록 해야 한다.

6. 사회적 대처

나라마다 자살률은 다르다. 2020년 기준으로 우리나라의 자살자수는 인구 10만 명당 24.1명으로 해당 통계가 집계된 19개 OECD 국가 중 가장 높았다(OECD Health Data, 2022). 우리나라의 2022년 인구 10만 명당 자살률은 25.2명으로 1995년의 11.5명과 비교하면 엄청난 증가이다(통계개발원, 2024). 2020년 기준으로 OECD 국가 자살률 평균이 인구 10만 명당 10.7명임에 비추어 볼 때 우리나라는 매우 높은 수치이다. 자살은 오랜 기원을 가지고 있으며 모든 지역과 문화권에서 일어나고 있지만 특정 국가 단위로 특별히 빈번하게 발생한다면 그 국가의 상황적 조건을 확인해야 한다.

자살은 지극히 사적인 사건으로 간주되어 개인적 동기에 주로 초점이 맞추어진다. 예를 들어, 경제적 어려움의 지속으로 우울을 극복하지 못한 가장이 스스로 목숨을 끊었다는 설명으로 자살의 원인을 경제적 곤란과 우울에서 찾는 것이다. 하지만 한 나라에서 나타나는 자살의 급증과 높은 자살률은 사회적 변화와 관련성이 있을 가능성이 매우 높다. 우리나라의 경우 자살률 증가는 1997년 외환위기 이후 증가한 경제적 불평등, 경제적 성공의 강조, 상대적 박탈감, 인간의 도구화, 경쟁주의 심화, 가족제도의 약화, 노년층의 증가 등과 관련이 있다(신동준, 2012).

따라서 자살의 개인적 원인에 따른 대처도 필요하지만 사회 · 문화적 원인을 찾고 이를 해결하려는 노력도 중요하다. 사회 · 문화적 원인에 근거한 자살은 종국적으로 자살시도자에게 나타나는 우울증의 문제로 치부하지 않아야 한다. 우울증과 같은 정신질환의 원인으로 자살을 시도하는 사람들과 마찬가지로 사회 · 문화적 원인에 의한 자살에도 많은 관심을 기울여야 한다.

우리나라는 민관이 협력하여 자살예방에 많은 노력을 기울이고 있으며, 이에 따른 가시적인 효과도 어느 정도 나타나고 있다. 그러나 우리 사회는 경제적 성공 이외의 삶에 대한 가치 무시, 물질만능주의, 인간 소외, 경쟁 이후의 무관심 등과 같이 자살과 관련 있는 사회 · 문화적 요인들이 오히려 강화되고 있다. 자살의 원인을 단지 개인 병리적이라고 치부하고 이에 따른 치료나 예방에서 벗어나 인간존엄성에 대한 획기적인 패러다임 전환이 있어야 할 시점이다.

제 6 장

불안장애와 외상 및 스트레스 관련 장애

학습 목표

1. 사회불안장애의 특징과 원인 및 개입 과정을 설명할 수 있다.
2. 공황장애의 특징과 원인 및 개입 과정을 설명할 수 있다.
3. 범불안장애의 특징과 원인 및 개입 과정을 설명할 수 있다.
4. 외상후 스트레스장애의 특징과 원인 및 개입 과정을 설명할 수 있다.

이 장에서는 신경증(neurosis), 흔히 일상에서 노이로제라고 하는 정신장애를 살펴보고자 한다. 신경증은 정신병(psychosis)과 다르게 일상생활이나 사회생활의 급격한 황폐화를 가져오는 것은 아니지만 개인에 따라 사회적응에 상당한 어려움과 고통을 겪는 장애이다. 이러한 정신장애와 관련된 직접 실천의 공간은 정신건강사회복지사에게 충분하지 않지만 사회복지실천의 과정에서 자주 접할 수 있다. 특히 「정신건강복지법」에 트라우마센터를 설치할 수 있는 근거가 마련되어 있기 때문에 외상후 스트레스장애와 관련된 내용을 충분히 학습할 필요가 있다.
여기서는 불안장애와 외상 및 스트레스 관련 장애를 중심으로 살펴볼 것이며, 불안장애의 범주에서는 사회불안장애(사회공포증), 공황장애, 범불안장애를 상세하게 기술하고, 외상 및 스트레스 관련 장애에서는 외상후 스트레스장애를 구체적으로 살펴보고자 한다. 그리고 제2부에서 소개되지 않은 DSM-5-TR의 범주와 유형에 대한 간략한 정리[물질관련 및 중독 장애(7장), 성격장애(8장) 제외]를 하려고 한다. 이를 통해 DSM-5-TR의 정신장애 유형을 전반적으로 확인할 수 있을 것이다.

핵심 과제

1. 불안장애와 정상적인 불안을 어떻게 구분할 수 있는가?
2. 사회불안장애와 공황장애의 차이점과 공통점은 무엇인가?
3. 똑같은 외상을 겪더라도 모두가 외상후 스트레스장애로 진단되지 않는 이유는 무엇인가?

1. 사회불안장애

1) 특징

사회불안장애는 DSM-5-TR의 정신장애 유형 중에서 불안장애의 하위 유형 중 하나이다. 불안장애(Anxiety Disorders)란 극도의 공포, 불안 및 관련된 행동장애의 특징을 나타내는 장애를 말한다. 공포(phobia)란 실제로 존재하거나 지각된 즉각적인 위협에 대한 감정 반응이지만, 불안(anxiety)이란 미래의 위협에 대한 예측에서 발생하는 현상이므로 실제적 불안 대상을 확인하기가 어렵다.

불안장애는 개인의 발달과정상에 나타나는 정상적인 불안이나 공포와는 다르게 일상생활이나 사회생활에서 심각한 어려움을 불러일으키는 장애이다. DSM-5-TR에서는 불안장애의 발병연령 순서에 따라 분리불안장애, 선택적 함구증, 특정공포증, 사회불안장애, 공황장애, 광장공포증, 범불안장애 순으로 배열하고 있다. 여기서는 사회불안장애, 공황장애, 범불안장애를 상세하게 살펴볼 것이며, 나머지 장애에 대한 간략한 설명은 〈표 6-1〉과 같다.

표 6-1 분리불안장애, 선택적 함구증, 특정공포증 및 광장공포증의 특징

장애 유형	특징
분리불안장애	분리불안장애(Separation Anxiety Disorder)는 애착 대상으로부터의 정상적 분리에 대해 부적절할 정도로 두려워하거나 걱정하는 장애이다. 이러한 장애를 가진 사람은 집이나 주 애착 대상과 떨어져야 할 때 과도한 고통을 반복적으로 겪거나, 애착 대상을 잃거나 부상, 재앙 혹은 죽음 같은 해로운 일들이 일어나는 것을 과도하게 걱정한다. 또한 길을 잃는 등의 곤란한 일을 당하여 애착 대상과 떨어지게 될 것이라고 과도하게 걱정한다. 그들은 집이나 애착 대상이 없는 곳에서 자는 것을 거부하거나 악몽이나 두통, 복통 등의 신체적 증상을 호소할 수도 있다.
선택적 함구증	선택적 함구증(Selective Mutism)은 말을 할 수 있음에도 불구하고 특정한 상황에서 말을 하지 못하는 장애를 말한다. 이 장애는 주로 아동에게서 나타나며 이러한 아동은 가정에서 가까운 직계가족과 함께 있을 때는 말을 할 수 있으나 조부모나 사촌과 같은 친인척이나 친구들 앞에서는 말을 하지 않는 경우가 흔하다. 선택적 함구증을 지닌 아동은 학교에서 선생님이나 친구들 앞에서 말을 할 수 없으므로 학교 가기를 거부하여 학업적 곤란을 경험하는 경우가 많다.

특정 공포증	특정공포증(Specific Phobia)은 어떤 대상이나 상황에 대한 강렬한 공포와 그러한 대상이나 상황에 대한 지속적인 회피반응을 특징적으로 나타내는 장애를 말한다. 어떤 특정 자극에 노출되면 예외 없이 즉각적으로 공포, 불안, 회피 반응이 유발된다. 이 장애는 다른 불안장애와 달리 특정한 인지적 왜곡은 보이지 않는다. DSM-5에서 특정공포증의 하위 유형은 다음과 같이 네 가지로 구분하고 있다. 뱀이나 바퀴벌레 등의 동물이나 곤충에 의해 두려움이 유발되는 동물형(animal type), 폭풍, 높은 장소, 또는 물과 같은 자연환경에 의해 두려움이 유발되는 자연환경형(natural environment type), 혈액을 보거나, 주사를 맞거나, 또는 기타의 침투적인 의학적 시술에 의해서 공포가 유발되는 혈액-주사-손상형(blood-injection-injury type), 공중 교통수단, 터널, 다리, 엘리베이터, 비행기, 운전, 또는 폐쇄된 공간과 같은 특정 상황에 의해 두려움이 유발되는 상황형(situational type)이 있다.
광장 공포증	광장공포증(Agoraphobia)이란 특정한 장소나 상황에 대한 공포를 나타내는 것을 말한다. 광장공포증을 가진 사람은 다음에서 열거한 상황들 중 두 가지 이상의 경우에 대해 두려워하거나 불안하게 여긴다. 대중교통을 이용하는 것, 열린 공간에 있는 것, 밀폐된 공간에 있는 것, 줄을 서거나 군중 속에 있는 것, 다른 상황에서 집 밖에 혼자 있는 것이다. 그들은 이러한 상황에서 공황 증상 또는 다른 부적절하거나 당혹스러운 증상이 나타나면 벗어나기 힘들거나 도움을 받기 어려울 것이라는 생각 때문에 두려워한다. 이러한 상황은 거의 대부분 공포나 불안을 유발하기 때문에 이를 회피하거나 동반자를 필요하게 만든다.

사회불안장애(Social Anxiety Disorder)란 사회공포증(Social Phobia)이라고도 부르며, 핵심적 특징은 다른 사람들에게 면밀하게 관찰될 수 있는 사회적 상황에 대해 극심한 공포와 불안을 느낀다는 것이다. 아동의 경우에 공포와 불안은 성인과의 관계에서뿐만 아니라 또래 집단에서도 발생해야 한다. 그들은 사회적 상황에 노출되었을 때 부정적으로 평가받는 것에 대한 두려움을 가진다.

사회불안장애를 가진 사람은 일상적인 상호작용 상황이나 관찰당하는 상황에서 다른 사람들에게 미친, 약한, 어리석은, 지루한, 더러운 혹은 좋아할 만한 사람이 아닌 것으로 평가받는 것에 대해 지나치게 염려한다. 이 과정에서 얼굴이 붉어지거나, 떨거나, 땀을 흘리거나, 말을 더듬거리거나, 주시하는 등의 불안 증상을 다른 사람에게 보일까 봐 두려워한다.

그들은 사회적 상황에 노출되면 거의 대부분 불안과 공포를 일으킨다. 따라서 사회적인 노출 상황에서 가끔 불안해하는 사람은 사회불안장애로 진단되지 않는다. 사회불안장애를 가진 사람의 불안과 공포는 상황에 따라 다르며, 예기불안과 공황발작을 일으키기도 한다. 예를 들면, 사회적 행사에 참여하기 몇 주 전부터 매일 그 일에 대해 걱정하는 것 등의 예기불안을 보인다. 또한 그들은 공포스러운 사회적 상황을 피하거나 극심한 공포와 불안을 참고 견디기도 한다. 회피 반응은 눈 맞춤을 피하는 것과 같이 사소하게 나타나기도 하고 등교 거부 등과 같이 심각한 경우도 있다.

따라서 그들의 공포, 불안, 회피는 개인의 일상생활, 직업적 혹은 학업적 성취, 사회 활동과 사회적 관계를 현저하게 방해하거나 사회적, 직업적, 또는 다른 중요한 기능 영역에서 현저한 고통이나 손상을 초래한다. 사회불안장애로 진단되려면 상기와 같은 증상의 지속 기간이 6개월 이상이어야 한다. 미국에서 12개월 동안 측정한 사회불안장애의 유병률은 7% 정도이다(APA, 2013).

사회불안장애는 매우 흔한 심리적 문제이다. 어떤 연구에서는 대학생의 40%가 사회적 불안이나 수줍음의 문제를 지닌다고 하였다(Pilkonis & Zimbardo, 1979). 대부분의 사회불안장애는 10대 중반의 청소년기에 시작하여 자연적으로 호전될 수도 있지만 만성적으로 대인관계적, 심리적, 사회적 어려움을 겪게 하는 장애이기도 하다.

2) 원인 및 개입

사회불안장애는 기질적, 유전적 요인들이 관여하는 것으로 알려져 있다. 그러나 유전적 요인의 정확한 인과 관계를 파악하지는 못하고 있다. 정신역동이론에서는 무의식적 갈등이 사회적 상황에 대치되어 투사된 것으로 본다. 즉, 공격적 충동을 다른 사람에게 투사하여 다른 사람이 자신에게 공격적이거나 비판적일 것이라고 느끼게 되어 다른 사람 앞에 나서기가 두려워진다는 것이다.

인지이론에 의하면 그들은 다음과 같은 연속적 과정에 참여한다고 본다. 우선, 다른 사람에게 호감을 주지 못하는 사람이라는 사회적 자기에 대한 부정적 개념을 지니고, 지나치게 타인의 호감과 인정을 받으려 하는 동시에 부정적 평가를 받는 것을 재난으로 받아들인다. 그리고 자신이 사소한 실수라도 하면 다른 사람들이 자신을 싫어할 것이라 생각하고, 사회적 상황에서 자신이 한 행동을 부정적으로 평가하고 이에 따라 반복적으로 사회적 상황에서 불안과 좌절감을 경험하게 되어 결국 사회적 상황을 회피하는 대처방식을 선택한다.

또한 사회불안장애는 진화론적 관점에서도 설명할 수 있다. 공포 감정이란 일반적으로 잠정적인 포식자에 대한 두려움과 관련이 있으며, 이는 오랜 진화 과정의 결과이다. 사회불안장애에서 공포는 일종의 자신이 속한 종의 구성원을 두려워하는 것이다. 사회적 집단 내에서는 공격적인 사람이 있기 마련이고, 패배적인 사람은 두려움과 순종적 행동을 보이지만 그 상황에서 완전히 도망가기가 어렵다. 즉, 진화론적으로 볼 때 사람은 사회적 상황에서 지배적이고 공격적인 사람을 만나게 되면 두려움을 획득하도록 미리 그런 경향성을 선험적으로 가지고 태어난다(이우경, 2016). 사회불안장애를 가진 사람은 이러한 경향성이 다른 사람보다 더욱 민감하게 작용해서 나타난 결과라는 의미이다.

사회불안장애의 개입에서 가장 효과적인 방법은 인지행동적 집단치료로 알려져 있다. 인지행동적 집단치료는 8~15명의 집단을 구성하여 사회적 상황에서 가지게 되는 부정적 사고와 신념을 재구성하고, 역할 훈련, 반복 노출, 긴장이완 훈련, 그리고 실제 상황에서의 과제 등을 수행한다. 심각한 사회불안장애의 경우에는 약물치료로 효과를 볼 수 있으나 약물을 중단하면 증상이 재발하는 경향이 있기 때문에 인지행동치료를 동시에 실시해야 한다.

2. 공황장애

1) 특징

공황장애(Panic Disorder)란 예기치 못한 공황발작(panic attack)을 반복적으로 경험하는 장애를 말한다. 이런 경험에 뒤이어 최소한 1개월 이상 또 다른 공황발작이 일어날까 봐 지속적으로 염려하며, 공황발작의 가능한 결과에 대해 근심, 걱정하면서 공황발작과 관련되는 부적응적 행동변화를 보이는 것이다. DSM-5-TR에 의하면 공황발작은 극심한 공포와 고통이 갑작스럽게 발생하여 수분 이내에 최고조에 이르러야 하며, 그 시간 동안 〈표 6-2〉에서의 13가지 증상 중 네 가지 이상이 나타나야 한다(APA, 2022).

표 6-2 DSM-5-TR의 공황발작 증상

① 심장박동이 빨라지고 강렬하거나 심장박동수가 점점 더 빨라짐
② 진땀을 흘림
③ 손발이나 몸이 떨리거나 후들거림
④ 숨이 가쁘거나 답답한 느낌
⑤ 질식할 것 같은 느낌
⑥ 가슴의 통증이나 불편감
⑦ 메스꺼움 또는 복부 불편감
⑧ 어지럽거나 불안정하거나 멍한 느낌이 들거나 쓰러질 것 같음
⑨ 춥거나 화끈거리는 느낌
⑩ 감각이상(감각이 둔해지거나 따끔거리는 느낌)
⑪ 비현실감(현실이 아닌 것 같은 느낌) 혹은 이인증(나에게서 분리된 느낌)
⑫ 스스로 통제할 수 없거나 미칠 것 같은 두려움
⑬ 죽을 것 같은 공포

출처: APA(2022), p. 102.

대부분의 공황발작은 예측하기 어렵고 갑작스럽게 나타나지만 뚜렷한 예측 인자가 있은 후에 발작이 일어나기도 한다. 공황장애로 진단되려면 1회 이상의 공황발작이 나타난 이후로 1개월 이상 동안 다음의 두 가지 중 한 가지 조건을 충족시켜야 한다. 첫째는 추가적인 공황발작이나 그 결과(예: 자기통제의 상실, 심장발작을 일으킴, 미치는 것)에 대한 지속적인 걱정이다. 둘째는 발작과 관련된 행동으로 현저하게 부적응적인 변화가 일어난다(예: 공황발작을 회피하기 위한 행동으로 운동이나 익숙하지 않은 환경을 피하는 것).

따라서 공황장애를 가진 사람은 예기치 못한 공황발작과 더불어 그에 대한 예기불안으로 어려움을 겪는다. 이후의 공황발작으로 미치거나, 죽거나, 심장마비가 오지 않을까 걱정하며, 그러한 상황을 회피하거나 건강염려증이 생기기도 한다.

공황장애의 12개월 유병률은 성인과 청소년에서 대략 2~3%로 추산된다(APA, 2013). 평균 발병 연령은 20~24세이며, 일부 아동기나 45세 이상에서 나타나기도 한다. 치료받지 않으면 대개 만성적인 경과를 보이지만 그 정도는 심할 때도 있고 저절로 나아지는 경우도 있다. 어떤 사람들은 빈번한 발작(예: 일주일에 1회)이 수개월간 있을 수도 있고, 짧고 더욱 빈번한 발작(예: 매일)이 있다가 몇 주 혹은 몇 달간 없어지거나 다시 나타날 수 있다. 소수의 사람은 수년간 재발이 없는 증상의 완전 관해를 보이기도 한다.

2) 원인 및 개입

공황장애는 신체적 증상을 동반하는 불안장애이기 때문에 과잉호흡이론이나 질식오경보이론 등과 같은 생물학적 원인론이 제기되고 있다. 과잉호흡이론(hyperventilation theory)에 따르면, 공황장애를 가진 사람은 호흡기능과 관련된 자율신경계의 생물학적 결함으로 인한 과잉호흡 때문에 공황발작을 일으킨다. 질식오경보이론(suffocation false alarm theory)에 의하면, 뇌중추의 생리적인 오해석으로 잘못된 질식경보를 내림으로써 공황장애를 가진 사람들은 순간적으로 호흡곤란을 느끼고 과잉호흡과 공황발작이 일어난다. 이 밖의 생물학적 원인으로 유전이나 신경전달물질이 관련되어 있다는 주장이 제기되고 있다.

정신역동적 입장에서는 세 가지의 원인을 제시하고 있다(권석만, 2014). 첫째, 공황발작은 불안을 야기하는 충동에 대한 방어기제가 성공하지 못하여 나타나는 극심한 불안 때문에 나타난다. 둘째, 공황발작은 분리불안의 재현이다. 셋째, 공황발작은 무의식적 상실과 관련이 있다.

인지이론에 의하면 공황발작은 신체감각을 위험한 것으로 잘못 해석하는 파국적 오해석(catastrophic misinterpretation)에 의해 유발된다고 본다. 즉, 다양한 자극에 의한 신체감각의 변화를 파국적으로 해석(심장마비, 죽음 공포, 정신이상)하여 극심한 공황발작을 유발한다는 것이다. 그리고 한 번 공황발작을 경험하고 나면 매우 예민하게 자신을 관찰하여 유사한 재발을 막기 위해 다양한 유형의 회피행동을 하게 된다. 이러한 인지적 오해석은 생물학적 취약성이 동반되면 공황발작의 악순환을 강화시키거나 지속시키는 요인으로 작용할 수 있다.

공황장애에 대한 약물치료는 벤조디아제핀(benzodiazepine) 계열의 약물, 삼환계 항우울제, 세로토닌 재흡수 억제제 등이 사용되고 있다. 이러한 약물들은 신체적 · 심리적 의존, 어지러움, 입마름, 성기능 저하 등의 부작용이 나타날 수 있다. 공황장애는 사회불안장애와 마찬가지로 인지행동치료가 효과적인 것으로 알려져 있다. 인지행동치료에서는 복식호흡 훈련, 긴장이완 훈련, 신체적 감각에 대한 파국적 오해의 인지적 수정, 공포상황에의 점진적 노출, 불안통제기술 등이 활용된다.

3. 범불안장애

1) 특징

범불안장애(Generalized Anxiety Disorder)란 다양한 상황에서 과도한 불안과 걱정을 보이는 것을 말한다. 범불안장애를 가진 사람들은 매사에 잔걱정을 많이 한다. 그들은 늘 불안하고 초조해하며 사소한 일에도 잘 놀라고 긴장한다. 또한 그들이 느끼는 불안은 한 가지에 머무르는 것이 아니라 생활 전반에 걸쳐 다양한 주제로 이리저리 옮겨 다닌다. 따라서 그들은 늘 과민하고 긴장된 상태에 있으며 짜증과 화를 잘 내고 쉽게 피로감을 느끼며, 근육통, 두통, 수면장애, 소화불량, 과민성 대장 증후군 등의 신체적 증상을 동반한다.

범불안장애와 정상적 불안은 다음의 세 가지에서 다르다(이우경, 2016). 첫째, 범불안장애에서의 걱정은 정도가 과도하고 심리사회적 기능에 현저한 문제를 가져오지만, 정상적인 걱정은 정도가 과도하지 않고 대처할 수 있는 문제로 지각되며, 더 중요한 문제가 발생하면 잠시 뒤로 미룰 수 있다. 둘째, 범불안장애에서의 걱정은 더 전반적이고 극심하며, 고통을 주고, 기간이 길며, 유발인자 없이 발생하며, 걱정하는 환경의 범위가 넓다(예: 재정, 자녀의 안전, 직업 수행). 셋째, 매일의 정상적인 걱정은 신체증상을 동반할 가능성이 적지만 범불안장애를 가진 사람은 신체증상과 함께 사회적, 직업적, 다른 중요한 영역에서의 기능 손상에 따른 주관적 고통을 호소한다.

DSM-5-TR의 기준에 의하면 범불안장애로 진단되기 위한 불안과 걱정은 다음의 여섯 가지 중 세 가지 이상의 증상이 나타나야 한다(APA, 2022: 105). ① 안절부절못하거나 낭떠러지 끝에 서 있는 느낌, ② 쉽게 피곤해짐, ③ 집중하기 힘들거나 머릿속이 하얗게 되는 것, ④ 화를 잘 냄, ⑤ 근육의 긴장, ⑥ 수면 곤란(잠에 들거나 지속하기의 곤란 또는 밤새 뒤척이면서 불만족스러운 수면 상태). 아동의 경우에는 여섯 가지 증상 중 한 가지만 해당되어도 범불안장애로 진단된다.

미국에서 범불안장애의 12개월 유병률은 청소년에서 0.9%, 성인에서 2.9%이며, 평균 발병 연령은 30세이다(APA, 2013). 범불안장애를 경험하고 있는 사람은 매우 많지만 치료를 받는 경우는 드물기 때문에 유병률을 정확하게 알 수는 없다. 범불안장애의 임상적 증상은 일생 동안 거의 일관적이며, 아동과 청소년은 학교와 스포츠 수행에 대한 걱정이 많고, 노년층에서는 가족의 안녕과 자신의 신체적 건강에 대해 걱정하는 경향이 있다.

2) 원인 및 개입

범불안장애의 원인은 다양한 차원에서 연구가 이루어지고 있다. 먼저, 생물학적 원인으로는 유전적 요인, 신경전달물질, 뇌의 구조적 요인 등이 언급되고 있다. 범불안장애 자체가 유전되는 것이 아니라 불안 특질이 유전되는 것으로 보아야 한다는 주장이 우세하다. 정신분석이론에 의하면 자아의 통제를 넘어 표출되고자 하는 충동을 적절하게 방어하지 못해서 나타나는 불안 때문이라고 본다. 행동주의이론에 의하면 생활상의 다양한 자극이 경미한 다양한 공포반응들로 조건형성되어 만성적 불안을 보이는 것이라고 본다.

인지이론에 의하면 범불안장애를 가진 사람은 다음과 같은 네 가지 인지적 특성을 보인다(권석만, 2014). 첫째, 그들은 생활환경에 존재하는 잠재적인 위험을 예민하게 포착하는 경향이 있다. 둘째, 그들은 잠재적인 위험이 실제로 위험한 사건으로 발생할 확률을 과도하게 높이 평가한다. 셋째, 그들은 위험한 사건이 실제로 발생할 경우에 나타날 수 있는 부정적인 결과를 지나치게 치명적인 것으로 평가한다. 넷째, 그들은 위험한 사건이 발생할 경우 자신이 대처할 수 있는 능력을 과소평가한다. 범불안장애를 가진 사람은 위험과 위협을 지각하는 방식이 남달리 발달되어 항상 주의를 기울이며, 미래의 불확실성을 걱정하면서 점점 더 부정적인 결과를 예상한다.

범불안장애는 매우 흔히 발생하는 장애이지만 치료법은 크게 개발되어 있지 않다. 약물치료는 벤조디아제핀 계열의 약물이 주로 사용되지만 여러 가지 부작용이 동반될 수 있다. 범불안장애도 다른 불안장애와 마찬가지로 인지행동치료가 중요한 접근법으로 활용되고 있다. 인지행동치료에서는 '걱정사고기록지'의 활용, 부정적 신념의 수정, 걱정에 대한 조절과 통제 훈련, 반복적 노출, 걱정의 수용, 긴장이완, 복식호흡, 명상 등의 기법을 사용한다.

4. 외상후 스트레스장애

1) 특징

외상후 스트레스장애는 DSM-5-TR의 정신장애 유형 중에서 외상 및 스트레스 관련

장애의 하위 유형 중 하나이다. 외상 및 스트레스 관련 장애(Trauma-and Stressor-Related Disorders)는 외상 사건 또는 스트레스 사건의 경험으로 인해 발생하는 심리적 문제를 다루고 있다. 외상(trauma)이란 개인의 삶에서 경험하는 부정적 사건 중에 너무 강력하고 충격적이어서 극심한 고통과 혼란을 가져옴과 동시에 오랜 기간 지속되는 고통스러운 심리적 상처라고 할 수 있다.

외상 또는 스트레스 사건에 노출되면 기본적으로 불안 또는 공포를 경험한다. 이러한 증상과 더불어 무쾌감과 불쾌감, 분노와 공격성의 외현화 또는 해리 증상이 두드러지게 나타난다. 따라서 DSM-5-TR에서 외상 및 스트레스 관련 장애는 불안장애, 강박 및 관련 장애, 해리장애와 밀접한 관련이 있는 것으로 보고 있다. DSM-5에서 외상 및 스트레스 관련 장애의 하위 유형으로 반응성 애착장애, 탈억제성 사회적 유대감 장애, 외상후 스트레스장애, 급성 스트레스장애, 적응장애로 분류하고 있다. DSM-5-TR에서는 지속적 비탄장애가 추가되었다. 여기서는 외상후 스트레스장애를 상세하게 살펴볼 것이며, 나머지 정신장애에 대한 간략한 소개는 〈표 6-3〉과 같다.

표 6-3 외상후 스트레스장애 이외의 외상 및 스트레스 관련 장애

장애 유형	특징
반응성 애착장애	반응성 애착장애(Reactive Attachment Disorder)란 양육자와의 애착 외상으로 인하여 부적절하고 위축된 대인관계 패턴을 보이는 것을 말한다. 이러한 애착장애는 생후 9개월부터 만 5세 이전의 아동에게 주로 발생한다. 그들은 부모를 비롯하여 타인과의 접촉을 두려워하거나 회피하며 사회성 발달에 어려움을 겪는다. 그들은 생애 초기에 양육자와 일관성 있는 안정적 애착을 형성하지 못하였을 가능성이 높다.
탈억제성 사회적 유대감 장애	탈억제성 사회적 유대감 장애(Disinhibited Social Engagement Disorder)는 양육자와의 애착 외상을 경험한 아동이 낯선 사람에 대해 문화적으로 부적절하고 과도하게 친밀감을 표현하며 접근하는 경우를 뜻한다. 이러한 아동은 반응성 애착장애와 마찬가지로 양육자로부터 학대나 방임을 당한 경험을 지니고 있지만, 위축된 반응 대신에 무분별한 과도한 친밀감을 표현하는 것이다. 그들은 낯선 성인에게 접근하고 소통하는 데 주저함이 없으며, 과도하게 친숙한 언어적 또는 신체적 행동을 하며, 낯선 성인을 따라가는 데 있어 주저함이 없다. 탈억제성 사회적 유대감 장애의 유병률은 매우 드문 것으로 보고되고 있다.

급성 스트레스 장애	급성 스트레스장애(Acute Stress Disorder)는 외상 사건을 직접 경험했거나 목격하고 난 직후에 나타나는 부적응 증상들이 3일 이상 1개월 이내의 단기간 동안 지속되는 경우를 말한다. 급성 스트레스장애는 증상의 지속 기간이 짧다는 점을 제외하면 외상후 스트레스장애와 매우 유사하다. 외상 사건을 겪은 후에 침투 증상, 부정적 기분, 해리 증상, 회피 증상, 각성 증상을 나타낸다. 급성 스트레스장애의 대략 50% 정도는 이후에 외상후 스트레스장애로 진행될 수 있다. 급성 스트레스장애의 증상은 외상 사건 1개월 이내에 발생하여 1개월 이내에 해결되어야 하며, 1개월 이상 지속되면 외상후 스트레스장애로 진단이 바뀐다.
적응 장애	적응장애(Adjustment Disorders)는 스트레스 생활사건에 대한 적응실패로 나타나는 정서적 또는 행동적 증상을 뜻한다. 스트레스 생활사건의 예로는 가족의 죽음이나 심각한 질병, 부부 갈등이나 이혼, 사업실패나 파산, 상급학교로 진학이나 전학, 부모가 되는 것, 직장의 취업, 은퇴 등이 될 수 있다. 적응장애로 진단되려면 다음의 네 가지 조건이 충족되어야 한다. 첫째, 명확히 확인할 수 있는 심리사회적 스트레스 사건에 대한 반응으로 증상이 나타나야 하며, 이러한 증상은 스트레스 사건이 발생한 지 3개월 이내에 유발되어야 한다. 둘째, 부적응 증상은 사회환경적, 문화적 맥락에서 고려할 때 스트레스 사건의 강도에 비해 뚜렷하게 심한 것이어야 한다. 셋째, 이러한 부적응 문제로 개인이 심각한 고통을 겪거나 사회적 기능상 심각한 역기능적 문제가 나타나야 한다. 넷째, 다른 정신장애의 진단기준에 해당되지 않아야 한다. 적응장애의 가장 흔한 부적응 증상은 우울, 불안, 그리고 품행 문제이다. 우울하고 침체된 기분과 함께 무력감, 그리고 심한 불안감 및 신경과민이 나타날 수 있다. 청소년의 경우에는 비행행동이나 음주 등이 나타날 수 있다. 따라서 개인적으로 심각한 고통을 동반하며 대인관계 및 학업이나 직업의 수행에서 심각한 문제를 초래할 수 있다. 정신건강 기관을 방문하는 사람들의 5~20%가 적응장애로 진단되며, 정신과 병원을 방문하는 사람의 약 50%에게 진단되는 가장 흔한 정신장애이다(APA, 2013).
지속적 비탄 장애	지속적 비탄장애(Prolonged Grief Disorder)는 사별한 사람과 친밀한 관계가 있던 누군가의 죽음 이후 최소 12개월(아동과 청소년은 6개월)이 지난 후에야 진단될 수 있다. 죽음 이후 죽은 사람에 대한 강한 갈망인 동경, 죽은 사람에 대한 기억과 집착이 거의 매일 발생한다. 죽음 이후로 다음의 8가지 증상 중 3개 이상이 현저하게 나타난다[① 정체성 붕괴(예: 자신의 일부가 죽은 것처럼 느낌), ② 현저한 불안감, ③ 그 사람이 죽었다는 것을 상기시키는 것들에 대한 회피, ④ 죽음과 관련된 강한 감정적 고통(예: 분노, 슬픔), ⑤ 자신의 관계나 활동의 재통합이 어려움, ⑥ 감정적 마비, ⑦ 삶이 무의미하다는 느낌, ⑧ 강한 외로움].

외상후 스트레스장애(Posttraumatic Stress Disorder: 이하 PTSD)란 충격적인 외상 사건에 노출된 후 다양한 부적응적 증상이 뒤따라서 나타나는 것을 말한다. 외상 사건으로는 실제적이거나 위협적인 죽음이나 심각한 상해, 또는 개인의 신체적 안녕을 위협하는 사건에 대한 직접적 경험, 타인의 죽음, 신체건강을 위협하는 사건의 목격, 가족이나 친지의 예기치 못한 무자비한 죽음이나 심각한 상해 및 이들이 경험한 죽음이나 상해에의 위험을 알게 되는 것 등을 포함한다. 예를 들면, 지진이나 화산폭발과 같은 자연재해, 전쟁, 고문, 살인, 납치, 폭행, 학대, 교통사고, 화재, 성폭행, 죽음 목격 등과 같은 사건들을 말한다.

PTSD로 진단되려면 우선 실제적인 것이든 위협을 당한 것이든지 간에 외상 사건을 경험해야 한다. 외상 사건을 경험한 이후에 다음과 같은 네 가지 유형의 특징적 증상들이 나타나야 한다(권석만, 2014: 110-111).

첫째, 다양한 방식으로의 재경험이다. 외상 사건을 경험한 개인들은 그 사건에 대하여 반복적, 불수의적이고 침투적인 증상을 나타낸다. 침투 증상(intrusion symptoms)이란 외상 사건과 관련된 기억이나 감정이 끊임없이 의식에 침투하여 재경험되는 것을 뜻한다. 흔한 재경험 증상은 고통스러운 꿈이며, 외상 사건과 관련되는 자극을 경험하면 그러한 사건이 실제로 발생하고 있는 것 같은 착각이 몇 초에서 몇 시간 또는 며칠까지도 지속되는데 이를 플래시백(flashback)이라고 한다. 또한 외상 사건을 상징하는 사건에 노출되면 극심한 심리적 고통이나 생리적 반응을 나타낸다. 예를 들면, 성폭행 가해자와 닮은 사람을 목격할 경우 심리적 고통과 빠른 심장박동 등의 생리적 반응이 나타나는 것 등이다.

둘째, 외상과 관련된 자극은 지속적으로 회피한다. 개인은 외상 사건에 대한 재경험이 매우 고통스럽기 때문에 그와 관련된 생각, 기억, 느낌 또는 대화를 피하기 위하여 필사적으로 노력한다. 고통스러운 외상 사건의 기억을 떠오르게 하는 활동, 물체, 상황 또는 사람을 피하게 된다.

셋째, 외상 사건에 노출된 이후 그와 관련된 인지 또는 감정의 부정적 변화가 시작되거나 악화된다. 이는 다양한 형태로 나타나는데, 외상 사건의 중요 부분을 기억하지 못하거나 자신, 타인 또는 미래에 대한 지속적이고 과장된 부정적 신념을 가지게 된다. 예를 들면, '아무도 믿을 수 없다', '나는 나쁜 놈이다', '내 뇌는 영원히 회복될 수 없다' 등이다. 또한 외상 사건의 원인에 대하여 잘못된 인지를 할 수 있으며, 이는 자신 또는 다른 사람에 대한 비난으로 이어지게 된다. 예를 들면, '삼촌이 나를 학대한 것은 모두 내 잘못이다' 등이다. 또한 끊임없이 공포, 경악, 분노, 죄책감, 수치감 등의 부정적 감정이 외상 사건을 경험한 이후 시작되거나 악화된다. 그 이전에 즐거웠던 활동에 대해 현저하게 저하된 흥미 또는 참여를 하거나, 다른 사람들과 사이가 멀어지거나 소원해지는 느낌을 경험할 수 있다.

넷째, 외상 사건과 관련하여 각성과 반응성의 현저한 변화가 나타난다. PTSD를 지닌 개인은 평소에도 자주 화를 내거나 공격적인 행동, 즉 싸움 걸기와 물건 파괴하기 등을 보인다. 또한 그들은 사소한 자극에도 크게 놀라는 반응을 보이거나 업무에 주의를 기울이는 데 어려움을 지닌다. 또한 악몽을 꾸거나 잠을 잘 이루지 못하거나 쉽게 잘 깨는 등 수면의 곤란을 경험한다. 어떤 개인들은 그들의 신체로부터 분리되는 이인증을 경험하거나, 그들의 세계에서 분리되는 비현실감 같은 증상들을 경험한다.

PTSD는 생후 1년 이후를 시작으로 어떤 나이에도 나타날 수 있다(APA, 2013). 외상 사건을 경험한 개인들이 1개월 이상 앞에서 언급한 네 가지 유형의 증상들이 지속적으로 나타나면 PTSD로 진단된다. PTSD는 외상 사건을 경험한 후 3개월 내에 시작되는데, 진단기준을 충족하기 전 수개월에서 수년 정도의 지연이 있을 수 있다. PTSD로 진단된 성인의 경우 대개 50%는 3개월 안에 완전히 회복되지만, 어떤 개인에서는 12개월 이상, 그리고 가끔은 50년 이상 증상이 남아 있는 경우도 있다. DSM-5-TR에서 PTSD의 세부적 진단기준은 다음과 같다.

표 6-4 DSM-5-TR에서의 PTSD 진단기준

A. 실제적이거나 위협적인 죽음, 심각한 부상, 또는 성폭력의 노출이 다음과 같은 방식 가운데 한 가지(또는 그 이상)에서 나타난다.
  1. 외상 사건(들)에 대한 직접적인 경험
  2. 외상 사건(들)이 다른 사람들에게 일어난 것을 생생하게 목격함
  3. 외상 사건(들)이 가족, 가까운 친척 또는 친한 친구에게 일어난 것을 알게 됨
  4. 외상 사건(들)의 혐오스러운 세부 사항에 대한 반복적이거나 지나친 노출의 경험(예: 변사체 처리의 최초 대처자, 처참한 교통사고 현장에 반복적으로 노출된 소방관)

B. 외상 사건(들)이 일어난 후에 그 사건과 관련된 침투 증상의 존재가 다음 중 한 가지(또는 그 이상)에서 나타난다.
  1. 외상 사건(들)의 반복적, 불수의적이고, 침습적인 고통스러운 기억
  2. 외상 사건(들)과 관련되어 반복적으로 나타나는 고통스러운 꿈
  3. 외상 사건(들)이 실제로 일어난 것처럼 느끼고 행동하는 해리 반응(예: 플래시백)
  4. 외상 사건(들)과 유사하거나 그러한 사건을 상징하는 내적 또는 외적 단서에 노출될 때마다 강렬한 심리적 고통의 경험

5. 외상 사건(들)을 상징하거나 그와 유사한 내적 또는 외적 단서에 대한 뚜렷한 생리적 반응

C. 외상 사건(들)이 일어난 후에 시작된, 외상 사건(들)과 관련이 있는 자극에 대한 지속적인 회피가 다음 중 한 가지 또는 두 가지 모두에서 명백하다.

1. 외상 사건(들)과 밀접히 관련된 고통스러운 기억, 생각, 감정을 회피하거나 회피하려는 노력
2. 외상 사건(들)과 밀접히 관련이 있는 고통스러운 기억, 생각 또는 감정을 불러일으키는 외부적 암시(사람, 장소, 대화, 행동, 사물, 상황)를 회피 또는 회피하려는 노력

D. 외상 사건(들)이 일어난 후에 시작되거나 악화된, 외상 사건(들)과 관련이 있는 인지와 감정의 부정적 변화가 다음 중 두 가지(또는 그 이상)에서 나타난다.

1. 외상 사건(들)의 중요한 부분들을 기억할 수 없음
2. 자신, 타인, 세상에 대한 지속적이고 과장된 부정적인 믿음
3. 외상 사건(들)의 원인 또는 결과에 대하여 지속적으로 왜곡된 인지를 하여 자신 또는 다른 사람을 비난함
4. 지속적으로 부정적인 감정 상태(예: 공포, 경악, 분노, 죄책감 또는 수치심)
5. 주요 활동에 대해 현저하게 저하된 흥미 또는 참여
6. 다른 사람과의 사이가 멀어지거나 소원해지는 느낌
7. 긍정적 감정을 경험할 수 없는 지속적인 무능력(예: 행복, 만족 또는 사랑의 느낌을 경험할 수 없는 무능력)

E. 외상 사건(들)이 일어난 후에 시작되거나 악화된, 외상 사건(들)과 관련이 있는 각성과 반응성의 뚜렷한 변화가 다음 중 두 가지(또는 그 이상)에서 나타난다.

1. (자극이 없거나 사소한 상태에도) 짜증스러운 행동이나 분노 폭발
2. 무모하거나 자기파괴적 행동
3. 과도한 경계
4. 과장된 놀람 반응
5. 집중의 곤란
6. 수면의 어려움(예: 수면을 취하거나 유지하는 데 어려움 또는 불안정한 수면)

F. 장애(진단기준 B, C, D 그리고 E)의 기간이 1개월 이상이어야 한다.

G. 장애가 사회적, 직업적, 또는 다른 중요한 기능 영역에서 임상적으로 현저한 고통이나 손상을 초래한다.

H. 장애가 물질(예: 치료약물이나 알코올)의 생리적 효과나 다른 의학적 상태로 인한 것이 아니다.

출처: APA(2022), pp. 123-125.

2) 원인 및 개입

PTSD는 객관적 외상 사건이 선행된 이후에 개인에게 나타나는 주관적인 부정적인 심리적 반응이 나타나는 것이다. 따라서 PTSD의 원인에 대한 연구는 똑같은 외상 사건에 대한 개인들의 반응이 왜 다르게 나타나는지를 밝히는 데 초점이 모아지고 있다. 즉, 동일한 외상 사건을 경험한 사람들이 어떤 사람들은 잘 극복하여 적응하는 반면에 어떤 사람들은 PTSD를 나타내는지를 밝히는 것이다.

우선, PTSD를 유발할 수 있는 위험요인을 외상 전, 중, 후의 세 요인으로 구분하여 제시하고 있다(Davidson & Foa, 1991). 외상 전 요인(pretraumatic factors)은 이전의 다른 외상 경험, 의존성과 같은 성격특성, 정신장애의 가족력 등이며, 외상 중 요인(peritraumatic factors)은 외상의 심각성과 지속 기간 및 다른 사람의 악의에 의한 것 등이며, 외상 후 요인(posttraumatic factors)으로는 사회적 지지체계, 다른 생활스트레스 등이다.

생물학적 입장에서 유전적 취약성과 신경전달물질이 관련 있다는 연구가 진행되고 있다. 정신분석적 입장에서는 PTSD를 외상적 사건이 유아기의 미해결된 무의식적 갈등을 다시 불러일으킨 것으로 본다. 인지적 입장의 파괴된 가정이론(theory of shattered assumptions)에서는 인간의 기본적 세 가지 신념, 즉 세상의 우호성에 대한 신념, 세상의 합리성에 대한 신념, 그리고 자신의 가치에 대한 신념이 외상적 경험으로 인해 파괴됨으로써 PTSD가 나타난다고 본다(Janoff-Bulman, 1992). 이 밖에도 정서적 처리이론(emotional processing theory), 이중표상이론(dual representation theory) 등의 인지적 입장에서 PTSD를 설명하려는 다양한 시도들이 있다.

또 다르게 스트레스 반응이론(stress response theory)에서는 외상 사건을 경험한 사람들이 겪는 5단계의 과정을 제시하기도 한다(Horowitz, 1986: 권석만, 2014에서 재인용). 첫 번째는 절규(outcry)의 단계로서 외상 경험자는 심한 충격 속에서 극심한 고통과 스트레스를 느낀다. 이러한 충격적 내용을 기존의 기억체계에서 통합하려고 하지만 기존의 인지체계에서 수용할 수 없어 고통과 혼란이 가중된다. 두 번째는 회피의 단계로서 외상 경험을 떠올리는 모든 자극을 회피하거나 외상 사건을 잘 기억하지 못한다. 세 번째는 동요의 단계인데, 새로운 사건의 경험을 기존의 사고체계에 통합하려는 인지적 경향성으로 인해 플래시백이나 악몽 같은 침투 증상이 수시로 나타나서 고통스러운 단계이다. 네 번째는 전이의 단계로서 서서히 외상 정보가 인지적으로 처리되어 기존 신념체계에 수용되어 가는 단계이다. 마지막으로 통합의 단계에서는 외상적 경험을 충분히 탐색하여 기존의 신념체계에 통합한다.

PTSD의 치료는 다양한 방법이 개발, 적용되고 있다. 약물치료는 세로토닌 재흡수 억제제나 삼환계 항우울제가 사용되고 있으나 아직 명확한 치료효과가 입증되고 있지 않다. 정신역동적 치료는 외상 사건을 재구성하여 외상 경험으로부터 발생하는 심리 내적 갈등을 카타르시스로 해소시켜 주는 것을 목적으로 한다. 최근 PTSD의 효과적인 치료로 지속적 노출법, 인지처리치료, 안구운동 둔감화 및 재처리 치료 등이 언급되고 있다 (Comer, 2014).

지속적 노출법(prolonged exposure)은 외상 사건을 단계적으로 떠올리게 하여 불안한 기억에 반복적으로 노출시킴으로써 궁극적으로 외상 사건을 큰 불안 없이 직면할 수 있도록 하는 것이다.

인지처리치료(cognitive processing therapy)는 외상 사건을 좀 더 상세하고 정교하게 재평가하여 개인이 외상 사건에 부여한 부정적 의미를 수정하고 외상 기억에 대한 회피를 줄임으로써 외상으로부터의 회복 과정을 촉진하는 것이다.

안구운동 둔감화 및 재처리 치료(eye movement desensitization and reprocessing)는 PTSD를 가진 개인으로 하여금 외상 기억의 괴로운 내용을 떠올리게 하는 동시에 치료자의 손가락 움직임을 눈으로 따라가게 하는 방법이다. 이러한 안구운동을 통해 외상적 기억과 관련된 부정적 사고, 감정, 심상이 점차 약화되는 동시에 외상 기억과 관련된 정보처리가 적절하게 이루어진다.

또한 외상 경험이 반드시 고통스러운 것이 아니라 개인의 잠재력을 발견하고 비현실적 인식 및 신념을 수정하는 과정이 될 수 있다는 '외상후 성장(posttraumatic growth)' 개념이 있다. 이는 외상적 사건을 통해 개인의 인생관이 변화되고 영적 성장이 이루어져 자기 자신, 대인관계 및 사회생활에 보다 긍정적으로 작용할 수 있다는 의미이다.

제2부에서 소개된 정신장애 이외에 DSM-5-TR의 장애를 간략하게 정리하면 〈표 6-5〉와 같다(권준수 외, 2023; APA, 2022). 그리고 물질관련 및 중독 장애는 제7장에서, 성격장애는 제8장에서 다루고 있기 때문에 여기에서는 제외한다.

표 6-5 그 이외의 정신장애[물질관련 및 중독 장애(제7장), 성격장애(제8장) 제외]

■ 강박 및 관련 장애

강박 및 관련 장애(Obsessive-Compulsive and Related Disorders)에는 강박장애, 신체변형장애, 저장장애, 모발뽑기장애, 피부뜯기장애 등이 해당된다.

강박장애(Obsessive-Compulsive Disorder)는 강박 사고와 행동을 특징으로 하며, 강박성 성격장애와는 구분된다. 강박사고는 반복적으로 지속적으로 나타나며, 오염, 폭력적이거나 공포스러운 장면, 또는 누군가를 찌르는 것과 같은 충동 등이다. 이러한 강박사고는 결코 즐겁지 않으며 자발적으로 경험하는 것이 아니기 때문에 고통스럽다. 즉, 그것은 침투적이고 원하지 않은 반응으로 이 장애를 가진 거의 모든 사람에게 현저한 불안감이나 괴로움을 초래한다.

강박장애를 가진 사람은 이러한 강박사고를 피하거나 사고의 억압을 통하여 무시하고 억누르려 시도하거나, 이를 강박행동과 같은 다른 사고나 행동을 통해 중화시키려고 노력한다. 강박행동은 씻기나 확인하기와 같은 반복적 행동, 그리고 숫자 세기, 마음속으로 단어 반복하기 등과 같은 심리 내적인 행위들로서 강박사고에 대한 반응이거나 엄격한 규칙에 따라 수행한다.

대부분의 강박장애를 가진 사람은 강박사고와 강박행동을 모두 가지고 있다. 강박장애를 가진 사람은 강박사고와 강박행동들이 시간 소모적(예: 하루에 1시간 이상)이거나 매우 뚜렷한 개인적, 사회적 고통이나 손상을 겪는다. 심각한 강박장애를 가진 사람은 거의 하루 종일 침투적인 강박사고나 강박행동으로 인해 정상적인 생활을 하지 못하는 경우도 있다. 강박장애를 가진 사람은 불안장애, 우울 및 양극성 장애를 동반하기도 하며, 조현병을 지닌 사람도 강박장애를 나타낼 수 있다.

강박장애와 강박성 성격장애는 다른데, 강박성 성격장애는 침투적 사고나 심상 또는 충동, 그리고 이러한 침투에 대한 반응으로 나타나는 반복적 행동이 없다. 대신에 강박성 성격장애를 가진 사람은 과도한 완벽주의와 엄격한 통제 등으로 인해 지속적으로 부적응하는 것이다. 강박장애는 인지이론이나 행동주의이론 등에 근거한 치료들이 이루어지고 있다.

신체변형장애(Body Dysmorphic Disorder)는 외모에 대한 염려로 인하여 발생하며, 다른 사람들이 거의 알아차리지 못할 정도의 하나 이상의 신체적 외모 결함에 대한 과도한 집착이나 반복적 행동들(예: 지나친 거울 보기, 과도한 외모 치장, 피부뜯기 등), 그리고 다른 사람의 외모와 자신의 외모를 지나치게 비교하는 등의 심리 내적 행위 등을 특징으로 한다.

저장장애(Hoarding Disorder)는 실제로 가치 없는 물건들을 버리기 어려워하며, 강한 소유욕 때문에 자신의 소지품을 버리는 데 어려움을 보이는 것이 특징이다. 저장장애를 지닌 사람은 정상적인 수집과 달리 과다한 습득으로 인해 대다수 공간이 이미 혼란스럽게 차지하고 있더라도 필요치 않은 물품에 대해 계속해서 과도하게 수집, 구매 혹은 절도를 통해 축적한다.

모발뽑기장애(Trichotillomania)은 반복적으로 털을 뽑아 탈모로 이어지는 행위이며, 그러한 시도를 감소시키거나 멈추기 위한 노력을 지속적으로 하는 특징이 있다. 피부뜯기장애(Excoriation Disorder)는 피부에 병변을 초래할 만큼 지속적이고 반복적으로 피부뜯기를 하며 이를 감소시키거나 멈추기 위해 노력하는 경우이다. 이 두 장애의 반복적 행동은 강박사고에 의해 나타나는 것이 아니라 불안이나 지루함 등의 다른 여러 가지 감정 상태로 인해 나타나는 것이다. 이러한 장애를 가진 사람은 긴장감이 증가되다가 머리카락을 뽑거나 피부를 뜯을 때 만족감이나 쾌감 또는 안도감을 느끼게 된다.

■ 해리장애

해리장애(Dissociative Disorders)는 의식, 기억, 정체성, 감정, 지각, 신체 표상, 운동 통제 그리고 행동의 통합적 기능에 갑작스러운 이상을 나타내는 장애이다. 해리(dissociation)란 자기 자신, 시간, 주위환경에 대한 주관적 경험의 연속성이 손상되는 현상을 말한다. 즉, 정체성 분열, 이인증 및 비현실감과 같은 인식과 행동 영역의 자발적인 침투로 인한 연속성의 손상이나, 기억상실과 같이 정상적으로 접근 가능한 정보에 접근하지 못하거나, 정신 기능을 통제할 수 없는 무능력을 보이는 것을 의미한다.

해리장애는 흔히 외상 후에 관찰되는 것으로 알려져 있다. 따라서 급성 스트레스장애와 외상후 스트레스장애 모두 기억상실, 플래시백, 이인증이나 비현실감 등의 해리 증상을 경험한다. 해리장애의 하위 유형으로는 해리성 정체감장애, 해리성 기억상실, 이인성/비현실감 장애 등을 포함한다.

해리성 정체감장애(Dissociative Identity Disorder)는 과거에 다중성격장애(Multiple Personality Disorder)로 불렸으며, 한 사람 안에 둘 이상의 각기 다른 정체감을 가진 인격이 존재하는 것을 말한다. 해리성 정체감장애는 다음과 같은 경우에 진단된다.

첫째, 두 개 이상의 다른 성격 상태 또는 빙의 경험이다. 이때 그들은 자신의 말과 행동에 대해 이인화된 관찰자가 된 것 같은 느낌을 보고할 수 있으며, 이를 멈출 힘이 없다고 느낄 수 있다. 또한 어떠한 목소리(예: 아이의 목소리, 영적 존재의 목소리)의 지각을 보고할 수도 있다. 그들은 개인적 선호도가 갑자기 바뀌거나 자신의 신체가 다르게 느껴진다고 할 수 있다.

둘째, 일상적인 사건들을 기억함에 있어 공백이 반복적으로 나타나며, 이것이 일반적인 망각에 해당하지 않는다. 즉, 개인적인 생활사건의 공백(어린 시절의 기억 등), 경험성 기억의 퇴보(오늘 무엇이 일어났는지에 대한 기억 등), 기억하지 못한 작업 수행의 증거(자기가 한 것이 틀림없는 난처한 글이나 그림 등)를 말한다.

셋째, 이러한 증상으로 인해 사회적, 직업적 또는 다른 중요한 기능 영역에서 현저한 고통이나 손상을 초래한다. 해리성 정체감장애는 전형적으로 우울, 불안, 물질남용, 자해, 비뇌전증 발작 또는 다른 증상들을 동반하여 나타난다. 또한 이 장애는 외상성 사건, 그리고 아동기에 일어난 학대와 관련이 있다.

해리성 기억상실(Dissociative Amnesia)은 기억이 분명하게 성공적으로 저장되고, 통상적으로 쉽게 기억되어야 할 중요한 자전적 정보를 회상하는 능력의 상실을 가져오는 장애이다. 대부분 일정한 기간 동안 일어났던 사건을 회상하지 못하는 국소적 기억상실이 흔하게 나타나며, 자신의 생활사에 대한 기억을 전부 잃는 것은 드물게 나타난다.

이인성/비현실감 장애(Depersonalization/Derealization Disorder)는 이인증과 비현실감을 지속적이고 반복적으로 경험하는 것을 말한다. 이인증(depersonalization)이란 자신의 생각, 감정, 감각, 신체 또는 행위에 대해 자신의 현실로 느끼지 못하고 외부의 관찰자가 되는 경험(인지적 변화, 왜곡된 시간 감각, 비현실적이거나 결핍된 자기, 감정적 또는 신체적 마비)을 말한다.

비현실감(derealization)은 주변 환경이 비현실적인 것으로 느껴지거나 그것과 분리된 듯한 느낌을 가지게 되는 경험(개인 또는 사물이 비현실적이거나, 꿈속에 있는 것 같거나, 안개가 낀 것 같거나, 죽을 것 같거나 시각적으로 왜곡된 것 같은 경험)을 말한다. 몇 시간에서 며칠간 지속되는 일시적인 이인증이나 비현실감 증상은 일반 인구 집단에서도 흔하다. 이 장애로 진단되려면 사회적, 직업적 또는 다른 중요한 기능 영역에서 현저한 고통이나 손상을 초래해야 한다.

■ 신체증상 및 관련 장애

신체증상 및 관련 장애(Somatic Symptom and Related Disorders)는 신체증상장애, 질병불안장애, 전환장애 등을 포함한다.

신체증상장애(Somatic Symptom Disorder)는 하나 이상의 신체적 증상을 고통스럽게 호소하며, 이로 인하여 일상생활에 중대한 지장을 초래하는 장애를 말한다. 신체증상장애를 가진 개인은 신체적 증상의 심각성에 대해 편중되고 지속적인 생각을 보인다. 또한 그들은 질병에 대한 높은 수준의 걱정을 보이며, 이로 인해 과도한 시간과 에너지를 소비한다. 이러한 신체적 증상들로 인해 여러 의학적 치료를 받지만 완화되지 않으며, 이 때문에 그들은 동일한 증상으로 여러 의사의 진료를 받으려고 한다. 이 장애는 공황장애, 범불안장애, 우울장애, 망상장애, 강박장애 등과 동반되거나 추가적인 진단으로 고려될 수 있다.

질병불안장애(Illness Anxiety Disorder)는 건강염려증(hypochondriasis)이라고도 불리며, 자신이 심각한 질병에 걸려 있거나 걸리는 것에 대한 집착과 공포를 나타내는 경우를 말한다. 질병불안장애를 가진 개인은 신체 증상들이 나타나지 않거나 신체 증상이 있다고 하더라도 경미하다. 그들은 건강과 질병에 대한 높은 수준의 불안이 있으며, 건강 상태에 대해 쉽게 경각심을 가진다. 이 때문에 그들은 누군가가 병에 걸렸다는 사실을 전해 듣거나, 건강 관련 뉴스를 보고서도 쉽게 질병에 대해 걱정한다.

질병에 대한 그들의 걱정은 의학적 안심, 양호한 진단 검사 등에도 감소되지 않는다. 따라서 질병불안장애를 가진 개인은 질병이 일상적 대화의 중요 주제가 되고 스트레스성 일상 사건의 특징적인 반응 패턴이 되며, 이로 인해 일상생활에 심각하게 부적응하게 된다. 그들은 자신을 반복 점검하고, 의심되는 질병을 널리 조사하며 반복적으로 가족, 친구 또는 의사에게 안심을 얻으려 한다.

전환장애(Conversion Disorder)는 하나 이상의 변화된 수의적 운동이나 감각 기능의 이상을 나타내는 장애이다. 그리고 이러한 증상이나 결함이 다른 의학적 장애 또는 정신장애로 설명되지 않으며, 심각한 사회적, 직업적 또는 일상적 생활에 현저한 고통이나 손상을 가져온다. 전환장애는 한 개 이상의 다양한 유형의 증상들이 있을 수 있다. 운동의 이상은 쇠약이나 마비, 떨림이나 근육긴장 이상, 보행 이상 등이 나타나며, 감각 이상은 변화되거나 상실된 피부 감각, 시각 혹은 청각의 이상을 보인다. 실신이나 혼수를 나타낼 수도 있으며, 발음 곤란이나 목에 혹이 있는 것 같은 느낌을 호소할 수 있다.

■ 급식 및 섭식 장애

급식 및 섭식 장애(Feeding and Eating Disorders)는 장기간 지속되는 섭식의 장애 혹은 섭식과 관련된 행동들로 인해 음식 소비 혹은 섭취의 변화가 생기며 신체적 건강과 심리사회적 기능에 심각한 손상을 가져오는 장애이다. 급식 및 섭식 장애의 하위 유형으로는 신경성 식욕부진증, 신경성 폭식증, 폭식장애, 이식증, 되새김장애, 회피적/제한적 음식섭취장애 등이 있다.

신경성 식욕부진증(Anorexia Nervosa)에는 세 가지 핵심 증상이 있다. 첫째는 지속적인 음식물 섭취의 제한, 둘째는 체중의 증가 또는 비만이 되는 것에 대한 극심한 두려움 혹은 체중 증가를 방해하는 행동의 지속, 셋째는 체중과 체형에 대한 자기인식의 장애를 가지고 있다. 신경성 식욕부진증을 가진 개인은 필요한 것에 비해서 음식섭취를 제한함으로써 나이, 성별, 발달수준과 신체건강에 비추어 현저한 저체중의 상태에 있다. 그들은 체중 증가에 대한 공포를 가지고 있으며, 실제로는 매우 말랐음에도 불구하고 스스로 뚱뚱하다고 생각한다. 이로 인해 과도하게 체중 조절과 체중 증가에 대해 걱정을 한다.

이 장애를 가진 개인은 우울하며 짜증을 잘 내고 대인관계가 위축되어 있으며 사회적으로 고립되는 경향이 있다. 그들은 체중을 줄이기 위해 음식을 잘 먹지 않으며, 과도한 활동이나 운동을 하고, 먹은 음식을 토해 내거나 설사제, 이뇨제 등을 사용하기도 한다. 신경성 신욕부진증은 90% 이상이 여성에게 발생하며, 청소년기 또는 성인 초기에 시작된다.

신경성 폭식증(Bulimia Nervosa)은 짧은 시간에 많은 양을 먹는 폭식행동과 이로 인한 체중 증가를 막기 위해 구토 등의 보상 행동이 반복되는 장애이다. 그들은 일정 시간 동안(예: 2시간 이내) 대부분의 사람이 유사한 상황에서 동일한 시간 동안 먹는 것보다 분명하게 많은 양의 음식을 먹는다. 또한 이러한 상황에서 그들은 먹는 것을 멈출 수 없거나, 무엇을 또는 얼마나 많이 먹어야 할 것인지를 조절할 수 없다고 느낀다. 이후에 그들은 체중이 증가하는 것을 막기 위해 반복적이고 부적절한 보상 행동, 즉 구토, 이뇨제, 관장약, 다른 약물, 금식 또는 과도한 운동 등을 한다.

이러한 행동이 평균적으로 최소 지난 3개월 동안 일주일에 1회 이상 있어야 진단된다. 신경성 폭식증을 가진 개인은 자기평가에서 체형과 체중을 지나치게 강조하며, 이러한 요인이 자존감을 결정하는 데 있어 가장 중요하다. 이 장애도 90% 이상이 여성에게 나타나며, 청소년기 또는 성인 초기에 시작된다.

폭식장애(Binge-Eating Disorder)는 폭식을 일삼으면서 자신의 폭식에 대해 고통스러워하고 우울감과 죄책감을 느끼지만 구토 등의 보상 행동은 보이지 않는 경우를 말한다. 폭식장애를 가진 개인은 조절능력을 상실한 느낌으로 과도하고 급하게 음식을 섭취하며, 신체적으로 배가 고프지 않은데도 많은 양의 음식을 먹는다. 또한 그들은 폭식에 대한 부끄러움 때문에 혼자서 먹으며 폭식 후 스스로에 대한 역겨운 느낌, 우울감 또는 죄책감을 느낀다.

이식증(Pica)은 영양분이 없고 음식도 아닌 하나 이상의 물질을 먹는 행동이 최소 1개월 이상지속되며, 발달수준에 비추어 심각하게 부적절한 경우를 말한다. 섭취되는 물질들은 나이에 따라 다양하고 종이, 비누, 천, 머리카락, 실, 흙, 분필, 화장용 파우더, 페인트, 껌, 금속, 자갈, 숯, 녹말, 얼음 등을 포함한다. 지적장애가 있는 사람의 상태 심각도에 따라 이식증의 유병률이 증가한다.

되새김장애(Rumination Disorder)는 음식물을 반복적으로 토해 내거나 되씹는 행동을 1개월 이상 나타내는 것을 말한다. 되새김장애를 가진 개인은 음식물을 반복적으로 역겨움 없이 입으로 토한다. 그들은 많은 양의 음식을 섭취하더라도 먹은 후에는 즉시 토하므로 영양실조나 체중의 심각한 감소를 가져와서 사망하는 경우도 발생한다.

회피적/제한적 음식섭취장애(Avoidant/Restrictive Food Intake Disorder)는 음식 섭취의 회피 혹은 제한으로 인하여 심각한 수준의 체중 감소나 영양 부족, 위장관 급식이나 경구 영양 보충제에 의존하여 심리사회적 기능의 심각한 손상을 가져오는 장애이다. 이 장애는 주로 영・유아기나 초기 아동기에 나타난다.

■ 배설장애

배설장애(Elimination Disorders)는 소변 또는 대변의 부적절한 배설을 보이는 장애이며, 주로 아동・청소년기에 처음으로 진단된다. 배설장애의 하위 유형으로는 유뇨증과 유분증이 있다. 유뇨증(Enuresis)은 침구 또는 옷에 의도적이든지 의도하지 않았든지 간에 반복적으로 소변을 보는 것을 말한다. 그들의 연령은 5세 이상이며, 3개월 동안 주 2회 이상의 빈도로 나타난다. 이로 인해 사회적, 학업적, 그리고 다른 중요한 기능 영역에서 심각한 고통과 손상이 나타난다. 유분증(Encopresis)은 옷이나 바닥 등 부적절한 장소에 의도적이든 그렇지 않든지 간에 반복적으로 대변을 보는 것을 말한다. 그들의 연령은 4세 이상이며, 이러한 상황이 3개월 동안 월 1회 이상 나타나야 진단될 수 있다.

■ 수면-각성장애

수면-각성장애(Sleep-Wake Disorders)를 가진 개인은 전형적으로 수면의 질과 시간대, 그리고 양에 대한 불만족감을 호소한다. 이로 인하여 낮 시간의 고통과 손상의 발생이 모든 수면-각성장애의 핵심 증상이다. DSM-5에서 수면-각성장애는 모두 10개의 장애 또는 장애군을 포함하는데, 불면장애, 과다수면장애, 기면증(Narcolepsy), 호흡관련 수면장애, 일주기리듬 수면-각성장애, 비급속안구운동(NREM)수면 각성장애, 악몽장애, 급속안구운동(REM)수면 행동장애, 하지불안 증후군, 물질로 유발된 수면장애이다. 우울, 불안, 인지 변화는 흔히 수면장애를 동반하며, 정신장애의 전구기 증상으로 수면장애가 나타나기도 한다.

■ 성기능장애

성기능장애(Sexual Dysfunctions)는 여러 장애로 구성된 이질적 집단이며, 일반적으로 개인의 성적인 반응 또는 성적 즐거움을 경험하는 능력에 현저한 장애를 가지는 특징이 있다. 개인에 따라 여러 가지 성기능장애를 동시에 가질 수도 있다. 성적 문제가 불충분한 성적 자극 때문이라면 성기능장애로 진단되어서는 안 된다. 성기능장애의 하위 유형에는 사정지연, 발기장애, 여성 절정감장애, 여성 성적 관심/흥분장애, 성기-골반통증/삽입장애, 남성 성욕감퇴장애, 조기사정, 물질로 유발된 성기능부전 등이 있다.

■ 젠더 불쾌감

젠더 불쾌감(Gender Dysphoria)은 자신의 경험되는 성별과 태어나면서 정해진 출생 성별 사이에 뚜렷한 불일치를 나타내는 경우를 말한다. 그리고 이러한 불일치로 인해 고통을 받는다. 젠더 불쾌감은 연령에 따라 다르게 표현된다. 젠더 불쾌감을 가진 개인은 다른 성이 되고자 하는 강렬한 열망을 지니거나 반대 성의 의복을 선호하거나 반대 성의 역할을 하고자 하는 등의 다양한 행동을 나타낸다.

예를 들면, 여아의 경우에 소년이라고 주장하거나 자라서 남자가 될 것이라고 하며, 옷과 머리 스타일도 남아의 것을 선호한다. 또한 그들의 부모가 여자 옷을 입히거나 치장하려 하면 강한 거부감을 보이고, 어떤 소녀는 여자 옷을 입어야만 하는 학교나 행사에 참석하는 것을 거부하기도 한다. 남아의 경우는 반대의 주장이나 행동 등을 수행하거나 선호한다. 성전환을 받기 전의 젠더 불쾌감을 가진 청소년과 성인은 자살사고, 자살시도 그리고 자살 위험성이 높다.

■ 신경인지장애

신경인지장애(Neurocognitive Disorders)는 뇌의 손상으로 인해 의식, 기억, 언어, 판단 등의 인지적 기능에 심각한 문제가 나타나는 경우에 진단된다. 신경인지장애는 일반적으로 치매(dementia)라고 부르는 정신장애이다. DSM-5-TR에서는 섬망을 먼저 제시하고, 주요신경인지장애, 경도신경인지장애 그리고 이들의 병인에 따른 아형의 증후군들을 기술하고 있다.

섬망(Delirium)은 의식이 혼미해지고 주의집중 및 전환능력이 뚜렷하게 감소될 뿐만 아니라 기억, 언어, 현실판단 등의 인지기능에 장애가 나타나는 경우를 말한다. 섬망 상태의 개인은 주의가 산만하여 질문을 반복하거나 이전 질문에 대한 대답을 반복하기도 한다. 이 장애는 대개 몇 시간에서 며칠 정도의 단기간에 걸쳐 발생하고 하루 경과 중 변동하는 경향이 있는데, 흔히 외부의 방향 자극이 감소하는 저녁과 밤에 심해진다. 그들은 기억과 학습 그리고 지남력 장애, 언어의 변화가 동반되며, 오해, 착각 또는 환각을 포함하는 지각장애를 나타내기도 한다. 섬망이 있는 대부분의 사람은 치료와 상관없이 완전히 회복하며, 알코올 등의 물질 사용이나 신체적 질병과 같은 다양한 원인에 의해 발생한다. 섬망의 유병률은 입원한 노인에게서 가장 높다.

주요신경인지장애(Major Neurocognitive Disorders)는 하나 이상의 인지 영역(복합적 주의, 실행기능, 학습과 기억, 언어, 지각-운동 또는 사회 인지)에서 인지 저하가 이전의 수행 수준에 비해 현저하게 나타나는 경우를 말한다.

경도신경인지장애(Minor Neurocognitive Disorders)는 주요신경인지장애의 특징들이 경미하게 나타나는 경우를 말한다. 이러한 신경인지장애는 알츠하이머병, 전두측두엽 변성, 루이소체병, 혈관 질환, 외상성 뇌손상, HIV 감염 등에 의해 나타날 수 있다.

■ 변태성욕장애

변태성욕장애(Paraphilic Disorders)는 성행위 대상이나 성행위 방식에서 비정상성을 나타내는 장애를 말한다. 변태성욕장애란 정상적인 표현을 통해 신체적으로 성숙하고 동의하는 동반자를 대상으로 성적 자극이나 애무를 하는 것 외의 다른 것에 강렬하고 지속적인 성적 관심을 가지는 것을 말한다. 변태성욕장애로 진단되려면 개인에게 현재 고통이나 손상을 일으키는 변태성욕이 존재하며 그들의 성적 만족이 타인에게 위해나 위해의 위험을 수반하는 내용이 있어야 한다. 변태성욕장애의 하위 유형은 다음과 같다.

관음장애(Voyeuristic Disorder)는 다른 사람이 성행위를 하고 있는 모습이나 옷을 벗고 있는 모습을 몰래 훔쳐봄으로써 성적 흥분을 느끼는 장애이다. 노출장애(Exhibitionistic Disorder)는 자신의 성기를 낯선 사람에게 노출시킴으로써 성적 흥분을 느끼는 장애이다. 마찰도착장애(Frotteuristic Disorder)는 원하지 않는 상대방에게 몸을 접촉하여 문지름으로써 성적 흥분을 느끼는 장애이다.

성적피학장애(Sexual Masochism Disorder)는 상대방으로부터 고통이나 굴욕감을 받음으로써 성적 흥분을 느끼는 장애이다. 성적가학장애(Sexual Sadism Disorder)는 상대방에게 고통이나 굴욕감을 느끼게 함으로써 성적 흥분을 느끼는 장애이다. 소아성애장애(Pedophilic Disorder)는 사춘기 이전의 아동을 상대로 한 성행위를 통해 성적 흥분을 느끼는 장애이다. 물품음란장애(Fetishistic Disorder)는 여성의 속옷 등의 무생물인 물건에 대해서 성적 흥분을 느끼는 장애이다. 복장도착장애(Transvestic Disorder)는 이성의 옷으로 바꿔 입음으로써 성적 흥분을 하는 장애이다.

변태성욕장애로 진단하기 위해서는 크게 두 가지 기준을 충족시켜야 한다. 하나는 변태성욕의 질적인 성질을 바탕으로 한다. 예를 들면, 성적으로 아동에게 집착하거나, 성기를 낯선 사람에게 노출하는 것 등과 같은 부적응적 측면을 말한다. 다음으로는 변태성욕으로 인해 발생하는 부정적인 결과이다. 즉, 타인에게 고통, 손상, 위해를 가하는 것을 말한다. 변태성욕장애는 앞의 두 가지 조건을 만족하면 진단된다. DSM-5에서는 변태성욕과 변태성욕장애는 구분해야 한다고 기술하고 있다.

■ 치료약물로 유발된 운동장애 및 치료약물의 기타 부작용(DSM-5-TR 추가 범주)

치료약물로 유발된 운동장애 및 치료약물의 기타 부작용(Medication-Induced Movement Disorders and Other Adverse Effects of Medication)의 하위 유형에는 치료약물로 유발된 파킨슨증, 신경이완제 악성 증후군, 치료약물로 유발된 급성 근육긴장이상, 치료약물로 유발된 급성 좌불안석, 지연성 운동이상, 지연성 근육긴장이상, 치료약물로 유발된 체위떨림, 기타 치료약물로 유발된 운동장애, 항우울제 중단 증후군, 치료약물의 기타 부작용으로 분류하고 있다.

치료약물의 인체 노출과 운동장애의 발생 사이에 인과관계를 규정하는 것은 쉽지 않다. 하지만 정신질환의 치료약물과 운동장애의 관련성이 있기 때문에 치료 과정에서 세심하게 살펴야 한다. 치료약물로 유발된 운동장애와 기타 부작용이 정신질환은 아니다. 보다 상세한 내용은 제11장의 약물치료에서 다룬다.

■ 임상적 관심의 초점이 될 수 있는 기타 상태(DSM-5-TR 추가 범주)

임상적 관심의 초점이 될 수 있는 기타 상태(Other Conditons That May Be a Focus of Clinical Attention)는 한 사람의 정신질환 진단, 경과, 예후 또는 치료에 영향을 줄 수 있는 상태들과 심리사회적 혹은 환경적 문제들을 포함한다. 이러한 상태 및 문제들은 다음의 10가지 하위 유형으로 구분된다.

① 자살행동(최소한 어느 정도 죽을 의도가 있는 잠재적으로 자해적인 행동) 및 비자살적 자해(자살 의도가 없는 상태에서 신체에 의도적으로 입히는 상해)
② 학대 및 방임(예: 아동 및 성인 가학 및 방임 문제, 신체적 학대, 성적 학대, 심리적 학대 포함)
③ 관계 문제(예: 부모-아동 관계 문제, 형제자매 관계 문제, 배우자나 친밀 동반자와의 관계 고충, 별거나 이혼에 의한 붕괴)
④ 교육 문제(예: 문맹과 저학력, 학교교육 이용 불가 및 달성 불가, 학교 시험 실패, 학교에서의 저성취)
⑤ 직업 문제(예: 실직, 이직, 일자리 상실 위험, 스트레스를 주는 업무 일정, 상사 및 동료와의 불화)
⑥ 주거 문제(예: 노숙, 부적절한 주거, 이웃이나 세입자 또는 임대주와의 불화)
⑦ 경제 문제(예: 적절한 식량 또는 안전한 식수 부족, 극도의 가난, 저소득)
⑧ 사회 환경과 관련된 문제(예: 혼자 살기와 관련된 문제, 문화적응의 어려움, 사회적 배척이나 거부)
⑨ 사법 체계와의 상호작용과 관련된 문제(예: 형사소송에서 유죄 판결, 구속 또는 기타의 구금, 출감과 관련된 문제, 기타 법적 상황과 관련된 문제)
⑩ 기타 정신의학적·개인적·환경적 상황과 관련된 문제(예: 원하지 않은 임신과 관련된 문제, 범죄의 피해자, 테러의 피해자)

제 7 장

알코올중독

학습 목표

1. 알코올중독의 진단, 유형, 그리고 경과를 설명할 수 있다.
2. 알코올중독 가족의 특성을 설명할 수 있다.
3. 알코올중독의 원인과 개입 과정을 설명할 수 있다.

여기서는 DSM-5-TR의 분류 범주인 알코올관련장애를 알코올중독으로 기술하고자 한다. 알코올관련장애의 하위 유형에는 알코올사용장애, 알코올중독, 알코올 금단, 알코올로 유발된 정신질환으로 분류하고 있는데, 이를 모두 포함하여 알코올중독으로 명명하고자 한다. 알코올중독은 정신보건영역의 사회복지사들이 가장 빈번하게 접촉하는 문제 중 하나이다. 또한 사회복지영역에서 직접실천을 하는 사회복지사도 자주 접하지만 해결하기 어려운 문제이다. 알코올중독은 정신병이나 신경증적 장애와는 다른 특성이나 경과를 나타내며, 마찬가지로 해결방법에서도 차이가 있다.

물론 제3부에서 기술하고 있는 개인 면담, 위기개입, 집단치료, 가족교육, 그리고 사례관리의 방법들이 알코올중독의 특성에 맞게 활용되고 있지만 근본적으로 차이나는 내용들이 많이 있다. 따라서 이 장에서는 DSM-5-TR에서 알코올중독을 어떻게 분류하고 진단하는지, 알코올중독의 유형과 경과, 알코올중독 가족의 특성, 알코올중독의 원인과 대처방법을 살펴보고자 한다.

핵심 과제

1. 지속적으로 많은 양의 음주를 하더라도 어떤 개인은 알코올중독으로 진단되고, 또 다른 개인은 그렇지 않은 이유는 무엇인가?
2. 알코올중독 가족을 병리적으로 보는 관점에 대하여 어떤 반론을 할 수 있는가?
3. 알코올중독의 사회적 대처가 왜 중요한가?

1. DSM-5-TR에서의 알코올중독

1) 물질관련 및 중독 장애

DSM-5부터 분류한 물질관련 및 중독 장애(Substance-Related and Addictive Disorders)에는 알코올, 카페인, 대마, 환각제, 흡입제, 아편계, 진정제, 수면제 또는 항불안제, 자극제, 담배 그리고 기타 물질의 10가지 서로 다른 종류의 약물을 포함한다. 이러한 10가지 종류의 물질(substance)은 완전히 구별되지 않으며, 모든 물질은 공통적으로 과량 복용할 때 뇌 보상 체계를 직접 활성화한다.

이들 물질들은 정상적으로 일어나는 뇌 활성화 신호들을 무시하게 만들고 남용물질을 통해 직접적으로 보상 회로를 활성화한다. 즉, 물질을 남용하는 사람들은 다른 활동이나 취미 등을 통해 느낄 수 있는 성취감, 행복감 등과 같은 보상이 점차로 무시되고 오직 물질을 통해 이러한 느낌을 보상받으려 한다는 것이다. DSM-5-TR에서 물질관련 및 중독 장애는 물질사용장애와 물질로 유발된 장애의 두 그룹으로 나뉜다.

(1) 물질사용장애

물질사용장애(Substance Use Disorders)는 물질 관련 문제들이 있음에도 불구하고 개인이 지속적으로 물질을 사용하고 있음을 나타내는 인지적, 행동적 그리고 생리적 증상군을 특징으로 한다. 물질사용장애의 진단은 조절 능력의 상실, 사회적 손상, 위험한 사용 그리고 약물학적 기준에 의한다(APA, 2013).

첫째, 조절 능력의 상실이란 물질을 사용하는 개인이 조절하거나 끊으려고 노력해도 계속 실패하는 것이다. 그들은 점차로 하루 대부분의 생활을 물질 중심으로 보내게 된다. 물질을 사용하고자 하는 강력한 욕구인 갈망으로부터 벗어나기가 어렵다.

둘째, 사회적 손상은 물질의 반복적 사용으로 인해 대인관계, 학교, 직장 혹은 가정에서 해야 할 중요한 역할 수행에 실패하더라도 물질을 중단할 수 없는 경우를 말한다. 그들은 점차로 가족 활동이나 취미 활동과 같은 여가 활동이나 사회적, 직업적 활동을 줄이거나 포기하게 된다.

셋째, 위험한 사용이란 물질의 사용으로 인해 신체적, 심리적, 대인관계적으로 심각한 해가 되는 상황에서도 반복적으로 물질을 사용하면서 중단하지 못하는 경우를 말한다. 예를 들면, 알코올로 인한 간암 진단을 받고도 술을 끊지 못하는 것을 말한다.

넷째, 약물학적 진단기준은 내성과 금단이 있다. 내성(tolerance)이란 원하는 효과를 얻기 위해 현저히 많은 용량의 물질이 필요한 경우를 말한다. 예컨대, 예전에 소주 한 병으로 느꼈던 기분을 점차로 두 병, 세 병 마셔야 비슷한 효과가 나타나는 것을 말한다. 금단(withdrawal)이란 오랫동안 과다하게 물질을 사용한 개인의 혈액이나 조직에 물질 농도가 저하되었을 때 나타나는 증후군이다. 보통 이를 해소하기 위해 물질을 섭취한다. 예를 들면, 아침에 일어났을 때 손 떨림 등의 증상을 해소하기 위해 해장술을 마시는 경우를 말한다. 단지 내성과 금단만으로 물질사용장애를 진단하지 않는다.

(2) 물질로 유발된 장애

물질로 유발된 장애(Substance-Induced Disorders)는 물질 중독, 물질 금단 그리고 물질로 유발된 정신질환으로 구분된다.

① 물질 중독

물질 중독(Substance Intoxication)은 흔히 신체적 중독을 의미하는 것이며, 최근 물질 섭취로 인해 가역적인 물질 특이 증후군이 발생한 경우를 말한다. 가장 흔한 변화에는 지각, 각성, 집중, 생각, 판단, 정신운동 그리고 대인관계상의 행동장애를 포함한다. 중독에 동반하는 심각한 문제적 행동 변화 및 심리적 변화(예를 들면, 공격성, 기분 가변성, 판단력 손상 등)는 물질이 중추신경계에 작용한 생리적 효과로 인한 것이다.

중독은 물질을 사용하는 동안 혹은 사용 직후에 발생하며, 급성 중독과 만성 중독은 다른 증상과 징후를 나타낸다. 예컨대, 중등도 양의 코카인을 사용했을 때 처음에는 사교적인 상태가 되지만 이 용량을 자주 반복적으로 며칠 혹은 몇 주에 걸쳐 사용했을 때는 사회적 위축이 일어나게 된다.

② 물질 금단

물질 금단(Substance Withdrawal)은 각 물질의 특성에 따라 다양하게 나타난다. 물질 금단은 과도하게 장기간 사용해 온 물질의 중단이나 감소로 인해 생리적, 인지적 장애와 더불어 물질 특유의 부적응적 행동변화가 나타나는 것이다. 이러한 물질 특유의 증후군은 사회적, 직업적 또는 다른 중요한 기능 영역에서 임상적으로 심각한 고통이나 장애를 일으킨다. 금단을 겪는 대부분의 사람은 증상을 줄이기 위해 물질을 다시 사용하고 싶은 충동을 느낀다.

③ 물질로 유발된 정신질환

물질로 유발된 정신질환(Substance-Induced Mental Disorders)은 남용물질로 인해 발생하는 일시적 혹은 지속적으로 나타나는 중추신경계 증후군이다. 물질로 유발된 정신질환은 정신병적 장애, 양극성 및 관련 장애, 우울장애, 수면장애, 성기능장애, 강박 및 관련 장애, 신경인지장애 등이 흔하게 나타난다. 일반적으로 진정 작용이 있는 약물이나 물질(진정제, 수면제 또는 항불안제, 알코올)은 중독 상태에서 우울장애를 유발하고, 금단 상태에서는 불안이 관찰되는 편이다.

암페타민이나 코카인 등의 흥분 작용이 있는 물질들은 중독 상태에서 정신병적 장애와 불안장애가 동반되기 쉬우며, 금단 상태에서 주요우울장애가 유발될 수 있다. 진정 작용과 흥분작용을 둘 다 가진 약물들은 일시적이지만 현저한 수면 곤란과 성적 문제를 유발하기 쉽다. 그러나 대부분 물질로 유발된 정신질환은 물질 사용을 중단한 지 1개월 이내에 회복되는 편이다.

2) 알코올관련장애

DSM-5-TR에서 알코올관련장애(Alcohol-Related Disorders)는 알코올사용장애, 알코올중독, 알코올 금단, 알코올로 유발된 정신질환으로 나뉜다.

(1) 알코올사용장애

DSM-5에서 기술된 알코올사용장애(Alcohol Use Disorders)는 DSM-IV에서의 알코올 남용과 알코올의존을 통합하여 새로운 진단기준을 제시한 것이다. 알코올사용장애는 일반적으로 일컫는 알코올중독(alcohol addiction)을 의미한다. DSM-5-TR에서 알코올 남용과 의존을 통합한 알코올사용장애, 즉 알코올중독의 진단기준은 〈표 7-1〉과 같다.

표 7-1 알코올사용장애의 진단기준

임상적으로 현저한 손상이나 고통을 일으키는 문제적 알코올 사용 양상이 지난 12개월 사이에 다음의 항목 중 최소한 2개 이상으로 나타난다. 1. 알코올을 종종 의도했던 것보다 많은 양 또는 더 오랜 기간 사용함 2. 알코올 사용을 줄이거나 조절하려는 지속적인 욕구가 있지만 매번 실패함

3. 알코올을 구하거나 사용하거나 그 효과에서 벗어나기 위한 활동에 많은 시간을 보냄
4. 알코올에 대한 강한 갈망이나 강렬한 욕구가 있음
5. 반복적인 알코올 사용으로 인해 직장, 학교 혹은 가정에서의 중요한 역할 책임 수행에 실패함
6. 알코올 사용의 효과에 의해 나타나거나 악화되는 사회적 또는 대인관계적 문제가 반복됨에도 불구하고 지속적으로 알코올을 사용함
7. 알코올 사용으로 인해 중요한 사회적, 직업적 혹은 여가 활동을 포기하거나 줄임
8. 신체적으로 해가 되는 상황에서도 알코올을 반복적으로 사용함
9. 알코올 사용으로 인해 나타나거나 악화될 수 있는 지속적인 신체적·심리적 문제가 있음을 알면서도 알코올 사용을 계속함
10. 내성이 다음 중 하나의 방식으로 나타남
    a. 중독(intoxication)이 되거나 원하는 효과를 얻기 위해 뚜렷하게 증가된 양의 알코올이 필요함
    b. 동일한 용량의 알코올을 계속 사용할 경우 효과가 현저히 감소함
11. 금단이 다음 중 하나의 방식으로 나타남
    a. 알코올의 특징적인 금단 증후군이 나타남
    b. 금단증상을 감소하거나 피하기 위해 알코올(또는 관련 물질)을 사용함

출처: APA(2022), pp. 192-193.

(2) 알코올중독

알코올중독(Alcohol Intoxication)은 알코올을 섭취하는 동안 또는 그 직후에 심각한 심리적 변화와 문제적 행동 변화(예: 부적절한 성적 또는 공격적 행동, 정서적 불안정, 판단력 손상)가 나타나는 경우를 말한다. DSM-5-TR에서는 알코올을 사용한 후 다음과 같은 증상 중 한 가지 이상이 나타나야 함을 제시하고 있다. 불분명한 언어, 운동 조정 장해, 불안정한 보행, 안구진탕, 집중력 또는 기억력 손상, 혼미 또는 혼수이다.

(3) 알코올 금단

알코올 금단(Alcohol Withdrawal)은 지속적으로 섭취하던 알코올을 중단했을 때 여러 가지 신체적 또는 심리적 증상이 나타나는 상태를 뜻한다. 알코올 금단은 알코올을 사용하다가 중단(혹은 감량)한 지 수 시간 또는 수일 이내에 다음 중 2개 이상의 증상이 나타날 때 해당된다. 자율신경계 항진(예: 발한 혹은 맥박 수 100회 이상 증가), 손 떨림 증가, 불면, 오심 또는 구토, 일시적인 환시, 환촉, 환청이나 착각, 정신운동 초조, 불안, 대발작이다.

이러한 금단은 알코올 사용이 중단되거나 감소된 후에 알코올의 혈중 농도가 급속히 떨어질 때(즉, 4~12시간 이내) 시작된다. 알코올은 상대적으로 반감기가 짧기 때문에 금주 후 이틀째 금단 증상이 가장 심하고 4~5일 사이에 상당히 호전된다. 그러나 급성 금단이 지난 후에도 불안, 불면, 자율신경계의 기능 이상은 그 정도가 약해진 상태에서 3~6개월 지속될 수도 있다. 알코올 금단은 알코올을 재사용하는 중요한 원인이 되기도 한다.

(4) 알코올로 유발된 정신질환

알코올로 유발된 정신질환(Alcohol-Induced Mental Disorders)는 알코올 사용으로 인해 나타나는 다양한 정신질환을 말한다. 그것은 알코올로 유발된 정신병적 장애(조현병 스펙트럼 및 기타 정신병적 장애), 양극성 및 관련 장애, 우울장애, 불안장애, 수면장애, 성기능장애, 신경인지장애 등이 속한다. 이러한 장애들이 알코올로 유발된 문제인지를 정확하게 판단하는 것은 중요하다. 알코올로 유발된 정신질환은 향정신성 약물(psychotropic drugs)로 치료하지 않아도 심한 중독 혹은 금단 상태가 끝난 후 1개월 이내에 증상이 사라지는 경우가 많다.

2. 알코올중독의 특성과 가족

1) 알코올중독의 특징, 유형 및 경과

일반적으로 강박적이고 습관적으로 물질을 사용하는 심각한 문제를 언급할 때 '중독(addiction)'이라는 용어를 사용한다. DSM-5부터는 경도부터 만성적으로 재발하고 강박적으로 약물을 사용하는 고도까지 넓은 범위의 장애를 설명하기 위해 '물질관련장애'로 명명하고 있다. 지금부터 사용하는 알코올중독(alcohol addiction)은 DSM-5-TR에서의 알코올관련장애(Alcohol-Related Disorders)를 의미한다.

(1) 알코올중독의 특징

알코올중독을 병리적으로 설명하면 다음과 같다(Lindstrom, 1992: 49-51).

첫째, 만성적 경과를 보인다. 이는 알코올중독에 한 번 노출되면 자신의 의지와 상관없이 재발을 자주 한다는 의미이다.

둘째, 진행성의 과정을 보인다. 이는 알코올중독은 시간이 지나감에 따라 점점 정도가 심해진다는 말이다. 즉, 한번 알코올중독이라는 문제에 노출되어 일시 중단 후에 음주를 계속하면 이전의 중독 상태에서 더 악화된다.

셋째, 치명적 상황을 초래한다. 알코올중독을 해결하지 않으면 심각한 신체적 · 정신적 질병뿐만 아니라 감옥에 수감되거나 죽음에 이르게 된다는 의미이다.

넷째, 치료는 가능하지만 완치는 어렵다. 이는 알코올중독자가 술을 마시지 않으면 더 이상 증상이 심각해지지는 않지만 예전처럼 조절하면서 사회적 음주를 하기는 어렵다는 말이다. 이는 알코올에 의해 뇌가 변화되어서 알코올에 특이한 반응을 하기 때문이다.

다섯째, 음주가 모든 생활의 중심이 되고, 술로 인한 문제가 지속되어도 금주를 하지 못한다. 또한 조절력의 상실, 내성과 금단 증상이 나타나고, 금단 증상을 해소하기 위해 술을 마신다.

(2) 알코올중독의 유형

알코올중독은 매우 복잡하고 다양한 증상이나 형태를 보이기 때문에 몇 가지 유형으로 분류하기는 쉽지 않다. 하지만 알코올중독을 유형화하려는 노력은 오래전부터 있어 왔으며, 여기서는 브라운(Brown, 1994: 32-36)이 구분한 네 가지 유형을 중심으로 살펴보기로 한다.

① 심리적 의존형

이 유형은 술에 대해 신체적 의존이나 조절력의 상실이 없으며 단지 심리적으로 의존하고 있는 경우이다. 이 유형의 중독자는 일상생활에서 긴장이나 스트레스에 대처하는 능력이 부족하여 술을 마시며 이러한 문제를 회피하거나 벗어나려고 한다. 하지만 이러한 술 중심의 대처는 술을 마시지 않아야 할 상황에서도 반복적으로 음주를 하게 만들어 가정, 직장 그리고 대인관계에 심각한 문제들을 일으킨다. 이 유형의 사람은 계속해서 심리적 의존형으로 남기도 하지만 많은 경우에 진행형으로 악화되기도 한다.

② 진행형

가장 흔하며 심각한 알코올중독의 유형이다. 이 유형은 음주를 계속하는 한 만성적으로 점점 심각한 중독의 상황으로 진행되어 조절력의 상실과 내성의 증가, 금단 증상과 같이 신체적 의존으로 이어진다. 이러한 사람은 습관적으로 술을 마시며 자신의 의지만으로 술을 중단하기 어렵다. 술을 계속 마시면 중독증의 말기까지 진행되어 사망하거나 신체적 · 심리적 · 사회적으로 어려운 상황에 처하게 된다.

③ 유지형

이 유형은 완전히 취할 정도는 아니지만 매일 술을 마시지 않으면 견딜 수 없는 경우이다. 내성이 증가하거나 술을 마시지 못하는 상황에서는 심각한 금단 증상이 생기는 등의 신체적 의존이 뒤따른다.

④ 사회형

이 유형은 심리적 · 신체적 의존성은 없지만 술을 마셔야 하는 사회적 상황에서 지나치게 술을 자주 마셔서 위궤양, 간경화 등의 신체적 합병증이 발생하기도 한다. 이 유형의 사람은 반복적이고 지나친 음주로 자신의 신체뿐만 아니라 일상생활에서 다양한 문제들이 나타난다. 그들은 직장생활을 유지하거나 같이 음주하는 동료들이 있다는 이유로 자신이 알코올중독임을 인정하지 않으려 한다.

(3) 알코올중독의 경과

알코올중독은 다양한 원인에 의해서 결과도 다르게 나타난다. 술을 지나치게 장기간 섭취하여 알코올중독을 초래하기도 하며, 다른 문제, 즉 우울증이나 성격장애와 같은 문제가 있어 술을 마시다가 알코올중독으로 이어지기도 한다. 보통 20대부터 사소한 음주 문제가 발생하기 시작하여 40~50대에 이르면 병원에 입원하거나 심각한 개인적 · 가족적 · 직업적 문제들을 동반하게 된다.

알코올중독의 유전적 취약성을 가지고 있다거나 음주 문제를 전혀 자각하지 않는 경우에는 알코올중독이 훨씬 빨리 그리고 심각하게 나타날 수 있다. 일반적으로 알코올중독은 사회적 단계, 문제적 단계, 중독 단계 그리고 중독말기 단계로 진행된다(Brown, 1994: 32-69).

① 사회적 단계

이 단계는 술을 통해 고민을 해결하고 마음을 진정시키며, 스트레스와 불안감의 일시적인 대응을 위해 음주를 효과적인 수단으로 여긴다. 점차 술 이외에 긴장을 풀거나 기분을 좋게 만들 다른 방법을 찾지 못한다. 술을 마실 기회가 기다려지며 술자리가 잦아지고 양과 횟수가 증가하면서 자주 폭음을 하지만 다른 음주자와 크게 구분되지 않는다. 내성이 생기기 시작하지만 음주행위에 대한 자기조절능력이 가능하다.

② 문제적 단계

술을 이용하여 기분의 변화를 일으키는 단계이다. 이 단계의 음주자는 유쾌함이나 기분전환을 위해 술을 사용하면 된다고 확신하면서 술이 필요해서 마신다. 음주에 대해 비난이나 질문을 받게 되고, 덜 마시도록 압박을 받으며 금주하려는 노력을 하거나 술 문제를 감추려고 부정(denial) 기제를 사용하기도 한다.

〈특징적 증상과 행동〉

- 몸이 술에 점점 더 의존되는 신호인 내성이 증가함
- 단순히 마시기보다는 긴장, 피로, 실망, 걱정으로 벗어나는 효과를 얻기 위해 마심. 중독자는 술을 마시면 기분이 좋아지는 것이 습관화되어 기분이 나쁘면 자동적으로 술을 마심
- 술 생각에 사로잡혀 있으며, 술을 마시지 못하게 될까 봐 걱정하고 술을 준비함
- 모임의 전후에 술을 마심
- 술을 다른 사람보다 빨리 많이 마심
- 술 마시는 것에 대해 변명을 함
- 술을 마신 후에 성격에 변화가 와서 이성을 잃거나 분별력이 없어짐
- 숨어서 몰래 마심

③ 중독 단계

이 단계의 음주자는 자신의 음주 사실을 숨기거나 마신 술의 양과 횟수를 줄여서 말한다. 술 이외의 다른 일에는 점차 흥미를 잃어 가면서 음주가 일상생활의 중심이 되고, 술 문제로 인하여 사회적 압력이나 직장에서 어려움이 발생한다. 또한 음주조절능력이 상실되어 가족이나 친구들을 회피하고 자기과장적인 행동을 하며, 성격변화도 심해져 안절부절못하고 화를 잘 내며, 공격적이고 무책임해진다.

이 단계의 음주자는 신경과민과 우울감이 흔하게 나타나고 점점 더 자기혐오, 죄책감, 혼돈, 분노를 느끼고 자존감이 매우 낮아지는 상태가 된다. 우리나라의 경우에는 중독 단계가 되어야 병원 입원이나 알코올중독 치료를 시작하게 된다.

〈특징적 증상과 행동〉

- 술을 마신 이후에 자주 기억상실, 즉 필름이 끊기는 현상을 경험함
- 한번 술을 마시면 의도와 상관없이 만취할 때까지 마시게 되어 술에 대한 조절능력을 상실함. 그러나 가끔 자신이나 다른 사람에게 중독이 아니라는 것을 보여 주기 위해 일정 기간 힘들게 조절해서 마시기도 함
- 혼자서 술을 마시게 됨
- 술을 마시지 못하는 상황은 상상할 수 없어 술을 숨겨 둠(심리적 의존성)
- 아침에 일어나서 술기운이 빠지면 손이 떨림(신체적 의존성)
- 해장술을 마심
- 성격이 변하여 화를 잘 내고, 짜증을 부리거나 공격적이며, 열등감이 생겨 큰소리치거나 다른 사람을 의심하고 조그마한 자극에도 감정이 폭발함
- 성적 능력이 떨어지거나 의처증이 생기기도 함
- 위장장애, 발한, 불면, 고혈압 등의 신체 합병증이 생기기도 함
- 술을 마시지 않는 사람과는 잘 만나지 않음
- 술을 조절하기 위해 노력함. 술을 줄이기 위해 직장을 옮기거나 이사를 하기도 하며, 술의 종류를 바꾸거나 술 마시는 시간과 횟수를 정하기도 하지만 대부분 실패함

④ 중독말기 단계

중독말기 단계의 음주자는 다른 사람뿐만 아니라 스스로도 알코올중독이라는 사실을 부정하지 않는다. 막연한 두려움과 강박적인 음주뿐만 아니라 신체적, 정서적, 사회적, 영적인 모든 영역에서 황폐화가 일어난다. 알코올중독에서 회복되고 싶지만 자신의 힘으로는 불가능하다고 생각하며 절대적 힘에 의해 벗어나고 싶어 한다.

이 단계의 음주자는 알코올 내성이 감소하여 몇 잔의 술로 혼미 상태에 빠지거나, 마지막 결과는 뇌손상이나 알코올성 정신병, 죽음에 이를 수 있다. 그러나 알코올중독자라고 해서 모두 중독말기 단계로 이어지는 것은 아니며 개입을 통해서 중지시킬 수 있다.

〈특징적 증상과 행동〉

- 내성의 감소로 조금만 마셔도 취하게 됨
- 직업을 상실하거나 가정의 붕괴를 가져옴
- 간경화, 당뇨병, 말초 신경염, 뇌손상 등과 같은 심각한 신체합병증이 나타남
- 환각이나 피해망상과 같은 알코올성 정신병이나 기억력장애가 나타남
- 술을 마시지 않으면 심각한 고통을 수반하는 금단증상이 뒤따름

- 책임감과 수치심이 없어지기도 하며, 죄책감, 절망감, 자살충동 등이 일어남
- 막연한 공포와 종교적 열망이 공존함
- 자신은 술에 완전히 패배하였음을 인정함

2) 알코올중독과 가족

(1) 가족규칙

가족구성원 중에 알코올중독자가 있으면 가족은 매우 혼란스럽고 다양한 갈등 속에서 생활하게 된다. 가족은 알코올중독자가 자신의 중독을 유지하기 위한 과정에 빠져들어 혼돈을 경험한다. 알코올중독자는 중독을 유지하기 위해서 자신의 알코올중독을 인정하지 않으려는 부정체계(denial system)를 발달시키고 진행한다.

알코올중독자의 중독 부정에 가족들은 좌절을 느끼고 고통받으며, 문제의 원인이 중독자가 아니라 자신에게 있는 것이 아닌지 의문을 가지기도 한다. 예를 들면, 알코올중독자는 자신이 술을 마시는 이유에 대해 자녀나 배우자의 문제 때문이라고 주장한다. 가족은 문제를 인식하는 능력을 상실하거나 만성적 긴장이나 외상(trauma) 속에서 살아가게 된다. 이러한 알코올중독 가족의 가족규칙은 다음과 같다(Wegscheider-Cruse, 1981).

첫째, 알코올중독자는 술을 계속 마시려는 강박관념에 사로잡혀 있으며, 가족은 그것을 중단시키려고 애쓰는 것과 같이 중독자의 알코올 사용이 가정사에 가장 중요한 일이 된다.

둘째, 알코올중독자와 가족 모두 중독자의 알코올 사용과 중독이 되었다는 사실을 부정(denial)한다.

셋째, 알코올중독자는 자신의 죄의식을 외부의 탓으로 돌리는 투사의 방어기제를 사용하여 음주의 원인을 가족에게 부과하려고 하며, 가족들도 알코올중독자의 음주 원인을 외부의 다른 차원에서 찾으려고 한다.

넷째, 가족규칙의 제정자인 알코올중독자는 변화로부터 자신을 방어하기 위해 엄격한 가족체계를 유지하고 어떤 희생을 치르더라도 지키려고 한다.

다섯째, 알코올중독자를 보호해 주는 행동이 결국에는 중독자의 상태를 유지하는 데 도움을 주는 것이 된다. 예컨대, 중독자의 지나친 음주로 직장에 출근을 하지 못하게 되면 중독자가 아프다고 배우자가 대신 전화를 해 주는 것 등이다.

여섯째, 가족들은 상호 간 혹은 친지나 외부인들과 가정에서 일어나는 일을 의논하지 않는다.

일곱째, 알코올중독자는 모든 가족구성원이 감정을 숨기도록 요구하게 되고 결과적으로 가족 간 대화는 단절된다.

(2) 알코올중독자의 배우자

알코올중독자는 성격장애를 가지고 있거나 비정상적인 심리적 방어기제를 사용하여 불안과 긴장을 해소하려고 하기 때문에 배우자와 갈등이 많다. 알코올중독자 부부는 흔히 서로 비난하며 책임을 전가한다. 즉, 알코올중독자는 배우자가 만든 문제의 가정에 적응하기 위해 술을 마시지 않을 수 없었다고 합리화하고, 배우자는 알코올중독자가 가정생활을 파괴한다고 비난하는 것이다(김기태 외, 2016: 371).

이러한 상호 비난의 상황에서 부부관계는 예측할 수 없는 갈등이 지속된다. 알코올중독자는 단주와 폭주를 반복하게 되고, 배우자는 중독자를 도와야 한다는 생각과 함께 이러한 상황에서 도피하고 싶다는 양가감정을 지니게 된다(임완빈, 김승팔, 강병조, 1986: 587). 이와 같이 알코올중독자와 지속적인 관계를 가지며 생활하는 가족이 건강하지 못한 삶의 방식을 발전시켜 나가는 것을 공동의존증(co-dependence)으로 설명하기도 한다.

공동의존증을 가진 가족구성원은 낮은 자아존중감, 부정직성, 분노, 적개심, 혼돈, 완벽주의, 의존성 등의 특성을 가지며, 타인과 기능적인 경계를 형성하는 데 어려움을 가지기 때문에 관계형성을 잘하지 못한다. 또한 자신의 욕구를 인식하고 충족시키기보다 알코올중독자의 욕구를 충족시키는 데 우선적으로 중점을 둔다.

따라서 공생적인 상호작용의 관계를 깨뜨리는 위협에 대해 불안을 느끼고 공생적 관계 속에서 만들어진 잘못된 자아상실에 대한 두려움을 갖는다. 이러한 이유로 공동의존자는 중독자의 치료에 거부감 또는 불안과 두려움을 강하게 갖는다. 공동의존증을 가진 배우자의 유형은 〈표 7-2〉와 같이 다섯 가지로 구분할 수 있는데(Cermak, 1986: 36-40), 실제로는 훨씬 많은 유형이 있을 수 있으며 명확하게 구분되기보다는 복합적 특성을 가지거나 변형된 형태로 나타날 수 있다.

표 7-2 공동의존증의 유형

구분	특징
순교자적 유형	이 유형의 배우자는 자신의 희생과 노력으로 언젠가는 알코올중독자가 회복될 것이라고 믿는다. 따라서 그들은 알코올중독자에게 아무런 문제가 없으며 단지 술을 먹는 것뿐이라고 본다. 실제로 알코올중독자가 술 문제에서 벗어나도록 온갖 노력을 다해 온 사람이다. 그러나 알코올중독자가 치료를 시작하면 불안을 보이게 된다.
박해자적 유형	이 유형은 알코올중독자가 경제력을 상실하거나 성기능상의 문제를 보일 때 많이 나타난다. 이 유형의 배우자는 알코올중독자를 언어적·신체적으로 학대한다. 그들은 외부적으로 알코올중독자에 의해 인생이 망가졌다고 보여지며 가족의 생계를 책임지는 강인한 사람이다. 따라서 알코올중독자가 치료를 시작하면 이러한 구조가 와해될 수 있어 치료에 저항할 수 있다.
술친구적 유형	이 유형은 알코올중독자의 배우자가 술을 계속 마시도록 허용하거나 부추기는 것이다. 배우자도 알코올중독인 경우가 많다. 그들은 술은 한 잔씩 마셔야 한다거나, 알코올중독자에게 술을 끊으면 삶의 재미가 없다는 식으로 술을 마시게 한다.
냉담한 유형	이는 알코올중독자가 죽든 말든 상관하지 않겠다는 배우자의 유형이다. 알코올중독자의 치료에 무관심하며, 중독자가 술을 결코 끊을 수 없다고 확신한다. 그들은 정신건강에 문제가 있을 수 있으며, 자살률도 높은 것으로 알려져 있다.
공모자적 유형	이 유형의 배우자는 알코올중독자가 단주를 유지하여 회복하는 것을 방해한다. 이 유형의 배우자는 알코올중독자와 매우 강하게 자아정체감이 결합되어 있기 때문에 중독자가 회복되어 자신이 새로운 자아정체감을 형성하는 것에 대한 불안을 가지게 된다. 알코올중독자의 회복이라는 변화보다는 그 상태를 그대로 유지하도록 공모하거나 협조한다. 그들은 결코 자신의 가족구성원 중에 알코올중독자가 있다는 것을 인정하지 않거나 단주하는 중독자에게 알코올을 허용하기도 한다.

(3) 알코올중독 가족의 자녀

알코올중독은 가족구성원 모두에게 상당한 영향을 끼치며, 특히 어린 자녀들의 경우에는 부모 사이에서 나타나는 심한 갈등으로 고통을 겪는다. 알코올중독 가족의 자녀는 중독자의 언어적·신체적 학대, 예측할 수 없는 행동, 가족 간 역할 혼동 등을 경험한다. 또한 자녀들은 자신들의 요구, 느낌, 행동은 항상 알코올중독자의 그것에 밀려 이차적인 것이 되며, 그들의 욕구는 통제받는다.

자녀는 가끔 부모의 음주가 자신의 잘못 때문이라고 믿기 때문에 괴로워하기도 한다. 자녀들은 무엇이 문제인지도 모르면서 친구들을 집에 데리고 오지도 못하며, 부모가 이혼할 것을 걱정하거나 중독자의 폭력에 대해 두려움을 가진다. 자녀들은 자신의 가족에 대한 소속감 때문에 외부에 도움을 요청하지도 않는다. 그들은 문제를 확대시키지 않고, 더 이상 고통을 당하기 싫어서 마음속으로부터 끓어오르는 두려움, 분노, 죄의식, 외로움들을 혼자서 삭여야만 한다. 또한 알코올중독 가족의 자녀는 남을 신뢰하지 못하고 타인과의 관계형성 및 자신의 감정을 솔직히 표현하는 것을 어려워하는 경향이 있다(차동석, 장승옥, 2015).

알코올중독 가정의 자녀들이 가족 내에서 하는 가족역할을 다음과 같은 방식으로 설명하기도 한다(Black, Bucky, & Wilder-Padilla, 1986). '책임자 역할'을 담당하는 자녀는 부모의 기능을 떠맡고 가족체계의 구조와 안정을 제공하려고 노력한다. 이런 자녀들은 자신의 독립성, 조직 및 통제를 통하여 보상을 받는다. 하지만 내부적으로는 가족의 고통에 대한 책임감, 부적절감 및 분노를 느낀다. '조정자 역할'을 담당하는 자녀는 분리 혹은 수동적이 되거나 나이 많은 형제자매를 그대로 따라 행동한다. '회유자 역할'을 담당하는 자녀는 정서적 수준에서 과잉기능을 하며 가족체계를 안정시키려 한다. 이 자녀는 미성숙하고 불완전하며 외적 광대 짓 속에서 외로움을 경험한다.

알코올중독 가족의 자녀는 전반적으로 일상생활의 적응에 어려움을 경험하며, 우울 등의 정신적 문제를 가질 위험이 높고, 알코올 문제가 없는 가정의 자녀들보다 알코올을 비롯한 약물 문제를 나타낼 가능성이 높다. 그들은 자존감이 낮거나 반사회적 행동을 일으키거나 대인관계에서의 어려움과 함께 학업성취가 떨어지는 부적응을 경험하기도 한다. 또한 알코올중독 가정에서 자란 자녀들은 성인이 되어 독립된 가정을 구성한 이후에도 의사전달기술의 부족, 감정표현의 어려움, 역할 및 주체성 혼란, 과잉책임감 등으로 갈등을 겪는 가족관계를 지속할 수도 있다.

3. 알코올중독의 원인과 개입

1) 알코올중독의 원인

(1) 생물학적 차원

알코올중독은 생물학적 맥락에서 하나의 질병으로 본다. 알코올을 중단하지 못하는 이유가 중독자의 의지 때문이 아니라 유전적, 생화학적 요인에 의해 나타나는 신체적 반응의 결과라는 것이다. 알코올중독에 대한 유전이론에서는 개인의 유전적 요소가 중독에 영향을 미친다고 본다. 예를 들면, 술을 마시는 경우, 개인에 따라 고통이나 쾌감의 정도가 다르고, 신체가 술에 반응하는 수준도 차이가 있다. 따라서 유전이론에서는 알코올의 지속적 사용에 영향을 주는 유전적 차이가 알코올중독에 영향을 미친다고 본다.

알코올에 대한 생화학적 이론에서는 신체가 술에 반복적으로 노출되면, 신체는 알코올에 대해 점진적으로 적응하게 되고 인간의 신체는 너무나 적응적이어서 알코올이 신체에 꼭 필요한 요인이 된다는 것이다. 이는 당뇨병 환자가 인슐린을 갈망하는 것과 같이 우리 몸에서 알코올을 갈망하게 되는 것과 유사한 이유라는 의미이다. 술을 반복적으로 마시면 신체적으로 알코올을 원하는 신진대사 주기가 생기고, 심하면 금단증상이 나타난다. 이러한 금단증상으로부터 벗어나기 위해 신체는 일종의 안정제로서 알코올을 갈망하게 된다고 본다.

(2) 심리학적 차원

알코올중독의 원인에 대한 심리학적 가설은 여러 가지가 있지만 여기서는 정신분석이론과 성격이론을 중심으로 살펴보고자 한다. 정신분석이론에서 개인이 알코올을 반복적으로 사용하는 것은 영유아기 시절의 해결하지 못한 갈등의 산물이라고 본다. 즉, 지나치게 엄격한 초자아를 가지고 있어 자기징벌적인 개인은 이러한 스트레스를 해소하기 위해 알코올을 사용하거나, 구강기(oral stage)에 문제해결을 제대로 하지 못한 사람은 이러한 좌절감을 해소하기 위해 알코올을 마신다는 것이다.

정신분석이론에서는 알코올중독을 두 가지 차원에서 설명하고 있다(최은영, 2008). 첫째, 알코올이 자신에게 쾌감을 준다는 효과를 본 개인은 결과가 파괴적이라도 쾌감을 잊을 수가 없어 반복적으로 사용한다. 이런 쾌감은 알코올에 대한 직접적 만족보다는 자신의 불안과 갈등으로부터 벗어나려는 데 목적이 있다. 둘째, 알코올중독의 고통스러운 결과를 피하는 능력이 부족한 개인들이 알코올을 지속적으로 사용한다. 정신분석이론에서는 알코올중독의 개인 내적 갈등만을 강조하여 환경적 요인에 대해 고려하지 않은 한계가 있다.

알코올중독의 원인을 성격 차원에서 살펴보면 다음과 같다. 알코올을 반복적, 지속적으로 사용하는 개인들은 수줍음이 많고, 소외되어 있으며, 참을성이 부족하고, 지나치게 예민하여 좌절, 불안, 의기소침하는 경향이 있다고 본다. 또한 이들은 다른 사람과 관계 맺기를 힘들어하며, 자존감이 낮고, 강한 권력 욕구는 있으나 이를 현실적으로 성취하지 못하며 권위에 반감을 가지고 있다.

알코올은 이러한 성격적 특성을 가진 개인에게 편안함, 권력감, 성취감 등을 제공해 준다. 알코올을 남용하는 사람은 현실 도피적 수단으로 술을 사용하며, 이는 현실에 대한 무관심이나 은둔적 삶으로 이어지기도 한다. 알코올중독의 성격적 원인을 지지하는 이론가들은 알코올의 지속적 사용을 현실로부터 도피하는 미성숙하고 부적절한 적응기제의 발현이라고 본다.

(3) 사회학적 차원

알코올중독의 사회학적 차원에서는 다음과 같이 설명하고 있다. 먼저, 긴장이론(strain theory)에 의하면 개인들은 사회구조적 상황에 의해 스트레스를 갖게 되며, 이러한 스트레스는 사회적 규범을 위반하도록 동기화한다. 알코올의 반복적 사용은 사회적 압력과 갈등의 개인적 표현이며 사회적 부적응의 결과물이라고 본다.

사회화이론(socialization theory)에 의하면 알코올중독의 문제는 술을 마시는 행동이 어떻게 차별적으로 강화되었느냐와 관련이 있다. 그러므로 이 이론에서 술을 마시는 행동은 직접적인 사회화의 과정에서 나타난다고 가정한다. 즉, 알코올의 반복적, 지속적인 사용자는 집단상호작용 속에서 알코올의 사용에 대해 격려와 보상을 받는다는 것이다.

사회통제이론(social control theory)에서는 알코올중독의 원인을 알코올 사용에 대한 충동을 억제하는 사회통제력의 부족에 기인한다고 본다. 통제이론에 의하면 모든 인간은 좌절된 소망과 충족되지 못한 욕구를 갖고 있기 때문에 대부분 압력을 받고 있는 상태라고 가정된다. 그러므로 통제이론에서는 행동을 규제하여 알코올 남용에 대한 충동을 억제하는 사회통제력에 관심을 가진다.

이러한 통제는 행동의 결과에 대한 처벌과 보상으로 가능하며, 이는 자신에 의해 내면적으로 일어날 수도 있고, 타인에 의해 사회적으로도 일어난다고 본다. 대부분의 사람이 일탈이나 범죄행위를 하지 않는 것은 주류사회의 관습적 제도와의 강한 연결 때문이라고 가정한다. 이는 음주 허용 문화라든지 술을 권하는 사회적 요인들과 알코올중독의 관계를 설명할 때 유용하다. 즉, 알코올에 대한 통제가 느슨하게 되면 과한 음주 그리고 알코올중독으로 이어질 수 있다는 것이다.

하위문화이론(subculture theory)은 알코올 사용에 우호적인 태도를 가진 특정 사회집단과 관련이 있으면 술을 마시게 되고, 알코올 사용에 부정적인 집단과 관련이 깊으면 술과 접하는 기회가 감소된다는 이론이다. 이는 술을 마시는 사람의 대인관계 및 사회환경 요인이 중요하다는 것을 말한다. 알코올 사용은 어떤 집단에서는 환영받지만 또 다른 집단에서는 그렇지 않기 때문이다.

이와 같이 알코올중독은 생물학적, 심리학적, 사회학적으로 다양한 원인에 의해 발생한다. 알코올에 대한 기질적, 가족적 취약성이 있는 개인은 환경적 요인과 복합적으로 작용하여 알코올중독에 노출될 위험이 더욱 크다. 이러한 개인적 취약성이 없다고 하더라도 사회적 스트레스, 사회학습 그리고 문화적 요인에 의해 알코올중독으로 진행될 수 있다.

2) 알코올중독에 대한 개입

(1) 약물치료

알코올중독을 치료하는 약물은 존재하지 않는다. 술을 마시고 싶은 충동을 억제시키는 약물들이 있지만 효과가 완전히 증명된 것은 아니다. 또한 술의 대사 산물인 아세트알데하이드를 분해시키는 데 필요한 효소의 작용을 방해하는 단주제도 있다. 단주제를 복용한 이후에 술을 마시면 두통, 안면 홍조, 호흡 곤란, 구토, 오심, 발한, 심장 빈맥, 어지러움증, 전신피로가 발생한다.

단주제는 음주 후 겪은 고통으로 술을 마시는 행동을 중단하도록 만드는 것인데, 일종의 혐오요법이라고 할 수 있다. 우울증이 동반된 알코올중독의 경우에는 항우울제를 복용하면 우울증이 호전되면서 술을 마시고 싶은 충동도 감소하게 된다. 이와 같이 알코올중독에 직접 작용하는 약물보다는 부수적인 효과를 나타내는 약물들이 있지만 근본적인 치료법이라고 할 수는 없다.

(2) 입원치료

입원치료는 알코올중독의 해독치료와 조절할 수 없는 음주의 중단, 신체장기 손상의 치료 등을 위해 필요하다. 알코올중독자와 가족 간의 갈등으로 입원치료를 시도한다면 치료 효과도 낮을 뿐만 아니라 인권침해의 가능성도 높다. 해독(detoxification) 치료는 금단증상의 해소를 위해 필요하며, 단주 후에 심각한 금단증상이 나타날 경우에는 의료진의 집중적 관찰이 있어야 한다.

알코올중독의 입원치료에서는 수면 부족이나 의욕 저하 등이 동반되는 만성 금단증상에 대한 교육도 중요하다. 입원치료는 장기간이 아니라 단기 입원 중심으로 음주 후의 행동에 대한 처벌이 아니라 단주에 대한 동기부여를 강화하는 방향으로 나아가야 한다.

입원치료에서의 주요 프로그램을 소개하면 다음과 같다(김기태 외, 2016: 360-369). 이러한 프로그램들은 입원 시뿐만 아니라 지역사회 기관에서도 활용된다.

① 알코올 교육

강의, 비디오나 슬라이드를 통한 시청각 교육, 단주교본 및 12단계의 학습지도 등의 방법을 사용한다. 이를 통해 알코올중독자에게 중독의 심각성을 알리고 자신의 문제를 부정하지 않고 인식하도록 돕는다. 이때 알코올중독자를 비난하지 않고 스스로 알코올 문제에서 벗어나도록 동기부여하는 것이 중요하다. 알코올중독 교육 과정에서는 중독자 스스로의 경험을 공유하는 것도 중요하며, 주로 집단을 형성하여 교육한다.

표 7-3 알코올중독 교육 프로그램 예시

교시	내용
1교시	미래에 술을 마시면 일어날 결과와 그 의미를 설명하기
2교시	알코올중독에 대한 오해와 편견 수정하기
3교시	알코올중독에 대한 사실적 정보 제공하기
4교시	제공된 알코올중독에 대한 중독자의 이해 정도를 파악하기
5교시	알코올중독에 대해 중독자 스스로 자신의 이해 정도를 설명할 기회 제공
6교시	알코올 사용과 시간경과에 따른 구체적 징후/증상들을 연관 지워 설명하기
7교시	단주/술을 끊는 것의 중요성을 설명하기
8교시	경멸적 표현을 사용하지 않기(예를 들면, "당신은 알코올중독자이네요.")

② 개인상담

알코올중독자와 1:1로 면담하는 것은 중요하다. 개인상담에서는 알코올중독자와 신뢰관계를 형성하여 중독으로부터 벗어나고자 하는 동기를 유발하도록 노력해야 한다. 모든 알코올중독자가 동질적 집단은 아니기 때문에 동반되는 정신적 문제를 이해하고 성격 특성 등을 파악하면서 개인별 독특성을 확인해야 한다. 사회복지사는 알코올중독자들이 보이는 적대감, 조종, 시험하는 행동들을 이해하면서 강요된 단주는 효과가 거의 없다는 사실을 알아야 한다.

③ 집단치료

알코올중독자 집단치료에서도 집단치료의 치유인자들이 모두 적용된다(특히 새로운 대인관계 경험, 자신에 대한 새로운 인식, 외로움과 열등감 해소, 희망의 고취, 정보습득 등). 알코올중독자 집단치료에서는 중독자 자신과 비슷한 문제로 어려움을 겪고 있는 다른 사람이 그 문제와 싸워 나가는 과정을 듣고, 자신의 문제와 문제해결을 위한 앞으로의 계획을 다른 중독자와 치료자에게 털어놓고 의견을 교환하는 것이다.

집단치료의 주된 초점은 지금-여기 상황에서 앞으로의 계획에 두어야 한다. 즉, 시시콜콜한 신변잡기를 지루하게 이어 가는 것이 아니라 현재의 술 마시는 행위에 집중해야 한다는 것이다. 집단치료 과정에서는 실제로 금주가 달성되고 유지된 중독자의 경험을 공유하면서 중독에서 회복되어 가는 과정을 학습하도록 구성해야 한다. 이 과정에서는 단지 술을 끊는 방법뿐만 아니라 술 없이 생활하는 방법들도 배워 나가야 한다. 예컨대, 지나치게 책임을 맡거나 책임을 회피하는 것이라든지, 죄의식 · 분노 · 두려움 · 우울로부터 벗어나는 것 등을 말한다.

④ 인지행동치료

알코올중독자를 대상으로 하는 심리치료 방법에는 지지치료, 정신역동치료, 인지치료, 행동치료 등이 있다. 그중에서 인지치료와 행동치료가 통합된 인지행동치료가 최근에 중요한 치료법으로 대두되고 있다. 인지행동치료에서 알코올중독자는 음주 그 자체뿐만 아니라 습관화된 부적응적 행동양식인 중독행동도 문제라고 본다. 따라서 인지행동치료에서는 알코올중독자가 단주를 유지하는 데 어려움을 가져오는 다양한 실제적 상황을 이해하고 이를 극복할 수 있는 생활양식을 확립하도록 구조화된 내용으로 개입한다.

인지행동치료의 구체적 내용들을 보면, 술 마시고 싶은 충동을 처리하는 기술, 음주를 유발하는 감정을 처리하는 기술, 분노를 조절하는 기술, 효과적인 의사소통기술, 긴장이완훈련, 적극적 자기주장훈련, 시간관리 훈련, 문제해결기술, 음주를 거절하는 기술, 즐거움을 주는 활동을 증가시키는 기술, 요구를 거절하는 기술, 술을 마실 수밖에 없는 상황에 대비하는 기술 등이다.

또한 재발예방훈련도 인지행동치료의 접근법으로 진행할 수 있다. 알코올중독에서 재발예방이란 갑자기 술을 마시는 데 초점을 두는 것이 아니라 서서히 음주를 할 수밖에 없는 개인적이고 사회적인 상황을 이해하는 과정에 참여시키는 것을 말한다. 단주 과정에 있는 사람은 다양한 어려움에서 인내심을 발휘하며 술을 마시지 않는다. 그러나 술을 마시지 않을 수 없는 이유들이 점점 쌓여 가면서 결국 시간이 지나 어떤 시점에 다시 음주를 하게 된다. 이를 재발 경고신호라고 하는데 알코올중독자 스스로가 인지하고 대비할 수 있도록 훈련을 받아야 한다.

(3) 단주친목모임

단주친목모임은 술을 조절할 수 없고, 음주의 결과로 여러 가지 문제에 빠져 있는 자신을 발견한 사람들의 자조모임이며, 단주동맹 혹은 AA(Alcoholics Anonymous) 등으로 불린다. 단주친목모임의 참여자격은 알코올중독으로 진단받은 사람 중에서 술을 끊겠다는 열망만 있으면 된다. 목적은 알코올중독자 스스로 자신의 문제를 해결하고 다른 사람이 알코올중독으로부터 회복되도록 돕기 위해 서로 간에 경험을 나누는 것에 있다.

실제로 단주친목모임을 통해 알코올중독자들이 단주를 향한 동기를 높이고 술을 마시지 않은 새로운 생활양식을 습득하는 데 많은 도움이 되는 것으로 알려져 있다. 그러나 우리나라에서는 술 권하는 문화 등으로 인하여 알코올중독자 자조모임이 다른 나라에 비해 활성화되지 못하고 있다.

(4) 가족개입

알코올중독자가 속해 있는 가족은 알코올중독의 치료를 위한 자원이기도 하지만 동시에 지원을 받아야 하는 대상이기도 하다. 알코올중독자의 언어적 · 신체적 학대, 성격의 변화, 의사소통의 장애뿐만 아니라 경제적 무능력까지 동반되면 가족들은 상당한 고통을 경험한다. 가족들을 위한 개입은 다음과 같다.

① 가족교육

가족에게 알코올중독의 치료과정, 중독자의 성격적 특성, 중독의 원인 등을 교육한다. 가족교육은 알코올중독자가 주로 생활하는 공간이 가정이기 때문에 중독에 대한 가족의 올바른 이해가 필요하므로 중요하다. 또한 가족들이 알코올중독에 대한 이해의 폭이 넓어질수록 중독자의 재발, 재입원 등이 줄어들 수 있으며, 가족들도 알코올중독자와 쓸데없는 논쟁으로 인한 상처를 줄일 수 있다.

② 부부 및 가족 상담

이는 알코올중독자와 배우자 그리고 알코올중독자와 가족이 함께 참여하여 중독의 특성을 이해하며 음주로 인해 일어난 문제에 대해 대처하기 위한 상담이다. 여기서는 알코올중독자의 중독으로부터의 회복, 알코올중독자와 가족의 관계 회복, 배우자나 가족의 심리적 상처의 치유 등이 포함된다.

③ 가족치료

알코올중독의 치료를 위한 가족치료는 하나의 치료법보다는 포괄적 접근법을 따른다. 우선, 가족치료가 효과적으로 실행될 수 있도록 단주의 방법이라든지, 자조집단, 입원, 약물치료 등을 가족 모두가 합의할 필요가 있다. 다음으로 가족치료를 위해서는 정확한 가족사정이 중요하다. 여기에는 가족의 상호작용, 갈등, 의사소통 형태, 가족규칙, 경계 등이 포함된다.

특히 가족치료에서는 알코올중독자가 알코올 사용을 중단한 이후의 가족 재적응에 관심을 가진다. 알코올중독자가 단지 술을 마시지 않는다고 모든 가족의 문제가 해결되는 것도 아니고, 어떤 경우에는 예전의 가족 항상성을 유지하기 위해 가족 모두 음주를 허용할 수도 있다. 따라서 알코올중독자 가족을 위한 가족치료는 장기적으로 진행된다.

④ 가족친목모임

가족친목모임은 단주친목모임과 균형을 맞춘 운동의 일환으로 알코올중독자 가족을 위한 자조모임이다. 1940년대 후반에 미국에서 출발하였으며, 우리나라에서는 1980년대 후반부터 가족친목모임과 자녀친목모임을 유지하고 있다. 이 모임은 다른 가족의 경험과 공통된 문제들을 공유하면서 알코올중독 가족에게 많은 도움을 주고 있다.

가족친목모임은 알코올중독자가 자기파괴적 방식으로 행동하도록 조장하는 것을 멈추거나, 지나친 가족의 죄책감과 책임감을 버리도록 하는 데 도움이 된다. 이를 통하여 알코올중독자가 속해 있는 가족구성원이라도 모든 가족의 삶이 술과 중독자에 매몰되는 것이 아니라 알코올중독에 대해 정확하게 인식하여 자신의 삶을 살아갈 수 있도록 도와준다.

(5) 사회적 대처

알코올중독은 사회구조적인 원인을 가정하여 대처할 수 있다. 이에 따르면 개인은 사회적 스트레스, 불평등, 억압 등으로부터 벗어나기 위한 방편으로 술을 마신다고 본다. 이러한 차원에서는 사회의 제도나 법률 그리고 문화의 변화를 통해 알코올중독이 발생하지 않도록 하는 예방적 차원의 대책이 필요하다.

우리나라는 알코올을 포함한 중독문제에 대해 기본적으로 여섯 가지의 차원으로 구분하여 개입 방향을 설정하고 있다(보건복지부, 2024).

첫째, 중독 조기 발견과 개입 서비스로, 중독에 대한 고위험군 발굴 및 의뢰체계를 구축하여 조기에 발견하고 단기 개입서비스를 실시한다.

둘째, 중독 관리 사업으로, 전문적인 사례관리 서비스, 위기관리 서비스, 재활 및 직업재활 서비스를 실시한다.

셋째, 가족 지원 사업으로, 중독자 가족을 위한 이용체계 구축, 사례관리 서비스, 가족교육 및 프로그램 그리고 가족모임 지원 서비스 등이다.

넷째, 중독 예방 교육 사업으로, 아동 · 청소년 예방교육사업, 직장인 중독 예방지원 사업, 지역주민 예방교육사업 등이다.

다섯째, 지역사회 사회안전망 조성 사업으로, 보건복지 네트워크 구축, 지역 법무 연계 · 협력체계 구축, 자원봉사 관리 · 운영체계 구축, 경찰 및 응급지원 네트워크 구축 등이다.

여섯째, 지역사회를 진단하고 자원을 조정하고 중재한다.

우리나라에서는 알코올중독 예방을 위해 알코올중독의 심각성에 대한 사회적 분위기 전환, 건강증진 생활습관 실천율 향상으로 음주폐해의 최소화, 알코올 관련 질환 치료 및 재활 강화 등의 기본 목표를 수립하여 실천하고 있다. 이를 구체적으로 지원하기 위해 정부는 전국 60곳의 '중독관리통합지원센터'를 지정하여 알코올중독을 포함한 중독의 예방 및 재활을 위해 노력하고 있다. 알코올중독에 대한 정부 정책의 방향을 살펴보면, 과거에 중심을 두었던 사후 치료에서 예방에 더 많은 초점을 맞추고 있으며, 보건복지 네트워크 구축 등 지역사회의 다양한 자원을 활용하여 대처하려고 한다. 알코올중독 이외의 물질 관련 중독 유형을 설명하면 〈표 7-4〉와 같다(권준수 외, 2023; APA, 2022).

표 7-4 알코올중독 이외의 물질중독

■ 카페인관련장애

카페인(caffeine)은 커피, 홍차, 청량음료, 진통제, 감기약, 각성제 등에 포함되어 있다. 카페인이 포함된 음료나 약물을 장기간 섭취하면 내성이 생기고 금단현상도 나타날 수 있다. 카페인관련장애에는 카페인중독과 카페인금단이 있다.

카페인 중독(Caffeine Intoxication)은 250mg 이상의 카페인을 섭취하는 동안 또는 그 직후에 다음의 증상 중 다섯 가지 이상이 나타나는 경우를 말한다. ① 안절부절못함, ② 신경과민, ③ 흥분, ④ 불면, ⑤ 안면홍조, ⑥ 잦은 소변, ⑦ 위장관 장애, ⑧ 근육 경련, ⑨ 사고와 언어의 두서없는 흐름, ⑩ 빈맥 또는 심부정맥, ⑪ 지칠 줄 모르는 기간, ⑫ 정신운동 초조

카페인 금단(Caffeine Withdrawal)은 지속적으로 매일 카페인을 사용하다가 갑자기 끊거나 줄인 뒤 24시간 이내에 다음의 증상 중 세 가지 이상이 나타나는 경우를 말한다. ① 두통, ② 현저한 피로나 졸음, ③ 불쾌 기분, 우울 기분, 과민성, ④ 집중력 저하, ⑤ 독감 유사 증상(오심, 구토 또는 근육의 통증이나 뻣뻣함)

카페인중독 현상이 나타나면 카페인 섭취를 중단하여야 하며, 금단 현상이 발생하면 적절한 치료를 통해 카페인 섭취를 줄여야 한다.

■ 대마관련장애

대마는 마리화나(marijuana)와 해시시(hashish)로 구분한다. 마리화나와 해시시 모두 대마에서 추출하는 물질이지만 해시시가 마리화나보다 훨씬 강력한 효과를 낸다. 미국의 경우, 마리화나는 주에 따라 합법적으로 허용되는 곳도 상당히 많으며, 특히 젊은 층에서 상당히 많은 상용자가 있다. 마리화나가 합법적인 미국의 주에서 유학을 하거나 방문한 사람들이 그곳에서 적법하게 사용하였더라도 우리나라에서는 「대마관리법」으로 인한 단속의 대상이 된다. 대마관련장애(Cannabis-Related Disorders)에는 대마사용장애, 대마 중독, 대마 금단이 있다.

대마사용장애(Cannabis Use Disorder)는 과도한 대마의 사용으로 인해 발생하는 신체적, 심리적, 사회적 문제를 말한다. 구체적인 진단기준은 〈표 7-1〉의 알코올사용장애의 11가지 진단기준에서(알코올에서 대마로 물질 변경하면 이후는 똑같이 적용됨) 2개 이상에 해당되면 대마사용장애로 진단된다.

대마 중독(Cannabis Intoxication)은 대마를 사용하는 동안 또는 그 직후에 심각한 심리적, 행동적 문제가 발생하는 것이다. 예를 들면, 운동수행의 손상, 다행감, 불안, 시간이 느리게 가는 느낌, 판단력 손상, 사회적 위축 등이다. 또한 대마를 사용한 후 2시간 이내에 다음의 증상 중 두 가지 이상이 나타난다. ① 결막 충혈, ② 식욕 증가, ③ 입마름, ④ 빈맥

대마 금단(Cannabis Withdrawal)은 대마를 과도하게 장기적으로 사용하다가 중단한 상태에서 약 1주 이내의 다음의 증상 중 세 가지 이상 나타나는 경우이다. ① 과민성, 분노 또는 공격성, ② 신경과민 또는 불안, ③ 수면 문제(즉, 불면이나 혼란스러운 꿈), ④ 식욕 감퇴 또는 체중 감소, ⑤ 안절부절못함, ⑥ 우울 기분, ⑦ 복통, 떨림, 발한, 열, 오한, 두통과 같은 신체적 증상이 최소 한 가지 이상 나타남

대마는 세계에서 가장 흔하게 사용하는 불법 물질이며, 청소년들이 널리 사용하고 있는 약물이라고 할 수 있다.

■ 환각제관련장애

환각제는 펜시클리딘(phencyclidine), LSD 등과 같이 환각효과를 나타내는 물질들을 말한다. 환각제는 주로 경구로 복용하지만 가끔 코로 흡입하거나 정맥주사로 맞기도 한다. 환

각제를 사용하면 시각이나 촉각이 예민해지고 신체상과 시공간지각이 변화되며, 다행감, 환시, 현실감각의 상실, 감정의 극단적 변화 등을 경험한다.

어떤 경우에는 잊었던 어린 시절이 회상되거나 종교적 통찰의 느낌을 가지기도 하며, 신체로부터 이탈되거나 외부세계로 함입된다고 느껴지거나 의식의 확장 또는 황홀감에 빠지는 체험을 하게 된다. 그러나 환각제는 불안, 우울, 공포, 피해망상, 판단력 장애와 더불어 다양한 신체적 부작용을 유발하여 결과적으로 심각한 신체적, 심리적, 사회적 부적응 문제를 초래한다.

환각제사용장애(Hallucinogen Use Disorder)는 〈표 7-1〉의 알코올사용장애의 11가지 진단기준(알코올에서 환각제로 물질 변경하면 이후는 똑같이 적용됨)에서 11번째 금단을 제외한 10가지 진단기준 중 두 가지 이상일 때 진단된다. 환각의 효과는 환각제에 따라 수 시간에서 몇 주까지 나타날 수 있으며, 반복적인 사용은 환각제에 대한 내성을 유발하며, 펜시클리딘 같은 경우에는 조현병과 비슷한 정신병적 증상을 보이기도 한다. 환각제관련장애 중 환각제사용장애 이외에도 심각한 환각제 중독과 환각제 지속성 지각장애가 있다.

환각제 중독(Hallucinogen Intoxication)은 DSM-5에서 펜시클리딘 중독과 기타 환각제 중독으로 구분하고 있다. 환각제 중독은 환각제를 사용하는 동안 또는 그 직후에 심각한 심리적, 행동적 문제를 일으키는 것이다. 예를 들면, 공격성, 충동성, 정신운동 초조, 판단력 손상, 불안, 우울, 관계사고, 정신을 잃을 것 같은 두려움, 편집성 사고 등이다. 또한 환각제를 사용하면 안구진탕, 고혈압, 빈맥, 감각이상, 운동 실조, 발음곤란, 근육경직, 발작, 청각과민, 발한, 가슴 두근거림, 떨림, 눈이 침침함 등의 증상이 나타난다.

환각제 지속성 지각장애(Hallucinogen Persisting Perception Disorder)는 환각제 사용 중단 후에도 환각제 중독 상태에서 경험했던 지각 증상(예: 기하학적 환각, 주변 시야에서의 움직임에 대한 잘못된 지각, 색채의 섬광, 강렬한 색감, 움직이는 물체의 잔상, 대상 주위에 후광, 거시증, 미시증) 중 한 가지 혹은 그 이상의 증상이 지속하는 것이다. 그 기간은 개인에 따라 몇 주, 몇 달 그리고 몇 년이 지속될 수 있다.

■ 흡입제관련장애

흡입제(inhalants)는 중추신경 억제제로 코나 입을 통해 흡입하는 약물을 말한다. 흡입제로 남용되고 있는 유기용제(organic solvent)에는 본드, 신나, 부탄가스, 아세톤, 아교 등이 있다. 이러한 흡입제들은 대부분 환각과 정신적 이상행동을 유발하게 된다. 흡입제는 주로 청소년들이 흡입하여 여러 가지 부적응 행동을 유발하도록 하는 물질이다.

흡입제사용장애(Inhalant Use Disorder)는 〈표 7-1〉의 알코올사용장애의 11가지 진단기준(알코올에서 흡입제로 물질 변경하면 이후는 똑같이 적용됨)에서 진단기준 10가지(11번째 금단 제외) 중 최소한 2개 이상이 나타날 때를 말한다. 따라서 흡입제사용장애로 진단된 사람은 끊거나 조절하기 어려우며, 신체적으로 심각한 문제가 발생함에도 불구하고 지속적으로 사용한다. 또한 흡입제 사용으로 인해 개인 기능상 및 학업 등에 심각한 문제를 초래한다.

흡입제 중독(Inhalant Intoxication)은 흡입제에 노출되는 동안 또는 그 직후에 심각한 심리적, 행동적 문제를 가져오는 것을 말한다. 예컨대, 호전성, 공격성, 무감동, 판단력 손상, 사회적-직업적 기능 손상 등이다. 또한 다음의 증상 중 두 가지 이상이 나타난다. ① 현기증, ② 안구진탕, ③ 운동 실조, ④ 불분명한 언어, ⑤ 불안정한 보행, ⑥ 졸음, ⑦ 반사 감소, ⑧ 정신운동 지연, ⑨ 떨림, ⑩ 전반적인 근육약화, ⑪ 흐린 시력 및 복시, ⑫ 혼미 또는 혼수, ⑬ 다행감

흡입제를 지속적으로 사용하면 환청, 환시, 환촉 등의 지각장애와 함께 중독 기간에는 자신이 날 수 있다는 망상도 일어날 수 있다. 따라서 흡입제는 신경계의 영구적인 손상뿐만 아니라 개인에게 치명적인 결과를 초래할 수 있는 물질이다. 특히 흡입제는 주로 청소년들이 많이 사용하기 때문에 예방적 대처가 중요하다.

■ 아편계관련장애

아편(opium)은 양귀비의 열매에서 추출되는 약물로서 마취제나 진통제로 사용되는 대표적인 마약(narcotics)이다. 아편과 유사한 화학적 성분이나 효과를 나타내는 물질들을 아편계(opioids)라고 하는데, 아편에서 추출되는 가장 정통적인 마약인 모르핀(morphine), 불법적인 약물로 가장 많이 남용되는 헤로인(heroin) 그리고 기침을 진정시키는 진해제로 사용되는 코데인(codeine) 등을 포함한다.

아편계사용장애(Opioid Use Disorder)는 〈표 7-1〉의 알코올사용장애의 11가지 진단기준(알코올에서 아편계로 물질 변경하면 이후는 똑같이 적용됨)에서 제시한 진단기준 중 두 가지 이상에 해당되면 아편계사용장애로 진단된다. 아편계는 매우 강한 내성을 지니며 사용을 중단할 경우, 매우 심각한 금단증상이 나타난다.

아편계 중독(Opioid Intoxication)은 아편계를 사용하는 동안 또는 그 직후에 심각한 심리적, 행동적 문제가 나타나는 경우이다. 예를 들면, 초기 다행감에 뒤따르는 무감동, 불쾌감, 정신운동 초조 또는 지연, 판단력 손상 등이다. 그리고 아편계를 사용하는 동안 또는 그 직후에 나타나는 동공축소(혹은 심한 과용량 사용에 따른 저산소증으로 인한 동공확대)와 함께 다음 증상 중 한 가지 이상이 나타난다. ① 졸음 또는 혼수, ② 불분명한 언어, ③ 집중력 또는 기억력 손상

아편계 금단(Opioid Withdrawal)은 아편계를 심하게 지속적으로(수주 혹은 그 이상) 사용하다가 중단(혹은 감량) 이후 수분에서 수일 이내에 다음 증상 중 세 가지 이상이 나타난다. ① 불쾌 기분, ② 오심 또는 구토, ③ 근육통, ④ 눈물 흘림, 콧물 흘림, ⑤ 동공산대, 입모(털이 곤두서는 것) 또는 발한 증가, ⑥ 설사, ⑦ 하품, ⑧ 발열, ⑨ 불면

아편계사용장애는 법적인 문제를 일으키는 것이며, 심각한 개인적, 가족적, 사회적 문제를 가져오기 때문에 치료와 더불어 예방이 중요하다.

■ 진정제, 수면제 또는 항불안제 관련장애

진정제, 수면제 또는 항불안제 물질은 벤조디아제핀, 카바메이트, 바비튜레이트 등을 포함한다. 이 범주의 물질들은 처방 가능한 수면제와 거의 모든 항불안제를 포함한다. 알코올과 마찬가지로 이 치료약물들은 뇌 억제제로서 사용장애 및 유발된 장애를 일으킬 수 있다.

진정제, 수면제 또는 항불안제 사용장애(sedative, hypnotic, or anxiolytic use disorder)는 〈표 7-1〉의 알코올사용장애의 11가지 진단기준(알코올에서 진정제, 수면제, 항불안제로 물질 변경하면 이후는 똑같이 적용됨)에서 제시한 진단기준 중 2개 이상 나타날 때 진단된다. 이러한 사용장애의 전형적인 특징은 사용하는 중이거나 금단 중에 느끼는 갈망감이다. 또한 심각한 내성과 금단이 생길 수 있으며, 개인적, 가족적, 사회적 기능의 심각한 고통과 손상을 가져옴에도 끊거나 조절할 수 없다.

진정제, 수면제 또는 항불안제 중독(Intoxication)은 이러한 물질들을 사용하는 동안 또는 그 직후에 심각한 심리적, 행동적 문제를 나타낸다. 예컨대, 부적절한 성적 또는 공격적 행동, 심각하게 불안정한 기분, 판단력 손상 등이다. 그리고 이러한 물질을 사용하는 동안 또는 그 직후에 다음 증상 중 한 가지 이상을 나타낸다. ① 불분명한 언어, ② 운동 실조, ③ 불안정한 보행, ④ 안구진탕, ⑤ 인지 기능 손상(예: 집중력, 기억력), ⑥ 혼미 또는 혼수

진정제, 수면제 또는 항불안제 금단(Withdrawal)은 이러한 물질들을 사용하다가 중단(혹은 감량)한 지 수분에서 수일 이내에 다음 증상 중 두 가지 이상이 나타난다. ① 자율신경계 항진(예: 발한 또는 분당 100회 이상의 빈맥), ② 손 떨림, ③ 불면, ④ 오심 또는 구토, ⑤ 일시적인 환시, 환청, 환촉 또는 착각, ⑥ 정신운동 초조, ⑦ 불안, ⑧ 대발작

진정제, 수면제 또는 항불안제 사용장애의 사회적·대인관계적 결과는 탈억제된 행동으로 인한 것일 가능성이 있다는 측면에서 알코올사용장애와 유사하다. 따라서 대인관계상의 문제, 그리고 학업이나 직장에서 부적응할 가능성이 높다.

■ 자극제관련장애

대표적인 자극제는 암페타민(amphetamine)과 코카인(cocaine)이다. 암페타민은 비만, 주의력결핍 과잉행동장애 등의 치료에 사용하기도 하는 중추신경계 흥분제이다.

자극제사용장애(Stimulant Use Disorder)는 현저한 손상이나 고통을 일으키는 암페타민류 물질, 코카인 또는 기타 자극제 사용으로 인해 〈표 7-1〉의 알코올사용장애의 11가지 진단기준(알코올에서 자극제로 물질 변경하면 이후는 똑같이 적용됨)에서 제시된 진단기준 중 2개 이상이 나타날 때 진단된다.

암페타민이나 코카인을 사용하면 대부분 일주일 내로 빠르게 자극제사용장애로 진행된다. 자극제사용장애를 겪는 사람들은 매우 단기간 약물사용을 반복해야 하기 때문에 약물의 확보를 위해 많은 돈을 지출한다. 그들은 직업이나 자녀양육 등을 소홀히 하거나 편집적 사고, 공격적 행동, 불안, 우울 등을 경험한다.

자극제 중독(Stimulant Intoxication)은 자극제를 사용하는 동안 또는 그 직후에 심각한 심

리적, 행동적 문제가 나타난다. 예를 들면, 다행감 또는 정동의 둔마, 사회성의 변화, 과다경계, 대인관계 민감성, 불안, 긴장, 분노, 상동적 행동, 판단력 손상 등이다. 그리고 다음의 증상 중 2개 이상을 나타낸다. ① 빈맥 또는 서맥, ② 동공확장, ③ 혈압의 상승이나 저하, ④ 발한 또는 오한, ⑤ 오심 또는 구토, ⑥ 체중 감소, ⑦ 정신운동 초조 또는 지연, ⑧ 근육약화, 호흡억제, 흉통, 심부정맥, ⑨ 혼돈, 발작, 운동이상, 근육긴장이상, 혼수

자극제 금단(Stimulant Withdrawal)은 자극제를 장기적으로 사용하다가 중단(혹은 감량)한 이후 불쾌 기분과 다음의 생리적 변화 중 두 가지 이상이 수 시간에서 수일 이내에 나타난다. ① 피로, ② 생생하고 불쾌한 꿈, ③ 불면 또는 과다수면, ④ 식욕 증가, ⑤ 정신운동 지연 또는 초조

자극제사용장애는 모든 사회 계층에서 나타나며, 자극제를 사용하면 수주에서 수개월 내에 심각한 단계의 자극제사용장애로 진행된다. 따라서 기질적, 환경적 위험이 있는 대상에 대한 예방적 활동이 중요하다.

■ 비물질관련장애: 도박중독

도박(gambling)은 더 큰 가치가 있는 것을 얻기 위해 무언가를 거는 것이다. 흔히 화투, 카드 게임, 경마, 경륜, 슬롯머신 등의 도박성 게임이 오락의 한 형태로 이루어지지만 대부분 문제를 경험하지 않는다. 그러나 어떤 사람들은 도박 행동과 관련하여 개인, 가족 그리고 직업적으로 심각한 손상을 가져온다. 보다 구체적으로 DSM-5-TR에서 제시하는 도박중독의 진단기준은 다음과 같다.

지속적이고 반복적인 문제적 도박 행동으로 인해 심각한 고통이나 손상을 일으키고 지난 12개월 동안 다음의 항목 중 4개 이상이 나타난다.

1. 원하는 흥분을 얻기 위해 액수를 늘리면서 도박하려는 욕구
2. 도박을 줄이거나 중지시키려고 시도할 때 안절부절못하거나 과민해짐
3. 도박을 조절하거나 줄이거나 중지시키려는 노력이 반복적으로 실패함
4. 종종 도박에 집착함(예: 과거의 도박 경험을 되새기고, 다음 도박의 승산을 예견해 보거나 계획하고, 도박으로 돈을 벌 수 있는 방법을 생각)
5. 괴로움(예: 무기력감, 죄책감, 불안감, 우울감)을 느낄 때 도박함
6. 도박으로 돈을 잃은 후 만회하기 위해 다시 도박함(손실을 쫓아감)
7. 도박과 관련된 심각성을 숨기기 위해 거짓말을 함
8. 도박으로 인해 중요한 관계, 일자리, 교육적, 직업적 기회를 상실하거나 위험에 빠뜨림
9. 도박으로 야기된 절망적인 경제 상태에서 벗어나기 위한 돈 조달을 남에게 의존함

도박중독자들은 흔히 손실을 보상하기 위해 지속적으로 도박을 한다. 어떤 경우에는 잃은 모든 것을 한 번에 되찾기 위한 시도를 통해 더욱 큰 곤경에 처하게 된다. 많은 도박중독자는 돈이 그들 문제의 원인이자 해결책이라고 믿는다. 도박중독으로 치료받는 사람들의 50%

이상이 자살사고를 가지며, 약 17%는 자살을 시도한다(APA, 2013: 587).

도박중독은 정신역동이론, 학습이론, 인지이론 등을 통해 원인을 찾고 해결하려는 시도들이 있다. 도박중독은 알코올중독이나 마약중독과 마찬가지로 내성과 금단증상이 도박을 지속하도록 하기 때문에 중독으로 보아야 한다. 한편, 도박중독자는 우울증으로부터 자신의 정서 상태를 변화시키기 위해 도박을 한다. 즉, 도박을 하면 주관적 흥분감이 증가하여 기분이 좋아져서 자신의 고통스러운 우울 상태에서 벗어나게 된다는 것이다. 도박중독은 다양한 원인에 의해서 발생하며 치료가 어렵고 재발률도 높은 편이다. 이러한 문제를 해결하기 위해서는 개인적 접근도 중요하지만 사회구조적 차원의 문제해결 방안들도 마련되어야 한다.

제 8 장

성격장애

학습 목표

1. 성격장애의 의미를 설명할 수 있다.
2. DSM-5에서의 10가지 성격장애의 하위 유형을 설명할 수 있다.

이 장에서는 성격장애를 살펴보고자 한다. 성격장애는 개인의 성격적 특성 자체가 특이하여 부적응적 삶이 계속되는 경우를 말한다. 따라서 성격장애는 어린 시절부터 오랜 기간 서서히 발전하여 개인의 전체 삶에 영향을 미치기 때문에 수정하기가 어렵거나 장기간의 개입이 필요하다. 여기서는 DSM-5에서 제시하고 있는 성격장애의 10가지 하위 유형의 특성을 살펴보고자 한다. 사회복지 실천현장에서 성격장애를 가진 사람을 자주 만날 수 있으므로 기초적 학습이 필요하다. 10가지의 성격장애는 유형이 구분되어 있지만 대부분 중복되는 특성을 지닌다는 사실도 알아야 한다.

핵심 과제

1. 성격장애를 10가지 하위 유형으로 구분하지 않고 모든 유형을 통합하여 심각성의 정도로 판단할 경우의 장 · 단점은 무엇인가?
2. 반사회성 성격장애를 지닌 클라이언트에 대한 개입 방향은 어떠해야 하는가?
3. 위기 상황에서 혼자 있으며 도움을 거부하는 A군 성격장애를 지닌 클라이언트를 어떻게 대해야 하는가?

1. 성격장애의 특징과 분류

1) 특징

성격장애(Personality Disorders)는 개인의 어린 시절부터 형성된 성격특성 자체가 사회문화적 기대로부터 심하게 벗어나는 부적응적인 양상을 보이는 것을 말한다. 성격장애는 어떤 개인이 갖는 성격상의 특성들이 평균 범위의 수준을 벗어난 상태이며, 개인이 속해 있는 문화에서 사람들이 일반적으로 지각하고 느끼고 생각하는 방식, 타인과 인간관계를 유지하는 방식에서 벗어난 행동을 보인다. 따라서 성격장애를 지닌 사람은 대인관계 및 사회생활에서 상당한 어려움을 겪게 된다(Benjamin, 2003).

성격장애의 양상은 보통 성인기 초기에 나타난다. 성격이란 시간이 흘러도 별로 변하지 않고 지속되는 사고방식과 행동양식을 의미하는데, 성격장애는 유형에 따라 시간의 흐름과 함께 변화되는 양상이 다르다. 어떤 성격장애(예를 들면, 반사회성 성격장애 또는 경계성 성격장애)는 나이가 많아지면서 그 부적응성이 덜 드러나거나 완화되는 경향이 있다. 반면에 다른 성격장애(예를 들면, 강박성 성격장애 또는 조현형 성격장애)는 나이에 따라 거의 변화가 없거나 악화되기도 한다(이우경, 2016).

성격장애의 진단을 위해서는 인종과 사회 · 문화적 배경을 고려해야 한다. 예컨대, 다른 문화권에서 이주해 온 사람들에게 원래 문화권에서 수용되었던 관습, 종교관, 가치관 등이 새로운 문화적 기준에서 심각하게 벗어난다고 성격장애라고 진단해서는 안 된다. 이러한 특성들을 고려하여 DSM-5를 통해 성격장애로 진단하기 위해서는 다음과 같은 몇 가지 기준을 충족시켜야 한다(APA, 2013: 646-647).

첫째, 내적 경험과 행동의 지속적인 유형이 개인이 속한 사회의 문화적 기대에서 심하게 벗어나야 하며, 다음의 4개 영역 ① 인지(즉, 자신과 다른 사람 및 사건을 지각하고 해석하는 방법), ② 정동(즉, 감정 반응의 범위, 강도, 불안정성, 적절성), ③ 대인관계 기능, ④ 충동 조절 중에서 두 가지 이상의 영역에서 문제가 나타나야 한다.

둘째, 지속적인 유형이 개인생활과 사회생활 전반에 넓게 퍼져 있어야 한다.

셋째, 지속적인 유형이 사회적, 직업적, 그리고 다른 중요한 영역에서 심각한 고통이나 기능의 장애를 초래해야 한다.

넷째, 유형은 안정적이고 오랜 기간 지속되어 왔으며, 발병 시기는 적어도 청소년이나 성인기 초기로 거슬러 올라갈 수 있어야 한다.

다섯째, 지속적인 유형이 다른 정신질환의 현상이나 결과로 더 잘 설명되지 않아야 한다.

여섯째, 지속적인 유형이 물질(예: 남용약물, 치료약물)의 생리적 효과나 다른 의학적 상태(예: 두부 손상)로 인한 것이 아니어야 한다.

2) 분류

DSM-5-TR에서도 DSM-5와 똑같이 성격장애를 10가지 하위 유형으로 구분하고 있으며, 이를 크게 세 가지 군집(cluster)으로 범주화하고 있다. 각 하위 유형별 특성은 다음과 같다.

표 8-1 성격장애의 하위 유형별 특성

하위 유형		핵심 증상	군집별 특성
A군 성격장애	편집성 성격장애	다른 사람의 동기를 악의가 있는 것으로 해석하는 등 타인에 대한 전반적인 불신과 의심	기이하고 별난 집단
	조현성 성격장애	사회적 고립과 제한된 범위의 감정 표현	
	조현형 성격장애	친분 관계를 급작스럽게 불편해하고, 대인관계 능력 감퇴 및 인지와 지각의 왜곡, 괴이한 행동	
B군 성격장애	반사회성 성격장애	다른 사람들의 권리를 무시하거나 침해하는 지속적인 행동	극적이고 예측하기 힘든 집단
	경계성 성격장애	대인관계, 자아상, 그리고 정동의 불안정성과 현저한 충동성	
	연극성 성격장애	과도한 감정표현과 주의를 끄는 행동	
	자기애성 성격장애	과대성(공상 혹은 행동상), 숭배에의 요구, 공감 능력의 부족	
C군 성격장애	회피성 성격장애	대인관계의 억제, 부적절함, 그리고 부정적 평가에 대한 예민함	불안하고 두려운 집단
	의존성 성격장애	돌봄을 받고자 하는 과도한 욕구, 자기주장의 결여, 복종적이고 매달리는 행동	
	강박성 성격장애	정돈, 완벽, 그리고 조절에 지나치게 집착	

DSM-5에서는 10개의 성격장애를 구분해 놓고 이를 다시 3개의 집단 혹은 군집으로 묶어 놓았다. 그러나 DSM-5에 있는 성격장애들은 너무 많이 중복되어서 서로 구분하기 어렵고, 장애를 지닌 사람을 진단하는 데 있어서 불일치가 일어나기도 한다. 따라서 성격장애들은 기능 장애 유형이 아니고 정도의 차이가 있으며, 어떤 특징의 유무가 아닌 성격 특징의 심각도에 의해 분류해야 한다고 주장하기도 한다(Comer, 2014).

이러한 맥락에서 DSM-5에서는 변화를 시도하였지만 다양한 논란으로 인해 DSM-IV의 10개 범주를 그대로 유지하게 되었다. 이를 통해 성격장애를 너무 쉽게 진단하거나 몇 가지 특성들을 끼워 맞추어서 개별 성격장애를 진단하지 않아야 함을 알 수 있다. 또한 아동기와 청소년기는 성격이 발달하는 과정에 있으므로 성격장애 징후가 있더라도 성격장애 진단을 잘 내리지 않는다.

일반적으로 성격장애의 치료는 쉽지 않은 것으로 알려져 있다. 대체로 성격장애를 가진 사람은 스스로 자신의 성격을 수정해야 한다는 동기 혹은 의욕을 가지고 있지 않다. 따라서 자발적으로 자신의 성격장애를 치료하기 위해 치료자나 병원을 찾는 경우는 드물다. 성격장애를 지닌 사람에 대한 개입은 치료적 신뢰 관계를 맺기가 힘들고 이후의 치료 과정을 진행하기에도 어려움이 많다.

성격장애를 지닌 사람에게 맞는 입증된 치료방법은 드물지만 정신역동치료, 인지치료, 행동치료 등을 각 장애의 특성이나 개인에 따라 적절하게 적용할 수 있다. 그러나 성격장애에 대한 치료는 시간도 오래 걸리고 변화도 미미하기 때문에 치료자도 이에 대한 충분한 준비가 필요하다. 여기서는 DSM-5에서 제시한 세 가지 군집의 10가지 성격장애의 특징을 살펴보기로 한다.

2. A군 성격장애: 기이하고 별난 집단

1) 편집성 성격장애

편집성 성격장애(Paranoid Personality Disorder)를 지닌 사람은 타인의 동기가 악의에 찬 것이라고 해석하는 등 타인에 대한 불신과 의심을 생활 전반에 걸쳐 광범위하게 나타낸다. 그들은 다른 사람들이 자신을 착취하고 해를 끼치거나 속일 것이라고 추측하는데, 이런 추측을 뒷받침할 증거가 없음에도 불구하고 그러한 추측을 한다. 따라서 편집성 성격장애를 지닌 사람은 주변 사람들과 지속적인 갈등과 불화 속에서 살게 된다. DSM-5에서 편집성 성격장애로 진단하기 위해서는 〈표 8-2〉의 7가지 특성 중 4개 이상의 항목을 충족시켜야 한다(APA, 2013: 649).

표 8-2 편집성 성격장애의 진단기준

1. 충분한 근거 없이 타인이 자신을 착취하고 해를 주거나 속인다고 의심한다.
2. 친구나 동료의 성실성이나 신용에 대한 부당한 의심을 한다.
3. 정보가 자신에게 악의적으로 사용될 것이라는 부당한 공포 때문에 터놓고 얘기하기를 꺼린다.
4. 보통 악의 없는 말이나 사건에 대해 자신의 품위를 손상하는 또는 위협적 의미가 있는 것으로 해석한다.
5. 지속적으로 원한을 품는다. 즉, 모욕이나 손상 혹은 경멸을 용서하지 못한다.
6. 다른 사람은 그렇게 생각하지 않지만 자신의 인격이나 명성이 공격당했다고 인식하고 즉시 화를 내거나 반격한다.
7. 이유 없이 배우자나 성적 상대자의 정절에 대해 반복적으로 의심한다.

편집성 성격장애를 지닌 사람은 과도한 의심과 적대감으로 인해 반복적인 불편, 격렬한 논쟁, 냉담하거나 공격적인 행동을 하기 때문에 친밀한 대인관계를 지속하기가 어렵다. 다른 사람에 대해 지나치게 위협적으로 경계하기 때문에 늘 행동이 조심스럽고 비밀스러우며 미래를 대비하여 치밀하게 계획하는 경향이 있다. 표면적으로 객관적이고 합리적으로 보일 때도 있지만 고집이 세고 비꼬며 냉혹한 사람처럼 보일 때가 많다.

또한 편집성 성격장애를 지닌 사람은 의심하고 도전적이며 논쟁적이기 때문에 상대방을 화나게 만드는데, 이를 통해 자신의 의심과 불신에 대한 합리화의 증거로 보고 적극적 공격에 대한 자기방어로 생각한다. 그들은 다른 사람을 믿지 않기 때문에 어떤 일이든지 혼자 처리하는 경향이 있으며, 다른 사람들이 도와주겠다는 호의를 베풀면 자신이 그 일을 충분히 혼자서 못하고 있다고 비난받는 것이라고 생각한다.

따라서 편집성 성격장애를 지닌 사람은 대인관계나 사회생활에서 갈등이 많고 스트레스를 많이 경험하며 우울증, 공포증, 강박장애, 알코올남용 등과 같은 문제로 고통을 겪을 가능성이 높다. 편집성 성격장애의 시작은 아동기와 청소년기부터 징후를 나타낼 수 있는데, 친한 친구가 없어 외톨이로 지내거나 학교나 사회에 대한 불만이 많으며 과민하고 특이한 생각과 공상을 많이 보이는 경향이 있다. 이 성격장애는 다른 성격장애와 관편성이 높아서 조현성, 조현형, 경계성, 자기애성, 회피성 성격장애의 요소를 함께 지니고 있는 경우가 많다.

2) 조현성 성격장애

조현성 성격장애(Schizoid Personality Disorder)는 다른 사람과의 관계형성에 관심이 없으며 감정표현이 극히 제한되어 있어 사회적응에 어려움을 보이는 성격장애이다. 그들은 친해지고자 하는 욕구가 없으며 친밀한 관계를 이룰 수 있는 기회에 무관심하다. 이러한 특성이 성인기 초기부터 생활 전반에 나타나며, DSM-5의 진단기준으로는 〈표 8-3〉의 특성 중 4개 이상의 항목을 충족시켜야 한다(APA, 2013: 652-653).

표 8-3 조현성 성격장애의 진단기준

1. 가족의 일원이 되는 것을 포함하여, 친밀한 관계를 원하지도 즐기지도 않는다.
2. 거의 항상 혼자서 하는 활동을 선택한다.
3. 다른 사람과 성 경험을 갖는 일에 거의 흥미가 없다.
4. 만약 있다고 하더라도, 소수의 활동에서만 즐거움을 얻는다.
5. 직계가족 이외에는 가까운 친구가 없다.
6. 다른 사람의 칭찬이나 비난에 무관심해 보인다.
7. 정서적 냉담, 무관심 또는 둔마된 감정반응을 보인다.

조현성 성격장애를 가진 사람은 다른 사람에 대해 무관심하고 주로 혼자서 생활하는 경향이 강하다. 가족 이외의 친한 사람이 없으며 이성에 대해서도 무관심하여 주로 독신으로 지내는 경우가 많다. 다른 사람의 칭찬이나 비난에 무관심한 듯 감정반응을 나타내지 않기 때문에 대인관계를 요구하는 직업이나 사회생활을 잘 수행할 수 없다.

그들은 삶의 목표가 없고 표류하듯이 살아가는 인상을 준다. 우울증을 지니고 있는 경우가 흔하며 편집성, 조현형, 회피성 성격장애를 동시에 보일 수 있다. 조현성 성격장애는 아동기와 청소년기부터 그 징후들이 나타나는 경향이 있고, 빈약한 친구관계, 학교성적 저하, 감정반응의 부족과 함께 사회적 고립의 방향으로 진행된다.

3) 조현형 성격장애

조현형 성격장애(Schizotypal Personality Disorder)는 기이한 생각이나 행동과 함께 사회적 고립으로 인해 부적응을 나타내는 성격장애를 말한다. 조현성 성격장애보다 조현병을 유발하기 쉬운 성격적 특성을 가졌다는 의미로 조현형이라고 명명하고 있다. 이 성격장애는 친밀한 대인관계에 대한 고통, 그러한 관계를 맺는 제한된 능력에서 드러나는 사회 및 대인관계에서의 손상, 인지 및 지각의 왜곡, 기이한 행동 등 광범위한 양상으로 나타나며, 가끔 관계 망상적 사고를 갖기도 한다. 이러한 특성은 성인기 초기에 시작되며, DSM-5에서는 〈표 8-4〉의 9가지 특성 중 5개 이상의 항목을 충족시켜야 조현형 성격장애로 진단하도록 구성되어 있다(APA, 2013: 656-657).

표 8-4 조현형 성격장애의 진단기준

1. 관계망상과 유사한 사고를 보인다(분명한 관계망상은 제외).
2. 행동에 영향을 미치는 괴이한 믿음이나 마술적 사고를 보인다(예: 미신, 천리안에 대한 믿음, 텔레파시나 육감, 아동이나 청소년의 경우 기괴한 환상이나 집착).
3. 신체적 착각을 포함한 유별난 지각 경험을 보인다.
4. 괴이한 사고와 언어를 보인다(예: 애매하고 우회적이며 은유적이고 지나치게 자세하게 묘사하거나 또는 상동증적인 사고와 언어).
5. 의심이나 편집증적인 사고를 보인다.
6. 부적절하거나 메마른 정동을 나타낸다.
7. 괴이하고 엉뚱하거나 특이한 행동이나 외모를 나타낸다.
8. 직계가족 외에는 가까운 친구나 마음을 털어놓을 수 있는 사람이 없다.
9. 과도한 사회적 불안(이러한 불안은 친밀해져도 줄어들지 않으며 자신에 대한 부정적인 판단보다는 편집증적 공포와 연관되어 있음)을 보인다.

조현형 성격장애는 과거에 단순형 조현병(simple schizophrenia)이라고 불릴 정도로 경미한 조현병 증상도 동반하면서 대인관계 형성에 심각한 어려움이 있는 성격장애이다. 다른 성격장애보다 더욱 심각하게 사회적응에 어려움을 겪으며 심한 스트레스에서는 일시적으로 정신병적 증상을 보이기도 한다.

이 성격장애는 편집성, 조현성, 경계성, 회피성 성격장애의 요소를 함께 지니는 경우가 많으며, 과거 주요우울장애를 경험하였거나 현재 주요우울장애를 동시에 진단받을 가능성이 높다. 보통 아동기와 청소년기부터 그 징후가 나타나며 친구관계의 어려움, 불안, 성적 저하, 과민성, 특이한 사고와 언어, 공상, 그리고 사회적 고립을 나타낸다. 조현형 성격장애는 비교적 안정된 상태로 지속되는 경향이 있지만 조현병이나 다른 정신장애로 발전되기도 한다.

3. B군 성격장애: 극적이고 예측하기 힘든 집단

1) 반사회성 성격장애

반사회성 성격장애(Antisocial Personality)는 사회적 규범이나 법을 지키지 않으며 무책임하고 폭력적인 행동을 반복적으로 나타내어 사회적응에 심각한 어려움을 겪는 성격장애를 말한다. 반사회성 성격장애를 지닌 사람은 생활전반에 걸쳐 타인의 권리를 무시하거나 침해하며 15세 이전에 품행장애의 증거들이 나타난다. 연령은 18세 이상의 성인을 기준으로 하며, DSM-5에서는 〈표 8-5〉의 특성 중 3개 이상의 항목이 충족되면 반사회성 성격장애로 진단하도록 구성되어 있다(APA, 2013: 659).

표 8-5 반사회성 성격장애의 진단기준

1. 법에서 정한 사회적 규범을 준수하지 않으며 체포의 이유가 되는 행동을 반복한다.
2. 반복적으로 거짓말을 하고, 가명 사용 또는 자신의 이익이나 쾌락을 위해 타인을 속이는 사기성이 있다.
3. 충동적이거나 미리 계획을 세우지 못한다.
4. 신체적 싸움이나 폭력 등이 반복됨으로써 나타나는 불안전성과 공격성이 존재한다.
5. 자신이나 타인의 안전을 무시하는 무모성이 있다.
6. 일정한 직업을 갖지 못하거나 혹은 당연히 이행해야 하는 재정적 의무를 책임감 있게 다하지 못하는 것 등의 지속적인 무책임성이 존재한다.
7. 다른 사람에게 상처를 입히거나 학대하거나 다른 사람의 것을 훔치는 것에 대해 아무렇지도 않게 느끼거나 이를 합리화하는 등 양심의 가책이 결여되어 있다.

반사회성 성격장애는 15세 이전에 품행장애가 시작된 증거, 즉 사람과 동물에 대한 공격, 재산 파괴, 사기 또는 절도, 중대한 규칙 위반들이 반복적이고 지속적으로 나타난

18세 이상의 성인에게 진단된다. 반사회성 성격장애를 지닌 사람은 〈표 8-5〉의 진단기준을 충족하는데 가족 및 사회생활에서 심각하게 부적응한다. 예를 들면, 자신의 쾌락을 위해 타인의 돈을 갈취하고 성폭력을 하거나 물건을 훔치고도 무관심하거나 '패자니까 그렇게 당해도 된다'는 식의 피상적인 자기합리화를 한다.

그들은 불법적 행동으로 자주 교도소에 가거나 반복적인 과속, 음주 운전, 다수의 사고 경험에도 반복해서 같은 위반을 지속한다. 또한 직장생활을 지속하지 못하고 경제적 책임감이 없으며 빚을 갚지 못해 파산하거나 자녀들을 부양하지 못한다. 반사회성 성격장애를 가지고 있는 사람은 희생자들이 바보 같고 무기력하며 그렇게 되어도 마땅하다고 비난한다. 즉, 자신이 폭력을 행사하거나 학대를 하고도 희생자에 대해 '그것은 그 사람의 자업자득이야'라고 합리화한다.

반사회성 성격장애를 지닌 사람은 사이코패스(psychopath)라고 명명되기도 하며, 공감능력이 결여되어 있고 다른 사람의 감정, 권리, 고통에 대해 냉담하고 냉소적이며, 경멸하는 경향이 있다. 그들은 부풀려지고 오만한 자기평가를 하고 독선적이고 자기확신에 차 있으며 교만하다. 예를 들면, 일반적인 일은 자신이 하기에는 너무 수준이 낮다고 생각하거나, 자신의 현재 문제나 미래에 대한 현실적인 걱정이 없다. 그들은 말을 잘하고 얄팍한 매력을 풍기며 언변이 뛰어나다. 또한 그들은 자주 긴장을 호소하고 지루함을 참기 어려워하며 우울한 기분을 언급한다. 따라서 반사회성 성격장애를 지닌 사람은 불안장애, 우울장애, 물질사용장애, 신체증상장애, 도박중독, 기타 충동조절장애가 동반되기도 한다. 반사회성 성격장애는 여성보다 남성에게서 유병률이 더 높게 나타난다. 원인으로는 유전적, 환경적 요인이 동시에 영향을 미치는 것으로 알려져 있지만 정확한 인과관계를 밝혀내지는 못하고 있다. 반사회성 성격장애는 만성적인 경과를 보이지만 나이가 들어 감에 따라, 특히 40대 이후가 되면 완화되거나 관해되기도 한다고 알려져 있다.

2) 경계성 성격장애

경계성 성격장애(Borderline Personality Disorder)는 대인관계와 자아상 및 정동에서의 불안정성 그리고 심한 충동성이 광범위하게 나타나는 성격장애이다. 이러한 특징적 양상은 성인기 초기에 시작되며 여러 상황에서 나타나고, DSM-5에서는 〈표 8-6〉의 특성 중 다섯 가지 이상의 항목을 충족시켜야 경계성 성격장애로 진단하도록 구성되어 있다(APA, 2013: 663).

표 8-6 경계성 성격장애의 진단기준

1. 실제 혹은 상상 속에서 버림받지 않기 위해 필사적으로 노력한다.
2. 과대이상화와 과소평가의 극단 사이를 반복하는 것을 특징으로 하는 불안정하고 격렬한 대인관계의 양상을 보인다.
3. 정체감 혼란: 자기 이미지 또는 자신에 대한 느낌의 현저하고 지속적인 불안정성을 보인다.
4. 자신을 손상할 가능성이 있는 최소한 두 가지 이상의 경우에서의 충동성이 나타난다(예: 소비, 물질남용, 성관계, 무모한 운전, 폭식 등).
5. 반복적인 자살행동, 자살시늉, 자살위협 또는 자해행동을 시도한다.
6. 현저한 기분변화에 따른 정서의 불안정성을 보인다(예: 간헐적인 심한 불쾌감, 과민성, 불안 등이 흔히 몇 시간 지속되며 아주 드물게 며칠 동안 지속됨).
7. 만성적인 공허감을 보인다.
8. 부적절하고 심하게 화를 내거나 화를 조절하지 못한다(예: 자주 울화통을 터뜨리거나 늘 화를 내거나, 자주 육체적 싸움을 함).
9. 스트레스와 연관된 피해적 사고 혹은 심한 해리 증상을 일시적으로 나타낸다.

경계성 성격장애를 지닌 사람은 헤어짐이나 거절, 또는 외부 체계의 상실이 곧 다가올 것임을 감지하면 자아상, 정동, 인지 그리고 행동에서 심각한 변화를 보인다. 이러한 상황에서 그들은 강렬한 공포감과 부적절한 분노를 나타내며, 자신이 버림받는 것은 자신이 나쁘기 때문이라고 믿는다. 따라서 그들은 이러한 상황을 피하기 위하여 필사적으로 노력하는데, 예를 들면 자해나 자살행동을 하는 것이다.

경계성 성격장애를 지닌 사람은 어떤 사람이 자신을 충분히 돌봐 주지 않거나 자신을 위해 있어 주지 않는다고 느끼면 이상화하던 태도에서 순식간에 폄하하는 태도로 돌변하기도 한다. 그들은 장래 직업, 성정체성, 가치 그리고 친구의 유형에 대한 의견이나 계획이 갑자기 바뀐다. 또한 목표가 실현되려는 시점에 자신을 망가뜨리는 행동을 하기도 한다. 예를 들면, 졸업 직전에 중퇴를 하거나, 관계를 지속시킬 수 있는 상황에서 갑자기 헤어지는 것 등이다.

경계성 성격장애를 가진 사람은 보호자나 애인이 자신을 방임하거나 원하는 것을 주지 않거나 자신을 돌보지 않거나 혹은 자신을 버린다고 생각될 때 분노를 폭발한다. 분노 표출 후에는 수치심과 죄책감을 느끼고 이 때문에 자신이 사악하다고 생각하게 된다. 자해나 자살행동과 같은 자기파괴적 행동은 이별 혹은 거절의 위협이나 중책을 맡게 되는 상황에서 흔하게 나타난다.

경계성 성격장애를 지닌 사람 중 일부는 심한 스트레스를 받으면 정신병과 유사한 증상이 나타나기도 한다. 그들은 대인관계보다는 애완동물이나 물건 등에서 안정감을 얻으며, 흔히 다른 성격장애를 동반하는 경우가 많다. 경계성 성격장애는 여성에서 압도적으로 많으며(약 75%), 생물학적, 심리사회적, 그리고 문화적 차원에서 그 원인을 찾을 수 있다. 반사회적 성격장애와 마찬가지로 나이가 들어 감에 따라 완화되거나 관해되기도 한다.

3) 연극성 성격장애

연극성 성격장애(Histrionic Personality Disorder)는 다른 사람의 애정과 관심을 끌기 위해 지나친 형태를 보이는 성격장애이다. 이러한 행동은 성인기 초기에 시작하여 여러 상황에서 나타나며, DSM-5에서는 〈표 8-7〉의 특성 중 5개 이상의 항목을 충족시켜야 연극성 성격장애로 진단하도록 구성되어 있다(APA, 2013: 667).

표 8-7 연극성 성격장애의 진단기준

1. 자신이 관심의 중심에 있지 못하는 상황에서는 불편감을 느낀다.
2. 다른 사람과의 관계에서 흔히 상황에 어울리지 않게 성적으로 유혹적이거나 도발적인 행동을 특징적으로 나타낸다.
3. 감정이 빠르게 변하고 피상적으로 표현한다.
4. 자신에게 관심을 집중시키기 위해 지속적으로 외모를 활용한다.
5. 지나치게 인상적이고 구체적 내용이 없는 대화 양식을 가지고 있다.
6. 자기 연극화, 연극성 그리고 과장된 감정표현을 나타낸다.
7. 다른 사람이나 상황에 의해 쉽게 영향을 받는 피암시성이 높다.
8. 대인관계에서 실제보다 더 친밀한 것으로 생각한다.

연극성 성격장애를 지닌 사람은 대인관계에서 적극적이고 극적으로 자신에게 관심이 모이도록 첫 만남에서 개방적 또는 매혹적으로 행동한다. 그들은 모임의 활력소 역할을 하려고 하며, 만약 관심의 중심이 되지 못하면 이야기를 지어내거나 장면을 연출하는 등의 극적인 행동을 한다. 그러나 그들이 계속해서 주위 사람들의 관심을 끌려고 하면 할수록 매력은 사라진다.

연극성 성격장애를 지닌 사람은 자신의 외모에 대해 칭찬하는 말이 아닌 비판적인 평을 들으면 지나치게 화를 낸다. 그들은 외모를 가꾸거나 옷을 사는 데 지나친 시간과 열정, 그리고 돈을 사용한다. 또한 어떤 사람에게 훌륭한 사람이라고 칭찬하지만 모호하고 산만하며 뒷받침할 만한 사실이나 정보 없이 말한다. 그들은 일상적인 만남에서 과도한 찬사를 늘어놓으며 포옹을 하거나, 사소한 감상적인 상황에서 통제가 안 되게 울기도 하고 분노발작을 표출하기도 한다.

연극성 성격장애를 지닌 사람은 현재의 유행에 의해 쉽게 영향을 받으며 다른 사람을 지나치게 믿는데, 특히 자신의 문제를 마술적으로 해결할 수 있다고 믿는 권위적 인물에 대해 더욱 그러하다. 그들은 대인관계에서 실제보다 더 가깝다고 생각해서 거의 모든 지인을 '나의 친애하고 친애하는 친구'라고 표현하기도 한다. 또한 그들은 연애나 성적 관계에서 친밀감을 형성하기 어렵다.

연극성 성격장애를 지닌 사람은 동반자를 감정적으로 조종하거나 유혹적인 태도를 이용해서 지배하려고 하면서도 어떤 면에서는 지나치게 의존적인 태도를 보이기도 한다. 그들은 새로운 것, 자극과 흥분을 갈망하기 때문에 만족감이 지연되는 것을 잘 참지 못한다. 연극성 성격장애는 여성에게 더 자주 진단되지만 남성과 여성에서의 유병률이 비슷하다. 연극성 성격장애는 반사회성 성격장애와 밀접한 관련이 있는 것으로 알려져 있다. 즉, 두 성격장애는 함께 나타나는 경향이 있다는 것이다.

4) 자기애성 성격장애

자기애성 성격장애(Narcissistic Personality Disorder)는 자신에 대해 과대적 평가, 그리고 감정이입의 부족이 광범위한 양상으로 나타나며 다른 사람에게 착취적이거나 오만한 행동을 지속하여 사회적응에 어려움을 가져오는 장애를 말한다. 자기애성 성격장애는 공상 또는 행동상의 과대성, 칭찬에 대한 욕구, 감정이입의 결여가 생활전반에 나타난다. DSM-5에서는 〈표 8-8〉의 특성 중 5개 이상의 항목을 충족시켜야 자기애성 성격장애로 진단하도록 구성되어 있다(APA, 2013: 669-670).

표 8-8 자기애성 성격장애의 진단기준

1. 자신의 중요성에 대한 과장된 느낌을 갖고 있다(예: 성취와 능력에 대해 과장함, 적절한 성취 없이 특별한 대우를 받기 원함).
2. 무한한 성공, 권력, 탁월함, 아름다움, 이상적인 사랑과 같은 공상에 몰두한다.
3. 자신은 특별하고 독특한 존재라고 믿으며, 자신의 문제는 특별하거나 상류층의 사람만이 이해할 수 있으며 또한 그러한 사람(또는 기관)하고만 어울려야 한다고 믿는다.
4. 과도한 찬사를 요구한다.
5. 특별의식을 가진다(예: 그럴 만한 이유도 없는데 특별한 대우나 타인의 복종을 바라는 불합리한 기대를 가짐).
6. 대인관계가 착취적이다(예: 자신의 목적을 달성하기 위해서 타인을 이용함).
7. 감정이입의 능력이 결여되어 있다. 다른 사람의 느낌이나 요구를 인식하거나 확인하려 하지 않는다.
8. 흔히 다른 사람을 질투하거나 다른 사람이 자신을 질투하고 있다고 믿는다.
9. 오만하고 건방진 행동이나 태도를 보인다.

자기 자신을 사랑하는 것은 자연스럽고 바람직하다. 그러나 자기애성 성격장애는 자신에 대한 사랑이 지나쳐서 비현실적으로 자신을 과대평가하고 다른 사람을 무시하고 착취하는 과정에서 갈등과 부적응을 나타낸다. 그들은 터무니없이 다른 사람도 자신의 수고에 자신처럼 평가할 것이라 생각하며, 자신과 마찬가지로 다른 사람도 자신에게 찬사를 보낼 것이라고 기대한다. 또한 자신은 특별하고 완벽하다고 생각하며, 자신이 관계를 맺고 있는 사람들도 마찬가지로 특별하고 재능을 타고난 사람이라고 생각한다. 따라서 그들은 사회적으로 성공한 사람들하고만 관계하려고 하며 자신을 실망시키는 사람들을 폄하한다.

자기애성 성격장애를 지닌 사람은 자존감이 낮아서 언제나 다른 사람의 평가에 민감하다. 그들은 자기가 도착하면 대대적인 환영 행사가 있기를 기대하고, 다른 사람이 자신의 물건을 부러워하지 않으면 충격을 받는다. 그들은 특권의식을 가지고 있기 때문에 줄을 서서 기다릴 필요가 없고, 다른 사람은 무조건 자신의 의견을 따라야 한다고 생각하며 다른 사람이 자신의 매우 중요한 일을 잘 도와주지 못하면 과민해진다.

자기애성 성격장애를 지닌 사람은 자신의 목적 달성을 위해 다른 사람의 권리나 자원을 빼앗는 것이 당연하다고 생각하며 자신에게는 그럴 만한 자격이 있다고 믿는다. 언제나 다른 사람들은 전적으로 자신의 행복을 염려한다고 생각한다. 그들은 다른 사람들이 감정과 욕구를 가지고 있다는 것을 알지 못하기 때문에 자신의 말에 다른 사람들이 상처받는다는 사실을 인지하지 못한다. 예를 들면, 아픈 사람 앞에서 자신의 건강을 자랑하는 경우이다. 그들은 정서적으로 냉담하며 다른 사람의 필요, 욕구 그리고 감정을 알아차리면 그것을 그들의 약점으로 인식하여 얕잡아 본다.

자기애성 성격장애를 지닌 사람은 다른 사람의 재산이나 성공을 시기하고 폄하하며, 대신에 자신은 그러한 성취, 특권을 받을 자격이 더 있다고 믿는다. 그들은 다른 사람을 업신여기고 생색내는 태도를 지닌다. 또한 다른 사람들의 비판이나 패배로 인한 상처에 매우 민감하여 무시, 분노 혹은 도전적인 반격으로 반응하기도 한다. 이러한 경험 때문에 그들은 사회적으로 위축되거나 혹은 특별성을 감추고 보호하기 위해 겸손하게 행동하기도 한다. 자기애성 성격장애를 지닌 사람은 노화의 과정에서 나타나는 신체적 · 직업적 제약을 받아들이는 데 특히 어려움을 겪는다.

4. C군 성격장애: 불안하고 두려운 집단

1) 회피성 성격장애

회피성 성격장애(Avoidant Personality Disorder)는 다른 사람과의 관계에 대한 불안과 두려움으로 인해 사회적 상황을 회피함으로써 사회적응에 어려움을 겪는 장애이다. 회피성 성격장애의 주요 특징은 사회적 위축과 퇴행, 부적절감, 자신에 대한 부정적 평가에 대한 과민성이 광범위한 양상으로 전개되며, 이는 청년기에 시작되어 여러 상황에서 나타난다. DSM-5에서는 〈표 8-9〉의 진단기준 중 4개 이상의 항목을 충족시키면 회피성 성격장애로 진단하도록 구성되어 있다(APA, 2013: 672-673).

표 8-9 회피성 성격장애의 진단기준

1. 비판, 거절 또는 인정받지 못함 등의 이유로 대인관계가 요구되는 직업활동을 회피한다.
2. 자신을 좋아한다는 확신이 없으면 다른 사람들과 관계하는 것을 피한다.
3. 수치를 당하거나 조롱받을 것에 대한 두려움으로 친근한 대인관계에만 제한한다.
4. 사회적 상황에서 비판의 대상이 되거나 거절되는 것에 대해 집착한다.
5. 부적절감 때문에 새로운 대인관계 상황에서 위축된다.

6. 자신을 사회적으로 무능하고 개인적으로 매력이 없으며 다른 사람에 비해 열등한 존재로 인식한다.
7. 당황하는 모습을 노출할까 염려하여 어떤 새로운 일이나 개인적인 위험이 따르는 활동에는 관여하지 않으려 한다.

회피성 성격장애를 지닌 사람은 새로운 책임 때문에 동료에게 비난받을 것에 대한 염려로 직장에서 승진의 기회가 있어도 거절한다. 그들은 집단 활동에서 반복적이고 너그러운 지지와 보살핌을 받기 전까지는 집단 활동에 참여하지 않는다. 또한 다른 사람이 조금이라도 자신을 인정하지 않거나 비난하면 심하게 상처를 입는다. 그들은 수줍고 조용하며 눈에 띄지 않는 성향을 보이는데, 이는 주목받는다는 것은 모멸을 당하거나 거절을 당하는 것이라고 생각하기 때문이다.

회피성 성격장애를 지닌 사람은 자신이 어떤 이야기를 하든 다른 사람들이 그것을 '틀렸다'고 볼 것이라고 믿기 때문에 아무 말도 하지 않는다. 그들은 조롱이나 조소를 암시하는 듯한 사소한 단서에도 강렬하게 반응하며, 특히 낯선 사람과 대인관계를 해야 하는 상황에서는 더욱 부적절하게 된다. 그들은 일상생활의 잠재적인 위험을 과장되게 생각하는 경향이 있어서 확신과 안전에 대한 걱정 때문에 매우 제한된 삶을 살아간다. 그들 중 일부는 면접에서 당황하게 될까 봐 면접을 취소하거나 가벼운 신체적 증상이나 다른 문제들을 핑계로 새로운 활동을 회피하기도 한다.

회피성 성격장애를 지닌 사람은 다른 사람과의 만남에서 항상 긴장하여 다른 사람이 자신을 어떻게 생각하는지를 평가한다. 또한 다른 사람의 비난에 대해 자신의 얼굴이 붉어지거나 우는 반응을 보일까 매우 걱정한다. 그들은 낮은 자존감과 거절에 대한 과민성으로 인하여 매우 제한된 대인관계를 하기 때문에 사회적 · 직업적으로 큰 어려움에 직면한다. 그들은 애정과 인정을 갈구하고 타인과의 이상적인 관계에 대해서 환상을 가지고 있지만 실제로는 사회적으로 고립되어 있으며 지지체계가 거의 없다. 그러나 회피성 성격장애를 지닌 사람은 다른 사람과 관계를 맺고 싶어 하고 고립된 상황에서 외로움을 느낀다. 이는 조현성 및 조현형 성격장애와의 차이점이라 할 수 있는데, 이 두 성격장애를 가진 사람은 사회적으로 고립된 것에 대해 만족하고 오히려 선호하기도 한다.

회피성 성격장애는 양극성장애, 우울장애, 불안장애, 특히 사회불안장애와 함께 나타날 가능성이 높다. 회피성 성격장애는 유아기나 아동기에 수줍음, 고립 그리고 낯선 사람과 새로운 상황에 대한 두려움의 형태로 시작된다. 대부분의 사람은 나이가 들어 감에 따라 이러한 특성들이 완화되거나 사라지는데, 회피성 성격장애로 진단되는 사람은 수줍음이나 두려움이 더욱 확대되어 사회적으로 고립된 삶을 살아간다. 많은 사람이 회피성 성격 특질을 보이기 때문에 진단을 내릴 때는 신중해야 한다.

2) 의존성 성격장애

의존성 성격장애(Dependent Personality Disorder)는 다른 사람에게 지나치게 의존하거나 과도하게 보호받으려는 특성 때문에 독립적으로 생활하는 데 상당한 어려움을 가지는 장애를 말한다. 의존적 성격장애의 주요 특징은 돌봄을 받고자 하는 광범위하고 지나친 욕구가 복종적이고 매달리는 행동, 그리고 이별 공포를 초래하는 것이다. 의존적 성격장애는 청년기에 시작되며, DSM-5에서는 〈표 8-10〉의 진단기준 중 5개 이상의 항목을 충족시키면 의존성 성격장애로 진단하도록 구성되어 있다(APA, 2013: 675).

표 8-10 의존성 성격장애의 진단기준

1. 다른 사람으로부터 과도히 많은 충고와 보장이 없이는 일상적인 판단을 하는 데 어려움을 겪는다.
2. 자신의 생활 중 가장 중요한 부분에 대해 다른 사람이 책임질 것을 요구한다.
3. 지지와 칭찬을 상실하는 것에 대한 공포 때문에 다른 사람과의 의견 불일치를 표현하는 데 어려움을 나타낸다.
4. 스스로 어떤 일을 계획하거나 실행하는 것에 어려움을 나타낸다(동기나 에너지의 결핍이 아니라 판단이나 능력에 있어 자신감 결여 때문).
5. 다른 사람의 보살핌과 지지를 지속하기 위해 불쾌한 일이라도 자원해서 한다.
6. 혼자서는 자신을 돌볼 수 없다는 심한 공포 때문에 불편함과 절망감을 느낀다.
7. 친밀한 관계가 끝나면 자신을 보살펴 주고 지지해 줄 다른 사람을 급하게 찾는다.
8. 자신을 혼자 돌봐야 하는 상황에 남겨지는 것에 대한 두려움에 비현실적으로 집착한다.

의존성 성격장애를 지닌 사람은 일상적인 생활에서도 스스로 어떤 결정을 하기에 어려움을 겪는다. 청소년의 경우에는 부모가 자신이 입을 옷과 사귈 사람들, 여가 시간에 할 일, 어떤 학교나 대학에 가야 할지를 결정하도록 한다. 성인의 경우에는 자신이 어디에 살아야 하고, 어떤 직업을 가져야 하며, 어떤 이웃과 친해져야 하는지 결정하는 것을 부모나 배우자에게 의존한다. 또한 그들은 혼자서는 잘할 수 없다고 생각하기 때문에 가까운 사람의 도움을 상실하는 위험을 감수하기보다는 진심은 아니지만 자기가 틀렸다고 말하며 다른 사람의 의견을 지지한다.

의존성 성격장애를 지닌 사람은 자존감이 낮기 때문에 자기 스스로 임무를 시작하고 끝까지 수행할 수 없다고 믿는다. 따라서 그들은 다른 사람들이 일을 시작할 때까지 기다리는데, 이는 일반적으로 타인이 자신보다 더 잘한다고 믿기 때문이다. 만약 누군가 적극적으로 지도하고 인정해 준다는 확신이 생긴다면 어떤 일은 적절하게 잘할 수도 있다. 그러나 그들은 자신들이 독립적인 능력이 생기면 가까운 사람들로부터 버림받게 된다고 생각하여 독립적인 삶을 살 수 있는 기술을 배우지 않고 계속해서 의존적 삶을 살아간다.

의존성 성격장애를 지닌 사람은 중요한 관계를 유지하기 위해 비합리적 강요에도 참고 살아간다. 그들은 지나치게 자신을 희생하고 언어적 · 신체적 · 성적 학대를 참기도 한다. 그러나 이것은 다른 선택이 충분히 있는데도 불구하고 나타났을 경우에 의존성 성격장애의 근거라고 할 수 있다. 예를 들면, 학대하는 배우자의 보복에 대한 현실적인 두려움에 기인한다면 의존성 성격장애라고 말할 수 없다.

또한 그들은 친밀한 관계가 끝나면 혼자 남는 것에 대한 두려움 때문에 급하고 무분별하게 다른 사람에게 매달리게 된다. 이러한 두려움은 정당한 근거가 없이 나타난다. 예를 들면, 간병을 받기 위해서 아들의 집으로 이사한 노인 암 환자가 보이는 의존적 행동은 전반적 상황과 환경을 고려하면 적절한 것이라고 볼 수 있다. 이를 의존적 성격장애로 보는 것은 바람직하지 않다.

3) 강박성 성격장애

강박성 성격장애(Obsessive-Compulsive Personality Disorder)는 어떠한 희생 속에서도 정돈, 완벽, 정신적 통제에 집착하며 과도한 성취지향성과 인색함을 특징으로 하는 성격장애이다. 강박성 성격장애는 융통성, 개방성, 효율성을 희생시키더라도 정리정돈, 완벽주의, 정신의 통제와 대인관계의 통제에 집착하는 행동특성이 생활전반에 나타나는 것을 말한다. 보통 청년기에 시작되며 여러 상황에서 나타나고, DSM-5에서는 〈표 8-11〉 중 4개 이상의 항목을 충족시켜야 진단하도록 구성되어 있다(APA, 2013: 678-679).

표 8-11 강박성 성격장애의 진단기준

1. 사소한 세부사항, 규칙, 목록, 순서, 조직 또는 시간계획에 집착되어 중요한 내용을 놓치게 된다.
2. 일의 완수를 방해하는 완벽주의를 나타낸다(예: 자신의 완벽한 기준을 만족시키지 못해 계획을 완수할 수 없다).
3. 여가 활동이나 친구 교제를 희생하면서 일이나 성과에 지나치게 매달린다(경제적으로 필요한 것이 명백히 아니어야 한다).
4. 지나치게 소심하고 양심적이며 도덕 윤리 또는 가치관에 관하여 융통성이 없다(이것이 문화적 혹은 종교적 정체성으로 설명되지 않아야 한다).
5. 감정적인 가치가 없는데도 낡고 가치 없는 물건을 버리지 못한다.
6. 자신이 일하는 방식을 똑같이 따르지 않으면 다른 사람에게 일을 맡기거나 같이 일하려 하지 않는다.
7. 자신과 타인 모두에 대해 돈을 쓰는 데 인색하며, 돈은 미래의 재난에 대비하여 저축해 두어야 하는 것으로 믿는다.
8. 경직되고 완고함을 보인다.

강박성 성격장애를 지닌 사람은 극도로 신중하고 반복하는 경향이 있으며 세부에 지나친 주의를 기울이고 발생 가능한 실수를 반복적으로 확인한다. 그들은 시간을 잘 배분하지 못하고 중요한 과제를 마지막 순간까지 완수하지 못한다. 또한 세세한 부분까지 완벽하게 반복하는 성향 때문에 발생하는 지체나 불편함에 대해 다른 사람이 화내는 것을 이해하지 못한다. 그들은 경제적 이유가 아니라 일이나 성과에 지나치게 열중하는데, 저녁이나 주말에 야외 활동을 하거나 휴식을 취할 시간이 없다고 느낀다. 또한 아동을 양육하면 모든 놀이가 심각하게 수행해야 하는 임무로 바뀐다. 예를 들면, 영아가 정확하게 원을 그리지 못하면 반복해서 교정하거나, 자녀와의 야구 경기는 가혹한 수업으로 바뀐다.

강박성 성격장애를 지닌 사람은 다른 사람에게 엄격한 도덕적 원칙을 가지고 따질 뿐만 아니라 자신에게도 양심 혹은 도덕에 엄격한 잣대를 가지고 있으며 실수에 대해 가혹하게 자기비판적이다. 그들은 권위에 복종하고 규칙은 문자 그대로 지켜야 한다고 믿는다. 예컨대, 그들은 친구가 전화를 하는 데 필요한 동전을 빌려주지 않는다. 왜냐하면 '빌리지도 말고 받지도 말자'고 생각하거나 또는 그렇게 하는 것이 그 사람의 생활 패턴에 나쁜 영향을 끼친다고 믿기 때문이다. 또한 쓸모없는 물건을 계속해서 모아 두는데,

이는 언제 다시 필요할지 모르며, 버리는 것은 낭비라고 생각하기 때문이다.

강박성 성격장애를 지닌 사람은 모든 일을 할 때 자신의 방법을 따라야 한다고 생각하며 지나치게 세세하게 지시하고 다른 사람의 도움을 거절한다. 그들은 일상적 일까지(예를 들면, 잔디를 깎고, 설거지를 하는 것 등)도 오로지 하나의 방법만 있다고 생각하며, 어떤 창의적인 방법을 제시하면 짜증을 낸다. 그들은 자신이 생각하는 방법을 변경하지 않으며, 다르게 변경하는 것이 자신에게 이익이 된다는 것을 알아도 '일의 근본 원칙'이라고 주장하며 거부한다.

강박성 성격장애를 지닌 사람은 신체적 · 대인관계 환경에 대한 통제를 지속할 수 없게 될 때 매우 혼란스러워하고 화를 낸다. 또한 존경하는 권위자에 대해서는 지나치게 복종하지만 존경하지 않는 인물에 대해서는 지나치게 저항하기도 한다. 모든 행동에 신중을 기하기 때문에 애정 표현도 어렵고, 직장에서 융통성과 타협을 발휘해야 하는 새로운 상황에 직면하면 어려움과 고통을 겪는다. 그러나 적당한 강박성 성격 특질은 높은 성과를 내야 하는 상황에서는 특히 적응적이다. 이때 강박적 성격장애로 진단 내리기 위해서는 현저한 기능적 손상과 부적응, 그리고 주관적인 고통이 심각해야 한다.

제 3 부

정신건강사회복지의 관점 및 실천방법

제 9 장

관점 및 모델

학습 목표

1. 포괄적 인권 관점의 의미를 설명할 수 있다.
2. 구체적 지역사회정신건강 관점의 의미를 설명할 수 있다.
3. 의료모델, 사회모델, 인권모델을 비교하여 설명할 수 있다.

이 장에서는 정신건강사회복지실천을 위한 관점과 모델을 제안하고 있다. 정신건강사회복지사는 정신건강사회복지실천에서 다른 사회복지실천과 마찬가지로 생태체계적 관점이나 강점 관점 그리고 위기개입모델, 과업중심모델, 문제해결모델, 임파워먼트모델 등을 적용하여 정신보건영역에서 업무를 수행한다. 이러한 사회복지실천의 기본적 관점과 모델을 바탕으로 여기에서는 두 가지 관점과 세 가지 모델을 정신건강사회복지실천의 특수성을 고려하여 제시하고자 한다.

정신건강사회복지실천의 관점으로는 포괄적 인권 관점과 구체적 지역사회정신건강 관점을 제시한다. '포괄적 인권 관점'이란 실천의 가치와 이념을 제안하는 것이며, '구체적 지역사회정신건강 관점'이란 실천의 방향성을 강조하는 차원이다. 세 가지 모델은 의료모델, 사회모델 그리고 인권모델을 제안하고 있다. 이들 세 가지 모델만 정신건강사회복지실천에서 활용되는 것은 아니지만 실천현장에서 이루어지는 다양한 접근방법을 이해하는 차원에서 제시한다.

핵심 과제

1. 정신장애인과 관련된 인권 관점을 추구하는 직접 실천의 방법은 무엇인가?
2. 한국의 지역사회정신건강 추진은 어디까지 진행되고 있는가?
3. 정신장애인과 관련된 의료모델과 사회모델을 어떻게 비판할 수 있는가?

1. 포괄적 인권 관점

1) 인권의 개념으로 본 정신장애인

(1) 인간으로서의 정신장애인

인권(human rights)은 인간(human)과 권리(rights)라는 두 단어로 구성되어 있다. 이들 두 단어의 의미를 모두 포함하여 인권을 정의하는 것은 쉽지 않다. 문헌과 실제적 삶의 영역에서 인권을 다룰 때 인간보다는 권리에 더 많은 관심을 가져온 것이 사실이다(Ife, 2010). 정신보건영역에서도 인권에 대한 관심이 증가되고 있지만 인간 자체에 대한 관심보다는 정신장애인과 가족의 권리보호에 일차적 초점을 두고 있다.

정신장애인의 비인간화는 전쟁의 시기에 나타나는 비인간화와 같은 차원으로 다루어지지는 않고 있다. 하지만 정신장애인은 자주 완전하지 않은 인간으로 취급을 받거나, 때로는 차별과 배제로 인해 인간다운 삶으로부터 멀어져 있다. 또한 그들은 반사회적 행동과 통제되지 않은 공격성을 보이는 사람들로 간주되어 표준 인간으로부터 멀리 떨어진 존재로 자주 언급된다. 이러한 편견과 낙인은 정신장애인을 인간으로 대우받을 가치가 없는 존재로 만들며 인권으로부터 벗어나게 한다.

현대의 인권 담론은 서구 인본주의에 근거한다. 인본주의는 서구 계몽주의의 중요한 부분으로 일상사의 중심을 신에서 인간으로 대체시켰다. 따라서 인본주의는 인간의 중요성을 재정의하고 이성을 강조하면서 모든 사람이 더불어 살아야 한다고 가정한다. 그러나 이때 인간은 백인, 유럽인, 성인 남자, 활동 가능한 신체, 평균 이상의 지능 그리고 교육수준이 높은 사람을 지칭하였다(Ife, 2010).

모든 사람은 이러한 이상적 인간을 열망하는 것으로 보았으며 교육, 문헌, 정치, 경제 등의 사회문화적 장치들은 이를 실현하기 위한 방향으로 나아갔다. 초기의 인권 담론에서 인간이라는 용어는 중립적이지 않으며 고정된 개념도 아니었다. 그러나 이후에 다양한 역사적 과정을 거치면서 단지 인간이라는 이유만으로 존중받고 인간답게 살 권리가 있음은 불변의 진리가 되었다.

초창기 인권 담론에서 인간은 상황과 목적, 그리고 필요성에 따라 다르게 정의되기도 했다. 오늘날에는 인간 범주 밖의 존재로 특정한 개인이나 집단을 구분하는 것은 상상조차 하기 힘든 시대가 되었다. 그러나 일부 사회구성원은 정신장애인을 인간 범주 밖의 어떤 존재로 보려는 묵시적 동의를 유지하고 있다. 그렇기에 정신장애인의 인권을 논의할 때 권리만 부각하는 것이 아니라 '인간으로서의 정신장애인'도 동시에 강조해야 한다. 즉, 인권 담론에서 인간으로서의 정신장애인을 소외시키고 타자화된, 즉 전문가 중심의 권리 논쟁에 매몰되지 않아야 함을 의미하는 것이다.

(2) 핵심 가치로서의 인권

인권은 정신장애인과 같이 소외된 사람들에게 인간의 존엄성을 구현하기 위한 핵심적 가치이다. 왜냐하면 다음과 같은 이유들 때문이다(유동철, 2009: 40-43에서 재정리).

첫째, 인권을 주장함으로써 정신장애인이 생활의 전 영역에서 억압받고 있는 현실을 보여 줄 수 있다는 점이다. 인권의 보편적이고 포괄적인 속성으로 인해 정신장애인 삶의 총체적 부실 현장을 고발할 수 있는 개념이 되는 것이다. 즉, 인권은 법적 권리, 계약적 권리, 국제적 권리, 도덕적 권리 등을 포함하고 있기 때문이다.

둘째, 법적 정당성을 확보하는 동시에 법적 구속력을 넘어설 수 있다는 점이다. 인권 개념은 보편성의 속성상 법적으로 규정된 시민권을 넘어 도덕적 · 윤리적인 차원의 '인간해방'을 위한 도구로도 활용이 가능하다. 예를 들면, 법적으로 보장된 시민권의 경우에 한정치산자나 금치산자 등은 그 권리를 제한당할 수 있다. 그러나 인권 개념은 법적 권리를 넘어 도덕적 권리까지도 포함하기 때문에 법적 권리를 확대해 나갈 수 있다.

셋째, 실천상 다양한 전략 전술이 가능하다는 점이다. 인권은 평등(equality)과 차이(difference)를 동시에 주장할 수 있는 개념이다. 평등을 위한 전략을 사용할 경우에는 모든 사람은 동등한 지위를 보장받아야 한다는 논리로 접근할 때 유용하다. 예를 들면, 정신장애인의 정신병원 입원은 모든 다른 질환으로 입원하는 사람과 마찬가지로 자기결정에 따른다는 원칙을 말한다. 차이의 전략은 정신장애인의 정체성을 인정하고 장애라는 사실이 결함이 아닌 단순한 차이일 뿐임을 강조할 때 유용하다. 예컨대, 정신장애인을 위한 지역사회 주거시설에 대한 별도의 지원을 요구하면서 정당성을 확보해야 할 때 유용하다.

이와 같이 정신장애인의 인간다운 삶은 인권이라는 핵심 가치를 통해 실현될 수 있음을 알 수 있다.

2) 인권의 세 가지 관점으로 본 정신장애인

일반적으로 인권이란 '모든 인간의 타고난 천성에 내재되어 있는 것으로, 이것이 보장되지 않으면 인간답게 살 수 없는 모든 권리'를 말한다(Reichert, 2011). 인권은 인종, 성별, 연령, 종교, 국적, 경제력 등의 구분과 상관없이 평등하게 공유되는 보편적 권리를 의미하는데, 이것은 정치 · 경제 · 사회 · 문화적 삶을 영위하는 과정에서 자유와 평등을 누리며 인간다운 삶을 보장받는 실질적 상황들을 통해 확인될 수 있다(Arat, 1991). 이와 같은 인권은 다음과 같은 세 가지 관점에서 논의되고 있다(Ife, 2010: 73-77).

(1) 자연권 관점

자연권(natural rights) 관점에서 인권은 자연적 상태의 일부로서 인간이 태어날 때부터 가지고 태어나는 것으로 본다. 즉, 인간이라면 누구나 누려야 하는 보편적이고 천부적 권리이며, 모든 인간은 어떠한 사회적 조건에 상관없이 평등하며 자유와 행복을 추구하는 양도 불가능한 권리라는 의미이다. 자연권적 인권 관점은 인권의 내용이 구체적으로 어떠한 것들이라고 제시하지 않는다.

이 관점은 가치론적이고 규범적 차원이기 때문에 철학적이며 이론적 담론에 토대를 두고 있다. 자연권 관점을 바탕으로 인권실천가는 인권침해를 받는 사람들에게 권리를 교육하고 실제적으로도 그들에게 권리가 존재한다는 사실을 깨닫도록 한다. 따라서 사회복지사는 정신장애인이 어떠한 상황이나 조건에서도 '인간'으로 대우받을 수 있도록 그들 스스로, 그리고 함께하는 모든 사람이 정신장애인의 인권을 민감하게 인식하도록 실천해야 한다.

(2) 국가 의무 관점

국가 의무(states obligations) 관점에서 인권은 국가에서 시민들에게 그들의 인권을 깨닫게 하거나 보호해야 하는 것으로 본다. 일반적으로 이것들은 인권에 대한 법안이나 정책의 형태로 나타난다. 인권은 법률, 정책과 사법체제, 다양한 정부 프로그램(교육, 건강, 주택, 사회보장 등을 강화하기 위한)을 통해 달성된다.

국가 의무적 관점은 인권과 법률이 동일시되기 때문에 법률가들이 인권 문제에서 지배적인 역할을 하는 경향이 있다. 이 관점에서 본다면 법에 의한 교육, 건강, 고용, 그리고 생계 보장과 같은 권리들을 충분히 보장해야 하지만 이를 통해 인권을 완전하게 보장하기란 어렵다. 인권보장을 위한 국가의 역할은 법률을 제정하는 것뿐만 아니라 공공복지서비스도 동시에 제공해야 한다. 따라서 사회복지사는 국가 의무적 관점에서 정신장애인의 삶의 질을 향상하기 위한 법안이나 정책뿐만 아니라 일상적, 사회적 생활의 안녕과 관련된 사회서비스도 인권 차원에서 국가가 제공해야 함을 인식하고 옹호해야 한다.

(3) 구성되는 권리 관점

이 관점은 인권을 만들어지는 혹은 구성되는 권리(constructed rights)로 보는 것이다. 이것은 인권이란 인간 사회에서 끊임없이 협상하고 정의하고 재정의하면서 구성된다는 관점이다. 이 관점에서 인권은 인간본성의 일부이거나 헌법이나 법률에 의한 것이 아니라는 것이다. 인권은 인간이 무엇인지, 우리가 다른 사람들을 어떻게 대해야 하는지, 그리고 우리가 어떻게 대우받기를 원하는지를 협상하는 과정에서 나타난다고 본다. 이 관점에서 인권은 보편적이고 안정적이라기보다는 상황적이고 역동적이다. 이 관점은 인권문화를 개발하는 것을 중요하게 생각하며, 인권에 대한 사회의 책임성을 확대할 수 있다.

구성되는 권리 관점은 모든 사회구성원이 인간답게 살아가도록 만드는 만장일치의 합의 과정을 의미한다. 추상적이고 법률적 인권 개념을 넘어 전체 사회가 자발적으로 모든 사람의 인권에 관심을 가지고 새로운 인권 어젠다를 개발하고 서로를 존중하는 문화를 만들어야 함을 일컫는다. 정신장애인과 관련된 인권도 단지 법률에 제시된 항목들을 넘어 그들의 인간다운 삶을 위해 끊임없이 새롭게 만들어져야 한다. 그러나 정신장애인의 인권은 법률적 범위 안에서도 제대로 보장되지 않는 경우도 많다.

3) 세계인권선언과 정신장애인

1948년 채택된 세계인권선언(Universal Declaration of Human Rights)은 전 지구에 살고 있는 각 개인의 다양한 차이가 존재한다는 가정하에서 모든 사람이 공유해야만 하는 공통의 욕구와 자유가 무엇인지를 성찰한 결과물이다. 세계인권선언의 직접적 계기는 나치 독일의 인종말살 정책의 비극으로부터 출발하였다. 그 이외에도 1930년대 대공황 기간의 빈곤과 실업의 고통, 유럽인들의 식민주의에 기인한 아시아와 아프리카 지역 사람들에 대한 착취, 제2차 세계대전 동안에 목도한 인간성 상실 등에 대한 세계인의 자각에서 비롯되었다.

세계인권선언은 서구의 영향을 받았기 때문에 동양에서는 문화적 차이로 인해 그대로 적용할 수 없다는 시각도 있다. 또한 선언에 참여한 개별 국가가 반드시 법적인 보장을 하지 않아도 된다. 하지만 많은 나라에서 세계인권선언에 포함된 내용을 그들 나라의 법에 통합시켰으며, 국제관습법에 근거하여 개별 국가를 강제할 수 있는 경우도 있다. 현

시점에서 세계인권선언은 전 세계인들이 인권 영역에서 받아들일 수 있는 기본 지침이자 방향이다.

세계인권선언은 한 개의 전문과 31개 조항으로 구성되어 있다. 인권선언 전문은 선언이 필요한 이유들을 제시하고 있다. 전문의 가장 앞부분에 인권은 모든 인류가 인간의 존엄성을 바탕으로 평등하고 양도할 수 없는 권리라고 기술하고 있다. 어느 누구나 기본적 자유와 인간다운 삶을 살아갈 수 있도록 해야 한다는 의미이다. 세계인권선언은 국가 단위로 채택되기 때문에 국가는 소속된 국민에게 인권을 널리 알리고 이를 실현하기 위해 법과 제도, 그리고 인권 문화를 형성하기 위해 노력해야 한다.

세계인권선언 제1조의 내용, 즉 '모든 인간은 태어날 때부터 자유로우며 그 존엄과 권리에 있어 동등하다. 인간은 천부적으로 이성과 양심을 부여받았으며 서로 형제애의 정신으로 행동하여야 한다'에 가장 기본적이고 포괄적인 인권의 의미를 함축하고 있다. 신체적이고 정신적인 장애를 가졌거나 심리적이고 행동적인 특별함을 지닌 누구라도 있는 그대로 존중받고, 모든 사람이 상호 보살핌을 주고받으며 살아야 함을 강조하는 것이다.

정신장애인과 밀접한 관련이 있는 차별금지 조항은 세계인권선언의 제2조와 제7조에 명시되어 있다. 모든 사람에 대한 평등의 원칙이 받아들여지면 어떠한 개인이나 집단의 차별도 허용되지 않는다. 차별은 인종, 피부색, 성별, 언어, 종교, 정치 또는 다른 의견, 국적, 출신, 재산, 지위, 장애 등을 이유로 인간의 존엄성을 제한하는 것을 말한다. 정신장애인이라는 이유만으로 무시, 고립, 놀림, 배제, 그리고 억압당하지 않아야 함을 강조한다.

정신장애인은 감금이나 비인도적인 처우, 그리고 사생활의 보장을 받아야 한다. 이는 세계인권선언에 규정되어 있는 노예와 노역으로부터의 자유, 고문 및 그 밖의 잔인하고 비인간적인 또는 굴욕적인 대우나 처벌로부터의 자유, 임의의 체포 · 구금 · 추방으로부터의 자유, 이동과 거주의 자유 등과 관련 있다(UNCHR, 1994). 인간은 기본적으로 자유를 얻고 억압으로부터의 해방을 원하기 때문에 사람이나 제도 및 지역의 지배로부터 벗어나고자 한다.

정신장애인은 기본 권리를 향유하는 데 심리적, 사회적, 문화적 제약이 뒤따를 수 있다. 특히 만성 정신장애인은 정신증상과 퇴보된 기능 때문에 스스로 판단하고 다양한 상황의 비인도적 처우에 대항하면서 자신의 사생활을 보장받기 어렵다. 따라서 사회구성원은 인권의 이념을 바탕으로 정신장애인이 보다 안전하고 행복한 삶을 살아갈 수 있도록 지지하고 지원하는 데 동참할 필요가 있다.

정신장애인의 노동권과 기본적인 생활보장은 연결되어 있다. 이는 세계인권선언 제22조부터 25조에 이르는 내용과 관련 있다. 인간의 의지로 극복하기 어려운 정신적 장애로 인하여 교육, 직업, 그리고 사회적 기술이 부족한 사람들에게는 사회적 보호의 수단을 동원하여서라도 노동에 참여할 기회와 최소한 보수를 지급하여야 한다. 장기간 정신적 장애를 지닌 사람은 의료비용이나 경제적 활동의 제한으로 기본적 생활비용을 충당하기 어려우며, 동시에 휴식이나 여가를 위한 계획의 수립이나 실행에서도 어려움을 겪는다. 이는 세계인권선언의 제1조에 명시된 인류애와 형제애를 바탕으로 한 공동체의 책임으로 접근할 필요가 있다.

정신건강사회복지 실천현장의 사회복지사는 다양한 기관이나 시설에서 정신장애인과 관련된 직간접의 실천을 수행하고 있다. 정신건강사회복지사는 상황이나 업무 특성에 따라 임상적인 치료법을 적용하거나 안전하게 보호하는 데 초점을 두거나 환경의 변화를 위해 노력한다. 이 모든 과정에서 정신건강사회복지사는 실천의 포괄적 관점을 '인권'이라는 맥락에서 유지할 필요가 있다. 이러한 관점을 받아들여야 실천의 올바름에서 벗어나지 않게 됨과 동시에 클라이언트, 즉 정신장애인의 행복 혹은 욕구에 초점을 둘 수 있다.

2. 구체적 지역사회정신건강 관점

1) 지역사회정신건강의 개념 및 특성

(1) 지역사회정신건강의 개념

미국에서 지역사회정신건강(Community Mental Health)의 역사적 배경은 시설화 치료의 대안적 접근법으로 구체화된 1900년대 초까지 거슬러 올라갈 수 있지만 1946년 「정신보건법(National Mental Health Act)」이 그 효시라고 할 수 있다. 「정신보건법」의 제정과 더불어 1950년대 중반 항정신병약물의 발견, 1960년대 인도주의 이념, 그리고 평생 입원으로 인한 경제적 부담 등에 따른 탈시설화 정책에 기인한다(양옥경, 2006: 57-60).

우리나라는 1995년 「정신보건법」의 제정과 함께 지역사회정신건강이라는 용어가 널리 사용되기 시작하여 현재는 개입철학이나 이념 및 정책으로까지 확대되고 있다. 즉, 정신장애인의 개입과 관련하여 과거의 입원 중심 패러다임에서 지역사회정신건강 패러다임으로 전환되고 있다는 의미이다.

지역사회정신건강에 대하여 합의된 개념 정의는 아직까지 되어 있지 않다. 하지만 지역사회정신건강은 정신장애의 예방, 치료, 그리고 재활 및 사회복귀를 위한 모든 활동들을 의미하며, 이론이라기보다는 하나의 개념, 이념, 철학, 사회운동, 그리고 정책적 지향점이라고 할 수 있다(Sands, 2001). 권진숙 등(2009)은 지역사회정신건강이란 지역사회 내에서 지역의 모든 주민을 대상으로 포괄적인 정신건강서비스를 제공하는 것을 말하며, 구체적으로는 정신건강증진과 정신질환의 예방, 치료, 재활, 사회통합 등의 서비스를 연속선상에서 통합적으로 제공하는 것을 의미하는 개념이라고 하였다.

양옥경(1996)은 지역사회정신건강의 이념적 기반은 정신장애인이 치료나 서비스를 받는 데 있어 자기결정권을 바탕으로 한 인간 존엄성에 근거한다고 하였으며, 정신건강의 대상과 더불어 서비스 주체도 지역사회가 되는 것이라고 보았다. 과거 정신장애인의 치료 및 재활이 지역사회로부터 멀어지고 숨겨진 장소에서 이루어졌다면 이제는 모든 지역주민이 생활하는 곳에서 당당하게 이루어져야 한다는 것이다.

이러한 맥락에서 본다면 지역사회정신건강은 정신장애에 대한 인식의 전환임과 동시에 지역사회 역할에 대한 전환이라고 할 수 있다. 이를 종합하면, 지역사회정신건강이란 지역사회를 기반으로 하여 정신건강을 증진하면서 정신장애의 예방, 치료, 재활, 사회복귀 등의 실천이 이루어지는 것이다. 또한 정신장애인에 대한 입원, 격리 그리고 사회적 배제 중심의 활동에서 자기결정, 자유 및 사회적 통합 중심으로 활동해야 한다는 패러다임 이동을 의미하는 개념이다.

(2) 지역사회정신건강의 특징

지역사회정신건강은 전통적인 정신건강 관련 활동과는 다음과 같은 차이점을 가지고 있다(최송식, 2008: 18-19).

첫째, 정신장애인에 대한 전통적 세팅에서의 서비스 중심 장소가 병원이나 요양원과 같은 시설이었다면 지역사회정신건강에서는 지역사회가 중심이며, 이러한 시설들은 그 속에서 주어지는 특정 서비스를 제공하는 역할을 한다.

둘째, 지역사회정신건강에서는 치료와 함께 예방과 정신건강증진서비스에도 강조점을 둔다.

셋째, 지역사회정신건강에서는 정신건강서비스의 지속성과 포괄성을 강조한다.

넷째, 지역사회정신건강에서는 장기 입원과 장기치료 중심이 아니라 단기 치료와 위기개입을 중요한 접근법으로 본다.

다섯째, 지역사회의 인구사회학적 특성에 대한 적절한 분석을 통하여 지역주민의 정신건강욕구 파악, 정신건강의 우선순위 설정, 정신건강서비스의 조정 등을 계획적이고 체계적으로 실시한다.

여섯째, 지역사회 내의 가능한 새로운 인적 자원들을 활용한다. 전통적인 전문가인 의사, 간호사, 심리사, 사회복지사뿐만 아니라 교사, 종교지도자 등의 새로운 인적 자원들을 적극적으로 발굴하여 활용한다.

일곱째, 지역사회의 참여를 적극적으로 도모하며, 정신병리의 원인을 개인뿐만 아니라 지역사회의 스트레스에서도 찾는다. 따라서 정신건강서비스에서는 직접서비스뿐만 아니라 간접서비스도 중요하게 생각한다.

2) 지역사회정신건강의 이념

지역사회정신건강은 이론이라기보다는 하나의 이념 혹은 사회운동이라고 할 수 있다. 지역사회정신건강의 추구 이념으로 양옥경(2006)은 최소한의 규제, 정상화, 사회통합을 중요하게 보았으며, 권진숙 등(2009)은 여기에 추가하여 회복을 포함시켰다. 그 내용들을 살펴보면 다음과 같다.

(1) 최소한의 규제

지역사회정신건강은 정신장애의 치료, 재활, 그리고 사회복귀에서 개인 내적 요인보다는 사회환경적 요인을 좀 더 강조한다. 최소한의 규제(the least restrictive)는 정신장애인을 위한 치료에서 격리와 수용 중심의 입원치료가 아니라 자유롭고 친근한 환경에서 치료, 재활, 보호, 그리고 독립된 생활이 이루어져야 한다는 의미이다. 여기서 친근한 환경이란 정신장애인이 태어나고 자랐던 지역사회를 말하는 것으로, 대규모 정신병원에서 퇴원하면 자신의 집으로 돌아가서 일상적 생활을 하는 것을 말한다(양옥경, 2006: 51).

최소한의 규제는 인간이 기본적으로 누려야 할 권리로서 인권과 자유권에 기초하는 것이다. 즉, 인간 존엄의 가치가 존중되는 삶을 추구하고자 하는 욕구를 인정하여 정신장애인을 사회에서 격리시키거나 배제시키는 것이 아니라 지역사회의 친근한 환경에서 살아가고 싶은 욕구를 권리로서 보장받는 것이다(최송식, 2008: 19). 그러나 지역사회 내에서 정신장애인의 욕구를 충족시킬 수 있는 치료 및 재활, 그리고 사후관리서비스들이 충분하지 않다면 소위 말하는 '병원화된 지역사회'가 될 수도 있다.

정신장애인을 위한 지역사회서비스들이 지속성, 연속성, 그리고 포괄성의 원리들이 적용되지 않는다면 최소한의 규제는 한낱 구호에 그칠 가능성이 크다. 즉, 최소한의 규제의 제도적 원칙에 의하여 병원으로부터 퇴원을 하더라도 지역사회 적응의 기회조차 주어지지 않고 바로 다른 병원으로 입원하는 '회전문 현상'이 나타나게 된다. 따라서 최소한의 규제를 실현하기 위해서는 지역주민의 정신장애에 대한 편견과 같은 인식의 전환을 바탕으로 정신장애인이 지역사회주민으로서 독립적인 생활을 할 수 있는 충분하고 다양한 서비스가 개발・제공되어야 한다.

(2) 정상화

정상화(normalization)는 정신장애인이 차별 없이 다른 모든 사람과 마찬가지로 동등하게 대우받고 기회를 보장받는 것으로서, 궁극적으로 정신장애인의 삶의 질 향상을 목표로 한다. 그러나 그 목표를 반드시 모든 영역에서 비정신장애인과 같은 수준으로 정하는 것은 아니다. 정신장애인을 있는 그대로 인정하면서 지역사회에서 독립적 생활을 보장받도록 최대한 지원하는 것을 의미한다. 양옥경(1996)은 니에(Nirje)의 정상화 원칙에 근거하여 〈표 9-1〉과 같이 정신장애인에 대한 네 가지 정상화 원칙을 제시하였다.

표 9-1 정상화의 네 가지 원칙

구분	내용
생활리듬의 정상화	매일, 하루하루를 사는 데 있어 정상적 리듬을 갖고 살도록 하는 것임. 정신장애인들도 다른 사람과 마찬가지로 가정생활, 학교생활, 직장생활, 사회적 활동을 할 수 있는 기회가 제공되어야 한다는 의미
성장경험의 정상화	정신장애인들도 인생주기(life cycle)에 따라 발달할 수 있는 기회를 제공받아야 한다는 것임. 예를 들면, 아동은 부모와 함께 집에서 보호와 교육을 받고, 성인이 되면 일과 사랑을 추구하여 직업을 갖거나 결혼을 통해 독립적 생활을 하는 것을 의미
정서와 욕구의 정상화	정신장애인이 가지는 표현되거나 표현되지 않은 정서나 욕구는 다른 사람들과 마찬가지로 있는 그대로 인정되어야 한다는 것임. 예를 들면, 우울증으로 치료받은 경험이 있는 사람이 슬픈 상황에서 운다고 우울증 재발로 약물치료나 입원을 강권하지 않아야 한다는 의미
주거의 정상화	정신장애인이 생활하는 주거는 보통 가정의 크기이어야 하며 동시에 일반 주거지역에 위치해야 한다는 것임. 정신장애인의 주거는 대규모 시설이거나 주거밀집지역으로부터 멀리 떨어진 곳이 아니어야 한다는 의미

(3) 사회통합

사회통합(social integration)이란 정신장애인이 지역사회 내에서 거주지를 가지고 사회적 상호작용을 자연스럽게 하면서 지역사회 내의 자원과 활발한 상호교류를 하는 상태가 되는 것을 말한다(권진숙 외, 2009: 253). 사회통합은 최소한의 규제와 정상화의 이념을 바탕으로 정신장애인이 지역사회의 주류(mainstream)에 동참할 수 있도록 하는 것이다. 이를 위해서는 정신장애인을 부적절하고 무능력하다고 판단하여 지역사회로부터 격리하거나 소외시키는 것이 아니라 다양한 심리적 · 정신적 특별함을 지니고 있지만 지역사회 내에서 함께 살아야 하는 사람 그리고 이웃으로 보아야 한다.

따라서 정신장애인의 사회통합은 물리적 통합뿐만 아니라 심리적 통합도 중요하다. 심리적 통합은 지역사회에 소속되어 있으면서 지역사회 일원으로서 효능감을 개발하고 유지하는 상태를 말한다(민소영, 2006). 지역사회는 정신장애에 대한 편견을 확인하고 이에 대한 영향을 최소화할 수 있는 다양한 대안을 마련해야 한다. 이를 통해 정신장애인들이 지역사회 내에 주거지를 안정적으로 마련할 수 있으며, 자신의 능력에 맞는 일을 갖고 지역주민들과 상호작용하며 서로 사교하고 사랑할 수 있게 되는 것이다.

(4) 회복

정신건강서비스에서 회복(recovery) 관점은 과거의 질병치료 및 전문가의 권위를 강조하는 것이 아니라 소비자의 관점으로 정신장애인을 바라보고, 긍정과 희망에 초점을 두는 것이다. 회복이라는 의미는 전문가에 의한 객관적인 증상보다는 정신장애인 스스로 자율성과 책임을 가지고 긍정적인 희망 속에서 자신의 문제를 받아들이고 느끼는 것에서 출발한다. 따라서 사회복지사도 정신장애인의 개별적 특수성을 이해하고 회복에 대한 희망을 가지며 그에 따른 개입철학과 프로그램 등을 진행해야 한다.

회복 관점을 정신건강서비스에 적용하려면 서비스 계획에는 반드시 '회복'이라는 용어를 포함하고, 평가를 정신장애인 중심으로 실행해야 하며, 회복 원칙에 따른 기관의 리더십과 회복 관점에 기초한 구체적인 프로그램들이 마련되어야 한다(Anthony, 2000). 지역사회정신건강의 이념에 회복 개념을 포함하는 이유는 정신장애인의 정상화와 사회통합이 연속선상에 놓여 있기 때문이다. 정신장애인도 한 명의 인간으로서 지역사회에서 자신의 정서와 욕구를 가지고 이를 실현하기 위해 활동할 수 있어야 한다는 것이다. 이 과정에서 소비자인 정신장애인, 제공자인 전문가 그리고 지역사회 전체의 인식변화와 상호 협력이 필요하다.

3) 지역사회정신건강의 목적과 내용

(1) 지역사회정신건강의 목적

지역사회정신건강의 목적은 정신장애의 예방, 치료, 재활 그리고 사회통합을 달성하는 것이다. 예방, 치료, 그리고 재활을 1차 예방, 2차 예방, 3차 예방으로 설명하기도 한다(김기태 외, 2016: 306-307). 1차 예방은 말 그대로 정신장애의 발생을 저지하여 새로운 정신장애의 발생사례를 감소시키는 데 초점을 두는 것이다. 2차 예방은 정신장애가 발생하면 조기에 이를 발견하고 신속하게 치료하는 것을 목적으로 한다. 3차 예방은 정신장애로 인해 부가적으로 갖게 되는 정신적 결함이나 사회적 장애를 줄이고자 하는 목적을 갖는다.

보다 구체적으로 김규수(2004)는 다음과 같이 크게 세 가지로 지역사회정신건강의 목적을 설명하고 있다. 첫째, 정신장애로 입원 중인 환자 중에 지역사회에서 치료와 보호가 가능한 사람들을 퇴원하도록 하는 것이다. 둘째, 사회문화적 문제나 경제적, 지리적 이유로 치료를 받지 못하거나 사회생활의 제한을 받고 있는 정신장애인에게 전문적인 정신건강서비스를 받도록 하는 것이다. 셋째, 정신장애인의 사회복귀와 사회통합에 필요한 다양한 정신건강서비스를 제공하는 것이다.

따라서 지역사회정신건강의 목적은 지역사회에 거주하는 모든 사람의 정신건강증진을 도모하여 새롭게 발생하는 정신장애를 최대한 감소시키며, 정신장애로 인하여 어려움을 겪는 정신장애인을 신속히 발견하여 정신건강서비스를 제공하고, 그들이 지역사회 주민으로 소속감을 가지고 적극 참여하면서 살아갈 수 있도록 하는 것이다.

(2) 지역사회정신건강의 내용

지역사회정신건강의 내용은 다음과 같다(김규수, 2004). 첫째, 질병관리를 위한 의료서비스가 제공되어야 한다. 둘째, 기능적 재활을 위한 서비스가 제공되어야 한다. 셋째, 삶의 질 향상을 위한 사회보장서비스가 갖추어져야 한다. 넷째, 최소한 생활유지를 위한 조건이 마련되어야 한다.

이를 뒷받침하기 위한 10개의 주요 서비스는 위기개입, 의료 및 정신건강서비스, 일상생활훈련, 직업 관련 서비스, 상담 및 가족서비스, 주거서비스, 생계보조서비스, 자문서비스, 예방 및 교육 · 홍보 · 권익옹호서비스, 그리고 사회조사서비스이다. 이들 내용을 살펴보면 정신건강사회복지사가 수행하는 대부분의 업무를 제시하고 있다. 다르게 보면 현재 정신보건영역의 사회복지사는 지역사회정신건강이라는 관점에서 활동하고 있다고 볼 수 있다.

3. 실천모델

1) 의료모델

(1) 개요

정신건강실천현장에서 의료모델(medical model)은 정신장애를 질병으로 바라보고 제거하거나 감소시키는 것을 목적으로 한다. 의료모델에서는 정신장애인이 사회에 참여하고 일상을 유지하기 위해서는 정신장애가 없는 몸과 마음이 필요하다고 가정한다. 의료모델에 따르면 정신장애의 원인이 뇌의 물리적 구조 및 기능과 관련 있다고 본다.

의료모델에서는 정신장애인이 드러내는 이상 행동이나 정신증상을 감소시키거나 제거해야 한다고 가정한다. 이를 위해서는 상담이나 정신치료를 포함하여 뇌의 화학적 불균형을 바로 잡기 위한 약물치료가 필요하다고 본다. 이러한 개입을 위해서는 정확한 진단이 필요하기 때문에 국제질병분류(ICD-11)와 정신질환 진단 및 통계 매뉴얼(DSM-5-TR)을 활용한다. 정신질환은 주로 ICD보다는 DSM의 분류 시스템에 의해 진단된다.

의료모델에서는 팀협력을 하더라도 정신과의사가 리더의 역할을 하는 다학문팀(multidisciplinary team)을 선호한다. 다학문팀은 팀 내의 위계질서가 분명하고 리더는 의학적 전문성이 있는 정신과의사가 담당한다. 다학문팀은 개입 계획이나 결과를 공유하기는 하지만 개입활동을 조정하지는 않는다(최송식, 1998: 71).

정신보건영역의 의료모델에서 정신건강사회복지사는 정신증상 및 약물치료 관리를 위한 교육과 훈련에 참여할 수 있다. 정신장애인의 증상 및 약물 관리를 위한 프로그램은 팀협력으로 진행될 때 효과적이다. 증상 및 약물 관리 프로그램은 정신의료기관이나 지역사회 시설에서 모두 시행될 수 있다. 이 프로그램에서는 정신장애인이나 가족에게 정신질환의 재발을 예방할 수 있는 '재발경고징후'를 교육하거나 대처법을 훈련할 수 있다. 또한 약물치료의 이유와 부작용을 이해하여 정신장애인 스스로 관리하거나 약물을 처방하는 담당의사에게 자신의 현재 상황을 논리적으로 설명하는 교육 과정을 포함한다.

(2) 한계

의료모델은 정신장애인의 증상이 생리적 병리, 즉 뇌의 화학적 불균형에 의하여 발생한다고 간주한다. 이에 따라 치료는 항정신병약물을 개별 정신장애인의 특성에 따라 사용하는 것에 초점이 맞추어져 있다. 그러나 약물치료는 병리적 증상이 제거되지 않는 지속증상(잔존증상)을 완전히 해결할 수 없고, 약물치료의 부작용은 개인에 따라 심각한 경우도 많다.

의료모델에 의한 약물치료로는 모든 정신장애의 문제를 해결할 수 없다(Corcoran & Walsh, 2009). 예컨대, 조현병을 지닌 사람이 항정신병약물로 정신증상이 어느 정도 감소되었다고 하더라도 타인과의 의사소통, 자립생활이나 거주 공간 등이 마련되지 않으면 입원기관에서 퇴원할 수 없다. 즉, 다른 신체질환처럼 치료가 종결되었다고 볼 수 없다는 의미이다. 또 다르게 불안이나 우울 장애를 지닌 사람이 약물치료로 어느 정도 정서적 문제로부터 회복되었다고 하더라도 스트레스 상황이라든지 대응방식의 변화가 없다면 근원적인 해결책이라고 볼 수 없다.

한편, '화학적 균형' 개념에 따르면 정신장애의 원인을 생물학적, 심리적, 사회적인 복합적 상호작용으로 설명하는데, 심리사회적 상황들은 뇌의 기능과 신경전달물질의 작용에 영향을 미칠 수 있다고 본다. 따라서 신경전달물질만으로 정신장애의 근원적 복잡성을 모두 설명하기가 어렵다는 것이다.

정신보건영역에서 의료모델은 1950년대 항정신병약물의 발견으로부터 주류 실천 모델이 되었지만 여전히 실제하고 있는 정신장애인의 고통과 생활의 문제를 해결하는 데 미흡함이 많다. 어쩌면 의료모델의 틀 속에 갇혀 정신장애인 당사자의 주도적 삶과 고립이 더욱 강화되고 있는지도 모른다. 의료모델에 근거한 병원 치료는 방치와 격리가 아니라 온정적 배려와 관심이라는 사회적 정당성을 부여하고 있다. 그러나 장기간의 입원이나 입소는 근대의 수용이라는 맥락과 다를 바가 없다. 오늘날 정신장애인은 의료모델의 주류적 틀 속에서만 인간다운 삶을 보장받을 수 없으며, 사회적 차원의 이해와 관심이 더욱 필요한 대상이다.

2) 사회모델

(1) 개요

사회모델(social model)은 의료모델의 대안 모델이다. 사회모델은 장애학의 이론적 모델로서 장애를 지닌 당사자가 사회 또는 제도로부터 어떻게 배제되어 왔는지에 초점을 둔다. 사회모델은 장애인의 배제와 고립에 대한 사회적 책임을 명확하게 밝히고 사회적 참여를 위한 정책과 제도를 마련하는 접근이다. 또한 장애에 대한 낙인, 편견 그리고 차별과 혐오에 기인한 사회구조와 문화를 인식하고 장애인의 통합을 강조한다. 즉, 사회모델은 근본적으로 장애를 사회에 의해서 만들어진 문제로 정의하고 장애인의 완전한 지역사회 통합을 목적으로 한다(조한진, 2013).

사회모델에서는 장애를 지닌 사람의 사회생활 전 분야에서 완전한 참여를 위한 환경의 변화를 사회 전체의 공동 책임이라고 본다. 사회모델에서는 장애를 지닌 사람이 장애가 없는 사람과 동일하게 생활하기 위해서 사회를 변화시켜야 한다고 강조한다. 이는 사회운동의 필요성을 말하는 것이다.

정신보건영역의 사회모델에서는 정신장애를 개인의 정신건강 문제일 뿐만 아니라 정치적, 사회적 문제로 바라본다. 사회모델에 따르면 정신장애인은 사회적 낙인과 편견, 차별로부터 발생하는 사회적 불이익과 불평등을 겪고 있다고 본다. 또한 의료모델에서 정신장애를 뇌의 구조와 기능의 문제로 바라보고 약물치료 중심의 접근으로 당사자의 인권침해와 사회참여를 강조하지 않는다고 본다. 의료모델에서는 정신장애인 당사자의 개인적 정신병리를 파악하여 약물치료 순응도에 초점을 둔다. 이와 다른 맥락에서 정신장애의 문제를 바라보는 사회모델의 몇몇 사례, 즉 핀란드의 오픈 다이얼로그(Opcn Dialogue), 소테리아(Soteria) 접근법, 매드 프라이드(Mad Pride) 운동은 〈표 9-2〉와 같다.

표 9-2 사회모델의 예시

방법	내용
오픈 다이얼로그	오픈 다이얼로그는 핀란드의 의료모델 대안 사회모델임. 오픈 다이얼로그의 원칙은 정신병의 위기에 처한 사람들을 24시간 이내에 접촉하고 위기가 해결될 때까지 매일 만나 대응하는 것임. 정신병원 입원에 대한 낙인과 편견을 두려워하는 사람에게는 그들의 집에서 만남을 이어 감. 가능하면 항정신병약물의 사용을 제한하고 개인 상담, 작업치료, 고용 지원 등의 서비스를 제공함. 오픈 다이얼로그 팀에는 정신과의사, 심리학자, 간호사, 사회복지사 및 언론인들이 함께 약물 없는 회복에 대한 비전을 가지고 서비스를 제공함. 정신장애인의 입원은 심각한 안전 문제가 있는 경우에만 짧게 진행되고, 치료진은 정신장애인의 집이나 친근한 장소에서 모임을 유지함

소테리아	소테리아는 그리스어로 '구원'을 뜻하며, 초기 급성기 정신질환 치료에 대한 의료모델의 대안으로 시작됨. 소테리아 모델은 미국의 로렌 모셔(Loren Mosher) 박사의 주도로 시작되어 핀란드, 독일, 스위스, 헝가리 등의 유럽으로 확산됨. 소테리아 하우스(Soteria House)에서는 초기 급성기의 정신병 환자, 특히 조현병 환자의 지역사회 내의 공간을 제공하고 항정신병약물의 최소 사용 또는 비약물 치료를 중심으로 지지적이고 보호적인 서비스를 제공함. 소테리아 하우스는 다양한 형태로 운영되었고, 최대 6~8명의 환자와 2명의 간호사나 사회복지사가 활동함
매드 프라이드	매드 프라이드는 정신병을 지니고 있거나 그렇지 않은 모든 사람이 참여할 수 있는 사회운동임. 이 운동은 정신병을 지닌 사람들이 자신의 '미친(mad)' 정체성을 숨기지 않고 드러내어 부정적 이미지를 긍정적으로 전환하려는 대중 캠페인을 포함함. 매드 프라이드는 1993년 캐나다의 토론토에서 처음으로 결성되었으며, 이후 1990년대 후반까지 영국, 호주, 프랑스, 브라질, 포르투갈, 남아프리카공화국, 미국 그리고 한국을 포함한 전 세계에서 조직됨. 매드 프라이드는 동성애 인권 운동가들이 퀴어(queer)라는 단어를 비방이 아닌 명예의 훈장으로 여기는 것처럼, 매드 프라이드 운동가들은 스스로 미쳤다고 자랑스럽게 외침. 매드 프라이드는 매드 스터디(Mad Studies, 광기학)를 통해 학문적 확장을 시도하고 있음. 광기학은 정신질환에 대한 의료모델과 사회적 배제의 지배적인 담론으로부터 탈피하기 위해 정신장애인 당사자의 투쟁, 억압, 정체성 등을 다루며 정신건강과 광기에 대한 기존 담론에 대한 비판적 논의를 시도함

(2) 실천

정신보건영역의 사회복지실천은 의료모델보다는 사회모델에 근거한다. 사회모델에 따른 정신건강사회복지실천은 크게 두 가지 차원으로 구분할 수 있다. 첫째는 정신장애인의 사회복귀나 지역사회 생활을 위한 당사자의 기능과 능력을 향상하는 실천이다. 둘째는 정신장애인의 지역사회 참여와 통합을 방해하는 사회구조와 문화를 바꾸는 실천이다. 두 가지 차원의 접근은 수레바퀴처럼 균형 잡힌 동시적 실천이 필요하지만 실제로는 후자보다는 전자의 역할에 초점이 맞추어져 있다.

정신장애인의 일상 및 사회 생활을 유지하기 위한 실천은 정신건강사회복지사의 업무와 역할의 대부분을 포함한다. 예컨대, 정신의료기관에서의 사회기술훈련, 병원기반 사례관리, 가족지원서비스, 직업재활훈련, 사회적응훈련, 집단상담이나 활동 등을 말한다. 지역사회 기관이나 시설에서도 사례관리, 직업훈련이나 유지, 주거서비스, 일상훈련, 의사소통훈련, 지역사회 자원 활용, 스트레스 관리, 인권보장 활동을 통해 지역사회 생활을 유지하고 인간다운 삶을 살아가도록 하는 실천을 일컫는다.

사회모델에서의 팀협력은 다학문팀 접근이 아니라 학제간팀이나 학제초월팀을 구성하여 활동한다. 학제간팀(inter-disciplinary team)은 클라이언트에게 제공되는 서비스를 전문가 간 협력적으로 통합하고 조정하는 팀을 말한다. 정신보건영역에서 학제간팀 접근은 정신장애인의 질병에만 초점을 맞추기보다는 생리 · 심리 · 사회 · 문화적인 통합적 관점을 유지한다. 학제간팀은 다학문팀보다 구조가 위계적이지 않고 클라이언트와 가족의 참여가 권장되고 그들의 욕구를 해결하기 위해 협력한다(최송식, 1998: 72). 학제간팀은 정신병원보다는 지역사회기관에서 자주 활용된다.

학제초월팀(trans-disciplinary team)은 다양한 영역의 전문가로 구성된 팀이 자신의 전문 영역을 고집하지 않고 필요한 경우 융통성 있게 역할을 수행한다. 전문가는 자신의 분야뿐만 아니라 타 전문 영역의 지식이나 기술도 어느 정도 숙련되어 있어야 한다(최송식, 1998: 73). 이는 정신병원보다는 지역사회의 정신건강복지센터나 정신재활센터 등에서 볼 수 있는 협력 방법이다.

정신장애인의 사회참여를 위한 구조와 문화를 변환하는 실천은 적극적으로 진행되고 있지는 않다. 구조와 문화를 바꾸는 실천은 정신건강사회복지사보다는 인권운동가들이 구체적이고 실질적인 접근을 하고 있다. 왜냐하면 정신보건영역의 조직에서 활동하는 정신건강사회복지사는 소속된 기관이나 시설에서 요구하는 업무나 역할을 수행할 수밖에 없기 때문이다. 정신건강사회복지사가 업무를 수행하는 대부분의 기관이나 시설은 정신장애인의 사회참여를 위한 구조와 문화를 바꾸는 데 소극적이다. 하지만 정신보건영역의 사회복지사는 병리적 맥락의 정신질환이 아니라 '인간'으로서의 정신장애인에 초점을 맞추고, 그에 따른 사회 구조와 문화의 형성과 변화에 관심을 둘 필요가 있다.

3) 인권모델

(1) 개요

장애인과 관련된 인권모델은 사회모델과 유사한 특징이 많다(Degener, 2016: 2). 그러나 다른 점을 살펴보면, 사회모델은 사회로부터 배제되는 그 자체를 장애로 보고 장애인의 사회참여나 권리를 증진하기 위해 사회를 변혁시키는 데 초점을 둔다. 인권모델은 장애인의 시민권뿐만 아니라 사회권을 포함하는 권리보장을 중심으로 국가 차원의 지원이 필요하다는 이론이다. 인권모델에서는 장애를 지닌 사람이라도 모든 인간이 누려야 하는 인권을 그대로 향유할 수 있어야 한다고 전제한다.

인권모델은 장애가 있는 사람에 대해서 존엄을 인정하는 정책과 실천에 가치를 둔다. 인권은 모든 사람에게 주어지는 권리로서 특정의 건강 상태나 기능 조건에 의해 고려되지 않아야 한다. 인권모델에서는 장애가 인권을 제약할 수도 있다는 가정에 반대한다 (Degener, 2016: 4). 사회모델은 장애인의 차별금지에 초점을 두지만 인권모델은 시민적, 정치적 권리뿐만 아니라 사회적, 경제적, 문화적 권리를 포함하는 포괄적 권리의 보장에 관심을 가진다.

자립의 맥락에서 살펴보면, 사회모델에서는 장애인의 지역사회 생활을 위한 서비스와 제도를 도입하고 배제와 고립이 되지 않도록 하는 것을 말한다. 인권모델에서는 장애인이 자신의 생활 장소를 어디로 결정할 것인지, 어떠한 서비스를 받을 것인지에 대한 선택권을 존중하고 자신의 생활 환경을 스스로 결정하는 것을 일컫는다. 즉, 장애인이 지역 거주 또는 시설 거주를 스스로 결정하고 관련된 서비스와 제도를 자신이 선택하는 것이다.

정신장애인과 관련된 인권모델은 정신보건영역의 법률, 정책 그리고 서비스를 인권 중심으로 기획하고 실천하는 것을 말한다. 정신장애인과 관련된 법률의 제정과 개정에서는 인권침해의 요인을 발견하여 인권보장을 위한 요소들을 추가하거나 수정하여야 한다. 정신보건 정책과 서비스에서도 다수의 행복을 위해 소수자인 정신장애인의 인권침해를 정당화하는 영역을 확인하여 인권보장을 위한 방안을 마련할 필요가 있다. 정신건강사회복지사를 포함한 전문가는 '인권' 중심의 방향성과 기본 지침을 마련하여 실천해야 한다. 다음에서는 정신장애와 관련된 인권 중심의 실천을 위한 기본 원칙과 생태체계적 수준의 실천 방안을 살펴볼 것이다.

(2) 기본 원칙

정신장애인에 대해 인권 맥락에서 실천하기 위한 원칙들을 살펴보면 다음과 같다 (Wronka, 2017: 211-215).

① 정신장애는 국제적 표준 지침에 의해 확정되어야 한다. 이는 정신장애가 경제적 상태, 가족이나 전문가 집단과의 갈등, 그리고 도덕적, 사회적, 문화적, 종교적 신념의 불일치 등에 기인하여 진단되지 않아야 한다는 의미이다.

② 정신장애인은 최소한의 제한 속에서 일하고 생활하며 치료받아야 한다. 정신장애인은 가능하면 지역사회에 거주하면서 치료받아야 한다. 마찬가지로 정신장애인을

위한 모든 개입은 그들의 가족과 친지 그리고 친구들과 함께 생활한다는 전제를 중심으로 구성되어야 한다.

③ 정신장애인에 대한 개입은 윤리적 원칙을 준수해야 한다. 정신장애인은 비밀보장에 대한 권리, 자신의 문화적 상황에 맞게 치료받을 권리를 가진다. 또한 부당한 약물치료, 다른 환자나 직원 등의 위해로부터 보호받아야 한다. 개입은 적절하고 규칙적으로 이루어져야 하며, 질 높은 전문가로부터 통합적으로 실시되어야 한다.

④ 정신장애인에 대한 개입은 개인의 자율성이 최대한 보장되고 개별화된 계획을 바탕으로 진행되어야 한다. 이 계획은 질적으로 우수한 전문가들이 정신장애인과 함께 수립되어야 하며, 규칙적으로 재검토하고 변화된 욕구에 따라 수정되어야 한다.

⑤ 약물치료는 반드시 정신장애인의 최고의 건강을 위해 진단 및 치료의 목적을 달성하도록 실시되어야 한다. 약물치료는 결코 처벌이나 관련된 다른 사람의 편리함을 목적으로 실시되지 않아야 한다. 전문가는 단지 입증된 효과만을 바탕으로 약물치료를 해야 한다.

⑥ 새로운 치유 방법이나 임상실험 등을 실시할 경우에 위협이나 부적절한 권유 없이 고지된 동의를 얻어야 한다. 모든 정신장애인은 어떠한 상황에서도 고지된 동의에 대한 권리를 보장받아야 한다.

⑦ 문서나 구두로 개입의 방법과 절차를 알려야 한다. 이러한 개입에 대한 고지는 진단적 사정, 목적, 방법, 기간 및 기대 효과를 포함한다. 또한 제안된 개입의 위험, 불편함 그리고 부작용도 알려야 한다. 만약 정신장애인이 입원이나 입소를 하는 경우에는 즉시 이러한 권리들을 알려 주어야 한다.

⑧ 정신장애인은 정신보건시설에서 충분히 존중받을 권리를 가진다. 이것은 사생활과 의사소통의 자유를 포함한다. 즉, 정신장애인과 관련 있는 사람들과 변호사 등을 만날 수 있어야 하며, 대중매체를 충분히 접할 수 있어야 하고, 종교의 자유도 보장받아야 한다. 시설의 환경은 정신장애인과 같은 연령대의 사람들이 보편적으로 행하는 레크리에이션, 교육 등을 최대한 접할 수 있도록 구성되어야 한다. 마찬가지로 적절한 재활과 지역사회에 재통합할 수 있도록 다양한 프로그램과 방안을 갖추고 있어야 한다.

⑨ 어떤 개입들은 반드시 금지된다. 불임시술은 절대로 금지된다. 노동을 강요하지 않아야 하며, 정신장애인의 노동으로 부당이득을 취득해서는 안 되고, 그들의 노동에 대한 정당한 대가를 반드시 지불해야 한다.

⑩ 정신장애인은 절차적 보호를 받을 권리가 있다. 정신장애인은 불만을 제기할 권리가 있으며, 이것은 관련 위원회에서 신중하게 검토하거나, 법률적 지원을 받도록 해야 한다. 또한 정신장애인 자신에게 불리한 기록이나 문서가 노출되지 않도록 주장할 권리가 있으며, 만약 어떤 필요에 의해 일부분 공개되더라도 이는 법률적 근거에 의해 이루어져야 한다.

⑪ 범죄를 저지른 정신장애인의 경우에도 최고의 정신건강서비스를 받아야 한다. 범법자 중에 정신장애인 혹은 정신장애를 가졌다고 의심되는 사람이 있다면 이용 가능한 정신건강서비스를 받을 수 있도록 해야 한다.

⑫ 입원치료 과정에서의 인권 원칙들은 다음과 같다(Wronka, 2017: 226-231). 첫째, 인권 문화를 창조하는 것 그 자체가 치료이다. 둘째, 인간의 존엄성은 치료 과정의 가장 기본적 전제이다. 셋째, 차별금지의 원칙이다. 넷째, 치료는 수평적 관계 속에서 진행되어야 한다. 다섯째, 지지집단은 치료에 효과적인 협력자이어야 한다. 여섯째, 전문가들은 생태체계적 접근의 중요성을 인식해야 한다. 일곱째, 자기결정의 원칙을 존중해야 한다. 여덟째, 질적으로 유능한 치료자에 의해 치료받을 수 있어야 한다.

(3) 생태체계적 수준별 인권 실천

정신장애를 지닌 사람에 대한 개입에서 인권 중심으로 실천하기 위한 생태체계적 접근의 다섯 가지 수준을 살펴보고자 한다. 그 범주는 메타-거시 수준, 거시 수준, 중간 수준, 미시 수준, 메타-미시 수준으로 구분된다(Wronka, 2017).

정신보건영역의 사회복지사는 자신이 속해 있는 기관의 특성에 따른 역할에만 충실할 가능성이 있다. 예를 들면, 정신병원에서 근무하는 사회복지사는 주로 미시 수준의 접근에만 집중할 것이며, 정신건강복지센터나 정신재활시설에서 활동하는 사회복지사도 중간 수준이나 미시 수준에서 자신의 업무 범위를 정할 가능성이 높다.

하지만 정신보건영역의 사회복지사는 메타-거시 수준부터 메타-미시 수준에 이르기까지 포괄적이고 통합적인 형태로 정신장애의 문제에 대하여 고민하고 실천할 필요가 있다. 이러한 실천의 바탕에는 인권과 사회정의의 맥락 속에서 관련 문제들을 살펴보면서 전문가로서 다양한 활동을 해야 한다. 생태체계적 수준별 개입 방안들은 다음과 같다.

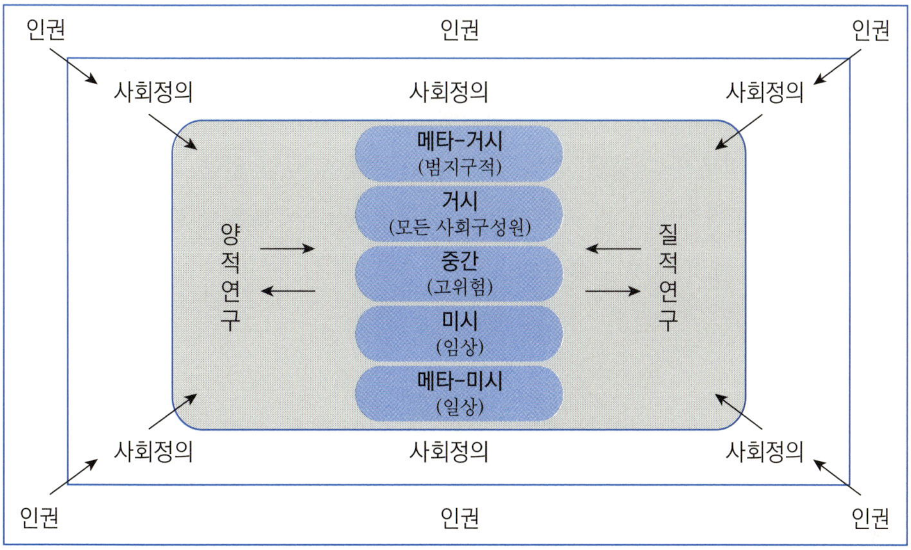

그림 9-1 생태체계적 인권 모델

출처: Wronka (2017), p. 138.

① 메타-거시 수준

메타-거시 수준(meta-macro level)은 국가 단위를 넘어선 범지구적 차원의 개입을 말한다. 메타-거시 수준에서는 전 세계가 모두 연결되어 있음을 강조한다. 인간과 비인간의 존재를 포함하는 범지구적 연대의 권리를 바탕으로 개입한다. 메타-거시 수준은 하나의 국가를 중심으로 생각하는 것이 아니라 전 세계인의 연대를 바탕으로 평화로운 세상을 만든다는 관점이다.

정신장애의 경우에는 정신장애인이 한 명의 인간으로서 존엄한 권리를 가졌다는 사실을 강조하는 세계적 운동에 동참하는 것을 일컫는다. 알코올중독의 경우에 알코올 판매를 금지하는 타당성에 대한 국제 포럼을 개최하거나 참여하는 것을 말한다.

② 거시 수준

거시 수준(macro level)은 1차적 개입으로도 불리며, 모든 사회구성원의 정신건강을 증진하고 정신장애를 예방하며, 정신적 문제를 감소시키는 것이다. 예를 들면, 법률이나 제도를 만들거나 수정하여 정신장애인이 교육, 쉼터 그리고 직업을 선택하고 유지할 수 있는 권리를 누리도록 하는 것이다. 이는 대규모 인권교육과 연대를 구축해야 하며, 많은 시간과 재정이 필요하다. 따라서 사람들은 개입의 장기적 결과, 애매모호함 등으로 적극적 개입을 주저할 수도 있다.

정신장애를 지닌 사람을 대상으로 하기보다는 사회의 전반적 인권 향상을 위해 모든 사회구성원의 삶의 질을 향상시켜서 정신건강증진과 정신장애 예방의 목적을 달성하는 것이다. 청소년의 경우에 다양한 중독 물질과 관련하여 책임 있는 선택을 하도록 교육하는 것이며, 정신건강의 증진과 정신질환의 예방을 위해 기분을 전환할 수 있는 다양한 방법을 제공하고 가르치는 것도 포함된다.

③ 중간 수준

중간 수준(mezzo level)은 2차적 개입으로도 불리며, 위험 속에 있는 집단을 대상으로 한다. 예를 들면, 청소년 비행, 우울, 약물남용의 위험 속에 있는 가족이나 집단을 포함한다. 정신장애의 경우 정신적 문제를 지닌 학생 중에 비폭력적이더라도 관심을 가져야 할 필요성을 학교에 인식시키는 것이다. 알코올중독의 경우에 역기능적 알코올중독 가족에서 방임을 겪고 있는 아동에게 지지그룹을 제공하는 것이다.

④ 미시 수준

미시 수준(micro level)은 정신적 문제를 지닌 개인이나 집단을 대상으로 한다. 예를 들면, 만성 정신장애인, 물질중독자, 우울 아동, 비행청소년을 위한 상담 등을 포함한다. 정신장애의 경우에 정신장애인에게 일상생활이나 사회생활의 유지에 필요한 적절한 대처 방법들을 훈련시키는 것이다. 알코올중독의 경우에 문제성 음주를 하는 개인이나 집단에 합리적으로 개입하는 것이다. 이러한 직접실천에서도 인권의 기본 원칙을 유지하며 당사자의 자기결정을 존중하고 인간다운 삶을 향유하는 데 초점을 두어야 한다.

⑤ 메타-미시 수준

메타-미시 수준(meta-micro level)은 일상생활의 영역을 말한다. 정신장애로 어려움을 겪고 있는 사람이라고 할지라도 매일의 일상으로부터 치유될 수 있다. 전문가의 전문적 개입이 아니라 일상의 문화와 구조 속에서 정신장애인은 편견, 차별과 같은 경험으로 삶의 어려움을 겪을 수도 있지만 수용, 비차별과 평등 등의 사회적 분위기 속에서 안녕감을 유지하며 살아갈 수 있다.

예를 들면, 일상 속의 대화, 친구 및 가족과 함께하는 산책으로부터 치유되거나 건강을 증진할 수 있다. 또한 정신장애를 지닌 사람에게 따뜻하게 웃으면서 인사하는 것도 포함된다. 알코올중독의 경우에 추운 겨울에 거리에서 자고 있는 알코올중독자에게 따뜻하게 잘 수 있도록 돕는 것이다. 정신장애의 경우에 정신장애인의 형제자매를 지지하고, 심리정서적으로 어려움을 가지고 있는 사람들의 행동을 이해하는 것을 말한다.

정신건강사회복지는 정신보건영역에서 이루어지는 모든 사회복지실천이라고 할 수 있다. 따라서 정신보건영역의 사회복지사는 사회복지실천의 관점, 이론 및 모델, 예를 들면 생태체계적 관점을 바탕으로 다양한 실천이론인 정신역동이론, 인지행동이론 등을 근거로 하여 실천모델인 위기개입모델, 과업중심모델, 생활모델, 문제해결모델, 임파워먼트모델 등을 적용함으로써 정신보건영역에서 업무를 수행한다. 그러나 이러한 관점, 이론 및 모델의 적용에 앞서 사회복지사는 정신장애인이 경험할 수 있는 사회적 차별과 배제 그리고 당사자 중심의 권리 찾기에 어려움을 겪고 있는 상황들을 이해하여 인권 중심의 실천을 기본적으로 체득할 필요가 있다.

제 10 장

사정

학습 목표

1. 정신보건영역의 사정 목적을 설명할 수 있다.
2. 기능사정, 심리사회적 사정, 강점사정의 기본 내용을 설명할 수 있다.
3. 정신장애인 사정의 보고서 작성 과정을 설명할 수 있다.

이 장에서는 정신보건영역의 사회복지실천에서 기본이 되는 사정 부분을 살펴보고자 한다. 여기서는 만성 정신장애인(주로 조현병, 양극성장애, 주요우울장애 등)과 관련된 사정 방법을 탐색하고자 한다.

우선, 사정의 정의와 목적을 확인할 것이다. 정신보건영역의 사회복지사들이 활용하는 사정 모델은 다양하지만 여기서는 기능사정, 심리사회적 사정, 그리고 강점사정의 기본 내용들을 살펴보고자 한다. 이러한 사정 모델을 기초로 하여 정신건강사회복지사는 자신이 속한 기관이나 시설의 특성에 따라 절충적 사정을 하게 된다.

마지막으로 정신의료기관에 입원한 만성 정신장애인에 대한 실제적 사정 사례를 살펴보고자 한다. 〈표 10-8〉의 사정보고서 예시 부분은 학습자의 개별 상황에 따라 다르게 학습할 수 있다. 예를 들면, 정신보건영역에서 실습을 희망하는 경우라면 세부적 내용들도 자세하게 검토할 필요가 있다. 그렇지 않은 경우에는 개략적 맥락을 파악하는 수준에서 학습해도 충분하다.

핵심 과제

1. 정신보건영역의 심리사회적 사정의 내용과 목적은 무엇인가?
2. 강점사정의 내용을 어떻게 변화 목표와 연결할 수 있는가?
3. 만성 정신장애인 사정의 결과 보고서를 어떻게 작성할 수 있는가?

1. 사정의 정의 및 목적

1) 사정의 정의

정신보건영역에서 사회복지실천을 하기 위해서는 클라이언트에 대한 정확한 사정(assessment)이 반드시 필요하다. 사정은 사회복지실천의 일정한 과정 또는 단계의 필수적인 내용이며, 다음과 같이 실천의 과정에 반드시 포함되어 있다(김혜란, 공계순, 박현선, 2013; 박지영, 배화숙, 엄태완, 이인숙, 최희경, 2020; 엄명용, 김성천, 오혜경, 윤혜미, 2016).

핀커스와 미나한(Pincus & Minahan)은 문제의 사정, 자료수집, 초기접촉, 협상적 계약, 행동체계, 영향력 행사, 변화노력의 종결의 순으로 사회복지실천의 과정을 설명하면서 사정을 가장 선행 작업으로 보았다. 콤튼과 갤러웨이(Compton & Galaway)는 자료수집과 사정, 업무동의, 개입, 평가, 종결의 순으로 과정을 설명하였고, 존슨과 얀카(Johnson & Yanca)는 사정, 계획, 실행, 평가, 종결로 사회복지실천의 과정을 제시하면서 사정의 중요성을 언급하였다.

사정은 유용한 정보와 자료를 수집, 분석, 통합하는 과정이다(Hepworth & Larsen, 1993). 즉, 사정이란 클라이언트 문제의 본질이 무엇인지, 그 문제의 원인이 무엇인지, 그리고 그 문제를 해결하거나 줄이기 위해 무엇이 변화되어야 하는지에 대해 답하는 과정이라고 할 수 있다.

따라서 사정은 개입을 위한 행동의 근거가 되는 것으로, 클라이언트의 문제와 그 원인을 파악하면서 그들의 기능(강점, 한계, 성격적 자산과 결핍 등)과 환경적 영향 요인을 확인하고 클라이언트 스스로의 문제해결을 위한 동기수준을 분석하여 클라이언트의 문제를 해결하거나 감소시키는 데 필요한 개인적, 환경적 자원을 찾는 일련의 과정이다. 이러한 사정은 사회복지사의 경험, 가치, 이론적 기반 등에 의해 영향을 받을 수 있다. 마찬가지로 정신보건영역에서 정신장애인에 대한 사정도 사회복지사의 개인적 배경과 경험에 의해 영향을 받는다.

정신보건영역의 사회복지실천은 일반적인 사회복지실천에서 행하는 사정과는 다소 다른 점이 있다. 정신보건영역에서는 생리 · 심리 · 사회적 차원의 다양한 학문적 배경을 가진 전문가들이 한 명의 정신장애인을 동시에 사정하게 된다. 따라서 보다 폭넓고 다양한 방법으로 사정을 하면서 개입의 방편을 확대할 수 있다는 장점도 있으나 문제에 대한 견해나 관점의 차이로 타 전문가의 사정을 제대로 활용하지 못할 가능성도 있다. 이러한 단점을 보완하기 위해서 정신보건영역의 사회복지사는 열린 자세로 다양한 전문가 집단의 사정을 통합적으로 이해할 수 있는 능력을 발달시켜야 한다. 예를 들면, DSM-5-TR의 사용에 대한 폭넓은 이해 등을 말한다.

2) 사정의 목적

사정의 목적은 클라이언트의 문제와 욕구, 해결방안들을 사회복지사와 클라이언트가 함께 찾기 위해 계획을 수립하는 데 있다. 구체적 목적을 확인하기 위해 사회복지실천 사정의 6단계 과정(Compton & Galaway, 1999)을 정신보건영역에 적용하면 다음과 같다. 첫째, 정신장애와 관련된 핵심 요소들을 파악한다. 둘째, 정신장애인에게 정신장애가 어떤 의미를 주는지를 이해한다. 셋째, 정신장애인과 관련된 강점을 확인한다. 넷째, 전문지식을 활용하여 변화 가능한 정신장애인의 욕구들을 구체적으로 검토한다. 다섯째, 실현가능한 목표들을 발굴한다. 여섯째, 정신장애인과 사회복지사가 함께 어떻게 변화를 성취할 것인지에 대한 계획을 수립한다.

정신보건영역에서 사정은 다음의 특성을 지닌다. 첫째, 사정은 정신장애인의 병리 혹은 문제들의 단순한 나열에 그치거나 이러한 문제들에 라벨을 붙이는 과정이 아니다. 둘째, 사정은 전문가 한 사람에 의한 일방적이면서도 추상적인 의견의 나열이 아니다. 셋째, 사정은 과거에 어떤 일들이 일어났는가를 파악하는 것뿐만 아니라 미래에 성취하고자 하는 것이 무엇인지를 확인하는 미래지향적 관점도 동시에 가진다. 넷째, 사정은 정신장애인과 관련된 문제의 분석만을 위한 활동이 아니라 전문가와 파트너십을 통하여 정신장애인의 참여를 적극적으로 도모하는 것이다. 다섯째, 사정은 궁극적으로 정신장애인이 성장하고 변화할 수 있도록 하는 일련의 과정으로 보아야 한다.

2. 사정의 종류

1) 기능사정

사정은 시기나 이론적 관점 등에 따라 다르게 분류될 수 있다. 예를 들면, 사회복지사가 정보의 부족함을 인식하고 더욱 명확한 사정을 하기 위한 더 많은 정보가 필요하다고 보는 잠정적 사정, 혹은 최근의 원인보다는 문제 발생의 시초와 초기 개인력을 더욱 강조하며 클라이언트의 성격 구성과 기능에 내재해 있는 문제에 관심을 가지는 원인론적 사정 등을 말한다. 또한 정신보건영역의 사회복지사들은 의료모델에 근거해 DSM-5-TR에 기초한 임상적 사정을 동시에 실시하기도 한다.

여기서는 정신보건영역의 사회복지사들이 가장 기본적으로 실시하는 기능사정, 심리사회적 사정 그리고 강점사정을 살펴보기로 한다. 이러한 사정은 한 명의 클라이언트에 관한 복잡한 내용을 파편적으로 나열하는 것이 아니라 종합적으로 분석하고 통합하는 과정에서 이루어진다.

기능사정(functional assessment)은 클라이언트의 신체적 · 인지적 · 사회적 기능의 상태를 사회의 평균적인 기대와 비교하여 평가하고 분석하는 것을 말한다. 정신보건영역에서는 정신장애인, 가족 및 지역사회의 기능으로 구분할 수 있는데, 정신장애인과 관련된 기능사정을 살펴보기로 한다. 정신장애인의 기능은 타인과의 의사소통능력, 일상생활능력, 문제해결능력 등이 포함된다. 이러한 기본적인 능력을 확인하기 위해서는 신체적, 인지적 및 지각적, 정서적, 행동적, 그리고 사회적 기능을 사정해야 한다.

(1) 신체적 기능

정신과 신체는 밀접한 관련성을 가지고 있다. 일반적으로 개인의 신체적 특성과 건강상태는 자기상, 타인의 지각과 반응, 사회화, 일하는 능력, 그리고 스트레스에 대처하는 능력 등과 관계가 있다. 발달단계에 따른 신체적 발달을 이루고 있는지, 신체적 장애가 개인적, 사회적 어려움을 동반하는지 등을 확인해야 한다.

(2) 인지적 및 지각적 기능

기능 사정에서 인지적 및 지각적 기능을 확인하는 것은 중요하다. 인지적 및 지각적 기능의 종류는 〈표 10-1〉과 같다.

표 10-1 인지적 및 지각적 기능

구분	내용
지적 능력	정신장애인의 지적 능력을 평가하는 것은 사정에서 매우 중요함. 전반적인 지적 능력의 사정은 IQ점수, 인지능력 등을 통해 확인함

지남력 (orientation)	이는 정신장애인이 시간, 장소, 사람 등에 대하여 정확한 인식을 하는지 혹은 인식 오류를 하는지와 관련이 있음. 이를 확인하는 간단한 질문은 "오늘이 며칠입니까? 당신이 현재 계신 곳은 어디입니까? 나이가 어떻게 되십니까?" 등임
기억력	기억력은 주로 단기 기억, 최근 기억, 오래된 기억의 정도와 적합성 여부 등을 확인하는 것임. 기억력은 노인성 정신장애를 사정할 때 중요한 자료가 됨
감각 및 지각 장애	이는 시각, 청각, 촉각, 후각, 미각 등의 기능을 사정하여 기록하는 것이며, 지각의 장애는 착각과 환각 등을 확인하는 것임
사고의 과정과 내용	이는 사고 과정의 장애가 있는지, 그리고 망상과 같이 심각한 사고 내용의 장애가 있는지 등을 확인하고 기록하는 것임
통찰력 (insight)	통찰력은 자신의 증상과 상태에 대한 적절하고 현실적인 인식을 가지고 있는지를 의미함. 통찰력은 보통 4단계 혹은 5단계로 나누어 사정함(예를 들면, 뛰어남, 좋음, 손상됨, 매우 낮음, 없음 등). 통찰력은 개입의 수준이나 기간을 결정하는 데 중요한 요인임
판단력 (judgement)	판단력은 자신과 타인의 행동 결과에 대한 이해수준을 의미함. 판단력의 경우에도 단계별로 사정하는데, 4단계로 구분하면 적합함, 좋음, 손상됨, 매우 낮음 등으로 기록함

(3) 정서적 기능

정서적 기능은 인지 및 행동에 강하게 영향을 미친다. 정서적 기능을 사정하기 위해서는 분노, 성급함, 흥분, 유쾌함, 불안, 두려움, 슬픔, 무관심 등을 확인하고 기록해야 한다. 또한 정서적 반응의 적합성과 적절성 등을 파악해야 한다. 일반적으로 평소의 기분 상태와 감정표현 수준을 확인하고 기록해야 한다.

(4) 행동적 기능

정신장애인이 입원 혹은 입소한 경우라면 그 당시의 외모, 청결상태 등을 확인하고 기록한다. 또한 면담자에 대한 반응 태도(예를 들면, 질문에 협조적, 방어적, 적대적임 등)도 파악한다. 구체적 행동은 언어 및 비언어적 행동을 포괄적으로 관찰하여 기록한다. 예를 들면, 목소리가 떨리는지, 계속해서 울면서 말하는지, 질문 시 반응을 느리게 하는지 등을 말한다. 또한 역기능적 행동 특성인 공격적, 수동적, 도피적, 충동적, 냉담, 경직 등을 보이는지, 혹은 기능적 행동 특성인 민주적, 협동적, 수용적, 개방적, 일관성, 신뢰성 등이 있는지를 확인하고 기록해야 한다.

(5) 사회적 기능

사회적 기능은 정신장애인이 지역사회에서 독립해 살 수 있는 실제적 능력을 말한다. 사회적 기능의 내용들은 다음과 같다.

표 10-2 사회적 기능 사정

- 다른 사람들과 의사소통하여 자신의 욕구를 충족할 수 있는 능력
- 공공교통수단 사용 능력 및 운전 능력
- 식사, 목욕, 옷차림, 대소변관리의 독립적 능력
- 금전관리 능력(예산수립, 계산, 물건구입 등)
- 보고 듣는 지각 능력과 읽고 쓰는 능력
- 자유로운 이동(걷고, 계단 오르기 등)
- 사회기술(다른 사람들과 상호작용 능력, 관계유지 능력 등)
- 독립적으로 가사 돌보기 능력(음식 만들기, 청소, 세탁, 세척, 침대정돈 등)
- 직업능력, 고용경험(작업기술, 지도감독에 따르기, 시간 내 일하기 등)
- 화재로부터 자신과 다른 사람을 보호할 능력
- 원하지 않는 성관계, 강간, 다른 사람의 착취로부터 자신을 보호할 능력
- 여가 활용능력
- 필요한 약물치료를 유지하는 책임감

2) 심리사회적 사정

사회복지사는 심리사회적 사정에서 클라이언트에게 영향을 주고 스트레스를 유발하는 심리사회적 및 문화적 힘을 확인해야 한다. 심리사회적 사정(psycosocial assessment)은 인간의 심리체계는 독립적으로 존재하는 것이 아니라 생물학적 및 사회적 체계와 끊임없이 상호작용한다고 전제하며, 개인의 문제행동은 개인, 가족, 사회체계 등이 서로 영향을 주고받는 가운데 나타난 것으로 간주한다. 따라서 클라이언트에게 일어나는 변화들은 각각 개별적으로 발생한다기보다는 어느 한 요소의 변화를 통해서 다른 요소들의 변화를 촉발시키는 방법을 통해 발생한다고 본다(권진숙 외, 2009: 164).

사회복지실천에서 초기 심리사회적 모델은 리치몬드(Richmond)의 '사회 진단'에서 시작하여 홀리스(Holis)에 의해 체계화되었다. 이 모델은 정신분석학에 뿌리를 두고 있으며 자아심리학, 역할이론, 학습이론, 체계이론 등의 영향을 받아서 변화와 발전을 거듭

하고 있다. 이 모델을 통한 사정의 핵심은 개인의 자아에 대한 생각, 통찰, 이해능력을 파악하여 클라이언트의 내적 구조변화에 초점을 두는 부분과 클라이언트의 문제나 병리에 영향을 미치는 환경을 변화시키는 두 가지 차원에서 이루어진다. 따라서 클라이언트의 과거력에 관심을 가지며, 사회기능적 문제는 내적 기능, 외적인 스트레스 그리고 내적, 외적 양자 간의 부조화의 결과로 본다.

이 모델은 다양한 자료를 수집하기 때문에 자료가 풍부하다는 장점이 있으나, 주로 이야기체로 자료를 수집하기 때문에 자료의 과학적인 집계방법이 빈약하고 사례별로 기술하는 방법이 다를 수도 있다는 단점이 있다. 또한 여기에서 언급되고 있는 외적 환경은 생태체계이론에서 의미하는 거시적 환경을 거의 포함하고 있지 않기 때문에 환경수준에 따른 개입의 한계로 작용할 수 있다. 그리고 이 모델에 근거한 사정은 사회복지사의 임상적 면접 기술에 따라서 얻을 수 있는 정보의 양과 질에서 차이가 날 수 있다.

3) 강점사정

(1) 의의와 방법

강점은 클라이언트 개인이나 가족이 할 수 있고, 앞으로 하려고 하는 것으로서 긍정적이고 중요한 것이다. 사회복지사는 클라이언트의 기능수행과 상황에 대한 사정에서 약점, 병리적인 측면, 역기능적 측면보다는 강점, 긍정적이고 기능적인 요인을 확인해야 한다. 이는 클라이언트가 할 수 없는 것이나 하지 못하는 것보다는 할 수 있고 원하는 것에 초점을 두는 것이며 개입의 성공을 위해 중요하다.

정신장애인에 대한 강점사정은 문제해결중심 치료(solution-focused therapy)와 동기강화 면담(motivational interviewing)을 근거로 하여 생리 · 심리 · 사회적 수준에서 체계적으로 정신장애인의 강점을 사정하는 것을 말한다(Corcoran & Walsh, 2009: 26). 정신장애인의 강점을 확인하기 위해 사회복지사는 스스로에게 '클라이언트를 어떻게 대하고 있는가?', '클라이언트가 가진 강점을 보려고 하는가?', '클라이언트의 강점을 더욱 포괄적으로 이해하기 위해 노력하는가?' 등을 질문해야 한다.

〈표 10-3〉은 정신장애인과 관련된 강점 및 병리적 사정을 비교한 것이다. 이를 바탕으로 정신건강사회복지사는 정신장애인의 강점과 병리적 사정을 동시에 고려하여 목표를 수립하고 실천할 필요가 있다.

표 10-3 병리중심과 강점중심 사정의 비교

내용	병리적 사정	강점사정
현 문제	• 증상의 리스트 • 첫 발병 및 장애의 기간	• 클라이언트가 제시하는 문제 중심 • 대처전략 확인 • 문제에 대한 예외적 상황 확인
병력	• 이전 치료 역사	• 유용한 혹은 유용하지 않은 치료의 확인
개인력	• 전 생애 발달단계 • 일반의료 경험 • 신체적 · 정서적 · 성적 학대	• 신체적 · 심리적 · 사회적 · 영적 · 환경적 자산 • 학대에 어떻게 대처했는가? 학대받는 동안에 어떻게 생존할 수 있었는가? 당신의 안전을 위해 무엇이 필요한가?
물질남용 역사	• 사용의 패턴: 초발, 빈도, 양 • 사용 약물 • 결과: 신체적 · 심리적 · 사회적	• 물질의 중단 혹은 줄인 기간 • 물질 사용의 유익함과 손해는 무엇인가?
자살 위험	• 이전 자살시도 경력 • 현재 자살위험도	• 당신이 과거 자살하려고 했을 때 무엇으로 인해 그것을 극복할 수 있었습니까? 어떻게 관리했습니까? 점점 더 나빠지는 것을 멈추기 위해 어떻게 했습니까? 당신이 조금 더 좋아지기 위해 무엇이 필요합니까?
가족력	• 가계도 작성 • 질병이나 정신질환의 가족력	• 가족의 지지적 관계
지역사회	• 행정 구역 • 지역사회 위험 • 문제적 관계	• 문화와 인종적 영향 • 지역사회 참여 • 영적 그리고 종교적 참여와 지원 • 기타 사회적 지지 • 지역사회 자원
고용과 교육	• 교육과 직업 수행	• 성취 정도 • 기술 그리고 관심
목표	• 일반적 목표	• 문제없는 미래 • 당신이 원하는 것이 무엇입니까? 치료가 성공적으로 진행된다면 당신의 모습은 어떠하겠습니까?

출처: Corcoran & Walsh (2009), p. 27.

사회복지사는 강점과 예방 요인들을 클라이언트에게 분명하게 전달해야 한다. 정신장애인은 정신적 문제로 인하여 그들의 자원들을 제대로 인식하지 못하는 경우가 많다. 예를 들면, 정신장애인이 견고한 사회적 지지체계를 가지고 있다면 이것이 적응의 중요한 강점이 된다는 것을 알릴 필요가 있다. 이는 한 단계 더 높은 수준의 개입이 가능하도록 만들기 때문에 이러한 강점을 확인할 수 있도록 질문을 해야 한다.

사회복지사는 정신장애인의 다양한 상황에서의 강점들에 더욱 집중해야 한다. 그것들은 직장에서의 조직 기술, 자기주장, 문제해결능력이거나 원예, 수공예, 스포츠 같은 습관 그리고 종교 활동이나 친구 사귀기 등을 말한다. 사회복지사는 다음과 같이 직접적으로 질문해야 한다. 즉, "잘하는 것이 무엇인가?", "당신의 가장 좋은 자질은 무엇인가?", "다른 사람은 당신이 잘하는 게 무엇이라고 하는가?" 등의 질문이다.

사회복지사는 정신장애인이 그들의 고통과 아픔에 대해 말할 때 그것들을 진정으로 받아들여야 한다. 그다음에 그러한 아픔에도 불구하고 그들이 가진 레질리언스(resilience) 특성들을 확인하도록 질문해야 한다(Corcoran & Walsh, 2009: 29). 사회복지사는 정신적 문제에도 불구하고 클라이언트가 자신의 삶을 유지하는 대인관계, 습관, 관심, 고용 그리고 학업 등을 파악할 필요가 있다. 사회복지사는 이러한 영역에서 정신질환에 대처할 수 있었던 개인이나 가족의 강점을 탐색해야 한다.

또 다른 강점을 확인하는 방법은 해결중심치료의 질문을 활용하는 것이다. 정신질환에도 불구하고 적절하게 대처할 수 있었던 상황에 대한 질문들은 다음과 같다. "그러한 문제에 어떻게 대처했습니까?", "그 문제를 어떻게 관리해 왔습니까?", "문제를 계속 관리할 수 있었던 강점은 무엇입니까?", "이것은 매우 어려운 문제입니다. 그런데 어떻게 더 나빠지지 않도록 관리할 수 있었습니까?" 등이다. 또한 해결중심치료에서 중요한 개입 중 하나인 예외 결과를 활용하는 것이다. 예컨대, 정신장애인에게 증상이 없는 기간 혹은 아주 조금 좋아졌을 때를 찾고 그러한 기간 동안의 대처 혹은 관리의 내용을 발견하는 것이다.

(2) 원칙, 지침 그리고 목록

정신장애인에 대한 강점사정을 위해서는 강점관점의 원칙과 강점사정의 지침, 그리고 클라이언트와 가족의 강점 목록들을 확인할 필요가 있다. 먼저, 강점관점의 원칙과 강점사정의 지침은 다음과 같다.

표 10-4 강점관점의 원칙

- 모든 개인, 가족, 집단과 지역사회는 강점을 가지고 있음
- 외상과 학대, 질병과 투쟁은 상처를 주기도 하지만 변화와 기회의 원천이 될 수 있음
- 성장과 변화에 대한 능력, 개인, 집단, 지역사회의 열망의 상한선은 알 수 없다는 것을 가정해야 함
- 사회복지사는 클라이언트와 협력함으로써 최고의 서비스를 줄 수 있음
- 모든 환경은 자원으로 가득 차 있음

출처: Saleebey (1997), pp. 12-15.

표 10-5 강점사정의 지침

- 클라이언트가 이해하고 있는 사실에 대한 표현 격려하기(클라이언트의 상황과 관련된 의미, 정서와 감정, 상황에 대해 묘사하는 클라이언트의 관점은 사정에서 중요함)
- 클라이언트 믿기(강점관점의 핵심은 클라이언트가 궁극적으로 진실하다는 믿음)
- 클라이언트가 원하는 것을 발견하기(클라이언트가 원하고 기대하는 서비스가 무엇인지를 발견해야 함)
- 다차원적으로 강점을 사정하기
- 클라이언트가 이해할 수 있는 언어로 사정하기
- 사회복지사와 클라이언트의 협력적 관계에서 사정하기
- 사회복지사와 클라이언트가 상호 동의하는 사정하기
- 비난하거나 책임을 묻는 방식으로 사정하지 않기
- 원인과 결과의 사고방식으로 사정하지 않기

출처: Saleebey (1997), pp. 63-66.

사회복지사의 강점사정은 정신장애인이 할 수 없는 것이나 하지 못할 것보다는 할 수 있고 원하는 것에 초점을 두어야 한다. 이것은 실제적 문제를 무시하거나 간과하는 접근을 하라는 것이 아니라 클라이언트가 가장 혼란스럽고 역기능적인 경우라도 강점을 찾기 위해 사회복지사가 질문을 하라는 의미이다. 이렇게 강점을 강조하는 이유는 성공적인 개입이 되기 위해서는 클라이언트의 강점에 기반을 두어야 하기 때문이다. 다음은 클라이언트와 가족의 강점 목록을 정리한 것이다(김기태 외, 2016: 252-253).

표 10-6 클라이언트의 강점 목록

- 개인의 행동에 대한 책임을 짐
- 필요한 변화를 이루기 위해 위험을 감수하려는 의지가 있음
- 가족 · 친척 · 친구에 대한 충성심과 관심을 보임
- 다른 사람에게 애정 · 동정 · 관심을 보이며 다른 사람을 돕고 격려함
- 다른 사람이 해를 당하지 않도록 보호함
- 직업을 찾고 유지하며 책임 있는 고용인이 되고 개인의 재정적 의무를 충족함
- 자기를 조절하고 사려 깊은 결정과 계획을 함
- 다른 사람을 다루는 데 신뢰할 만하고 공정하며 정직함
- 다른 사람에게 상처를 준 것에 대해 슬픔과 죄책감을 나타내고 행동을 수정함
- 다른 사람들과 그들의 상황을 이해하려고 노력하며 사람들의 차이점을 수용함
- 어려움과 좌절을 견디려는 의지를 나타내고 개인의 꿈을 추구함
- 지역사회나 종교조직에 참여하고 이웃의 보다 나은 삶에 관심과 흥미를 보임
- 개인의 생각을 표현하고 자신의 올바른 점과 타인의 올바른 점을 표현할 수 있음

표 10-7 클라이언트 가족의 강점 목록

- 가족구성원들이 서로 신뢰하고 존경하며 즐거운 분위기를 형성함
- 동의하지 않을 때조차 가족 간에 서로의 의견을 듣고 존중하며, 의사소통은 명백하고 긍정적이며 생산적임
- 가족은 상호작용에서 분명하고 합리적인 규칙을 갖고 있음
- 각 구성원의 생각 · 선호 · 욕구는 가족에게 영향을 미치는 결정을 내리기 전에 고려됨
- 가족은 역사의식, 소속감과 정체성을 제공할 전통, 의식, 그리고 이야기를 가지고 있음
- 가족구성원은 서로를 돕기 위해 자신이 갖고 있는 것을 공유하며, 역경의 시기에 함께 있고 서로를 지지함
- 갈등이 인정되고 해결하는 데 참여함

3. 사정의 실무

1) 사정보고서 작성

사정은 정신장애인의 문제와 그 원인을 파악하면서 강점관점을 바탕으로 문제를 해결

혹은 감소시키거나 욕구를 충족하는 데 필요한 개인적, 환경적 자원을 찾는 일련의 과정이다. 따라서 정신장애인에 대한 포괄적 이해를 필요로 하며, 이를 위해서는 정보를 수집해야 한다. 정보 수집의 방법들은 다음과 같다.

첫째, 정신장애인으로부터의 구두보고이다. 정신장애인과의 면담을 통해 진행되는 언어적 보고는 가장 우선적인 사정의 근원이 되고 상황에 따라서는 유일한 사정의 자원이 되기도 한다. 이때는 정신장애인의 정보제공 능력과 신뢰도의 문제를 고려하고 가능한 한 주변으로부터 추가적인 정보를 구해야 한다.

둘째, 가족 및 기타 관련인으로부터의 정보이다. 정신장애인과 관련하여 정보를 줄 수 있는 가족, 친구, 사회 기관, 교사, 의사, 이웃이 제공하는 정보이다.

셋째, 정신의학적 진단이다. 이는 DSM-5-TR에 근거하여 정신과의사에 의해 이루어진다. 사회복지사는 이러한 정보를 공식 기록지나 전문가의 구두 보고로 확인할 수 있다.

넷째, 심리검사의 결과이다. 심리검사(psychological testing)는 정신건강심리사에 의해 패키지로 이루어진다. 심리검사의 예로는 미네소타 다면적 인성검사(MMPI), 문장완성검사(SCT), 주체통각검사(TAT), 벤더게슈탈트검사(BGT), 웩슬러 성인용 지능검사(WAIS) 등이 있다.

다섯째, 정신장애인의 비언어적 행동 및 사회복지사와의 상호작용 과정에서 얻은 관찰 내용들이다.

이러한 내용들을 종합하고 분석한 사정보고서는 기관의 특성이나 목적에 따라 다양한 형식과 내용으로 구성된다. 예를 들면, 정신병원의 사회복지사와 정신재활시설의 사회복지사가 작성하는 사정보고서의 형식이나 내용은 다르다. 즉, 정신병원에 근무하는 사회복지사의 사정보고서에는 신경생리학적 수준의 기능 파악이 정신재활시설에서 일하는 사회복지사보다 더욱 상세하게 기록될 것이다. 좋은 사정보고서는 정신장애인의 사생활과 인권을 존중하며 객관적으로 간략하고 평이하며 유용성과 조직성을 갖춘 것을 말한다.

2) 만성 정신장애인을 위한 사정의 실제

〈표 10-8〉은 만성 정신장애인의 사정을 위한 실제적 예시를 기술한 것이다. 만성 정신장애인은 자신의 개인위생, 자기관리, 대인관계, 사회적 교류, 학습, 오락 등과 같은 일상생활의 기본적 측면에서 기능적 능력의 발달과 경제적 자립을 저해하는 어떤 정신적

또는 정서적 장애로 인하여 고통을 받는 사람이다(Spaulding, Sullivan, & Poland, 2003). 미국의 국가계획에서는 만성 정신장애인으로 기질성 정신장애, 조현병, 양극성장애, 주요우울장애, 기타 만성이 될 수 있는 정신신경증적 장애를 가지고 있는 사람으로 규정하고 있다.

그러나 이와 같은 정신장애로 진단된다고 모두 만성의 경과로 진행되는 것이 아니며, 만성 정신장애인이라고 해서 영구적 혹은 반영구적으로 정신 · 심리 · 사회적 영역에서 기능을 회복하지 못한다는 의미도 아니다. 단지 조현병과 양극성장애, 주요우울장애와 같은 경우에 만성적 경과로 진행될 가능성이 높다는 의미이다.

만성 정신장애인에 대해 사정 및 사정보고서는 기관의 특성에 따라 구조화되어 있을 수도 있으며, 어떤 경우에는 사회복지사의 경험과 창의성이 더욱 중요한 사정보고서를 요구하기도 할 것이다. 그렇다고 만성 정신장애인, 정신장애인, 다른 클라이언트에 대한 사정 및 사정보고서가 완전히 다른 것은 아니며, 그 특성에 따라 차이가 있을 수 있다. 〈표 10-8〉은 스파울딩 등(Spaulding et al., 2003)이 제시한 만성 정신장애인 사정의 과정과 방법들을 요약하여 재정리한 것이다.

표 10-8 만성 정신장애인 사정보고서 예시

1. 인적 사항

클라이언트의 개인 신상 및 관련된 사람들과의 상황적 체계를 밝히는 정보를 포함한다. 대체로 이름, 주소, 연령, 성별, 학력, 종교, 동거 가족, 군경력, 결혼상태, 직업, 경제상태, 주치의, 장애등급, 의료보장형태, 입원(등록)일, 사례 개시일 등을 기관 상황에 따라 수집하여 기록한다.

2. 의뢰출처와 과정

누가, 어떤 과정에 의해 클라이언트가 사회복지사 혹은 기관에 의뢰되었는지를 기록한다. 현 기관에 의뢰하게 만든 사람(클라이언트)-문제-상황을 기록하며, 의뢰를 하게 한 사건을 설명하는 중요한 단어나 문구를 인용할 필요가 있다. 예를 들면, '집안에서 기물을 파괴하고 고함을 질러 이웃의 신고로 119에 의해 병원으로 응급후송되어 왔다' 등과 같이 기술한다.

3. 개인, 가족, 지역사회 체계

1) 개인 체계: 클라이언트의 생리 · 심리 · 사회적 정보를 포함한다. 사회복지사의 추론보다는 클라이언트 및 정보제공자, 그리고 직접적인 관찰로부터 확인된 정보를 기록한다. 예를 들면, '클라이언트가 망상을 가지고 있음'이 아니라 '2007년부터 자신의 신체 속에 삽입된 기계에 의해 자신이 조종당하고 있다고 말하고 있음'으로 기술하는 것이 바람직하다.

그리고 기능사정의 영역인 신체적 · 인지적 · 사회적 기능에 대한 관찰을 포함할 수 있다. 클라이언트의 키와 몸무게, 신체적 외모, 특징적인 생김새, 말투, 그리고 복장 등과 같은 것들을 기록한다. 이때는 사회적 지위나 일반적 외모 등이 아니라 클라이언트를 포괄적으로 이해할 수 있도록 표현한다. 또한 정신상태검사(Mental Status Examination: MSE)에 포함되는 사고, 지각, 감정, 의식의 장애들을 기록하고 지적 능력과 정신장애에 대한 통찰력을 관찰하여 기록한다.

2) 가족 체계: 정신장애인 사정에서는 가족이 중요한 역할을 한다. 이 부분에서는 클라이언트의 가족과 가구, 혹은 일차적 사회체계를 기술한다. 주로 가계도와 생태도를 바탕으로 가족구성원과 클라이언트와의 관계 및 자원을 기술한다.

3) 지역사회 체계: 클라이언트가 살아가는 지역사회를 기술한다. 클라이언트가 참여하고 있는 학교, 직장, 의료, 여가, 종교, 이웃, 친구, 친척, 문화 등과 같은 부분을 기술한다. 주로 생태도를 통해 이러한 정보를 설명한다.

4. 표출문제 및 초기목표

클라이언트나 정보제공자(특히 가족이나 주보호자)들이 밝힌 문제나 주제에 대한 기술한다. 정보의 출처를 밝히고 문제의 발생원인, 발달, 그리고 현재 상태에 대해 요약하여 서술한다. 정신건강서비스가 왜 필요하게 되었는지, 현재 어떠한 도움을 필요로 하는지를 기술한다. 또한 가능하다면 클라이언트나 정보제공자가 바라는 치료 및 사회복지서비스의 결과를 기록한다. 긴급한 상황이 아니라면 사회복지사의 관점과 판단은 보류하는 것이 좋다.

5. 강점과 자원

클라이언트와 그를 둘러싼 환경체계 내에서 활용 가능한 강점과 자원에 대한 정보를 기록한다. 여기에는 가족의 경제적 능력, 도움이 될 만한 친척, 클라이언트의 긍정적 태도 혹은 높은 활동력 등이 포함될 수 있다. 〈표 10-6〉과 〈표 10-7〉에서 제시한 클라이언트 및 가족의 강점 목록을 활용할 수 있다. 정신보건영역의 사회복지사는 클라이언트의 병리, 문제, 결함뿐만 아니라 그들의 장점과 자원도 균형 있게 제시해야 한다. 이는 이후의 계획 및 개입 단계에서 중요하고 유용하게 활용되기 때문이다.

6. 사회력

클라이언트의 사회력과 현재 사회적 환경에 대한 정보를 기록한다. 기관의 프로그램이나 사례의 특성에 따라 다음과 같은 내용들을 포함할 수 있다.

1) 발달: 클라이언트 개인의 발달력을 기술한다. 클라이언트의 출생, 영유아기, 아동기, 청소년기, 청년기, 장년기, 노년기로의 발달 과정에 대한 정보를 기록한다. 특히 기관이나 프로그램 특성에 영향을 미치는 중요한 과정이나 사건을 기술해야 한다.

2) 환경 속의 개인: 클라이언트–문제–상황과 관련된 중요한 과거와 현재의 개인적, 가족적, 문화적 관계에 관한 정보를 기술한다. 클라이언트의 신체 · 심리 · 사회적 발달과 행동에 영향을 미친 의미 있는 과정이나 사건을 기록한다.

3) 중요한 사건: 클라이언트에 대한 폭력, 학대, 성폭력, 자살 시도, 억압, 차별, 희생양 또는 다른 중요한 사건들을 기록한다. 부정적 사건 경험들에 관한 영향뿐만 아니라 긍정적 혹은 성장을 촉진하거나 역량을 강화시킨 사건들의 요약과 이러한 사건들이 클라이언트에 미친 영향도 기술한다.

4) 알코올 및 약물 남용: 알코올과 약물의 남용은 정신장애인과 관련된 다양한 차원에서 의미 있는 요인이다. 알코올 및 물질 중독으로 진단되지 않더라도 클라이언트의 일상에 어떤 영향을 미친다면 기술할 필요가 있다.

5) 의료 및 신체건강: 클라이언트의 심각한 질병, 장애, 그리고 현시점의 건강상태 등을 기록한다. 신체적 건강에 대한 클라이언트의 관심이나 유지 상태를 요약한다.

6) 법적 기록: 민사 및 형사상의 문제와 관련된 내용을 기록한다.

7) 교육: 클라이언트의 정규 교육과 비정규 교육을 모두 포함하여 기록한다. 이는 향후 클라이언트의 장점이나 자원이 될 수 있다.

8) 고용: 장단기의 모든 고용력을 포함한다. 클라이언트의 군복무 경력, 자원봉사 경험, 아르바이트 경험, 정규 및 비정규 직원 경험 등을 모두 기록한다. 이는 향후 클라이언트의 장점과 자원으로 작용할 수 있다.

9) 취미: 클라이언트가 오랜 기간 즐긴 다양한 영역의 취미를 포함한다. 이는 향후 클라이언트의 장점이나 자원이 될 수 있다.

10) 종교: 현재나 과거의 종교 활동이나 클라이언트가 종교에 대해 가지는 의미를 요약한다. 이는 향후 클라이언트의 장점이나 자원이 될 수 있다. 종교적 망상과 적극적인 종교 활동과는 구분이 필요하다.

11) 과거의 심리사회적 서비스: 이전의 심리사회적 서비스를 기록한다. 다양한 상담기관이나 공공기관에서의 서비스 등을 포함한다.

12) 기타: 이외의 모든 관련된 추가적 정보를 기록한다.

7. 문제목록

1) 신경생리적 문제

극도의 주관적 불편감, 극단적인 정서 반응(극단의 행복감에서 최악의 우울감까지), 둔화된 정서 반응, 환각, 인지 기능의 장애, 기괴하거나 사회적으로 수용되지 않는 행동, 극단적인 분노등의 급성 정신증을 포함한다. 이러한 증상들은 조현병, 양극성장애, 주요우울장애 등과 연관된다. 신경생리적 수준의 문제는 아직까지 완전히 이해되지 않았으며, 다양한 특정한 원인이 다양한 사람에게 다른 방식으로 나타나는 것으로 알려져 있다.

약물에 대한 임상적 반응도 다양하며, 약물의 효과는 회복하는 사람의 주관적 반응, 세심한 관찰, 심리사회적 수준에서의 적응 정도를 평가하면서 확인한다. 이전에 항정신병약물이나 항우울제를 복용한 후 긍정적인 반응을 보였다면, 이러한 문제는 신경생리적 수준에서 문제가 유발된 것이라고 추정해 볼 수 있다.

2) 인지적 문제

(1) 사회적 문제해결 능력

사회적 문제해결 능력은 문제 상황을 식별 → 적절한 요소를 분석 → 사용 가능한 해결책 도출 → 선택한 해결책의 효과성을 평가하는 등의 능력을 의미한다. 사회적 문제해결 능력이 부족한 것은 신경생리적 기능의 손상과 관계가 있을 수도 있지만 수동성과 의존성, 그리고 호전성과 공격성에 이르는 광범위한 행동적 특성과 관련된다. 사회적 문제해결 능력이 부족하면 일상생활이나 대인관계 갈등을 해결하는 데 필요한 인지적 처리 과정에서 무능력을 보인다. 따라서 그들은 문제해결 활동의 부재나 비효과적인 해결책을 사용하는 행동으로 나타난다.

(2) 증상 관련 태도

증상 관련 태도는 주로 망상(편집 망상, 신체화 망상, 과대망상, 죄책감–정신병적 우울에서 나타나는 기분과 일치하는 망상 등)으로 인식되는 정신증상을 구성하는 일련의 신념, 태도 등을 말한다. 예를 들면, 자신이 유명한 명사라든지, 자신의 특별한 정체성 때문에 박해를 받는다는 믿음 등이다. 이러한 망상은 모호하고, 간헐적이며 임시적인 것에서부터 고도로 안정적이고, 논리정연하며, 완전히 체계적인 것에 이르기까지 다양하다. 망상은 신경생리적 기능의 손상으로도 나타날 수 있으며, 이는 약물에 효과적으로 반응한다. 약물치료 등으로 급성 정신병의 징후들이 해결이 되고 난 이후에도 지속되는 망상은 인지·정서적 문제 목록에 기록되어야 한다.

(3) 기분 관련 태도

기분 관련 태도는 주로 사회 기능에 방해되는 특정 정서 상태를 유발하거나 유지하는 일련의 신념, 태도 등을 말한다. 이러한 문제는 주로 만성 우울 속에서의 자기 처벌적 신념으로 표현되며, 신경생리학적 취약성이나 사회기술의 결함으로 인한 현상의 일부분일 수도 있다. 이와 관련된 사람은 모든 문제를 다른 사람의 적대적 의도에 기인한 것으로 간주하거나, 개인적인 무능력감, 보상 심리, 그리고 분노와 호전적인 대인관계 행동을 보일 수 있다. 기분 관련 태도는 정신병적 상태의 해결 및 약물치료에도 불구하고 완화되지 않는 경우에 기록될 수 있다.

(4) 성취 관련 태도

성취 관련 태도는 더 나은 삶과 삶의 질을 성취하는 것을 방해하는 개인의 생활환경, 책임 그리고 기능에 관련된 신념, 태도 등을 일컫는다. 이러한 원인으로 인하여 병원에 입원하여 사는 것이 자신에게 최상의 삶이라고 생각하거나, 성인으로서의 특권이나 의무는 자신에게 적절하지 않은 것이며, 위험하고 방탕한 삶에서 피할 수 없다는 믿음을 유지할 수 있다. 또한 이는 습관적으로 범죄를 저지르는 것과 같은 자기 파괴적 생활양식과도 관련되며, 유명가수가 되거나 대통령이 되거나 복권에 당첨된다는 비현실적이고 환상에 가까운 개인의 열망과도 관계가 있다.

따라서 이렇게 비현실적이고 자기 파괴적인 열망이 강한 사람들은 치료나 재활에 저항하고 부정적으로 대응한다. 성취 관련 태도의 문제는 치료 제공에 대한 법적 의무 내에서 클라이언트의 욕구를 가장 잘 반영하는 방향으로 개입 계획을 세울 수 있도록 기록되어야 한다. 정신장애의 본질에 대해 이해하고 개인 및 사회적 기능 전반의 향상을 통해 현실적이고 클라이언트가 열망하는 목표를 충족시킬 수 있는 방향으로 문제를 확인해야 한다.

3) 행동적 문제

(1) 행동 기술

행동 기술이란 개인과 환경 간의 상호작용을 통해 습득되어 기억에 저장된 정보를 포함한 모든 수준의 행위 능력을 말한다. 여기서 행동 기술의 문제란 특정 목표를 이행하는 데 필요한 행동들을 효과적으로 수행하지 못하는 원인이 신경생리학적 또는 인지적 손상과 같이 생물학적 원인에 의해 발생하는 것이 아닐 때를 의미한다.

사정은 자연적 조건에서 어떻게 기술을 수행하는지를 직접적으로 관찰하는 기능 평가를 통해 이루어진다. 클라이언트의 과거력 조사가 중요한 원천이 되며, 행동 기술의 문제가 능력의 부족 때문인지 혹은 동기의 저하 때문인지를 구분할 필요가 있다. 또한 기술의 향상을 위해 환경 변화가 필요한지 혹은 능력 향상이 요구되는지를 파악해야 한다.

(2) 자기관리 기술

자신의 몸치장, 위생관리, 영양 및 건강관리와 관련된 기술 수행 및 능력을 의미한다.

(3) 독립생활 기술

가정일, 예산관리 및 은행 업무, 공공시설 이용하기, 의류관리, 쇼핑 및 요리 등을 포함하여 성인이 일상생활을 하는 데 필요한 기본적 능력을 의미한다.

(4) 질병관리 기술

항정신병약물 복용의 의미를 이해하고 자신의 정신증상 및 경고 증후들을 분별할 수 있는 능력을 갖추고, 질병에 영향을 미치는 스트레스를 적절하게 관리할 수 있는 기능을 일컫는다.

(5) 여가/오락 기술

여가 시간을 계획하고 관리하는 능력 및 수행 기능을 말한다.

(6) 대인관계 기술

대화, 의사표현, 요구하고 받아들이기, 일상적 갈등을 이해하고 해결하는 것, 친구를 사귀고 유지하는 것 등을 포함하는 능력과 수행력을 말한다.

(7) 직업 기술

직장에서의 역할이나 유사한 역할을 수행하는 것과 관련된 능력 및 기능을 의미한다. 여기서 기술은 특정한 업무 능력이 아니라 직장에 늦지 않는 것, 지시에 따르거나 불합리한 문제를 요구하는 것, 친숙하지 않은 상황에서 문제를 해결하는 것, 직장 동료들과 적절한 대인관계를 유지하는 것 등을 말한다.

4) 사회환경적 문제

(1) 회복에 대한 저항

개인의 정신장애를 회복하는 데 도움이 될 것으로 기대되는 다양한 치료 또는 재활 계획에 대해 저항하는 것을 말한다. 회복을 촉진하기 위해 사회환경적 개입이 필요한 경우를 일컫는다.

(2) 사회화된 정신 증상

신경생리학적 원인이 아니라 정신장애인으로서 사회적 역할을 수행하는 것을 지지하거나 특정한 환경의 결과로 나타나는 증상을 말하며, 신경생리학적, 인지행동적 개입이 아닌 사회환경적 개입이 필요한 경우를 일컫는다.

(3) 사회적으로 수용되지 않는 행동

타인을 이용하거나 해롭게 하는 등의 일반적인 사회적 상황에서 수용되지 않는 특정 행동을 말하며, 신경생리학적, 인지행동적 개입이 아니라 사회환경적 개입이 필요한 경우를 일컫는다.

(4) 사회환경과의 갈등

신경생리학적, 인지행동적 기능의 향상으로 변화되지 않을 것으로 가정되는 정신장애인과 환경 간의 갈등을 의미한다.

(5) 법적 문제

과거 및 현재 법적인 문제를 의미하며, 이러한 제한된 법적 상태에서 최적의 사회적 기능을 회복할 수 있는 환경에 초점을 둔다.

(6) 불안정한 생활 상태

재정적 곤란, 주거시설의 열악함 또는 사회적 지지체계의 부족 등으로 인해 안정적 생활환경을 유지하는 것을 방해하는 상태를 말한다.

8. 목표 및 계획(사례 예시)

- 클라이언트: 홍○○
- 계획 수립 일자: 2025년 1월 8일
- 다음 계획 일정: 2025년 2월 9일

1) 목표

(1) 신경생리적 문제: 우선순위 1

① 문제 내용

혼란, 흥분, 환청 그리고 사람들이 자신을 해치려 한다는 믿음을 주로 하는 급성 정신질환의 과거력이 있음. 과거력에 따르면 항정신병약물을 4~6주 정도 사용한 후 급성 삽화가 해결되었음. 약물치료를 받지 않은 기간에 대해서는 알려진 바가 없으나 과거력에 따르면 자발적인 회복에 대한 증거를 발견하지 못함

② 장기 목표

안정적인 신경생리적 기능 유지, 급성 정신질환 삽화의 재발 예방, 최적의 약물치료 적용

③ 단기 목표

현재의 급성 정신질환을 해결하고, 혼란, 동요, 및 정신병적 증상을 경감함, 재발을 예방하고, 부작용을 최소화할 수 있는 약물치료 적용

④ 서비스 요약

항정신병약물 치료(정신과의사의 주관적 · 객관적 보고를 통한 팀 협력), 행동관리 프로그램(흥분과 공격적 행동 감소 및 최소한의 자기관리에 초점)

(2) 정신장애 관리 기술의 문제: 우선순위 2

① 문제 내용

항정신병약물의 복용을 중단한 이후에 반복적인 입원력 있음. 정신질환이 있었던 시기 및 그 당시의 기능 변화에 대해 인식하지 못함. 과거에 복용한 항정신병약물에 대한 효과를 인정하지 않음. 현재의 입원을 경찰과 법원의 음모로 생각함. 정신장애나 개인의 기능 장애 문제를 인지하지 못하며, 정신장애를 관리하는 방법을 모름

② 장기 목표

정신질환을 관리하고, 재발을 예방하며, 장애를 극복하는 것과 관련된 기술(예를 들면, 항정신병약물의 복용, 위험 징후를 주의 깊게 관찰함, 스트레스 관리, 재활에의 참여)을 안정적으로 수행함

③ 단기 목표

첫째, 자신의 정신장애를 이해함. 즉, 정신증상을 식별하고 정신장애로 인한 다른 인지 및 행동 문제를 식별하며 정신증상의 감소를 의미 있는 목표로 인정함

둘째, 자신이 장기간의 관리가 필요한 만성 정신장애를 가지고 있음을 인식함. 즉, 삽화성 정신질환을 이해하고, 자신에게 취약성이 있는 것과 그 취약성의 본질을 이해함. 항정신병약물 복용의 필요성과 정신장애 관리 기술의 필요성을 인식함

셋째, 재발 방지 계획을 세우고 수행함

④ 서비스 요약

정신과 약물상담(정신과의사와 정기적으로 약물 효과 및 복용에 대한 개별상담), 정신재활 상담(입원 이유, 치료 및 재활 목표, 경과 등과 관련된 면담) 및 교육

(3) 직업기술의 문제: 우선순위 2

① 문제 내용

간헐적이거나 성공적이지 못한 직업 경력, 특정 직업기술의 부재, 직업을 갖는 것에 대한 관심의 부재

② 장기 목표

개인의 선호, 욕구 및 관심에 기반하여 의미 있고, 보수를 받으며 일할 수 있는 직장 활동을 안정적으로 수행함

③ 단기 목표

첫째, 가능한 직장 활동에 대한 관심 분야를 찾고 기술함

둘째, 프로그램 목록 가운데 직업 활동과 관련된 일정을 이행함

④ 서비스 요약

직업재활 상담 및 교육, 직업 활동 관련 프로그램 참여

(4) 여가/오락 기술의 문제: 우선순위 2

① 문제 내용

여가/오락에 무관심함. 개인력에 여가/오락과 관련된 관심 및 행동에 대한 근거가 없음. 여가/오락과 관련된 기회 및 능력이 상당히 제한되어 있음

② 장기 목표

개인의 선호, 욕구 및 관심에 근거하여 여가/오락에 대한 관심을 안정적으로 추구함

③ 단기 목표

첫째, 현재 개인 및 사회적 기능 수준을 고려해서 프로그램 목록에서 적절한 여가/오락 활동을 찾아 선택함

둘째, 프로그램 목록에서 선택한 여가/오락 활동과 관련된 일정(일주일에 1~2시간)을 수행함

④ 서비스 요약

여가/오락 재활상담, 여가/오락 관련 활동 참여

(5) 약물남용: 우선순위 3

① 문제 내용

알코올과 불법 약물을 가리지 않고 사용한 개인력 있음. 약물남용과 관련된 공격성 및 정신질환 재발에 관한 개인력 있음

② 장기 목표

알코올 및 불법 약물을 복용하지 않음

③ 단기 목표

첫째, 알코올 및 불법 약물 사용의 위험성과 금주 및 불법 약물을 사용하지 않는 것의 필요성을 이해함

둘째, 약물 사용의 위험을 증가시킬 수 있는 상황을 피하는 것. 재발의 경고 징후를 인식하는 것을 포함하여 재발 예방 계획을 세우고 이행함

④ 서비스 요약

현재 이용 가능한 서비스 없음(이 문제는 현재 세 번째 우선순위에 있으며, 우선순위의 1번이 어느 정도 해결되면 우선순위를 조정하여 서비스를 실시할 것임)

(6) 불안정한 생활 상태: 우선순위 3

① 문제 내용

노숙자 경력, 현재 주거지가 없으며, 지지 수단이 없음

② 장기 목표

안정적인 재정적 지원을 통해 개인의 필요에 적절한 주거지를 얻음

③ 단기 목표

첫째, 재정 지원을 위한 수단과 거주지 재원을 발굴함

둘째, 주거지를 지원하는 데 충분하고 안정적인 수입원을 발굴함

셋째, 생활환경을 구체화하고 개인의 가사 능력을 준비함

④ 서비스 요약

현재 이용 가능한 서비스 없음(이 문제는 현재 세 번째 우선순위에 있으며, 우선순위의 1번이 어느 정도 해결되면 우선순위를 조정하여 서비스를 실시할 것임)

2) 계획 요약 보고서

홍○○ 씨는 2025년 1월 8일에 사회사업팀에 의뢰되었으며 현재 폐쇄 병동에 있다. 그는 급성 정신병적 증상으로 인하여 2024년 12월 21일 본 병원에 강제입원되었다. 현재 지리멸렬하고 공격성이 다소 있으며 편집성 장애가 지속되고 있다.

이전 두 번의 입원 경력은 신체적 폭력과 관련이 있으며, 나머지 세 번의 입원은 홍○○ 씨가 자신의 기본적 욕구를 스스로 충족시킬 수 없다고 판단한 행정 기관에 의한 입원이었다. 홍○○ 씨는 지역사회 생활에서 치료 계획 및 사후관리 계획을 제대로 이행하지 않았다. 개인력에 의하면 홍○○ 씨는 급성 정신질환뿐만 아니라 자신과 타인에게 지속적인 위험을 가할 수 있는 요소가 있다고 판단된다. 이러한 위험을 줄이기 위해 포괄적인 평가와 개입이 요구된다.

홍○○ 씨가 사회사업팀에 의뢰되었을 당시 항정신병약물을 복용한 후, 그의 흥분 수준

및 공격적 행동이 상당 부분 많이 감소되었다는 것을 확인하였다. 그러나 홍○○ 씨는 계속해서 이해하기 힘든 복잡한 소리 혹은 '이 병원을 떠나고 아무도 믿지 말라'고 이야기하는 모호한 소리가 들린다고 하였다. 면담 동안 홍○○ 씨는 이상한 자세를 취하고 얼굴을 찌푸리며, 전반적으로 의심하는 듯한 태도를 보였다. 현재 홍○○ 씨는 급성 정신질환이 부분적이며 불안정한 정도로만 경감된 상태에 있다고 판단된다.

홍○○ 씨의 인지 기능은 상당 부분 손상되었다. 심리검사에서 주의집중, 장단기 기억력에서 손상이 있는 것으로 나타났다. 이로 인해 개인 및 사회적 기능을 상당히 제한할 것이므로 심리사회적 개입에 대한 효과에 영향을 미칠 것으로 보인다. 모든 자료를 검토해 보면 홍○○ 씨는 치료 및 재활에 관심이 없음을 알 수 있다. 그의 개인력을 보면 급성 정신질환이 해결되면서 치료에 대한 참여가 다소 증가하는 것을 알 수 있다. 그러나 그가 자신의 정신장애를 받아들였는지 혹은 치료 및 재활에 대한 지속적인 필요를 인정했는지에 대한 근거는 없다.

홍○○ 씨의 행동 기능은 일반적으로 급성 정신질환과 일치한다. 치료 환경에서 관찰한 결과 그는 기본적인 일상의 자기관리에 어려움이 있었고, 다양한 프로그램에 참여하지 않고, 혼자서만 지내며, 화를 잘 내고, 짜증 내는 태도를 유지하고, 상당히 기괴한 자세로 있으며, 주변 환경에 상관없이 혼잣말을 하는 것을 알 수 있다.

홍○○ 씨는 사회력을 통해 그가 독립생활, 직업 기능 그리고 여가/오락 활동 영역에서 역할 수행 능력이 결여되었음을 알 수 있다. 그의 독립생활 기술의 수행에 삽화성 정신질환이 미치는 영향은 현재 불명확하다. 홍○○ 씨가 과거에 안정적인 기능을 유지했던 기간에도 직장을 갖지 못한 것을 고려한다면 여가/오락에 대한 관심 부족은 그의 정신질환이 발병하기 이전에 나타난 것으로 추정된다. 반복적인 치료에 대한 저항과 재발에 대한 개인력을 통해 그가 질병관리 부분을 제대로 수행하는 기술이 부족함을 알 수 있다. 그러나 그의 개인 및 사회적 기능이 어느 정도 급성 정신질환에 의해 제약을 받는지는 명확하지 않다.

홍○○ 씨는 부모와 한 명의 형제가 같은 지역에 거주한다. 그들은 모두 홍○○ 씨의 치료 및 재활에 개입하기를 원하지만 홍○○ 씨는 완강히 거부한다. 사회사업팀은 본원의 가족교육 프로그램에 홍○○ 씨의 가족이 참여할 수 있도록 할 것이며, 그의 가족들이 자신의 치료 및 재활에 개입하는 것을 동의하도록 노력할 것이다.

일차적으로 홍○○ 씨의 신경생리적 기능의 조절을 통해 급성 정신병적 증상을 조절하는 것이다. 이후 홍○○ 씨의 강점과 장점을 바탕으로 정신장애 관리, 직업 및 여가 활용 기술, 약물남용 대처, 불안정한 일상생활의 문제를 단계적으로 해결하도록 접근할 것이다. 향후 몇 차례의 수정된 계획과 보고가 있을 것이며, 이를 토대로 홍○○ 씨의 재활과 지역사회복귀를 달성하게 될 것이다.

제 11 장

개인 대상의 실천방법

학습 목표

1. 정신보건영역에서 개인 면담의 특수성을 설명할 수 있다.
2. 정신보건영역의 위기개입 과정을 설명할 수 있다.
3. 향정신성 약물의 종류와 특성, 그리고 부작용을 설명할 수 있다.

이 장에서는 정신장애인과 개별적 접촉 과정의 방법들을 살펴보고자 한다. 정신장애인과의 개인 면담에 관련된 기본 사항들을 기술하였는데, 자세한 면담의 기법이나 개인 상담 및 치료의 내용들은 제시하지 않았다. 이는 기존 사회복지실천 면담 방법과의 중복이기 때문에 제외하였으며, 전통적인 개인 상담이나 치료의 방법들은 짧게 다루기보다는 학습의 방향만 살펴보고자 한다. 정신건강사회복지사를 희망하는 학생들은 개인 상담이나 치료와 관련된 다양한 경험이나 학습을 추가하면 좋을 것이다.

여기서는 사회복지실천의 다양한 개입방법 중에서 정신보건영역의 사회복지사들이 빈번하게 활용하는 위기개입에 대하여 살펴보고자 한다. 정신보건영역에서는 클라이언트, 가족, 그리고 사회복지사 모두 위기적 상황 속에 있다고 볼 수 있다. 특히 심각한 공격성이나 혼란 및 자살 위기에 있는 클라이언트는 위기개입의 기본적 원리나 방법들을 적용할 필요가 있다.

마지막으로 정신장애인, 특히 만성 정신장애인에게 중요한 약물치료의 내용도 간략히 기술하였다. 왜냐하면 사회복지사가 약물치료를 위한 진단 및 치료의 권한이 있는 것은 아니지만 정신장애인의 회복과 밀접한 관련이 있기 때문이다. 향정신성 약물이란 인간의 정신에 영향에 미치는 약물을 의미하며, 크게 항정신병약물, 항우울제, 기분조절제, 항불안제로 분류한다.

핵심 과제

1. 만성 정신장애인과의 면담에서는 어떤 요인들을 고려해야 하는가?
2. 위기 속의 정신장애인과 그 가족을 어떻게 대해야 하는가?
3. 지역사회에 거주하는 만성 정신장애인에게 항정신병약물의 효과와 부작용을 어떻게 설명해야 하는가?

1. 면담

1) 정신보건영역의 사회복지적 면담

사회복지사가 개인적 특성에 관여할 경우 개인의 한 부분만을 볼 것이 아니라 다차원적인 시각에서 상호 연관된 다양한 측면을 보아야 한다(박지영 외, 2020: 238). 정신보건영역의 사회복지사도 정신장애를 지닌 개인을 전인적(holistic) 차원에서 이해하면서 면담을 수행해야 한다. 정신장애를 지나치게 생물학적 원인에 치우친 관점으로 보고 정신장애인과 면담을 한다면 개인과 환경의 의도적 관여의 의미를 축소하게 되어 다양한 변화 요인을 놓칠 수 있다.

정신장애인과의 면담은 인간과 사회환경을 어떠한 관점으로 바라보는가가 중요하다. 왜냐하면 정신장애인이 나타내는 동일한 현상이라도 다르게 파악될 수 있기 때문이다. 즉, 어떤 관점으로 바라보느냐에 따라 정신장애인의 특정 현상에 대해 다르게 이해하고 접근하도록 만들 수 있다. 예컨대, 정신장애가 뇌의 신경전달물질의 불균형으로만 발생한다고 가정한다면 약물치료 이외에 면담이나 다른 대처 방안들이 필요하지 않은 것으로 간주된다.

사회복지실천에서 인간과 사회환경 사이의 관계를 파악하는 포괄적인 관점으로 생태체계적 관점과 강점관점을 들 수 있다. 생태체계적 관점은 개인을 '환경 속의 인간'이라는 맥락에서 환경이 개인에게 미치는 영향과 상호교류를 중요하게 고려한다. 예컨대, 정신증상을 지닌 개인을 볼 때 단지 내면의 병리적 측면에서만 원인과 해결책을 찾는 것이 아니라 외부 환경, 즉 가족, 친구, 동료 그리고 분위기와 사회정책 및 문화까지 확대하여 원인과 대응책을 발견하려는 관점이다.

강점관점은 개인의 병리적 현상에만 초점을 두지 않고 강점을 동시에 강조하여 사정하고 개입해야 한다는 관점이다. 예를 들면, 정신장애인과의 면담에서 정신병원 입원 경력이나 심각한 정신증상을 확인하는 것도 필요하지만 과거 정신장애를 지니고 있었지만 일상생활을 유지할 수 있었던 강점을 확인하여 지지하는 것이다. 정신건강사회복지사의 면담은 사회복지실천의 주요 관점을 근거로 진행될 필요가 있다.

사회복지실천의 이론이나 모델은 관점과 다르게 구체적으로 클라이언트 개입에 대한 방향이나 방법을 제시한다. 사회복지실천이론은 매우 다양하게 존재하며 클라이언트의 개입활동에 대한 지침을 제공하는데, 심리사회적 이론, 행동주의이론, 인지행동이론 등이 있다. 또한 실천모델로는 위기개입모델, 과업중심모델, 생활모델, 문제해결모델, 임파워먼트모델 등을 들 수 있다. 사회복지사는 이러한 이론과 모델 중 하나를 선택하여 클라이언트에게 적용할 수도 있지만 대개는 사회복지사가 선호하는 이론이나 모델 또는 효과성이 입증된 것을 혼합하여 활용하는 절충방식(eclecticism)으로 접근한다.

정신보건영역의 사회복지사는 사회복지실천의 관점, 이론 및 모델을 통합하여 정신장애인의 면담 과정에 적용하는 절충적 상담을 주로 한다. 이러한 절충적 상담이 효과가 있으려면 사회복지사의 경험도 중요하지만 각각의 이론과 모델에 대한 이해가 폭넓고 깊어야 한다. 여기서는 정신보건영역에서 자주 활용되는 위기개입모델을 다루게 될 것이다.

2) 정신보건영역의 전통적 면담

정신장애인과 일대일 면담의 근원적 목적은 그들의 삶의 질을 향상하는 데 있다. 이를 위해서는 다양한 개인 상담 및 치료 이론들을 학습하고 적용할 수 있어야 한다. 그러나 정신보건영역에서의 면담은 심각한 정신증상으로 인하여 면담 자체를 할 수 없는 경우도 있으며, 하나의 이론이나 기법을 적용하기 어려운 상황도 많다. 특히 만성 정신장애인과의 면담에서는 더욱 그러하다. 따라서 전통적인 상담이론이나 정신치료의 방법들을 일정 기간 클라이언트의 동의하에 실천하는 것이 쉽지는 않다. 하지만 정신장애인과의 면담을 위해 전통적인 상담과 치료의 이론들을 폭넓게 활용할 수 있도록 준비할 필요가 있다. 다음에서는 전통적 접근법인 정신분석적 치료, 인간중심치료, 행동치료, 인지행동치료, 실존치료, 형태치료를 간략히 살펴보고자 한다(Corey, 2001).

(1) 정신분석적 치료

정신분석적 치료의 창시자는 프로이트이다. 그는 개인 상담 및 치료에 새로운 시각과 지평을 제공하였으며, 행동을 동기화하는 정신역동적 요소에 주의를 기울였다. 또한 무의식의 역할에 초점을 두었으며, 기본적인 성격의 구조를 이해하고 수정하는 치료 절차를 가장 먼저 만들었다. 프로이트의 정신분석이론은 많은 다른 상담 및 치료 이론들을 평가하는 기준점이라고 할 수 있다. 그러나 정신분석적 치료는 그 영향력에도 불구하고 많은 한계도 동시에 가지고 있는 치료방법이다.

(2) 인간중심치료

인간중심치료는 실존적 관점의 개념이나 가치를 많이 공유하며 인본주의이론에 근거한다. 인간중심치료에 가장 큰 영향을 미친 사람은 로저스(Rogers)이며, 로저스의 기본 가정은 인간은 본질적으로 신뢰할 수 있다는 것이다. 또한 인간은 치료자의 직접적인 개입 없이도 자신을 이해하고 자신의 문제를 해결할 수 있는 충분한 능력을 가지고 있으며, 구체적인 치료적 관계를 통해 자기-지시적 성장을 할 수 있다고 본다. 인간중심치료에서는 치료자의 태도와 인간적 특성, 클라이언트와 치료자 관계의 질이 치료결과의 핵심적 요인이라고 가정한다.

(3) 행동치료

행동치료는 정신분석적 관점으로부터 근본적으로 이탈하여 1950년대와 1960년대 초반에 생겨났다. 행동치료는 외현적 행동이나 사고를 변화시키기 위해 고안된 다양한 활동 지향적 기법들을 제공한다. 행동치료가 너무 다양한 형태로 실시되고 있기 때문에 행동치료라는 개념 정의가 어렵다고도 한다. 현재의 행동치료는 고전적 조건형성, 조작적 조건형성, 사회학습이론, 인지행동치료의 네 영역에서 발전했다고 볼 수 있다. 최근 개발된 행동치료의 기법들은 인지적 과정을 강조한다.

(4) 인지행동치료

인지행동치료는 엘리스(Ellis)의 합리정서행동치료(REBT)와 벡(Beck)의 인지치료(CT)가 잘 알려져 있다. 인지행동치료는 매우 다양하지만 공통된 특징들은 다음과 같다(Corey, 2001). 첫째, 클라이언트와 치료자의 상호협력적 관계를 중시한다. 둘째, 주로 심리적인 고민이 인지 과정을 방해한다는 것을 전제로 한다. 셋째, 정서와 행동을 변화시키기 위해 인지를 변화시킬 것을 강조한다. 넷째, 구체적이고 구조화된 목표를 강조하는 시간 제한적이고 교육적인 치료를 중심으로 한다. 모든 인지행동치료에서는 구조화된 심리 교육적 모형을 토대로 과제의 역할을 강조하고, 클라이언트가 치료 상황과 그 외 일상생활에서 능동적인 역할을 하도록 하는 것에 초점을 두고 있다.

(5) 실존치료

실존치료(Existential Therapy)는 별도의 치료학파나 구체적 기법으로 정연하게 정의된 모형이 아니라 일종의 치료철학으로 볼 수 있다. 실존치료는 전통적인 정신분석이나 급진적인 행동주의에 대한 반발로 등장하였다. 실존치료의 주된 목적은 클라이언트로 하여금 가능한 모든 방법을 인식하여 그 방법들 중에서 선택하도록 하는 것이다. 실존치료는 전통적인 의료모델로 개인을 치료하도록 설계되어 있지 않다. 실존치료는 삶에서 가치와 의미를 찾는 과정이다. 치료자의 과제는 클라이언트가 의미 있는 실존을 만들기 위한 자신의 선택을 탐색하도록 격려하는 것이다. 실존치료 발달의 중심 인물은 프랭클(Frankl)이며, 그는 의미치료를 개발하였다.

(6) 형태치료

형태치료(Gestalt Therapy)의 창시자는 펄스(Perls)이며, 실존적/현상학적 접근의 기본 전제를 따르고 있다. 형태치료의 기본 목표는 클라이언트가 자신의 경험과 행동을 인식하게 하는 것이다. 이러한 인식을 통해 변화가 저절로 일어난다고 본다. 치료자의 역할 중 하나는 클라이언트가 지금 어떤 행동을 하고 있으며 어떻게 행동하는지에 대한 자기인식을 증진시킬 수 있도록 '실험'을 설계하는 것이다. 인식의 변화는 항상 변화하는 '여기-지금 경험하는 것'에 근거한다.

3) 정신보건영역 면담의 특수성

조현병이나 주요우울장애로 진단될 수 있는 정신장애인이 급성 정신증상을 보인다면 면담보다는 약물치료 또는 입원치료가 우선시될 수 있다. 따라서 정신장애를 지니고 있는 사람과의 면담은 다양한 상황과 돌발적인 위기적 과정에서 이루어질 수 있다. 예를 들면, 조현병을 지닌 사람이 면담 도중에 갑자기 나가 버린다든지, 침묵한다든지, 난폭한 행동을 한다든지 등과 같은 경우이다.

정신의료기관에 입원한 정신장애인과 면담할 때와 지역사회에서 정신장애인의 가정에서 면담할 때는 다르게 접근해야 한다. 지역사회에서 정신장애인을 면담하는 사회복지사는 보다 상세하게 클라이언트에 대한 정보를 사전에 확인해야 하며, 자신과 정신장애인을 위해 안전에 보다 많은 주의를 기울여야 한다. 그렇다고 모든 정신장애인이 공격적이거나 이해할 수 없는 행동을 한다고 가정하지 않아야 한다.

정신장애인과의 면담에서 주의해야 할 몇몇 특수한 상황에 대해 살펴보면 다음과 같다(최희철, 천덕희, 2017: 133-136). 첫째, 심각한 망상(delusion)을 가진 사람에 대해서는 망상이 있다는 사실을 증명하거나 정신질환자임을 증명하려고 하지 않아야 한다. 망상은 타인이 보기에는 비적응적이기는 해도 방어적이고 자기보호적인 방책이다. 따라서 사회복지사는 망상을 믿는 것처럼 행동하거나 망상에 호기심을 보이거나 반대되는 증거를 제시하며 논쟁하지 않아야 한다. 대신에 사회복지사는 정신장애인이 망상을 사실로 믿는다는 것을 이해하면서도 그러한 믿음에 동조하지 않음을 알릴 필요가 있다.

둘째, 정신장애인과의 면담 과정에서 자살사고가 명확하게 드러난다면 구체적으로 질문해야 한다. 정신장애인의 환청이 자살과 관련된 내용들을 포함하고 있다면 응급 상황으로 보고 접근해야 한다. 이때 입원 상황이라면 관련 내용을 병동에 자세하게 알리고, 지역사회에 거주 중이라면 가족이나 가까운 사람이 24시간 관찰하면서 관련된 서비스를 받을 수 있도록 해야 한다.

셋째, 성격장애를 지닌 사람과의 면담은 그 장애의 특성에 따른 면담을 실시해야 한다. 예를 들면, 의존성 성격장애를 지닌 사람은 계획된 약속시간 이외에도 여러 차례 전화를 하거나 특별한 요구를 반복하고 자신의 요청이 받아들여지지 않으면 분노를 표출할 수 있다. 이때 사회복지사는 똑같이 화를 내는 것이 아니라 명확한 한계를 제시하고 그 범위에서 요구하는 내용을 들어주어야 한다.

넷째, 가족이나 보호자와의 면담에서는 특히 비밀보장이 중요하다. 대다수의 정신장애인 가족은 외부로 상황이 알려지는 것을 싫어한다. 따라서 사회복지사는 이를 충분히 고려하여 가족과 면담해야 한다. 또한 만성 정신장애인 가족의 경우에는 희망을 상실하여 클라이언트와 관련된 면담 자체를 거부할 수도 있다. 사회복지사는 이를 이해하면서 가족과 면담을 실시하고 그들이 가질 수 있는 현실적인 희망을 공유할 수 있어야 한다.

다섯째, 정신병적 정신장애 또는 반사회성 성격장애를 가진 사람과의 상담이나 정신치료는 큰 효과가 없다는 주장도 있다. 이 경우에는 효과가 있더라도 너무 느린 변화와 과도한 에너지를 사용해야 할 수 있다. 또한 일반적으로 정형화된 상담이나 치료 방법을 그대로 적용하지 못할 수도 있다. 하지만 정신장애의 특성을 고려하여 신뢰 관계를 형성한 면담은 정신장애인이 심리적 안정이나 일상생활에 대한 희망을 가지도록 하면서 궁극적으로 그들의 삶의 질을 향상하는 데 기여한다.

마지막으로 정신보건영역의 사회복지사는 정신장애인과의 면담만으로 모든 문제를 해결할 수 없다는 사실을 인정하면서도 인간 존엄성과 개별화를 바탕으로 한 면담을 통해 많은 문제의 해결 실마리를 발견할 수 있음을 알아야 한다.

2. 위기개입

1) 위기 및 위기개입의 특징

(1) 위기의 정의

위기(crisis)는 부정적 생활사건 가운데 어느 한 사건이나 연속된 상황을 말한다. 예를 들면, 위기상황은 개인의 생활에서 일상적으로 경험하지 않는 정신적 혹은 신체적 질병, 교통사고, 신체의 손상, 화재, 지진, 폭행, 고문 그리고 성폭행 등과 같이 생명에 위협을 줄 수 있는 사건들을 말한다.

인간은 삶을 살아가는 동안에 위기를 경험할 수 있다. 위기는 자기 스스로 또는 중요한 타자와의 관계 상실이나, 상실의 위협, 급진적인 변화를 의미하는 것이다(Halpern, 1984: 17). 그러나 스트레스나 외상(trauma)의 응급상황 그 자체가 위기를 구성하는 것이 아니라 욕구 충족과 안정 또는 개인의 실존을 위협하는 것이라고 지각하였을 때 위기가 되는 것이다(Caplan, 1964: 39).

위기는 단순히 특별한 하나 또는 그 이상의 복합적인 상황에 의해서 규정되기보다는 효과적으로 대처해 나갈 수 있는 개인의 능력과 사건에 대한 자신의 지각에 의해 규정된다. 즉, 동일한 상황에서도 각 개인이 느끼는 위기의 정도는 다르다.

위기는 유사한 상황에서 발생하더라도 개인에 따라 다양한 형태의 반응이 나타난다. 위기는 일시적인 불균형 상태를 동반하지만 성장의 잠재력도 가지고 있다. 개인의 위기는 긍정적으로 해결하면 자아를 강화하고 대처능력을 향상하여 새로운 삶의 방식을 형성하기도 한다. 반면에 위기로 인해 자기 패배적으로 되거나 역기능적인 행동과 증상들로 고통을 받고 부정적 생활패턴을 유지하는 원인이 될 수도 한다. 따라서 위기는 그 자체가 일종의 병이 아니고 안정상태의 혼란 혹은 생의 전환점인 체계의 불균형 상태를 의미한다(김기태, 김건, 2023: 17).

정신장애인과 그들의 가족은 정신장애의 발병으로 인하여 급성 및 만성의 위기 상황을 경험하게 된다. 정신장애는 당사자뿐만 아니라 가족도 심각한 정서적, 인지적, 행동적 역기능을 초래하도록 만든다. 정신보건영역의 사회복지사는 위기적 사건으로 인한 정신건강의 문제, 예를 들면 외상후 스트레스장애뿐만 아니라 심각한 정신질환의 발병으로 개인적, 사회적 혼란을 경험하는 정신장애인과 가족의 위기도 이해하고 개입해야 한다.

(2) 위기의 특징

위기에 따른 개인의 반응은 다양하다. 위기는 개인의 습관적인 문제해결의 방법으로는 해결할 수 없는 특수한 상황으로 다음과 같은 특성을 가지고 있다(Slaikeu, 1990: 15-17).

첫째, 위기는 일시적인 특성을 지니지만 그렇지 않은 경우도 있다. 대부분의 개인에게 위기는 즉각적이며 순간적이고 일시적이다. 그러나 또 다른 사람들에게 위기는 수년간 혼란을 일으켜서 만성화되거나 하나의 생활양식이 될 수도 있다. 개인이 감당할 수 없는 치명적 위기는 외상후 스트레스장애로 이어질 수 있다.

어떤 사람들은 사소한 자극을 위험한 상황으로 인지하는 특성을 가질 수 있다. 그들은 자극에 민감하여 자주 심리적 상처를 입거나 많은 생활사건을 위기상황으로 보기도 한다. 이러한 개인들은 소수의 위기에 대응하는 것이 아니라 일상의 사건 자체를 위기를 인지하여 '소규모 전투'를 평생 치르게 된다. 대부분의 사람에게 위기는 일시적이지만 그렇지 않은 사람들도 있다.

둘째, 위기는 개인적 혼란(upset)을 동반한다. 혼란은 위기에 대한 가장 공통적인 반응인 불안과 우울을 포함하는 광범위한 개념이다. 예컨대, 개인의 균형을 파괴하는 어떤 형태의 불안이 나타나면 인지적 융통성은 저하되고 문제해결에 어려움이 있으며, 이에 따른 대처전략으로서 회피나 부정이 사용된다. 가장 심각한 반응은 해리나 정신병적 증상을 보이는 것이다.

셋째, 위기의 결과는 부정과 긍정을 모두 포함한다. 예컨대, 건강, 재산 혹은 사랑하는 사람의 상실이나 죽음조차도 긍정적이거나 부정적 결과를 가져올 수 있는 사건들이다. 부정적인 결과는 자존심의 상실, 타인에 대한 존경의 상실 또는 문화적인 맥락에서 체면의 상실을 포함한다. 반대로 새로운 경험을 위한 기회, 다시 출발하는 것 또는 새로운 기술과 행동을 획득하는 것과 같은 긍정적인 결과를 가져올 수도 있다.

(3) 위기개입의 특징

① 위기개입의 정의

위기개입(crisis intervention)이란 위기로 인한 불균형 상태를 회복하기 위하여 일정한 원조 수단을 개인과 가족 및 집단 그리고 지역사회 등에 적용하는 과정이다(James & Gilliland, 2001: 9). 정신보건영역에서 정신장애인과 가족에 대한 개입, 특히 응급상황이나 첫 발병 시의 상담은 대부분 위기개입으로 시작할 수 있다.

정신장애인의 갑작스러운 변화는 당사자와 가족들로 하여금 선택의 여지를 거의 없게 만들기 때문에 혼란과 불안을 가져온다. 이러한 상황을 그대로 둔다면 문제는 악화되고 클라이언트와 가족 모두에게 바람직하지 않은 결과로 이어질 수 있다. 이때 정신보건영역의 사회복지사는 위기개입을 통하여 문제를 해결하거나 감소시키도록 노력할 필요가 있다.

위기개입은 방치한 문제나 예상치 않았던 외상사건으로 발생된 정서적, 행동적, 인지적 왜곡을 표적으로 하고, 사람들이 자신의 감정, 행동, 인지를 인식하고 위기 이전 기능에 가깝게 수정하도록 돕는다. 따라서 개입은 평형감각 회복과 직접적으로 관련된 단일 원인에 초점을 둔다. 정신보건영역에서 위기개입의 범위는 급성의 정신병리적 응급상태부터 만성 정신장애를 지닌 클라이언트와 가족에 이르기까지 다양하다. 또한 위기개입에서는 정신 내면적 요인 및 대인관계뿐만 아니라 환경수정에도 초점을 둔다.

위기개입은 단기 개입이지만 단기 치료와는 다른 특성이 있다. 위기개입은 위기에 처한 사람의 스트레스 사건으로 인하여 발생한 인지적, 정서적, 행동적 왜곡을 인식하고 교정한다. 반면에 단기 치료는 보통 지속적인 정서적 문제를 재조정하는 것에 초점을 둔다. 단기 치료가 항상성이나 평형 상태를 회복할 수 있도록 추구한다는 점에서 위기개입과 유사하지만 모든 단기 치료가 위기개입은 아니다. 〈표 11-1〉에서는 정신장애와 관련된 다른 개입과 위기개입의 내용을 비교하였다.

표 11-1 위기개입과 다른 개입의 비교

구분	정신치료	정신의료기관 에서의 치료	정신 · 사회재활	위기개입
대상	• 신경증적 성격 또는 행동유형을 수정하려는 사람	• 심각한 정신장애를 가진 사람	• 만성 정신장애를 가진 사람	• 위기 상태의 개인이나 가족
서비스 목표	• 무의식적 갈등을 탐구함 • 행동 및 성격유형의 재구조화 • 개인적 · 사회적 성장	• 조절 · 적응 · 안정화 • 급성 정신장애로부터의 회복	• 재활: 지역사회에서 일상생활을 유지할 수 있도록 기능을 회복하는 것	• 균형 회복 • 성장 촉진 • 개인적 · 사회적 요인의 통합

서비스 방법	• 자기성찰 • 환기 • 직면 및 해석 • 자유연상	• 약물치료 • 행동수정 • 집단 활동	• 일과 직업 훈련 • 재사회화 • 일상생활활동을 통한 훈련 • 동료와 전문가의 지지: 옹호	• 사회적 · 환경적 조정 • 감정과 문제해결에 초점 • 결정을 돕는 상담
개입 수준	• 탐구적 개입 • 비지시적 개입 • 해석적 개입	• 지시적 또는 비지시적 개입	• 구조적이지만 위기개입에서보다는 덜함	• 적극적 · 직접적 개입(클라이언트의 기능에 따라 다름)
서비스 기간	• 보통 장기적임	• 단기 또는 장기(심각성의 정도에 따라 다름)	• 장기: 몇 개월에서 2~3년	• 단기: 보통 6세션 혹은 이내
인간에 대한 신념	• 개인의 변화 강조 • 치료자의 철학에 의해 환경적 요인 강조하기도 함	• 개인의 병리에 초점을 맞추고 있으며, 사회환경적 측면은 2차적임	• 인간의 변화가능성 • 정신장애는 무력함을 뜻하는 것이 아님	• 인간은 자기통제와 성장의 능력을 가지고 있음
서비스에 대한 태도	• 치료자의 능력과 50분 정도의 치료 시간을 강조 • 치료자에 따라 융통성을 가짐	• 고정된 계획에 의해 서비스함 • 치료팀의 태도도 제도화될 수 있음	• 서비스 지속 의지와 느린 변화를 받아들임 • 목표 성취에 대한 희망과 기대	• 융통성을 가짐 • 어느 시간이나 가능함

출처: Hoff (1995), pp. 22-23.

② 위기개입의 원리

위기개입은 장기치료를 축소한 것이 아니라 위기상황을 위하여 특별히 채택된 독특한 접근방식이다. 전문가의 역할은 수동적 혹은 중립적이라기보다는 적극적이다. 위기개입의 원리는 다음과 같이 여덟 가지로 분류할 수 있다(Strickler & Bonnefil, 1974: 김기태, 2006: 44-48 재인용).

첫째, 신속한 개입이다. 위기에 처한 사람은 혼란과 심한 고통에 있으며, 위기 그 자체가 실제적인 위험이 될 수도 있다. 위기는 기회와 위험의 두 가지 측면이 있으며, 시간제한적인 본질을 내포하고 있으므로 즉각적인 개입을 필요로 한다. 일반적으로 위기에 처한 개인들은 6주 이내에 어떤 형태로든 마무리된다. 따라서 개인이 위기에서 균형과 성장을 도모하기 위해서는 신속한 개입이 필수적이다.

둘째, 적극적 행동이다. 위기개입은 감정이나 쟁점에 관하여 깊게 천천히 탐구하는 것이 아니다. 위기개입은 어쩔 줄 모르는 클라이언트를 적극적으로 돕고 격려하며 면접을 이끄는 방법이다.

셋째, 제한된 목표 중심이다. 위기개입의 일차적 목표는 평형 상태를 회복하여 과거와 동일한 수준의 기능을 달성하는 데 있다. 최소한의 목표는 파멸을 예방하는 것이다.

넷째, 희망과 기대를 중심으로 한다. 위기에 처하여 절망감을 가진 사람들에게 마술적 희망을 가지게 하는 것은 바람직하지 않지만 클라이언트에게 희망을 주는 것은 중요하다. 전문가는 언어적으로 명백하게 설명하지는 않지만 클라이언트의 위기가 어떻게 해결될 것이라고 기대하며, 클라이언트가 기능을 잘할 것이라고 기대해야 한다. 이러한 전문가의 기대는 클라이언트에게 희망을 주고, 자존심을 개선하며, 자기상을 변화시키는 데 도움이 된다.

다섯째, 지지한다. 위기에 처한 클라이언트에게는 사회관계망을 넓히고 다양한 사회적 자원을 신속하게 직접 활용할 수 있도록 제공해야 한다. 언제든지 연결할 수 있는 사회복지기관이나 병원 및 다른 위기센터의 전화번호도 알려 주어야 한다.

여섯째, 초점적 문제해결이다. 위기개입은 가능한 신속하게 위기를 유발한 '문제'를 해결해야 한다. 위기개입에서는 평형 상태를 되찾기 위하여 이 문제는 어떤 형태로든 해결되어야 한다고 본다. 우선, 표적 문제를 정의하고 다음에 그것을 해결하는 데 초점을 유지한다.

일곱째, 자기상을 고려한다. 위기에 처한 사람들은 대부분 자신을 실패자로 보기 때문에 개입 과정에서 클라이언트의 자기상에 대해 고려해야 한다. 위기개입 과정에서 클라이언트의 자기상을 보호하고 증진하여 방어를 줄이고 에너지를 동원해야 한다.

여덟째, 자립의 원칙을 중요시한다. 위기에 처한 클라이언트를 계속 의존 상태에 두거나 퇴행하도록 두지 않아야 한다. 사소한 것이라도 클라이언트가 위기 상황 속에서 스스로 할 수 있는 것을 찾아서 하도록 격려해야 한다. 사회복지사는 클라이언트가 스스로 할 수 있는 일을 대신하지 않아야 한다.

2) 위기개입의 과정

위기개입은 다른 전통적인 개입방법과 달리 단계를 명확히 구분하지는 않지만 개입의 방향을 설정하기 위해 인위적으로 구분할 필요가 있다. 위기개입의 과정을 설명하는 다양한 이론이 있지만 여기서는 보다 구체적이고 직접적인 전략을 제시한 제임스와 길릴랜드(James & Gilliland)의 위기개입 6단계 모델(James & Gilliland, 2001: 31-35)을 제시하고 다음의 사례를 적용해 볼 것이다.

표 11-2 위기개입 사례(애도와 우울증)

김 씨는 62세의 사업가로, 주요우울장애와 알코올중독을 겪던 아들이 유서를 남긴 채 사망했다. 그 당시 김 씨는 순간적으로 세상이 무너지는 느낌을 받았고, 삶의 의미를 상실했다. 그 후 3주가 지나서도 계속해서 아들의 모습이 떠올랐고, 아들의 자살을 막을 수 있었던 방법들에 대해 강박적으로 집착하게 되었다. 김 씨는 자신이 나쁜 아버지였고, 출세에 눈이 멀어 아들과 친밀하게 지내지 못했다고 자책하고 있다. 김 씨는 일상적인 일에 집중할 수가 없었고 사업을 제대로 할 수도 없는 지경이 되었고, 거의 매일 술을 취할 때까지 마셨다. 아들이 자살한 지 5주가 되면서는 우울하고 죽고 싶다는 마음이 더욱 악화되었다. 아들의 자살을 막기 위해 자신이 다르게 할 수도 있었다는 생각은 다소 줄었지만 자신이 아들 대신에 죽었어야 했다는 생각에 더욱 집착했다. 이제 김 씨는 잠을 이루지 못하고, 새벽 4시가 되면 잠에서 깨어 천장만 바라보며 슬픔, 무가치감에 압도되곤 했다. 김 씨는 낮에는 어느 정도 나아지는 듯했지만 점점 살아갈 힘을 상실하고 있다고 느꼈다. 김 씨는 아들이 자살한 지 49일이 지난 날에 정신을 잃을 정도로 술을 마시고 자신도 아들을 따라가겠다고 흐느꼈다. 이후 김 씨는 집에서 나가지 않으며 삶의 의욕을 상실한 채 거의 매일 술을 마시며 죽고 싶다는 말을 반복했다. 그러던 중에 자살을 시도하다가 부인에 의해 구조되었고 정신병원에 3일간 입원 후 본인이 강력하게 요구하여 퇴원 후 집에서 지내고 있으며, 낮 시간에는 혼자 있고 저녁이 되면 퇴근한 부인과 함께 지낸다.

(1) 1단계: 문제의 확인

클라이언트의 관점에서 문제를 검토해야 한다. 위기개입이 시간 제한적이라고 해서 문제를 이해하기 위한 충분한 시간을 가지지 말라는 것은 아니다. 클라이언트 위기의 본질을 이해하는 것은 무엇보다 중요하다. 1단계에서부터 클라이언트의 안전은 기본적인 점검 사항이다. 이 단계에서는 다음과 같은 세부적 실천이 필요하다.

표 11-3 1단계의 지침 및 내용

강조	세부 지침	내용
경청	적극적 관심	클라이언트의 행동이 부적절하더라도 현재 자신의 상황에서 최선을 다하는 것이라는 사실을 알아야 함. 클라이언트 자신이 돌봄을 받고 있다는 것을 느끼도록 해야 함
	지속적 접근	위기에 처한 클라이언트는 희망감을 상실하고 냉담한 반응이나 분노를 표출하지만 지속적인 관여와 접촉이 필요함
	위기의 본질 탐색	클라이언트가 위기 사건에 어떤 의미를 부여하는지를 이해하는 것은 중요함. 위기 전후 클라이언트의 상황이 어떻게 변했는지를 질문하고 확인해야 함

표 11-4 1단계 사례 개입

김 씨의 자살 재시도를 걱정한 부인이 지역의 정신건강복지센터에 도움을 요청하였다. 담당 정신건강사회복지사가 김 씨와 접촉을 시도하였지만 분노를 표출하고 어떠한 도움도 거절하였다. 우선, 김 씨의 부인도 아들의 자살로 애도 과정의 어려움이 있을 수 있는데 남편의 문제가 부가되었기 때문에 부인에 대한 위기개입도 동시에 실시했다. 부인이 겪는 상실의 아픔과 슬픔을 충분히 표현하도록 하였고, 애도의 일반적 과정을 이해하여 불안과 혼란이 증가되지 않도록 했다. 또한 남편의 상실감과 무가치감에 대해 인정하면서 실제적 위기대응 방안들을 제안하였다.

김 씨와의 첫 만남은 부인과 함께 집에서 이루어졌으며, 아들에 대한 죄책감과 미안함 그리고 상실의 아픔을 충분히 표현하도록 했다. 김 씨는 자신이 이렇게 지내다가는 미치는 것이 아닌지, 다시 예전의 삶을 살아갈 힘을 찾지 못할 것이라는 두려움이 있었다. 정신건강사회복지사는 시간이 지나면 해결된다는 상투적 표현보다는 김 씨의 현재 상황과 생각에 대해 공감하고 균형 회복 가능성을 지지하였다.

(2) 2단계: 클라이언트의 안전 확보

클라이언트에게 나타날 수 있는 신체적, 심리적 안전에 대한 심각성과 치명성을 사정해야 한다. 정신보건영역에서도 클라이언트의 공격적 행동으로 치료팀이나 다른 사람 또는 자신에게 직접적 해를 가하는 경우가 발생할 수 있다. 정신보건영역의 사회복지사는 위기개입에서 클라이언트의 안전 확보 문제를 종결까지 중요하게 생각해야 한다.

표 11-5 2단계의 지침 및 내용

강조	세부 지침	내용
경청	직접적 질문	위기개입에서는 자주 직접적 질문도 사용함. 예컨대, 자살 위험이 높은 클라이언트에는 '자살하려는 계획을 가지고 있는가'와 같은 보다 직접적인 질문을 할 수 있음. 이는 클라이언트로 하여금 자살 충동을 일으키기보다는 전문가가 보다 민감하게 자신을 이해하고 있다는 믿음을 줌
	치명성 판단	클라이언트가 치명적 행동을 계획할수록 방법, 동기, 기회, 수단을 보다 구체적이고 명확하게 가지고 있음
	안전 최우선	다른 부적응적 행동이 있더라도 클라이언트의 안전을 최우선으로 두어야 함

표 11-6 2단계 사례 개입

정신건강사회복지사는 김 씨가 정신병원 퇴원 후부터 일주일 간 부인과 상의하여 낮 시간 동안 남편이 혼자 있지 않도록 하였다. 이후 두 번째 만남에서는 김 씨와 정신건강사회복지사가 일대일로 만났다. 정신건강사회복지사는 의사소통 과정에서 자살에 대한 직접적 질문을 편안하게 하였고, 김 씨는 아직도 아들의 곁으로 가고 싶은 마음이 크다고 하였다. 이에 정신건강사회복지사는 자살에 대한 생각이 많이 드는 시간, 장소 그리고 방법 등을 자연스럽게 질문하였다. 김 씨는 아들에 대한 죄책감과 미안함이 해소되지 않았고 슬프고 죽고 싶다는 마음이 사라진 것은 아니지만 삶의 끈을 완전히 놓은 것은 아니라고 했다. 정신건강사회복지사는 김 씨의 삶의 의지를 지지하고 순간순간 변하는 마음을 통제할 수 없을 경우 언제든지 연락하라고 했다. 그리고 부인에게도 김 씨를 당분간 잘 관찰하고 지지자를 곁에 둘 것을 요청했다.

(3) 3단계: 사회적 지지의 확보

클라이언트에게 사회복지사는 지지적인 사람임을 인식하게 해야 한다. 사회복지사는 클라이언트를 수용하고 긍정적이며 비심판적으로 대해야 한다. 3단계의 주요 지침은 다음과 같다.

표 11-7 3단계의 지침 및 내용

강조	세부 지침	내용
경청	가치 있는 사람	위기에 처한 클라이언트는 자아존중감이 낮기 때문에 가치 있고 소중한 사람임을 강조해야 함

	긍정적 변화 격려	클라이언트의 적응적이고 적절한 규범적 행동은 아무리 사소하더라도 지속적으로 강화해야 함
	지지 자원 발굴	위기에 처한 개인들은 자신을 지지하거나 원조할 사람들이 없다고 생각할 수 있으므로 지지자 확보는 중요함

표 11-8 3단계 사례 개입

김 씨는 정신건강사회복지사와 두 번의 면담 이후 세 차례 전화 통화를 하였다. 첫 번째 전화상담은 정신건강사회복지사가 먼저 지지를 위해 걸었고, 김 씨는 예전보다는 다소 안정되었지만 여전히 밤에 잠을 잘 이루지 못하고 한 번씩 아들을 지키지 못했다는 죄책감으로 자신에 대한 분노와 미움을 통제할 수 없다고 했다. 두 번째 전화는 김 씨가 음주 후 죽고 싶다고 살 자신이 없다고 호소하는 내용이었다. 정신건강사회복지사는 부인에게 바로 연락하여 상황을 확인할 것을 요청했고, 곁에 부인이 있다는 사실을 알고 통화를 종료했다. 다음날 정신건강사회복지사는 부인과 통화하여 남편이 버틸 수 있도록 지원하는 것에 대한 용기와 헌신을 지지했다.

(4) 4단계: 대안의 탐색

클라이언트가 활용할 수 있는 개인적이고 사회적인 대처 자원들을 함께 찾아야 한다. 위기상황에 있는 개인은 사회적으로 연결되어 있다고 느끼면 보다 안정되고 적응적 행동을 위해 동기부여를 한다. 구체적 지침은 다음과 같다.

표 11-9 4단계의 지침과 내용

강조	세부 지침	내용
적극적 대처	상황에 맞는 지지	위기상황의 클라이언트는 심리적 안정과 항상성을 유지하기 위해 새로운 자원을 찾기가 어려움. 따라서 그들은 과거부터 알고 있는 사람이나 장소, 그리고 물건을 통해 안정을 취할 수 있음
	성공적이었던 대처 활용	위기에 있는 클라이언트는 충격과 당혹감으로 이전의 위기 상황에서 성공적으로 대처했던 기제들을 활용할 수 없으므로 이를 인식시켜서 활용해야 함
	외부 자원	클라이언트가 소속되어 있는 자연적 지지체계와 사회서비스, 의료보장제도, 지역사회의 응급 지원센터 등을 활용해야 함
	긍정적 인지 행동	클라이언트의 비합리적 사고에 대해 적절한 반응을 하며, 긍정적 변화를 위해 직접적이고 구체적인 행동을 제시해야 함

표 11-10 4단계 사례 개입

> 정신건강사회복지사는 김 씨와 약속한 후 세 번째 가정방문을 했다. 김 씨는 다소 위축되어 있었지만 지난번 방문 때보다는 활기가 있어 보였다. 김 씨는 무엇을 해야 할 것 같은데 엄두가 나지 않는다고 했다. 정신건강사회복지사는 김 씨의 취미가 낚시였다는 사실을 발견하고 내일 당장 갈 수 있는 장소를 섭외하고 함께 갈 사람을 찾기를 요청했다. 망설이던 김 씨는 시도해 보겠다고 했다. 그리고 가까운 친구나 친지를 만나 보기를 권했지만 아직까지 용기가 나지 않는다고 했다. 정신건강사회복지사는 몇 가지 일상적 활동, 예컨대 부인과 함께 장보기, 가까운 공원 산책, 영화 보기를 하루에 한 개씩 하도록 계획했다.

(5) 5단계: 계획의 수립

클라이언트의 내・외부적 자원들을 체계화하고 이를 근거로 현실적인 단기 계획을 세워야 한다. 계획은 클라이언트가 원하고 실제로 적용할 수 있어야 한다. 구체적 지침은 다음과 같다.

표 11-11 5단계의 지침과 내용

강조	세부 지침	내용
적극적 대처	단기 목표	즉각적인 위기를 해결하는 데 초점을 두고 장기적인 목표는 연기하도록 해야 함
	구체적 계획	계획은 '무엇을', '언제', '어떻게'라는 차원으로 구체화시켜야 함

표 11-12 5단계 사례 개입

> 정신건강사회복지사는 김 씨에게 정신건강복지센터의 상담실로 방문하도록 요청했다. 다소 망설이던 김 씨는 시간 약속을 하고 방문했다. 지난번 김 씨와 함께 계획했던 몇 가지 행동들은 부인과 공원에서 산책하는 것 이외에는 하지 못했다고 했다. 사람이 많은 곳을 가기가 힘들다고 했다. 아직도 불면에 시달리며 새벽에 일찍 잠에서 깨어 이대로 눈을 뜨지 않았으면 좋겠다고 생각한다고 했다. 이대로 사회생활을 못하고 고립되면 어떻게 할지, 심각한 정신병으로 이어지는 것은 아닐지 두렵고, 죄책감과 강박적 생각 그리고 불면으로 고통스럽다고 했다. 차라리 죽는 것이 더 편할 것 같다는 생각을 자주 한다고 했다.
>
> 정신건강사회복지사와 김 씨는 다음 일주일 동안 세 가지를 실행하기로 했다. 첫째, 김 씨가 자주 가던 낚시터에 매일 두 시간씩 가서 있다가 올 것, 둘째, 낮 동안 죽고 싶다는 생각이 들면 무엇이든지 일상의 활동(예: 점심 해 먹기, TV 보기, 동네 산책, 강아지 목욕시키기 등)을 할 것, 셋째, 편견과 두려움 때문에 망설였던 정신과의원을 예약하고 방문할 것

(6) 6단계: 클라이언트의 참여

위기를 극복하는 과정에 클라이언트를 참여시켜야 한다. 이를 위해서는 현실적인 목표와 분명한 지침이 필요하다. 클라이언트가 참여할 수 있는 범위 속에서 참여하도록 해야 한다. 구체적 지침은 다음과 같다.

표 11-13 6단계의 지침과 내용

강조	세부 지침	내용
적극적 대처	계획 재검토	클라이언트 관점에서 문제를 해석하고 수정해야 함
	책임감 부여	위기에 처한 클라이언트라고 하더라도 동의한 내용에 대해서는 책임을 가지고 지킬 것을 강조해야 함

표 11-14 6단계 사례 개입

김 씨는 일주일 후 다시 정신건강복지센터를 방문했다. 정신건강사회복지사는 지난번 계획의 실행 여부를 확인한 결과, 정신과 방문 이외에는 대부분 시도했다고 했다. 아직까지 정신과의사를 만나는 것에 대한 거부감이 있다고 했다. 지난번 자살시도 후 정신병원의 응급입원으로 인한 충격 때문이라고 했다. 정신건강사회복지사는 불면이나 정신적 고통이 심각하면 약물치료가 도움이 될 수 있다고 했다. 김 씨는 이제 자신이 하던 사업에 대한 걱정이 생기기 시작했고 해결해야 할 일들이 떠오른다고 했다. 정신건강사회복지사는 긍정적 변화라고 지지하고 할 수 있는 일을 하나씩 할 것을 요청했다. 정신건강사회복지사는 김 씨의 욕구와 행동의 변화에 대해 지지하고, 일차적으로 개입의 종료를 합의했으며, 총 기간은 6주가 소요되었다.

3) 정신보건영역의 위기개입

(1) 정신보건영역의 위기사정

모든 개입과 마찬가지로 위기개입에서 사정(assessment)은 중요하다. 사정은 위기개입의 전 과정에서 지속적으로 진행된다. 전문가는 클라이언트와의 첫 만남부터 가능한 한 빨리 위기의 심각성을 평가해야 한다. 대부분의 급성 위기는 수일 내에 긍정 혹은 부정적 변화를 가져오게 된다.

정신장애인을 위한 위기사정은 빠르게 진행할 필요가 있는데, 위기분류사정체계(crisis triage assessment system)를 활용할 수 있다. 위기분류사정체계는 클라이언트의 정서, 행동, 인지와 관련된 현재의 기능을 평가하는 것이다(Myer, 2001: 29-32).

첫째, 정서상태(affective state)는 클라이언트의 비정상적이고 손상된 정서를 사정하는 것이다. 이는 클라이언트의 감정이 상황과 일치하는지, 어느 정도 흥분해 있으며 이를 통제할 수 있는지에 대한 내용이다.

둘째, 행동기능(behavioral functioning)은 클라이언트의 신체적 활동이나 정신 운동을 사정하는 것이다. 위기개입에서 클라이언트를 이전의 평형 상태로 회복하기 위해 가장 좋은 방법은 클라이언트가 바로 수행할 수 있는 긍정적인 활동을 촉진하는 것이다.

셋째, 인지상태(congnitive state)는 클라이언트의 비합리적이고 혼란스러운 사고를 사정하는 것이다. 이는 클라이언트에게 비합리적이고 혼란스러운 사고가 위기를 악화시킨다는 사실을 알아차리도록 하여 긍정적인 대안과 사고패턴으로 바꾸는 데 기여한다.

표 11-15 위기사정의 일반적 특성

특성	내용
현재 지향	위기사정은 현재 스트레스를 주는 사건이나 상황과 이에 따른 클라이언트의 반응을 중요하게 고려함. 클라이언트 과거 미해결 문제와 갈등은 현재 위기와 관련 있는 부분 내에서 취급함
제한적 선택	위기사정은 현재 위기상황에 초점을 두고 제한적, 선택적으로 진행
대인관계 중심	위기사정은 클라이언트의 문제 상황과 반응을 고려하여 대인관계적 차원에 초점. 클라이언트의 위기와 관련 있는 과거 혹은 현재의 사람들과 관계를 중시함
협동적 과정	위기사정은 클라이언트와 함께 문제를 정의하고 대안을 탐색하여 공동으로 대처해 나가야 함
치료적 개입	위기사정은 클라이언트로 하여금 위기를 이해하고 혼란과 불안을 감소시키면서 진행함. 따라서 위기사정은 치료적 개입의 성격이 있음

출처: 김기태(2006), pp. 256-257.

표 11-16 정신장애인 위기분류척도

점수	위험성
1	자살 및 타해 사고를 표현하거나 관련된 환청이 있으며, 예측 불가능하게 폭력적이거나 충동적임. 현 병력기간 중에 자살시도가 있음
2	자살 및 타해 사고를 표현하거나 환청이 있지만 확신은 없으며, 과거 폭력성·충동성이 있었으나 최근에는 없음

3	자 · 타해 사고를 표현하였으며, 충동조절 능력은 불확실함	
4	약간의 자 · 타해 사고 혹은 행동이 있지만 행동조절이 가능함	
5	자 · 타해 사고나 행동의 과거력 및 위험성이 없음	
점수	**지지체계**	
1	가족 · 친지 · 다른 형태의 지지체계가 전혀 없으며, 기관에서 필요한 지지를 즉각적으로 제공할 수 없음	
2	약간의 동원이 가능한 지지체계는 있으나 그 효과는 제한되어 있음	
3	이용 가능한 잠재적인 지지체계는 있으나 제대로 기능하기에는 어려움이 있음	
4	관심 있는 가족, 친구, 다른 형태의 지지체계가 있으나 필요한 지지를 제공하는 능력과 의지는 다소 불명확함	
5	관심 있는 가족, 친구, 다른 형태의 지지체계가 필요한 지지를 제공하는 능력과 의지가 있음	
점수	**협조 능력**	
1	협조가 불가능하거나 완강하게 거부함	
2	약간의 관심을 보이거나 도움을 주려는 노력을 이해하는 정도임	
3	개입을 수동적으로 받아들임	
4	도움을 원하나 양가적이거나 동기가 강하지 않음	
5	적극적으로 치료를 원하며 협조하려고 함	
점수 합	**분류사정**	
A(3~9점)	극도의 위기	입원치료 요함, 즉각적인 경찰 혹은 119 출동 협조, 정신건강전문가의 즉각적인 서비스 제공 필요함
B(10점)	고위험	12시간 이내 개입, 입원 가능성 있음(심한 자살사고, 위협적인 폭력, 반복적이진 않으나 심한 스트레스)
C(11점)	중간위기	24시간 이내 개입(고민, 자살사고, 혼란스러운 행동)
D(12~13점)	낮은 위기	48시간 이내 개입(보통 정도의 고민, 약간의 지지가 있으나 좋지 않은 상황으로 진행)
E(14~15점)	위기상황 아님	2주 이내에 개입
G		개입종결(전화상담, 연계 종결)

출처: 이구상(2012), pp. 321-322.

(2) 정신보건현장의 위기개입 요소

정신보건영역의 사회복지사는 정신의료기관에서 위기개입을 실천할 수도 있지만 지역사회에서 더욱 빈번하게 활용한다. 지역사회에서의 위기개입서비스가 원활하게 작동하기 위해서는 다음과 같은 필수적인 요소들이 포함되어 있어야 한다(이구상, 2012).

첫째, 응급관리체계이다. 위기는 예측할 수 없기 때문에 위기상황에 대처할 수 있는 체계가 필요하다. 지역사회의 모든 구성원이 24시간 내내 언제든지 활용할 수 있는 시스템을 구축해야 한다. 현재 이러한 역할을 위해서 정신건강복지센터 내의 정신응급 위기개입팀이 있다. 정신응급 위기개입팀은 365일 24시간 상시 근무하며 응급대응서비스를 제공하고 있다.

둘째, 사례관리팀이 존재해야 한다. 이는 지역사회에서 사례로 관리하는 정신장애인에 대한 정보와 책임을 공유하기 위해 필요하다. 실제로 정신건강복지센터에서 관리 중인 정신장애인의 경우, 사례관리팀의 전문가들 간에 정보와 책임을 공유함으로써 담당 사례관리자의 부재 시에도 신속하게 위기개입이 가능하도록 하고 있다.

셋째, 신속한 슈퍼비전이 필요하다. 위기개입은 충격적이고 돌발적인 상황이 자주 반복되기 때문에 전문가의 슈퍼비전을 즉각적으로 받을 수 있는 체계를 구축해야 한다.

넷째, 자원 및 의뢰 체계망을 구축해야 한다. 위기는 다양한 상황에서 발생할 수 있으며, 이에 즉각 대처해야 한다. 따라서 언제 어디서나 활용 가능한 자원들의 망을 구축하고 상황에 따른 적절한 서비스로 의뢰할 수 있는 체계를 구축해야 한다. 예를 들면, 위기개입과 관련 있는 지역사회의 응급실, 경찰, 119 구급대, 관공서 등의 기관들과 신속한 협력이 이루어질 수 있도록 네트워크가 구축되어 있어야 한다.

(3) 위기개입과 정신건강사회복지사

위기개입에서 전문가들이 스스로 반성적 고찰을 지속해야 할 사항들은 경험, 전문적 기술, 균형 감각, 창조성과 융통성, 에너지의 활용, 신속한 반응 등이다(James, 2008: 17-18). 이를 위기개입서비스를 제공하는 정신건강사회복지사에 적용하면 다음과 같다.

① 경험의 유용한 활용

정신건강사회복지사의 경험은 위기개입에서 유용할 수 있지만 그렇지 않은 경우도 많다. 예컨대, 외상적 경험이 있거나 알코올중독 가족 경험을 가진 사회복지사는 상황에 따라 이러한 경험이 도움이 되기도 하지만 클라이언트와 자신 모두에게 해로움으로 작용할 수도 있다. 따라서 정신건강사회복지사는 자신의 삶 속에서 배우고 새로운 지식을 습득하면서 성장해야 한다.

② 전문적 기술의 습득과 활용

정신건강사회복지사는 위기개입에서 경청, 환기법, 재보증, 명료화, 보편화, 직면, 설득, 암시, 충고 등의 다양한 기법을 활용할 수 있어야 한다. 또한 클라이언트의 불안을 억제하는 빠른 전략을 가지고 있어야 하며 부적응적 행동을 적응적으로 변화시키는 방안도 수립할 수 있어야 한다. 또한 클라이언트를 위한 간접개입인 환경조정에 대한 방법도 숙지해야 한다.

③ 균형 감각의 유지

정신건강사회복지사는 대부분 통제력을 잃은 클라이언트와 가족에게 위협적이고 충격적인 사실을 듣게 된다. 이때 사회복지사는 침착함과 균형을 유지하여 클라이언트가 통제력을 회복하도록 지지해야 한다.

④ 창조성과 융통성의 활용

정신건강사회복지사는 대부분 해결될 수 없을 것 같은 클라이언트와 가족의 문제를 경청한다. 불가능해 보이는 상황이나 사건에 대한 사회복지사의 창조성과 융통성은 문제해결에서 중요한 역할을 한다.

⑤ 에너지의 활용

정신건강사회복지사는 끊임없는 위기상황의 직면으로 소진(burnout)될 수 있다. 따라서 사회복지사는 일상적으로 자신의 신체적, 심리적 욕구를 잘 파악하여 에너지를 높은 수준으로 관리하는 것이 중요하다.

⑥ 위기에 대한 신속한 반응

정신건강사회복지사는 항상 복잡하고 새로운 상황에 직면한다. 따라서 사회복지사는 갑작스럽게 발생하는 위기 사건의 이슈를 다룰 수 있는 반응 능력을 갖추어야 한다. 만약 사회복지사가 신속하고 정확하게 반응하지 못하는 일이 자주 발생한다면 좌절하고 자신감을 잃게 된다.

정신건강사회복지사는 환각과 망상이 심각한 위기 상황의 정신장애인의 경우에는 우선적으로 당사자와 주위 사람들이 안전할 수 있도록 조치해야 한다. 또한 어떤 상황에서라도 폭력과 같은 공격적 행위에 대해 단호함을 유지해야 한다. 정신건강사회복지사는 위기 상황에서 정신장애인의 사적 공간을 최대한 존중하면서 위협적이지 않은 접근을 해야 한다. 정신장애인에 대한 실제적 위기개입에서는 〈표 11-17〉과 같은 점을 유의할 필요가 있다.

표 11-17 정신장애인 위기개입의 주의점

	내용
1	폭력은 결코 허용되지 않는다는 점을 정신장애인에게 확실하게 알려야 한다.
2	위협적이지 않은 방법으로 접근한다.
3	정신장애인과 면담 후에 가족이나 주위 사람들과 면담한다.
4	위기 속의 정신장애인을 무리하게 입원시키지 않아야 한다.
5	쉽게 판단하거나 비난하지 않는다.
6	현실검증을 돕고 정신장애인을 안심시키고 조용하게 접근한다.
7	결정을 강요하거나 일방적으로 이끌어 가지 않는다.
8	가능한 한 정신장애인을 혼자 두지 않는다.
9	정신장애인과 심리적, 물리적 거리를 유지하며 사적 공간을 존중한다.
10	정신장애인의 상태가 심각할 때는 일정한 규제와 약물을 투여할 수 있다.

출처: 유수현 외(2018), p. 171.

3. 약물치료

1) 향정신성 약물의 약물역동

정신장애에 대한 약물치료는 1950년대 우연히 발견된 약물인 클로르프로마진(chlorpromazine)의 효과에 기인하여 급속하게 발전하고 있다. 정신장애의 약물치료는 뇌에 작용함으로써 정신기능 또는 행동에 영향을 미치는 약물들에 대한 연구를 하는 정신약물학(psychopharmacology)에 근거한다. 정신약물학에서는 정신질환에 효과가 발견된 약물들의 기전을 밝혀내고 그 과정에서 질환의 병태생리(pathophysiology)를 규명하거나 약물들의 작용기전과 적응증 등을 다룬다. 아직까지 약물치료가 정신질환의 근원을 치료하는 수준에 이르지는 못하고 있지만 정신장애를 치료하는 중요한 도구로 알려져 있다.

정신약물학은 비약적인 발전을 거듭하며, 현재까지 새로운 약물의 개발 및 기존 약물의 추가적인 효과에 대한 규명이 진행되고 있다. 정신질환에 대한 이해가 증진되고, 약물의 기전 및 적응증이 확장되면서 미래에는 기존 약물의 계열 간 구분의 경계가 희미해질 것으로 보인다(박원명, 김찬형, 2014: 3). 이렇게 분류가 엄격하지 않은 이유는 효과가 서로 겹치기 때문이다. 예를 들면, 항우울제가 불안장애에도 효과적으로 쓰이기 때문이다.

향정신성 약물(psychotropic drugs)은 중추신경계에 작용하여 다양한 효과를 나타내며, 이 과정에서 약물의 작용 중 원하지 않거나 예상되지 않았던 이상 반응들도 여러 가지 나타난다. 전통적인 향정신성 약물의 분류는 크게 항정신병약물, 항우울제, 기분조절제, 항불안제 등으로 구분된다. 향정신성 약물의 효과와 부작용을 이해하기 위해서는 약동학과 약력학의 원리를 알아야 한다.

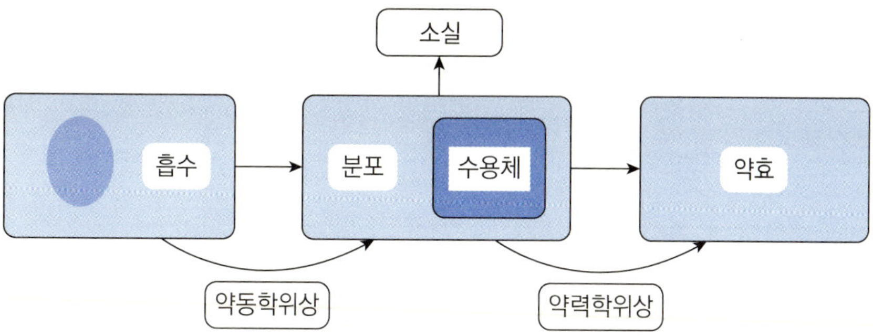

그림 11-1 약동학과 약력학의 개념도

출처: 박원명, 김찬형(2014), p. 56.

(1) 약동학

약동학(pharmacokinetics)이란 신체가 약물을 어떻게 다루는가, 즉 흡수, 분포, 대사, 배설에 관한 연구를 하는 것이다. 약물의 효과를 최대로 얻기 위해서는 그 약물의 혈중농도와 작용부위에서의 농도를 적절히 유지해야 한다. 따라서 약물의 최고 혈중농도에 도달하는 시간, 대사 및 배설, 반감기(half-life), 생체이용률 등이 중요하다.

생체이용률(bioavailability)이란 투여된 약물이 흡수되어 대사되지 않고 체내 혈중에 도달하게 되어 약효를 나타내는 것을 말한다. 어떤 약물의 경우 혈중농도가 낮으면 효과가

적으며, 높아도 오히려 효과가 떨어지거나 부작용만 생길 수 있으므로 약물의 적절한 체내 농도 유지가 중요하다. 특히 약물 소실 기능 저하(신/간장애) 환자군, 고령자, 소아, 여성 그리고 특정 인종 등의 약동학적 정보를 정확하게 파악해야 한다. 또한 다처방의 경우에는 약물 상호작용에 대한 효능을 검토할 필요가 있다. 〈표 11-18〉은 향정신성 약물의 약동학적 특성을 요약한 것이다.

표 11-18 약동학적 특성

흡수 (absorption)	일반적인 약물은 장에서 잘 흡수되며, 이때 장내의 약물농도, 지용성, pH, 장운동, 장표면적 등에 의해 영향을 받음. 향정신성 약물은 경구 투여가 많은데 간편하고 편리한 반면에 실제 작용 부위에 도달 시까지 시간이 많이 걸리고 흡수에 여러 요소가 관여됨. 근육주사나 혈관주사는 경구 투여보다 흡수가 빨라 혈중농도가 빨리 오르나 용량조절이 보다 어렵고 부작용의 가능성이 더 높음
분포 (distribution)	흡수된 약물이 혈관이나 림프관을 통해서 우리 몸에 필요한 장기나 세포로 퍼져 나가는 것을 분포라 함. 약물은 혈장에만 존재할 수 있고, 전신에 분포할 수도 있으며, 대뇌와 같은 특정 조직에 편재할 수도 있음. 분포에 영향을 주는 요인은 단백질과의 결합이며, 대부분의 향정신성 약물은 그 결합 정도가 90% 이상으로 큼. 향정신성 약물이 뇌에 영향을 미치기 위해서는 혈뇌장벽(blood brain barrier)을 통과해야 함. 약물의 체내 분포는 약물의 흡수와 달리 연령 증가에 따른 변화가 큼
대사 (metabolism)	대사는 주로 간에서 이루어지며, 극히 일부는 장점막, 혈장 그리고 기타 조직에서 대사되기도 함. 경구 투여 시 장에서 흡수된 약물은 전신의 순환기에 분포되기 전에 간을 일단 통과하며 대사되는데, 이는 간기능, 연령, 다른 약물의 영향 등에 따른 개인차가 큼. 대사 속도가 빨라 반감기가 짧은 약물은 자주 투여해야 하나, 긴 약물은 하루 1회 투여해도 되지만 부작용도 오래 지속됨
배설 (excretion)	배설은 생체 내에 흡수된 약물 또는 대사물이 체외로 빠져나가는 과정임. 정신작용약물 효과의 지속시간은 혈중농도의 감소와 관련이 있음. 약물의 배설은 연령, 유전, 인종적 차이가 있음
조직 내 축적	약물은 대부분 체내 지방조직에 포화상태에 이르기까지 축적됨. 따라서 약물 투여를 중단해도 서서히 유리되어 장기간 체내에서 발견됨

출처: 박원명, 김찬형(2014), pp. 57-65.

(2) 약력학

약력학(pharmacodynamics)이란 약물에 의해 신체 기능이 어떻게 반응하는가를 연구하는 분야이다. 즉, 투입된 약물에 의해 신체가 어떻게 흥분, 억제 및 자극 또는 치료작용, 부작용 및 독작용 그리고 작용기전 등의 약리적 작용을 다룬다. 향정신성 약물들은 각기 특정한 신경전달물질을 강화 또는 억제함으로써 임상적 효과뿐만 아니라 특정 부작용도 일으킨다. 이러한 과정을 연구함으로써 특정 정신질환의 원인도 추정할 수 있게 되었는데, 그 대표적인 결과가 조현병의 도파민 가설이라고 할 수 있다.

약리작용은 거의 대부분 시냅스(synapse) 주변에서 일어난다. 향정신성 약물은 신경전달물질(neurotransmitter)의 합성(synthesis), 대사(metabolism), 보존(storage), 유리(release), 수용체에의 작용, 재흡수(reuptake) 등에 영향을 준다. 이 과정에서 향정신성 약물이 흥분성 전달물질을 증가시키거나 전달기능을 강화시키면 그 약물은 흥분작용이나 항우울 작용이 있는 것이고, 반대로 전달물질을 고갈시키거나 전달기능을 약화시키면 진정, 억제작용이 있는 것이다.

2) 향정신성 약물의 특성

(1) 항정신병약물의 특성

항정신병약물(antipsychotics)은 조현병을 비롯한 정신병적 장애를 치료하는 약물로서 인지작용의 변화를 초래하지 않은 채 환각, 망상, 와해된 사고, 괴이한 행동 등의 정신병적 증상에 효과가 있다. 약물의 분류, 작용기전, 적응증, 부작용은 다음과 같다.

① 분류

여기서는 항정신병약물의 화학 구조에 따른 분류보다는 정형 항정신병약물(typical antipsychotics)과 비정형 항정신병약물(atypical antipsychotics)로 구분할 것이다. 정형 항정신병약물은 1950년대부터 사용되었고 화학구조에 따라 약물을 개발하였다. 정형 항정신병약물은 1세대 항정신병약물로도 불리며, 클로르프로마진(chlorpromazine), 할로페리돌(haloperidol) 등이 대표적 약물이다. 정형 항정신병약물의 작용기전이 도파민 수용체 차단이므로 추체외로 부작용(Extrapyramidal Side Effects: EPS)과 지연성 운동장애(Tardive Dyskinesia: TD)와 같은 부작용이 나타나서 약물 순응도를 낮추고 약을 중단하는 요인으로 작용하였다.

1980년대 말 기존의 항정신병약물과 달리, 추체외로 부작용이 거의 없다고 알려진 클로자핀이 개발되었으며, 이 약물을 원형으로 비정형적인 약물들이 등장하고 있다. 이러한 약물들은 2세대 항정신병약물로 불리고 있으며, 여기에는 클로자핀(clozapine), 리스페리돈(risperidone), 올란자핀(olanzapine), 쿠에티아핀(quetiapine), 아미설프라이드(amisulpride), 아리피프라졸(aripiprazole), 지프라시돈(ziprasidone) 등이 포함된다. 이들 약물 간의 화학 구조는 서로 다르며, 정형 항정신병약물과 달리 추체외로 부작용이 현저히 적게 나타나는 것이 특징이다(박원명, 김찬형, 2014: 245). 현재 개발 중인 항정신병약물은 인지기능 개선, 대사성 증후군 감소, 음성증상 개선 등의 특정 증상과 부작용 개선을 목표로 하고 있다.

② 작용기전

모든 항정신병약물은 뇌에 있는 도파민 수용체를 차단하며, 이러한 차단은 약물 투여 즉시 일어나지만 항정신병 효과는 서서히 나타나므로 다른 기전의 가능성도 있다. 또한 도파민 수용체를 차단함으로써 추체외로 증상과 기타 자율신경계 장애를 일으킨다. 각 약물의 효과는 용량에 대체로 비례하지만 대량 투여하면 부작용이 많고 효율이 떨어진다. 그리고 약물의 투여로 도파민 수용체는 보상적으로 과민해져서 갑자기 투여를 중단하면 정신병적 증상이 악화될 수도 있다.

비정형 항정신병약물들은 기존의 약물에 비해 도파민 수용체 차단 효과가 약하면서 세로토닌 수용체에 대한 강한 작용을 가지고 있으며, 동시에 원인과 관련된 뇌 부위에 선택적으로 작용하는 특성이 있다. 또한 조현병의 양성증상뿐만 아니라 음성증상에도 효과가 있다고 알려져 있다.

③ 적응증

항정신병약물은 조현병, 조현형장애, 단기 정신병적 장애, 양극성장애, 망상장애, 급만성 뇌증후군, 노인성 정신병에 주로 사용된다. 또한 정신병적 우울증, 불안상태, 급성 알코올중독이나 금단, 경계성 성격장애 등에서도 사용된다. 일반적으로 병명에 관계없이 환각, 망상, 편집증, 긴장, 정신운동 증가, 흥분, 충동성, 공격적이거나 파괴적 행동, 과도한 불안, 사회적 위축, 괴이한 생각, 강직증, 정서의 둔화 등에 사용할 수 있다. 급성인 경우 효과가 더 좋으며, 약물을 투여하면 우선 진정작용이 먼저 나타나고 항정신병 효과는 보다 느리게 나타난다.

④ 부작용

항정신병약물은 치료효과보다 부작용이 먼저 나타나기 쉬우므로 정확한 평가가 뒤따라야 한다. 정형 항정신병약물은 비정형 약물보다 더 많은 부작용을 보일 수 있다. 부작용은 약물이 다양한 신경전달물질계에 미치는 영향에 따라 다르게 나타난다. 항정신병약물의 흔한 부작용은 다음과 같다(대한신경정신의학회, 1997: 643-645; APA, 2022: 891-899).

• 진정작용

가장 흔하고 먼저 나타나는 부작용이며, 진정 효과와 더불어 정신운동지연이 나타난다. 아침에 일찍 일어나는 것이 어렵고 낮 동안에도 졸음을 일으킨다. 이는 부작용이기도 하지만 환자를 안심시키거나 수면을 돕는 이점도 있다.

• 자율신경 부작용

항콜린성 작용으로 대부분의 환자는 입이 마르고, 시야가 흐릿하며, 소변장애, 변비 그리고 드물게는 마비성 장폐쇄증, 녹내장 악화 등이 나타난다. 심하면 혼돈 상태, 환각, 고열 및 혼수가 오기도 한다.

• 추체외로 부작용

이는 도파민 차단 작용 때문에 나타나는 것이다. 추체외로 부작용으로는 파킨슨 증후군, 정좌불능, 근긴장이상증 등이 있다. 정형 항정신병약물에 주로 나타나는 심각한 부작용이며, 이로 인해 환자들이 고통을 호소하며 약물을 중단하는 원인이 되기도 한다.

파킨슨 증후군(pseudo parkinsonism)은 약물 투여를 시작한 지 보통 3~6주에 발생하는데, 진전(tremor), 근육강직(rigidity), 무운동증(akinesia), 무표정한 얼굴, 침흘림, 특유의 축박보행장애가 특징적으로 나타난다. 치료는 약물을 중단 혹은 줄이거나 다른 약물로 대체하여 해결한다.

정좌불능(akathisia)은 약물 투여 초기에 잘 나타나며 불수의적인 좌불안석 상태를 말한다. 정좌불능 상태의 환자는 불안해 보이며 가만히 앉아 있지 못하고 지속적으로 왔다 갔다 하거나 안절부절못하며 조바심을 보인다.

근긴장이상증(dystonia)은 약물 투여 후 수 시간에서 수일 이내에 머리, 목, 입술, 혀, 몸통, 팔다리 등에 갑자기 간헐적 또는 지속적으로 근육의 긴장도가 증가되는 증상이다.

구체적 증상으로는 갑자기 목이 뻣뻣해지면서 돌아가거나 팔다리가 뒤틀리게 되거나, 몸통을 뒤로 젖히거나 혀가 굳어져 입 밖으로 내미는 경우 등이다.

• 지연성 운동장애

지연성 운동장애(tardive dyskinesia)는 항정신병약물을 1년 이상 장기투여 시 10~20%의 환자에서 나타나는 상동성 운동장애 증후군이다. 특징적인 증상으로는 주로 혀를 내밀거나 핥는 것처럼 하거나, 입술을 오므리거나 턱을 좌우로 움직이는 행동을 보인다. 또한 눈을 깜박이거나 얼굴을 찡그리거나, 손발에 무도성 운동장애가 나타나거나, 몸을 흔들거나 뒤트는 증상도 나타난다. 현재까지 지연성 운동장애에 대한 치료 방법은 없는 것으로 알려져 있으며, 부작용 중 가장 두려운 합병증이다. 따라서 항정신병약물을 복용하는 정신장애인은 정기적으로 신경학적 증상의 발현에 대한 검사를 받아야 한다.

• 기타 부작용

피부에 반점, 두드러기가 나타나거나, 피부가 햇빛에 예민해지고 발진과 피부 변색이나 색소 침착 등이 나타날 수 있다. 약물에 따라 경련이 일어날 수 있으므로 주의해야 한다. 또한 도파민 차단에 의한 프로락틴 증가로 월경장애, 성욕감퇴, 남성의 유방비대 등이 나타날 수 있다. 항정신병약물 복용 환자의 약 40%에서 체중 증가가 나타날 수 있다. 그리고 예후가 나쁜 심각한 부작용으로 신경이완제 악성증후군(neuroleptic malignant syndrome)이 있다. 이는 항정신병약물에 대한 특이한 반응으로 매우 드물지만 사망률이 5~20%로 매우 높다. 원인은 알려져 있지 않으며, 증상은 고열, 근육강직, 발한 등 자율신경계 과민성 그리고 무언증, 격정, 섬망, 혼수상태에 이르는 특징을 보인다.

(2) 항우울제의 특성

항우울제(antidepressants)는 크게 삼환계 항우울제(Tricyclic Antidepressants: TCA), MAO 억제제(Monoamine Oxidase Inhibitors: MAOI), 선택적 세로토닌 재흡수 차단제(Selective Serotonin Reuptake Inhibitors: SSRI) 및 비정형 항우울제(2세대 항우울제)로 분류된다. 항우울제의 시작은 결핵치료제의 기분 항진효과에서 비롯되었으며, 삼환계 항우울제가 30년 이상 동안 가장 많이 사용되었다. 이후 삼환계 항우울제의 부작용을 개선하면서 높은 치료효과를 얻기 위한 2세대 항우울제들이 개발되고 있다. 최근 10년 사이에 SSRI가 사용빈도에서 삼환계 항우울제를 추월하게 되었다. 약물의 작용기전, 적응증, 부작용은 다음과 같다(박원명, 김찬형, 2014; 280-289).

① 작용기전

삼환계 항우울제는 노르에프네프린이나 세로토닌의 재흡수를 억제하는 작용을 한다. 그러나 최근에는 시냅스 이전과 이후 수용체, 2차 전달자 시스템과 다른 신경전달물질 시스템에서의 2차적 효과들을 포함하게 됨으로써 보다 복잡한 작용기전으로 설명되고 있다. 삼환계 항우울제는 위장관에서 흡수되어 2~4시간에 혈중 최고농도에 도달하고, 단백질과 쉽게 결합하며, 반감기가 약 30~50시간으로 일일 1회 복용이 가능하다.

SSRI는 선택적으로 세로토닌 재흡수를 차단하는 약물이다. SSRI의 혈중 최고농도에 도발하는 시간은 삼환계 항우울제에 비해 조금 느린 4~8시간이고, 체외 배출은 5~15% 정도가 대사되지 않은 상태로 소변으로 배출된다.

MAO 억제제는 경구투여 시 장에서 잘 흡수되며, 세로토닌, 노르에프네프린 등과 같은 생체아민의 분해를 차단하여 치료효과를 나타낸다. 조직 내의 작용은 2~3일이 경과되어야 하며, 최고의 치료효과는 혈소판 MAO가 80% 이상 억제되어야 나타난다. 또한 MAO 억제제의 MAO 차단효과는 비가역적이므로 이 약물을 투여할 때 음식물이나 다른 약물과의 상호작용에 주의해야 한다.

② 적응증

항우울제는 일차적으로 주요우울장애에 사용되지만, 양극성장애, 불안장애, 공황장애, 강박장애, 섭식장애, 적응장애, 주의력 결핍장애 혹은 심한 스트레스에 대한 부적절한 반응 등에도 효과가 있는 것으로 알려져 있다. 또한 조현병이나 기타 정신병적 장애에 동반된 우울 증상에도 항우울제가 사용된다.

③ 부작용

항우울제의 복용으로 나타나는 부작용은 개인에 따라 차이가 크고, 부작용이 약물 선택의 기준이 되기도 한다. 가장 대표적인 부작용은 항콜린 작용이며, 이는 삼환계 항우울제를 사용할 때 가장 빈번하게 나타난다. 주요 증상으로는 구갈, 변비, 배뇨곤란, 시력장애, 발기부전 등이다. 항콜린 작용 이외의 부작용으로는 심·혈관계에 대한 부작용, 진정작용 또는 각성작용, 성기능장애, 체중 증가와 감소, 신경학적 부작용 등이 있다.

심·혈관계 부작용 중 가장 문제가 되는 것은 기립성 저혈압이며, 진정작용과 달리 긴장, 신경과민, 안절부절못함, 불면 등의 각성 상태를 보이기도 한다. 또한 대부분의 항우울제는 성욕감퇴, 발기부전, 사정장애, 쾌감결여 등이 나타날 수 있고, 체중 증가로 인하여 약물치료에 거부감을 보일 수 있으며, 신경학적 부작용으로 경련이 나타날 수 있다.

(3) 기분조절제의 특성

기분조절제(mood stabilizers)는 조증에 치료적 효과가 있는 약물이며, 양극성장애, 주요우울장애, 지속성 우울장애에서도 유용한 약물이다. 기분조절제는 리튬(lithium), 항경련제, 칼슘통로차단제 및 기타 약물로 분류되며, 가장 대표적인 약물이 리튬이다. 항경련제로는 카르바마제핀(carbamazepine), 발프로익 산(valproic acid)이 있으며, 칼슘통로차단제로는 베라파밀(verapamil), 항불안제인 클로나제팜(clonazepam)과 클로니딘(clonidine) 등의 2차 선택약물이 있다.

양극성장애의 약물치료는 리튬과 항정신병약물을 병용하여 사용하게 된다. 리튬은 세포 내의 일시적인 나트륨 증가로 노르에피네프린, 세로토닌, 도파민의 신경전달물질을 정상화시키는 데 2~6주 정도의 시간이 걸린다. 따라서 일반적으로 리튬을 사용하면서 항정신병약물로 조증을 억제하는 방법을 선택한다. 체내의 리튬은 신장을 통해 95% 배설되므로 치료를 시작하기 전에 반드시 신장 기능 검사를 받아야 하며, 심전도, 전해질 및 갑상선 검사를 시행하여 리튬 치료가 적합하고 안전한지를 확인해야 한다.

리튬 투여 시 가장 빈번한 부작용은 진전과 위장장애이며, 체중 증가, 구갈, 피로감, 기억력 장애 등이 나타나며, 신장, 갑상선, 부갑상선 및 조혈기관 등에도 영향을 미친다. 리튬 중독은 영구적인 신경 손상을 일으킬 수 있고 사망을 초래할 수도 있기 때문에 응급상황으로 대처해야 한다. 항경련제의 경우에도 현기증, 오심, 식욕 감소, 구토, 설사, 졸음, 시력 장애, 발진, 발열 등이 나타날 수 있으며, 치명적 간독성 작용이 발생할 수 있으므로 간기능 검사를 주기적으로 시행해야 한다.

(4) 항불안제의 특성

항불안제(anxiolytic)는 가장 많이 사용하는 약물 중의 하나이며, 광범위한 불안에 효과적인 것으로 알려져 있다. 최초의 항불안 약물은 20세기 초에 소개된 바비튜레이트(barbiturate) 제제였지만 습관성이 있고 과량 복용 시 치명적인 문제가 있었다. 1960년대에 등장한 벤조디아제핀(benzodiazepine)계 약물은 우수한 항불안 효과로 불안증을 치료하는 표준 약물이지만 약물의존과 남용의 위험성 때문에 장기적인 치료에서 어려움이 있다. 따라서 현재에는 약물의존 위험성을 대체할 수 있는 약물들을 개발하려는 노력이 진행되고 있다.

항불안제는 범불안장애, 공황장애, 불면증 등 스트레스와 관련된 증상을 치료하는 데 주로 사용되는 약물이다. 약물의 부작용으로는 진정작용, 현기증, 운동실조증, 기억장애 등이 나타날 수 있다. 항불안제의 지속적인 복용은 신체적, 심리적 의존을 일으킨다. 약물의존이 항불안제의 장기적 치료에서의 가장 큰 단점이며, 장기간 투여 후에 갑자기 복용을 중단하면 불안, 초조, 안절부절못함, 심계항진, 식은땀, 오심 그리고 현실감 상실, 환각, 정신병적 증상, 사망 등의 금단증상이 나타난다. 장기적인 치료가 필요한 불안장애를 지닌 개인은 금단증상이나 의존의 위험이 낮은 약물을 선택해야 한다.

3) 약물치료와 사회복지사

정신건강사회복지사는 약물치료를 위한 진단과 처방을 내릴 수 있는 권한을 가지고 있지 않다. 하지만 사회복지사는 약물치료의 기본적인 내용들을 이해하고 있어야 한다. 왜냐하면 조현병, 양극성장애 그리고 주요우울장애 등과 같은 만성 정신장애는 약물치료가 중요한 치료방법이기 때문이다.

또한 항정신병약물이나 항우울제, 기분조절제, 항불안제와 같은 향정신성 약물은 개인에 따라 여러 가지 부작용을 나타내어 치료받는 당사자를 힘들게 하기 때문이다. 이러한 부작용은 정신장애인으로 하여금 약물치료에 거부감을 가지도록 만든다. 약물치료는 만성 정신장애인에게 중요한 치료 도구이므로 그들과 밀접하게 관계하는 사회복지사들도 효과와 부작용을 이해할 필요가 있다.

1950년대에 발견된 항정신병약물은 그 이전까지 반영구적으로 시설에 수용되어 있어야만 했던 조현병과 같은 만성 정신장애를 지닌 사람들이 지역사회로 돌아올 수 있는 계기를 마련하였다. 이와 같은 사실로 인하여 만성 정신장애인의 치료에서 약물치료 이외의 방법들은 거의 언급되지 않거나 약물치료가 지나치게 강조되는 경향도 있다. 예를 들면, 사회복지사가 정신장애인이 약물을 규칙적으로 복용하는지에만 관심을 두거나, 약물을 복용하지 않는다면 자신의 질병에 대한 통찰력이 없는 것으로 보는 것이다. 또한 사회복지사가 만성 정신장애인에게 상황에 따른 공감 없이 약물치료의 중요성만 강조한다면 클라이언트와 깊은 신뢰 관계를 형성하기가 어려울 수 있다.

정신보건영역의 사회복지사는 향정신성 약물을 복용한 정신장애인의 약물 부작용을 이해하고 공감할 수 있어야 한다. 정신장애인은 향정신성 약물의 부작용으로 흔하게 나타나는 진정작용, 입마름, 시력저하, 변비, 소화불량 등이나 심하면 사지의 떨림, 근육의 심한 강직 등의 어려움을 호소할 수 있다. 또한 체중이 증가하거나 성기능이 저하되기도 한다. 이러한 부작용은 일시적으로 나타날 수 있지만 장기간 지속될 수도 있으며, 개인의 정신활동과 일상생활 그리고 대인관계를 심하게 위축시킬 수도 있다. 이때 사회복지사는 그들의 이러한 고통과 어려움을 이해하면서 해결할 수 있는 방법들을 함께 찾아나가야 한다.

사회복지사는 정신장애인이 향정신성 약물을 복용한 이후에 자신의 상태를 잘 관찰하면서 약물 부작용을 메모하고 개별적 대처법들을 습득하여 활용하도록 도와야 한다. 약물의 부작용이 심각하거나 장기간 지속될 경우에는 약물을 처방한 정신과의사에게 자신의 상황을 정확하게 설명할 수 있도록 교육할 필요가 있다. 이러한 방법에는 자기주장훈련이나 사회기술훈련 등이 있다.

정신건강사회복지사는 정신장애인에게 자신이 복용하는 약물의 효과, 종류, 용량 그리고 부작용을 정확하게 아는 것이 권리임을 확인시켜 주어야 한다. 항정신병약물은 정신증상, 즉 환각, 불안이나 긴장, 망상, 부적절한 행동이나 말을 감소시켜 주거나 잠을 잘 자게 해 준다. 자신의 경우에는 어떤 정신증상에 효과적으로 작용하는지를 아는 것이 치료의 과정임을 알려 주어야 한다. 사회복지사는 정신장애인 자신이 복용하는 약물의 종류와 용량을 알아야 하며, 이것도 치료 과정이자 권리임을 확인시켜야 한다.

정신장애인이 호소하는 약물치료의 부작용을 무시하지 않아야 한다. 예컨대, 진정작용으로 인하여 머리가 나빠지는 것 같다거나 바보가 되는 것 같다는 이야기도 진지하게 들어 주어야 한다. 또한 특히 젊은 사람에게 체중 증가의 부작용은 심각한 고통이며, 성인들의 경우에 성기능 장애도 중요한 개인적 문제이다.

현재 새로운 항정신병약물을 개발하면서 이러한 부작용이 줄어들고 있기는 하지만 개인에 따라 여전히 큰 고통을 겪고 있는 사람들이 많이 있다. 정신보건영역의 사회복지사는 만성 정신장애인을 위한 약물치료의 의의와 효과를 충분히 이해하면서 동시에 클라이언트가 가지는 부작용의 고통 그리고 근원적으로 완치하는 정신장애 치료방법이 아니라는 한계도 분명하게 알고 있어야 한다.

제 12 장

집단 및 가족 대상의 실천방법

학습 목표

1. 집단실천의 과정을 설명할 수 있다.
2. 사회기술훈련의 목적과 내용을 설명할 수 있다.
3. 정신장애인 가족의 부담, 회복, 그리고 가족교육 내용을 설명할 수 있다.

이 장에서는 정신보건영역에서 집단 및 가족 실천방법들을 살펴보고자 한다. 정신보건영역의 사회복지사는 정신장애인을 개별적으로 면담하거나 개입하는 경우도 많지만 구조화된 혹은 비구조화된 집단을 통해 다양한 활동을 수행한다. 이때 사회복지사는 집단의 특성을 충분히 이해하고 있어야 효과적인 개입을 할 수 있다. 특히 구조화된 집단 활동을 할 경우에는 집단치료의 제 방법과 기법들에 대한 이해를 필요로 한다. 사회기술훈련은 사회복지사와 정신장애인이 일대일로도 가능하지만 대개 집단을 구성하여 실행하기 때문에 여기에서 살펴보고자 한다.
정신장애인 가족은 정신장애인의 회복과 일상적 삶을 유지하도록 하는 중요한 자원임과 동시에 충분한 지지를 받아야 하는 대상이다. 이 장에서는 가족의 부담과 회복과정 그리고 가족교육의 내용을 살펴보고자 한다.

핵심 과제

1. 만성 정신장애인 집단 활동을 기획할 때 고려해야 할 요소들은 무엇인가?
2. 만성 정신장애인에게 사회기술훈련이 필요한 이유는 무엇인가?
3. 만성 정신장애인 가족의 어려움은 무엇인가?

1. 집단실천

1) 집단의 유형과 발달단계

(1) 집단의 유형

집단을 활용한 사회복지실천은 오랜 기원을 가지고 있다. 역사적으로 보면 집단을 서비스 단위로 인식한 대부분의 기관은 사회적 변화를 위해 노력한 기관들이다. 이후 1920년대 초반에 집단사회사업이 사회복지교육에 도입되면서 사회복지실천의 개입 대상임과 동시에 방법으로 자리매김하였다. 정신보건영역에서는 제2차 세계대전 동안 군대에서 개입한 정신질환자 치료의 효과성에 기인하여 치료집단, 교육집단, 성장집단 등의 다양한 유형으로 발달하였다.

집단은 크기, 목적, 구성방법 등에 의해 다양하게 분류된다. 가장 전통적인 구분은 일차집단(primary group)과 이차집단(secondary group)으로 분류하는 것이다. 집단의 또 다른 분류는 자연집단(natural group)과 형성집단(formed group)으로 구분하는 것이다. 자연집단은 상호 호감이 있는 사람들끼리, 혹은 공통적인 관심과 배경을 기초로 자연스럽게 형성된 가족, 동료, 친구 등을 말한다. 자연집단은 일차집단으로서의 특징을 지닌다. 형성집단은 외부의 개입이나 영향에 의해 조직되며 특별한 목적을 가지고 만들어진다. 정신보건영역에서 관심 있는 형성집단은 치료집단, 상담집단, 교육집단, 성장집단, 과업집단, 자조집단 등이라고 할 수 있다(유수현 외, 2018: 191-193).

표 12-1 형성집단의 유형과 집단지도자의 역할

구분	특성	집단지도자의 역할
치료집단 (therapeutic groups)	집단구성원들이 개별적인 치료계약을 맺고, 자신의 문제나 어려움을 해결하기 위해 치료적 집단에 참여하는 것을 말함. 이는 우울증, 알코올중독 치료를 위한 집단, 성폭력 피해자를 위한 집단 등과 같은 심각한 정서·행동상의 문제나 정신장애를 치료하는 것에 목적을 둠	정신역동이론, 인지·행동이론 등을 바탕으로 지지적, 지시적, 계획적, 목표지향적인 변화 촉진자, 전문가, 조력자, 중재자 등의 역할을 함

상담집단 (counselling groups)	상담집단은 치료집단에 비해 의식적인 문제를 다룸. '지금 그리고 여기에서'를 강조하며 대인관계를 향상하고 문제해결전략을 중심으로 다룸. 또한 상담집단은 개인이 가진 강점의 내부적 원천을 발견하여 성장할 수 있도록 돕는 것임	집단의 활동을 구조화하고 생산적인 활동을 계속할 수 있는 분위기를 조성함. 또한 집단구성원들의 상호작용을 촉진하고 집단 과정을 통해 획득한 통찰을 실제적 삶 속에 연결하도록 안내함
교육집단 (educational groups)	집단에 참여한 사람들에게 치료적 측면보다는 지식과 기술을 제공하는 것에 초점을 둠. 정신보건영역에서는 정신장애인이나 가족을 대상으로 자기주장기술훈련, 정신장애의 증상이나 대처 방안에 관한 교육 등이 실시됨	관련 부분에 많은 지식과 기술을 습득하고 있어야 함. 참여자의 학습효과를 높이기 위해 교육자, 촉진자의 역할을 하며 그들 사이의 상호작용도 촉진해야 함
성장집단 (growth groups)	집단의 경험을 통해 자신을 보다 성장, 성숙시키기를 원하는 사람들로 구성된 집단을 의미함. 대표적으로 참만남집단 등이 있으며 심각한 정서 · 행동적 장애를 가진 사람들에게 적용할 수 없는 집단임	집단구성원들이 안전한 분위기 속에서 자신을 성찰하여 성장할 수 있도록 해야 함. 집단과업 전문가보다는 집단유지 전문가 역할이 요구됨
과업집단 (task groups)	구체적인 과업의 목적을 달성하기 위한 집단을 일컬음. 주로 의식적인 수준의 행동을 강조하며 어떤 결과 또는 산물의 성공적 달성에 초점을 둠	정보 및 의견 제공자 역할, 방향 제시자의 역할, 조정자 역할, 주창자 역할, 평가자 역할 등이 강조됨
자조집단 (self-help groups)	집단구성원들 스스로 돕는 집단을 말함. 정신보건영역에서 자조집단의 예로는 알코올중독자모임, 알코올중독가족모임, 단도박모임 등이 있음	전문가보다는 특정한 문제를 이미 겪었거나 극복한 사람 또는 집단구성원들이 차례로 돌아가면서 집단을 이끌어 감

(2) 집단발달의 단계

집단발달이란 집단이 일정 기간 진행되면서 나타나는 집단 전체의 변화를 말한다. 집단발달의 단계는 집단의 목적, 집단구성원의 특징, 집단지도자의 이론적 배경 등에 따라 다양하게 구분될 수 있다. 여기서는 말러(Mahler)가 제시한 발달단계를 중심으로 살펴보고자 한다(정원철, 2005: 329-335).

① 출발단계

출발단계는 집단구성원들이 집단과정에 적응하도록 도우며 집단에서 계획한 목표대로 진행되도록 분위기를 조성하는 과정이다. 이는 집단의 초기 과정이며, 보통 첫 1~2회기에 해당되지만 집단의 성격에 따라 연장될 수 있다.

표 12-2 출발단계의 특징

구분	특징
주요 내용	• 집단구성원들은 분위기를 파악하며, 참여의 방법을 배우려고 함 • 집단구성원들은 탐색하며 자신이 배제되거나 혹은 포함될지를 염려함 • 감정표현이 허용된다면 집단의 응집력과 신뢰감은 점차로 형성되며, 때로는 부정적인 감정도 표현됨 • 집단구성원들은 신뢰와 불신 속에서 주저하거나 어색한 경우들이 나타나기도 함 • 집단구성원들은 자기노출의 정도, 어느 정도의 수준으로 참여해야 하는지를 서서히 알아 나감 • 집단구성원들은 다른 구성원들에 대한 공감, 수용, 반응의 기본적 태도를 학습하기 시작함
문제적 상황	• 집단구성원들은 집단에서 일어나기를 바라는 일들에 대해 애매모호한 태도를 취하거나 수동적으로 기다리기만 할 수 있음 • 집단구성원들은 집단과 관련된 불신이나 두려움 때문에 저항할 수 있음 • 집단구성원들은 탐색의 과정에서 대체로 긴장할 가능성이 높음
집단지도자 역할	• 지지적인 분위기로 집단을 안정시킴 • 집단구성원들의 집단 참여에 대한 양가감정을 처리하고 참여를 격려함 • 집단구성원들의 자기노출을 격려하고 동기를 강화함 • 집단구성원들의 집단 내 안정된 역할 수행을 위한 집단의 구조화를 다룸 • 집단구성원들에게 공감, 경청, 반응하기와 같은 구성원으로서의 바람직한 역할을 지도함 • 집단에 참여한 구성원들의 욕구를 파악하여 개별 구성원의 목표와 집단의 목표를 확인해 나감

② 탐색과 시험단계

탐색과 시험단계는 집단구성원들이 점차 집단에 적극적으로 참여함으로써 긴장과 저항이 발생하며, 집단구성원 간의 기대가 명확하게 드러남에 따라 감정적인 대립이 발생하는 과정이다.

표 12-3 탐색과 시험단계의 특성

구분	특성
주요 내용	• 집단구성원들은 자신이 집단 내에서 수용될지 거부될지에 대해 관심을 가짐 • 집단구성원들은 다른 구성원이나 집단지도자에 대한 시험을 통해 집단이 안전한지를 확인함 • 집단구성원들은 안전하기를 원하는 것과 수반되는 위험을 무릅쓰는 것 사이에서 노력함 • 통제와 권력을 중심으로 어느 정도의 갈등이 존재함 • 다른 구성원들이 경청할 수 있는 자신의 표현 방법에 대해 학습함 • 집단지도자가 신뢰할 수 있는 사람인지를 확인하기 위해 시험하고 관찰함
문제적 상황	• 집단구성원들이 문제 유형에 따라 분류되거나 그들 스스로 레벨을 붙여 소극적이 될 수 있음 • 집단구성원들이 부정적 감정의 표현을 드러내지 않는다면 불신이나 반감이 증가할 수 있음 • 집단구성원들이 충분하고 적극적인 상호 간의 의사 표현을 하지 못한다면 방어적이 되거나 이슈들이 숨겨진 채로 남아 있게 됨
집단지도자 역할	• 집단구성원들에게 갈등 상황을 다루는 의의와 기술을 사용해야 함 • 집단구성원들이 드러내는 방어양식을 인식시킬 필요가 있음 • 집단구성원들의 저항을 존중하고 이것이 생산적으로 활용될 수 있도록 함 • 집단구성원들의 다양한 도전을 전문적으로 다룸으로써 모델로서 기능함 • 집단구성원들이 부정적으로 분류되지 않도록 하며, 자율적이고 독립적으로 기능하도록 함 • 집단구성원들이 '지금-여기'에서 일어나는 일들에 대해 적절한 반응을 나타내도록 격려함

③ 문제해결단계

문제해결단계는 탐색과 시험단계보다 진전된 과정이며, 모든 집단이나 구성원들이 문제해결단계로 나아가지는 못한다. 특히 개방집단일 경우에 집단구성원 중 일부는 문제해결단계에 이르지 못하고 중도 탈락할 수 있다.

표 12-4 문제해결단계의 특성

구분	특성
주요 내용	• 집단구성원 간의 신뢰와 응집력 수준이 높음 • 집단 내의 자유롭고 개방적인 의사소통 분위기와 자기노출이 증가함 • 집단구성원들은 갈등을 인식하고 그 갈등을 다루며, 집단지도자의 기능이 집단에 공유됨 • 집단구성원 간의 대결이 규칙에 의해 이루어지며 부정적인 낙인 없이 진행됨 • 집단구성원들은 변화와 관련된 새로운 행동들을 시도하며, 집단 외부에서도 이를 수행함
문제적 상황	• 집단구성원들은 아주 친밀한 관계로 편안히 지내며 긴장을 풀기 위해 공모하거나 서로 도전하는 것을 피함 • 집단구성원들은 집단 과정의 변화에 대해 관심을 가지지만 이를 집단 외부 활동으로 연결하는 데 어려움을 보임 • 집단구성원들은 불안이나 내적 긴장으로 인해 타 구성원에 대한 관심을 철회할 수도 있음
집단지도자 역할	• 집단 내의 적절한 모델로서 기능함 • 변화하려는 구성원의 의지를 지지하고 이를 일상생활에서 일반화하도록 원조함 • 집단구성원들에게 지지와 대결 간의 균형을 유지함 • 집단구성원들의 개별 욕구를 파악하고, 집단 내의 공동의 주제를 탐색함 • 집단구성원들이 자기탐색을 잘할 수 있도록 직면이나 해석을 활용하며, 통찰력이 새로운 행동으로 전환되도록 이끌어 줌 • 집단구성원들이 변화하는 데 작용하는 치료적 요인을 인식하고 그들이 원하는 변화를 달성하도록 도와줌 • 집단의 규범을 발달시키고 응집력을 높이는 일에 지속적인 관심을 가짐

④ 종결단계

이 단계는 이전의 집단 과정에서 얻은 경험이 일상생활에서 문제해결로 이어질 수 있도록 강화하고, 집단 모임이 종료됨으로 인해 발생하는 이별 감정을 다루는 과정이다. 종결단계 이후에도 정기적인 지도집단이나 개별면담 등을 진행할 수 있다.

표 12-5 종결단계의 특성

구분	특성
주요 내용	• 집단 종료에 따른 집단구성원들의 슬픔이나 불안이 있을 수 있음 • 집단에서 경험한 일들을 실제로 일상생활에 적용할 수 있을지에 대한 두려움과 염려가 있을 수 있음 • 집단구성원들은 종료에 따른 느낌이나 집단 과정에 대한 평가를 하기도 함 • 집단구성원들은 변화와 관련된 책임과 사회 모임에 대한 이야기를 하기도 함
문제적 상황	• 집단에서의 경험을 일반화하는 데 어려움을 보일 수 있음 • 분리불안으로 인해 집단구성원들 간의 친밀감이 저해될 수 있음 • 집단구성원들은 집단의 종결에 대한 반응만 보이면서 집단경험을 계속 성장하기 위한 하나의 방법으로 이용하지 못함
집단지도자 역할	• 종결과 관련된 감정을 처리하도록 도움 • 집단과정에서 미해결된 과업을 처리하고 표현할 수 있는 기회를 제공함 • 집단구성원들이 변화하는 데 필요한 자원과 정보를 제공함 • 집단구성원들이 집단에서 학습한 경험들이 일상생활에서 활용될 수 있도록 지지함 • 집단 과정에서 획득한 사실에 대해 비밀이 보장되도록 강조함 • 집단 과정의 경험과 효과를 평가함

2) 집단치료

(1) 집단치료의 정의

집단치료(group psychotherapy)란 훈련된 전문가가 집단구성원들과 치료적 계약을 맺고 언어적 및 비언어적 개입을 통해 심리적 스트레스를 완화시키고, 부적응적 행동을 변화시키며, 성격의 성장과 발달을 촉진하는 치료 과정을 말한다(Vinogradov & Yalom, 1989). 이는 기본적으로 정신치료적 기술을 응용하는 것이지만 개인치료와 다른 집단치료에서만 작용하는 것들이 존재한다.

예를 들면, 집단치료에서는 집단 장면에서 집단구성원–치료자 간의 상호작용과 집단구성원–집단구성원 간의 상호작용 모두가 각 집단구성원의 스트레스 완화, 부적응적 행동의 변화, 그리고 성격의 변화와 발달에 활용된다. 집단치료는 훈련된 전문가에 의한 전문적인 기술과 치료적 개입뿐만 아니라 집단 자체가 변화를 위한 도구로서 제공된다.

(2) 집단치료의 목표

집단치료는 입원 병동뿐만 아니라 지역사회에 거주하는 클라이언트까지 대상에 포함할 수 있다. 또한 집단치료의 대상자는 장기간 상호작용해야 하는 문제를 가진 사람부터 급성 위기를 해결해야 하는 사람에 이르기까지 광범위하다. 따라서 집단치료의 목표는 각 집단의 특성에 따라 폭넓은 스펙트럼 속에서 형성된다. 한쪽에서는 주로 장기 상호작용이 필요한 집단에 의한 증상제거와 성격변화를 목표로 하며, 다른 한쪽에서는 주로 위기 상황이나 입원 대상자에 대한 제한적 기능회복이나 퇴원준비 등의 목표를 다룬다. 이러한 두 양극 사이에 대부분의 집단치료 목표가 놓여 있다.

집단치료는 목표에 따라 시간체계도 다양하다. 일시적 위기집단의 경우에는 단 한 번의 모임으로 종결될 수도 있고, 입원 병동에서의 집단치료는 정해진 시간에 계속해서 진행되기도 한다. 보통 장기 상호작용 집단에서 성격변화나 증상제거를 목표로 한다면 1년 내지 3년의 시간이 지나야 최대의 효과를 얻을 수 있다.

어떤 집단의 경우에는 특별한 문제를 해결하기 위해 8회기나 12회기 등으로 시간 제한적인 구조화된 프로그램을 활용하기도 한다. 이때 집단은 개방집단이 아니라 폐쇄집단으로 구성되며, 집단구성원 중에서 중도 탈락하더라도 새로운 구성원을 모집하거나 추가하지 않는다. 다양한 집단치료의 목표는 〈표 12-6〉과 같다(Vinogradov & Yalom, 1989).

표 12-6 집단치료의 예시와 목표

실천현장		형태의 예	목표	기간
입원	급성 입원환자 병동	높은 기능수준 집단 (매일)	기능 회복	1~2일에서 몇 주
	만성 입원환자 병동	낮은 기능수준 집단 (매일)	재활	몇 주에서 몇 달
지역사회	개인 진료실	상호작용 집단(매주)	증상제거 또는 성격변화	1~2년
	인지·행동치료 진료소	사회공포증 집단 (매주)	명확한 인지 및 행동 변화	2~3개월
	약물남용 치료센터	초기 알코올 회복집단 (매일)	부정(denial)의 직면과 단주유지	3개월
	특수 병원	당뇨병 지지 집단	교육·지지·사회화	특별한 기간 없음
	상담센터	사별집단(매주)	지지·감정정화· 사회화	2~3개월

(3) 집단치료의 치유인자

집단구성원들은 집단 활동의 과정에서 치료자 및 구성원들 간의 상호작용으로 성장하고 치유된다. 이러한 변화의 요인을 얄롬(Yalom, 1985)이 제시한 집단치료의 11가지 치유인자로 확인해 보자.

① 희망의 고취

희망의 고취는 집단 활동 과정에서 자신과 비슷한 문제를 가진 집단구성원의 긍정적 변화를 보고 들으면서 격려와 지지를 받는 것을 말한다.

② 보편성

보편성은 '나만의 문제가 아니다'라는 인식을 통해 불안이 줄어들고 심리적 위안을 얻게 되는 것이다. 예컨대, 자조모임에서 다른 사람들이 자신과 똑같은 고통과 어려움을 겪고 있는 것을 보면서 느끼는 안도감이라고 할 수 있다.

③ 이타주의

이타주의는 집단 활동에서 다른 구성원들과 도움을 주고받으면서 발달한다. 집단구성원들은 의기소침한 구성원을 지지할 수도 있고, 반대로 자신의 어려움을 다른 구성원이 지지하거나 도와줄 수 있다. 이타주의적 행동은 자존감을 높여 줄 뿐만 아니라 병적으로 자기 자신에게 몰입하여 정신적 힘을 소모하는 사람에게 마음을 분산시키도록 만든다.

④ 집단 결속력

집단 결속력은 집단구성원이 집단 전체와 다른 집단구성원들에게 가지는 끌어당기는 힘을 말한다. 집단 결속력이 높은 집단에서는 구성원들이 자신을 노출하면서 적극적으로 사회적 행동에 참여한다. 이를 통해 정서적 안정과 갈등을 해결하는 적응적 표현력을 향상하게 된다.

⑤ 정보의 공유

정보의 공유는 집단지도자나 다른 집단구성원들이 제공하는 정보나 문제 해결 및 대처 방안들을 말한다. 전혀 모르는 타인의 충고는 거부감이 들지만 유사한 문제를 지닌 집단구성원의 충고는 받아들일 가능성이 높다.

⑥ 모방 행동

집단구성원들은 자신과 비슷한 문제를 가지고 있는 다른 구성원들을 관찰하여 행동이나 표현 방식을 배울 수 있다. 또는 집단지도자나 보조자의 의사소통이나 문제해결 과정을 모방할 수 있다. 이는 장기 상호작용 집단에서 활성화된다.

⑦ 사회화 역량 강화

집단구성원들은 보호받고 안정된 상황에서 상호작용하면서 부적응적인 사회행동을 확인하고 적응적인 사회기술을 습득할 수 있다.

⑧ 대인관계 학습

대인관계 학습은 장기적 상호작용 집단에서 발생하는 치유인자이다. 집단이 충분히 상호작용을 지지하고 안정되어 있다면 각 구성원의 대인관계적 문제들이 드러나고 특징적인 부적응적 행동들이 나타난다. 이 과정에서 구성원들이 서로 관찰하고 반응을 공유함으로써 각자의 대인관계적 문제를 발견하여 객관적 사실들을 인정하고 교정하게 된다.

⑨ 감정정화

감정정화는 집단구성원의 긍정적이거나 부정적 감정을 숨김없이 표출하는 것을 말한다. 감정정화는 집단구성원을 정서적으로 안정시키지만 그 자체로 영구적인 변화를 가져올 수는 없다. 그러나 자신의 강한 정서적 표현이 다른 사람에 의해 충분히 수용되었다는 경험을 갖는 것은 중요하다. 왜냐하면 부적응적인 개인에게 지금까지 자신이 근본적으로 남들에게 수용되지 못하며 사랑받지 못한다는 믿음이 크게 흔들리는 계기로 작용하기 때문이다. 감정정화는 인지적 · 행동적 변화를 가져오는 계기가 될 수 있다.

⑩ 원가족과 관련된 문제의 교정

이는 원가족으로부터 생성된 문제들에 대한 새로운 감정, 신념 및 행동들을 재학습하도록 만드는 것을 말한다. 집단구성원들 간에 역기능적인 초기 가족 경험을 재현하게 된다면 이를 교정하는 장으로 집단이 나아가도록 하는 것이다. 주로 장기 상호작용 집단에서 활용 가능하다.

⑪ 실존적 존재의 인정

이는 집단 활동의 과정을 통해 인간의 다양한 갈등이 실존, 즉 죽음, 소외, 자유, 무의미함 등에 있음을 알아차리는 것이다. 집단구성원들은 삶에 대한 새로운 일반적인 법칙, 즉 삶은 때때로 공정, 부당하기도 하며, 홀로 삶을 직면해야 할 때도 많고, 삶의 고통이나 죽음은 피할 수 없다는 것을 배우면서 자기 자신의 삶에 대해 보다 큰 책임을 가져야 함을 배운다. 모든 집단 활동을 통해 얻을 수 있는 이득이 아니라 깊은 상호작용 집단에서 가능하다.

(4) 집단치료의 고려요소

① 치료 제약의 평가

치료적 집단을 구성하여 목표를 설정하기 이전에 내·외적인 제약을 확인해야 한다. 우선, 치료자는 집단 안에서 작용하는 내적이고 변화할 수 없는 조건이나 제약을 평가해야 한다. 즉, 내적 제약은 간략하게 말하면 집단치료를 통하여 변화시킬 수 없는 것들이다.

외적 제약은 집단의 효과에 부정적 영향을 미치는 외적 요소를 말하며, 이는 변화시킬 수 있는 요인이다. 예를 들면, 병원의 행정 직원이 집단치료의 효과에 대해 부정적이라서 이것이 집단치료에 바람직하지 않은 영향을 미친다면 치료자는 이를 변화시키기 위한 방안들을 마련해야 한다. 이러한 평가를 통해 치료자는 도달할 수 있는 집단치료의 목표를 세워야 한다.

② 집단의 기본적 구조

• 물리적 조건

집단치료실은 계속해서 이용할 수 있고 안락한 의자가 있으며, 비밀이 보장되고 산만하지 않은 곳이어야 한다. 또한 모든 집단구성원이 서로 볼 수 있도록 원형으로 배열할 필요가 있다. 특히 기능수준이 낮은 환자들의 초기 불안감을 줄이기 위해 다과를 준비할 수도 있다.

• 집단의 크기

집단의 크기는 치료적 목표에 따라 다양하다. 일반적으로 대인관계를 지향하는 상호작용 집단의 경우에 8명 내외가 적당한 것으로 알려져 있다. 집단구성원이 너무 적으면 구성원 간의 상호작용보다는 치료자와 상호작용하는 경향이 있어 집단치료의 장점을 극대화하기 어렵다.

반면에 집단구성원이 너무 많으면 상호작용이 풍부하지만 어떤 구성원은 소외되고 참여에 소극적이 될 가능성이 높다. 집단구성원들이 상호작용을 풍부하게 하기 위한 집단의 크기는 최소 4~5명부터 최대 12명까지이며, 가장 적절한 크기는 6~8명이다(Yalom, 1985).

• 모임의 시간과 빈도

집단치료 모임 한 번의 시간은 60~120분 사이가 적절하다. 집단치료의 준비를 위해 20~30분 정도의 시간이 필요하며, 모임의 주요 주제를 실행하는 데 60분 정도가 소요된다. 기능수준이 낮아 주의집중을 잘할 수 없는 사람들로 구성된 집단의 경우에는 보다 짧은 시간의 모임을 가져야 한다.

모임의 빈도는 하루에 한 번 만나는 집단부터 일주일 혹은 한 달에 한 번 모임을 가지는 집단까지 다양하다. 입원환자 집단의 경우에는 하루에 한 번이나 일주일에 두세 번까지 만나기도 한다. 지역사회에서 시행하는 집단치료는 일주일에 한 번 만나는 경우가 가장 많다.

• 개방집단 대 폐쇄집단

집단치료를 구조화하는 과정에서 개방집단으로 할 것인지 또는 폐쇄집단으로 유지할 것인지를 결정해야 한다. 개방집단은 집단치료 과정에서 집단구성원들의 변동이 허용되는, 즉 집단치료 중에 떠나거나 새로운 구성원이 참여할 수 있는 경우를 말한다.

반면에 폐쇄집단은 일정한 치료목표하에 형성된 집단구성원들이 모임이 끝날 때까지 변동이 없으며, 중간에 탈락하는 구성원이 발생하더라도 새로운 구성원을 받아들이지 않는 경우를 말한다. 이러한 집단의 형태는 집단의 치료목표와 기간에 따라 결정된다.

• 공동 치료자의 활용

공동 치료자는 서로 지지하고 보충하기 때문에 집단치료에서 유용한 치료적 힘이 된다. 특히 남성-여성으로 구성된 공동 치료자 팀은 가족의 부모상 재현, 남녀 관계의 폭넓은 반응들을 집단에 제공하기 때문에 독특한 이점을 가지고 있다. 그러나 공동 치료자들이 서로 불편해하거나, 경쟁적이며 폐쇄되어 있고 접근하는 방법에서 상당한 차이를 가지고 있다면 오히려 집단치료에 부정적 영향을 미치게 된다.

• 집단구성원의 선택

집단치료에서 집단구성원을 선정하는 것은 매우 중요하다. 왜냐하면 집단구성원을 제대로 선정하지 못하면 집단에 적극적으로 참여하지 않거나 집단치료 도중에 탈락하게 되며, 이는 집단의 결속력을 위협하고 집단치료의 목표를 달성할 수 없기 때문이다. 〈표 12-7〉은 집단구성원 선택의 기준이다(Yalom, 1985).

표 12-7 집단구성원 선택의 기준

기준	내용
포함 기준	• 집단 과업을 수행할 수 있는 능력 • 집단치료에 참여하고자 하는 동기 • 집단의 목표와 일치하는 문제를 가지고 있음 • 집단 모임에 참여의사를 밝히고 끝까지 자리를 지키겠다는 약속
배제 기준	• 집단 과정을 견딜 수 있는 능력이 없음 • 이탈된 역할을 하는 경향 • 심한 초조 • 받아들일 수 있는 행동에 대한 집단 기준에 순응하지 못함 • 한 명 이상의 다른 집단구성원과 심하게 상반됨

(5) 집단치료의 일반적 문제

① 결석하는 구성원

집단구성원의 결석은 모임과 모임의 계속성을 파괴하며, 결석했던 구성원을 위해 이전 모임을 요약해 주는 데 많은 시간을 낭비하게 된다. 치료자는 집단의 생존이 위협당하고 있다고 느끼며 결석하는 구성원에게 관대하게 대하거나 유혹적인 자세로 집단의 안정적인 유지를 위해 노력할 수 있다. 이는 편애에 대한 비난으로 집단결속력에 문제를 가져올 뿐만 아니라 집단구성원의 대인관계적 병리를 강화할 수도 있다. 따라서 치료자는 가능하면 집단구성원들이 지각이나 불규칙적인 참석을 하지 않도록 해야 한다. 하지만 집단의 생존을 위협할 정도로 결석하는 구성원은 집단에서 제외시켜야 한다.

② 독점하는 구성원

독점자는 모든 것에 대해 끊임없이 말해서 집단의 모든 시간과 관심을 빼앗아 버리는 구성원이다. 초기에 집단구성원들은 이러한 독점자를 환영하고 격려하지만 점차 좌절과 분노로 바뀐다. 치료자는 두 가지 차원에서 개입한다.

첫째, 왜 집단이 한 명의 구성원에게 모든 모임의 짐을 지도록 용인했을까를 묻는 것이다. 예를 들면, 집단구성원들이 자신의 집단작업에 대한 책임을 면제받기 위해서 독점자를 계속해서 격려할 수도 있다. 둘째, 치료자는 독점자에게 의미 없는 강박적인 말보다는 자기 자신에 대해 진실된 표현을 하도록 격려할 필요가 있다.

③ 침묵하는 구성원

침묵하는 구성원은 독점자만큼 파괴적이지는 않지만 마찬가지로 치료자에게 도전하는 것이다. 침묵의 원인은 부끄러움, 자기노출에 대한 전반적인 두려움, 의식적이거나 무의식적으로 공격적으로 보이는 것에 대한 갈등, 완벽주의적 성향으로 부족함을 보여주지 않는 것, 다른 집단구성원보다 우월감에 따른 거리두기, 다른 특정 구성원에 대한 두려움, 약하거나 울게 되는 것과 같은 결핍감에 노출되지 않기 위해, 또는 치료자나 다른 집단구성원을 처벌하기 위해 주기적으로 침묵할 수 있다.

치료자는 침묵하는 구성원의 개인적 원인에 따라 다르게 개입해야 한다. 장기 상호작용 집단에서 어떤 구성원의 침묵이 길어진다면 대리학습의 효과는 미미할 것이며, 결국 그 구성원은 집단 과정에 점차로 참여하기가 어려워질 것이다.

④ 탈락하는 구성원

장기 상호작용 집단은 정상적 과정에서 10~35%의 구성원이 처음 12~20번 모임에서 탈락한다(Yalom, 1985). 탈락하는 구성원은 다음과 같은 이유에서 집단의 안정을 위협한다. 첫째, 탈락하지 않도록 다른 구성원과 치료자가 노력하기 때문에 집단 내의 힘과 시간을 낭비하도록 만든다. 둘째, 집단의 안정에 위협을 주어 집단 결속력의 발달을 방해한다. 셋째, 탈락하는 구성원들은 명백하게 혹은 은연중에 집단의 가치를 낮추는 말이나 행동을 한다. 따라서 치료자는 집단구성원이 탈락하더라도 남아 있는 구성원들에게 집단이 치료와 지지를 위한 안정되고 가치 있는 원천임을 느끼도록 도와야 한다.

⑤ 구성원 제외하기

집단구성원 중에 지속적으로 집단의 과정을 파괴하고 방해하는 구성원이 있다면 집단에서 제외시켜야 한다. 파괴적인 구성원은 집단 전체의 결속력을 약화시키거나, 다른 구성원의 사기를 저하시키고, 구성원들의 불안을 증가시키며 참여를 방해하도록 만든다. 또한 파괴적인 구성원 자신도 집단에서 고립감이 증가하고, 치료에 참여하기 위한 동기가 감소되며, 대인관계적 병리를 지속하도록 만든다.

이러한 파괴적인 구성원이 치료자에 의해 제외된다면 집단구성원 모두 버림받은 느낌과 거부감으로부터 유래된 깊은 수준의 불안으로 혼란을 경험하게 된다. 따라서 치료자는 집단치료의 시작 단계에서 심사숙고하여 집단에 충분히 적응할 수 있는 구성원들을 선택해야 한다. 또한 파괴적인 집단구성원을 제외할 수밖에 없다면 떠나는 구성원과 남아 있는 구성원 모두에게 유용함을 설명하면서 집단의 불안을 신속하게 완화해야 한다.

⑥ 새로운 구성원 참여시키기

집단이 상호작용을 충분히 할 수 없을 정도로 수가 적어질 때 새로운 구성원을 참여시킬 필요가 있다. 보통 4~5명 이하로 집단구성원의 수가 적어질 때를 말한다. 새로운 집단구성원을 포함시킬 때의 성공 여부는 적당한 시기 선택에 있다.

예를 들면, 집단구성원들이 위기에 있거나, 아주 심한 갈등 속에 있거나, 새로운 단계의 깊은 결속력으로 진행될 경우에는 새로운 구성원들이 환영받지 못할 가능성이 높다. 반면에 집단구성원들에게 새로운 자극이 필요한 시기에 구성원을 추가한다면 집단에 긍정적으로 작용할 가능성이 높다.

⑦ 소집단화 다루기

소집단화는 집단이 작은 단위로 분열되는 것을 말한다. 소집단화는 2명 이상의 구성원이 집단 전체와 관계하는 것보다는 소집단 내의 관계에서 보다 많은 만족을 얻을 수 있다는 믿음을 가질 때 나타난다. 집단구성원들이 소집단에 소속되든지 혹은 소속되지 않든지 간에 바람직하지 않다.

소집단화된 구성원은 자기들끼리의 비밀이 공유되고 충성심을 가지게 될 것이며, 여기에 소속되지 못한 구성원은 질투심, 경쟁심, 열등감을 경험하게 된다. 따라서 치료자는 집단의 결속력을 위협하는 소집단화를 탐구하고 솔직한 토의를 통해 치료적으로 활용하면서 부작용을 예방해야 한다.

⑧ 구성원 간 갈등 다루기

집단에서의 갈등은 필연적인 것이며, 집단발달을 방해할 수도 있고 성장하도록 할 수도 있다. 갈등은 다른 구성원을 얕잡아 보는 것으로부터 지적하는 농담, 경멸적인 비평, 공공연히 무시하는 언행 등의 미묘하고 부정적인 대인관계적 상호작용에서 시작된다.

낮은 기능을 가진 집단에서는 분노와 적개심이 솔직하게 표현되지만 높은 기능을 가진 집단에서는 갈등의 표면적인 이유와 실제적 문제가 다를 수도 있다. 치료자는 대인관계적 학습을 증진하기 위해 갈등을 이용하거나 갈등을 견디지 못하는 집단구성원에게는 치료적으로 접근하여 부드럽게 불일치를 표현하도록 도우면서 바람직한 방법으로 관리해야 한다.

2. 집단실천으로서의 사회기술훈련

1) 사회기술훈련의 특성

(1) 개념과 필요성

정신건강사회복지사는 정신보건영역에서 다양한 집단을 활용한다. 전형적인 집단치료의 방법과 구조를 자주 활용하지는 않지만 예술이나 오락 등의 매체를 통하여 집단치료적 개입을 시도한다. 이러한 치료적 집단들은 집단치료의 방법이나 기법들을 상황에 맞춰 적절하게 활용한다. 정신보건영역의 사회복지사들이 직접 실행하는 집단치료적 방법들을 활용하는 집단으로는 사회기술훈련, 스트레스대처훈련, 일상생활훈련, 건강증진교육, 정신건강교육, 가족교육 집단 등이 있다.

또한 상황에 따라 정신보건영역의 사회복지사들은 자원봉사자와 관련 전문가들이 진행하는 음악요법, 미술요법, 영화요법, 사이코드라마, 레크리에이션, 웃음치료, 원예요법, 요가, 에어로빅 등의 집단 활동을 중재하거나 관리하기도 한다. 이 경우에 집단치료의 치유인자 및 원리들은 집단 혹은 집단구성원들을 위해 유용하게 활용될 수 있다. 여기서는 정신보건영역의 사회복지사들이 많이 개입하는 집단프로그램 중 하나인 사회기술훈련을 살펴보고자 한다. 사회기술훈련은 사회복지사와 클라이언트가 일대일로 실행하는 경우도 있지만 대부분 집단을 형성하여 진행된다.

사회기술훈련(Social Skills Training)이란 행동주의이론을 근간으로 하여 클라이언트의 일상생활과 사회생활에 필요한 다양한 기술을 학습하도록 하는 접근법이다. 정신보건영역에서는 정신장애인의 대인관계, 자기관리 그리고 지역사회에서 생활하는 데 필요한 대처방식 등을 학습하고 훈련하는 방법에 적용하고 있으며, 일반적으로 6~8명으로 구성된 집단을 대상으로 실행한다.

사회기술훈련은 급·만성 정신질환을 앓고 있는 모든 정신장애인에게 시행될 수 있으며, 사회기술이 거의 없는 사람부터 정서적 표현방법이나 좀 더 적응적인 사회기술을 배우고자 하는 사람까지 누구에게나 적용할 수 있는 효과적인 방법이다. 사회기술훈련 중 가장 기본적인 요소는 의사소통훈련이라고 할 수 있다.

정신장애인은 여러 가지 원인으로 인하여 일상생활이나 사회생활에 필요한 사회기술이 결핍되어 있는데, 그 이유들은 다음과 같다(김기태 외, 2016: 326-327). 첫째, 불충분한 학습(배울 기회 및 역할모델의 결여), 둘째, 사회기술을 사용하지 않아 퇴행(빈번한 입원, 사회적 접촉의 결여), 셋째, 강화의 결여, 넷째, 자신감의 결여, 다섯째, 정신증상(환각, 망상 등), 여섯째, 뇌기능의 장애에서 오는 인지상의 왜곡된 지각, 일곱째, 스트레스에 대한 취약성, 여덟째, 부적절한 행동의 강화, 아홉째, 약물의 부작용 등이다.

사회기술이 부족한 정신장애인들은 대인관계를 회피하게 되고 심한 외로움과 소외감 그리고 우울 등을 겪는다. 또한 사회기술이 부족해지면 심리적이고 사회적인 욕구를 제대로 충족하지 못하게 되고 이로 인한 좌절감이 자신이나 타인에 대한 공격적 행동으로 표출되기도 한다. 따라서 정신장애인에게 사회기술을 향상시키는 것은 매우 중요한 개입 중의 하나라고 할 수 있다.

사회기술훈련은 무의식적 갈등이나 성격 구조를 변화시키는 데 초점을 두기보다는 관찰되는 행동의 변화를 목적으로 한다. 이는 문제의 원인을 제거하는 것을 목적으로 하는 것이 아니며 클라이언트가 사회에서 일상적 삶을 살아갈 수 있도록 행동의 변화를 달성하는 데 있다.

정신보건영역의 사회복지사는 다른 어떤 전문직보다 정신장애인의 사회기술에 관심을 가진다. 왜냐하면 정신건강사회복지사는 정신장애인의 심리사회적 영역, 즉 생활상의 영역을 다루는 것을 보다 중시하는 전문가이기 때문이다.

(2) 목표와 효과

정신장애인을 위한 사회기술훈련의 목표는 크게 도구적 기술과 사교적 기술을 향상하는 것이다(Liberman, 1988). 도구적 기술의 예는 약물관리, 증상관리, 주거지 선택과 유지, 여가 활동과 오락기술, 돈 관리와 지출, 공공기관의 이용 등이다. 사교적 기술은 대화기술을 증진시키고 친구를 사귀며 가족관계를 발달시키는 것을 말하는데, 이는 사회적 지각 또는 수용기술, 인지기술, 문제해결기술, 대처기술, 행동적 기술 또는 표현기술 등을 포함한다.

사회기술훈련을 통해 정신장애인은 정신증상에 대처하거나 삶의 질을 향상시킬 수 있다. 사회기술훈련의 일반적인 효과는 다음과 같다(김기태 외, 2016: 328). 첫째, 자신감 회복, 둘째, 질병의 자기관리, 셋째, 치료팀과의 협력적 관계 구축, 넷째, 가족부담의 감소, 다섯째, 재발 방지, 여섯째, 스트레스 극복, 일곱째, 사회적 역할기능 향상, 여덟째, 낮은 약물용량 유지 등이다.

2) 사회기술훈련의 과정

(1) 계획단계

① 치료동맹 형성하기

사회기술훈련을 실행하기 위해서는 다른 모든 개입과 마찬가지로 첫 과제는 클라이언트를 수용하는 태도로 받아들이면서 상호 신뢰관계를 형성하는 것이다. 이를 위해서 사회복지사는 정신장애인에게 관심을 보이고 공감을 표시하면서 자신의 능력을 보여 주어야 한다. 정신장애인과의 치료동맹 형성은 자연스럽게 발달되는 것이 아니고 사회복지사의 열정과 치밀한 계획과 노력으로 달성될 수 있다.

사회복지사는 사회기술훈련을 효과적으로 진행하기 위해 다음과 같은 자세로 임해야 한다(권진숙 외, 2009: 219). 첫째, 권위적인 자세보다 적극적인 자세로 참여해야 한다. 둘째, 확신을 가지고 자신의 스타일에 맞게 모임을 이끌어 나가야 한다. 자신의 실수를 두려워하지 말고 오히려 실수조차도 인간적인 모습으로 보여 주어야 한다. 셋째, 모임 동안에 참석자들의 주의력을 계속 유지하기 위해 자유롭게 다니고, 자연스러운 제스처를 사용하고, 평소보다 조금 더 크게 말하는 식으로 분위기를 고조시켜야 한다. 넷째, 개인에 대해 정신역동적 탐색이나 동기에 중점을 두지 말고 행동 교정에 초점을 두어야 한다. 다섯째, 참석자들이 모방할 수 있는 대상이 되도록 노력해야 한다. 여섯째, 부정적인 측면보다는 긍정적인 측면을 강조하고 강화시켜야 한다. 일곱째, 사회복지사는 자신의 경험을 개방적으로 표현하고 솔직한 반응을 해야 한다. 여덟째, 유머를 통해 참여의 만족도를 높일 수 있어야 한다.

② 사정하기

사회복지사는 사회기술훈련을 실행하기 위한 사정을 해야 한다. 정신장애인의 뚜렷한 증상이나 문제점을 적절한 사회적 행동의 손상이나 기능제약으로 전환해야 한다. 정신장애인의 사회기술에 대한 사정 정보는 개별 면담, 중요 인물과의 면담, 정신장애인과의 상호작용에서 나타난 대인관계적 행동에 대한 관찰, 문제상황에 대한 반응, 자가보고식 평가서, 다양한 면담 및 기록자료, 기존의 치료자로부터 획득된 정보 등을 통해서 알 수 있다.

면담을 통한 사정의 기본적 질문의 예는 다음과 같다(김기태 외, 2016: 331). 다른 사람과의 관계에서 어떤 어려움이 있는가? 현재 가장 큰 어려움은 무엇인가? 어떤 상황에서 그러한 어려움이 발생하는가? 그러한 어려움이 발생하면 주로 어떻게 행동하는가? 그렇게 행동한 결과는 어떠한가? 자주 발생하는 부적절한 행동에는 어떤 것들이 있는가? 직업적 혹은 사회적 목표는 무엇인가? 인생의 단기 혹은 장기 목표는 무엇인가?

③ 목표 설정하기

목표 설정을 위해서 사회복지사는 사회기술훈련에 적용할 사회적 상황을 구체화시켜야 한다. 목표 설정은 정신장애인과 공동작업으로 수행해야 하며, 사회복지사는 정신장애인의 상황이나 적절한 목표 설정을 위한 방향 제시와 지도를 할 수도 있다. 목표 설정은 가능하면 정신장애인이 직접 경험한 상황을 바탕으로 정하는 것이 바람직하다. 세부적으로 목표를 세우는 과정에서는 정신장애인이 쉽게 변화 가능한 사회적 상황부터 시작하여 보다 복합적 기술이 요구되는 상황으로 진전시키는 것이 좋다. 구체적으로 목표를 세우기 위한 세부적 기준은 〈표 12-8〉과 같다(Liberman, DeRisi, & Mueser, 1995).

표 12-8 사회기술훈련의 목표 설정 기준

기준	적절한 목표의 예시들	부적절한 목표의 예시들
긍정적 목표	• 동료에게 도움을 요청한다. • 친지 앞에서 의견을 말한다.	• 부적절한 행동을 하지 않는다. • 사회공포증을 감소시킨다.

기능적 목표	• 면접에서 자신의 경력을 설명한다. • 친구를 초대하여 커피를 마시며 대화를 나눈다. • 가족에게 친근감을 표시한다.	• 집단 모임에서 큰 소리로 말한다. • 사회복지사를 초대하여 커피를 함께 마신다. • 사회복지사에게 자신의 감정을 표현한다.
빈도 높은 목표	• 자녀의 학업성적이 좋을 때 칭찬한다. • 점심시간에 동료들과 대화를 나눈다.	• 자녀의 생일에 안아 준다. • 일 년에 한 번 있는 회사의 야유회에서 동료와 대화한다.
달성 가능한 목표	• 여자 점원과 원하는 물건에 대해 1분 정도 대화를 한다. • 남편에게 설거지를 도와 달라고 부탁한다.	• 예쁜 여자에게 데이트를 신청한다. • 남편에게 아이를 돌봐 줄 사람을 구해 달라고 부탁한다.
구체적 목표	• 일주일 동안 3명의 이웃 주민에게 먼저 말을 걸어 본다. • 직장을 구하기 위해 여러 곳에 전화를 걸어 본다.	• 보다 사회적으로 행동한다. • 직장을 구한다.
권리와 책임이 일치된 목표	• 담당 주치의에게 약의 부작용과 이득에 대해 물어본다.	• 담당 주치의에게 약 처방을 바꾸어 달라고 요구한다.
현재 생활 중심의 목표	• 곧 있을 취업 면접을 위해 직업 경력을 만들어 연습한다.	• 해고당한 이전 직장의 상사에게 분노를 표현한다.

(2) 진행단계

① 역할시연

사회기술훈련에서 역할시연은 중요하다. 역할시연은 클라이언트의 문제영역에 바탕을 둔 상황을 구성하여 그러한 장면에서 상대 역할을 할 대상을 선택함으로써 클라이언트가 적절한 사회행동이나 대처능력을 학습할 수 있도록 연습하는 방법이다. 상대 역할자는 참여한 다른 정신장애인이나 치료자 혹은 보조치료자 모두 가능하다. 역할시연 시에 사회기술이 심하게 결핍된 정신장애인의 경우에 참여하는 것에 대해 불안해하거나 당혹스럽게 느낄 수 있으므로 진행자가 적절하게 격려와 지지를 하면서 실행해야 한다.

② 피드백과 사회적 강화

정신장애인이 동의한다면 역할시연 시에 영상 촬영기기를 통해 녹화한 후에 역할시연 장면을 다시 보면서 정신장애인 본인의 의견을 듣고 참석한 다른 사람들이 피드백을 제공한다. 이때 중요한 것은 역할시연을 한 정신장애인의 잘한 점과 예전보다 많이 좋아진 부분에 대해 집중적으로 피드백을 해야 하며, 부족하거나 개선해야 하는 부분은 개인의 특성에 따라 조절하면서 서서히 진행해야 한다. 또한 칭찬이나 성공경험은 그 개인 자체가 아니라 구체적인 행동을 중심으로 이루어져야 한다. 예를 들면, 예전보다 더 즐거운 표정과 따뜻한 음성으로 조리 있게 말했다는 것 등이다.

③ 모방화

이는 사회기술훈련을 진행하는 사람이나 다른 참석자가 구체적 사회기술을 시범적으로 보여 줌으로써 정신장애인이 사회기술을 배우도록 하는 방법이다. 모방을 위한 시범은 간략하면서도 가장 중요한 반응요소에 초점을 두어야 한다. 인지결손이 심한 정신장애인의 경우에는 반복적인 시범이 필요하기도 하다. 어떤 경우에는 미리 녹화되어 있는 시범장면을 보여 줄 수도 있다.

④ 과세부여

사회기술훈련은 훈련된 사회기술이 일상적 상황에서도 사용될 수 있도록 하는 것을 목표로 한다. 따라서 훈련상황에서의 성공적 수행이 직접적 지시나 도움이 없이 실제상황에서 유지될 수 있도록 참여자에게 적절한 수준의 일상적 과제를 내어 주어야 한다. 그리고 과제는 실제적이고 성공가능성이 높고 구체적이어야 하며, 다음 사회기술훈련 시간에 주어진 과제를 점검하는 것도 중요하다.

(3) 일반화 단계

일반화(generalization)란 어떤 상황에서 일어났던 행동은 비슷한 상황에서도 연속적으로 발생한다는 의미이다(Charles, Carver, & Scheier, 2004). 사회기술훈련 과정에서 습득한 사회적 행동이 실제 일상생활의 유사한 상황에서도 적용될 수 있도록 지속적인 관심을 가질 필요가 있다. 정신장애인의 경우에 새로운 사회기술을 학습하고 이것을 유사한 상황에서 적용할 수 있는 능력이 떨어질 가능성이 높기 때문에 장기적인 추적 관리가 필요하다.

3. 가족실천

1) 정신장애인 가족의 부담

(1) 정서적 부담

가족구성원 중 정신장애의 발생은 충격, 슬픔, 분노, 죄책감, 수치심 등의 정서적 고통을 경험하도록 한다. 가족은 정상적인 발달과정을 진행하던 자녀 혹은 형제자매가 정신장애로 미래의 꿈이 좌절되고 일상생활이나 사회생활을 제대로 하지 못하는 사실들을 알게 되면 슬픔과 죄책감을 넘어 분노를 일으킬 수 있다. 시간이 지날수록 재발과 이전 생활의 유지가 어려워지는 과정을 지켜보면서 더욱 격렬한 반응으로 나타난다.

가족은 정신장애인과 함께 생활하면서 겪는 긴장이나 불안감, 그리고 미래의 불확실성에 대한 두려움으로 고통스러워한다. 특히 부모는 정신장애의 원인이 불명확하기 때문에 자신의 잘못으로 자녀가 이렇게 되었다고 심각한 죄책감을 느낄 수 있다. 또한 가족은 정신장애인을 두었다는 수치심과 낙인감 때문에 소극적인 대인관계를 맺게 되며, 극단적인 스트레스가 장기화되면서 무기력감이나 우울 등으로 심리사회적인 위축을 경험한다.

가족은 정신장애의 대처 과정에서 생긴 가족문제를 병리적으로 보는 전문가에게 분노를 표현하기도 한다. 또 다르게 정신장애인을 보호하거나 치료하지 못하는 정신보건시스템에 불만을 터뜨리기도 한다.

(2) 행동적 부담

정신장애인을 둔 가족은 비예측적이며 돌발적인 정신장애인의 행동에 대한 걱정과 두려움을 가진다. 가족은 정신장애인이 나타내는 환청과 망상 또는 공격적 행동, 일상적 생활 기능의 저하, 끊임없는 논쟁 등과 같은 문제들을 제대로 이해할 수 없기 때문에 긴장과 갈등 속에서 지낸다. 정신장애가 만성화됨에 따라 가족은 증상이 재발하지 않도록 주의하거나 자살이나 응급한 상황에 대해 걱정하고 대비해야 하는 부담을 가진다.

가족은 24시간 정신장애인을 보호하거나 평생 약물복용과 관리를 유지하기 위해 자신의 시간을 투입해야 한다. 또한 일차적 보호제공자는 자신의 모든 사회적 활동을 포기해야 하며, 취미생활, 여가 및 휴가를 즐기기가 어려워져 상당한 스트레스를 경험한다. 이러한 만성화된 스트레스는 두통, 위궤양, 심장병, 고혈압, 불면 등의 문제를 일으키는 원인이 된다.

가족은 정신장애인에 대한 부담으로 갈등이나 역할혼란을 경험한다(이영호, 심경순, 김태준, 2010: 243-244). 부부 중 한 사람이 집중적으로 정신장애를 지닌 자녀를 돌보게 되면 다른 배우자에게 소홀해지기 쉽고, 직업생활의 중단, 사회생활의 철회 등으로 부부간의 갈등을 겪는다. 형제자매들은 정신장애를 지닌 형제자매로 인하여 자기비하와 수치심, 제대로 보살피지 못할 것이라는 죄책감, 그리고 부모의 보상심리에 따라 정신장애 형제자매를 대신하여 성공해야 한다는 과잉기대로 인해 느끼는 심리적 압박감이 심하다. 또한 자신의 결혼과 관련하여 정신장애 형제자매를 공개할 것인지에 대한 심리적 부담감, 그리고 부모 사후에 정신장애를 지닌 형제자매에 대한 보호부담을 가진다. 이러한 부담감으로 인해 가족은 갈등과 긴장, 그리고 역기능적 상호작용을 할 가능성이 높다.

(3) 사회적 부담

장기적으로 정신장애인을 돌보아야 하는 가족은 여러 가지 사회적 제약을 경험할 가능성이 높다. 가족은 정신장애인을 돌보아야 하기 때문에 외출이나 모임에 이전처럼 참석하기가 어렵다. 정신장애인의 예측 불가능한 행동이나 편견 때문에 친지나 외부 손님을 초대하기도 조심스럽다. 이로 인하여 기존에 형성되었던 사회적 관계망이 좁아지거나 단절되어서 가족 전체의 사회적 고립으로 이어질 수도 있다.

정신장애에 대한 낙인과 이에 따른 거부감 및 수치심으로 인하여 사회적 고립이 더욱 강화될 수 있다. 정신장애인도 사회적 낙인으로 인하여 회복 이후에도 학교나 직장 복귀가 어려우며 친구를 사귀기도 어려워서 결국 가족의 부담으로 남게 된다. 정신장애인을 둔 가족은 이러한 사회적 반응으로 인해 정신장애인의 상태를 은폐하거나 사회적 교류를 단절하게 되며, 이는 더욱 가족 간의 갈등이나 부담요인으로 작용한다.

정신장애인을 둔 가족은 전문가와의 관계에서도 스트레스와 부담을 가진다. 만약 전문가가 정신장애를 가족 탓으로 돌리거나, 가족의 어려움에 대한 이해의 부족, 그리고 가족을 배제한 치료를 진행한다면 상당한 고통을 경험할 가능성이 높다. 또한 서비스의 부족은 정신장애인을 돌보는 가족의 부담감을 강화시킨다.

정신장애인을 위한 지역사회 서비스는 재가복지서비스, 단기보호, 주간보호, 그룹홈, 심리사회재활서비스, 재정적 지원, 법률서비스, 직업재활서비스, 개별상담, 사례관리, 부모교육, 집단상담, 가족상담 등이다. 이러한 서비스들은 기본적으로 부족하고, 지역적 편차가 크며, 서비스 내용의 비전문화, 서비스의 분절적 형태 등으로 인하여 자신의 가족에게 필요한 서비스를 찾아내어 연속적으로 대처하기 어렵게 구성되어 있다.

(4) 경제적 부담

만성 정신장애인을 둔 가족은 거의 평생 약물치료비용과 보호비용을 지출해야 하기 때문에 경제적 어려움을 겪게 된다. 정신장애인을 위해 지출되는 비용은 의료, 교육, 심리사회재활, 직업재활, 자립생활지원 등의 직접적 비용뿐만 아니라 가족구성원 중 누군가가 정신장애인을 돌보아야 하기 때문에 가족구성원의 직업상실이나 사회생활 포기 등에 따른 간접적인 비용도 크다고 할 수 있다.

많은 정신장애인이 스스로 취업을 유지하면서 경제적 독립생활을 하는 데 어려움을 겪고 있다. 따라서 사회 구조적으로 정신장애인에게 적절한 소득보장을 지원하지 않는다면 많은 정신장애인은 평생 경제적으로 가족에 의존할 수밖에 없다. 저소득층은 극빈층으로 이동하고 중산층이라고 하더라도 장기간의 보호비용으로 인하여 경제적인 어려움을 겪게 되어 가족 전체의 삶의 질이 크게 하락할 가능성이 높다.

2) 정신장애인 가족의 회복과정

가족구성원 중 누군가가 정신장애를 가진 것으로 진단되면 모든 가족구성원은 큰 충격에 빠지며 보호에 대한 부담감을 가진다. 그러나 가족구성원들은 시간이 지나면서 점차로 회복의 과정으로 나아간다. 회복(recovery)은 자기 발견, 재확인, 그리고 변화의 과정이다. 또한 회복은 고통스럽고 어려움이 뒤따르지만 인생의 더 큰 목적과 의미 및 활력을 부여하며, 다른 사람들과 연결되어 있다는 느낌을 가져다주는 새로운 삶의 결과물이다. 이러한 회복은 다음과 같이 발견/부정, 인정/수용, 대처 그리고 옹호의 4단계로 진행된다(Spaniol & Zipple, 1994). 하지만 모든 가족이 이러한 회복의 과정으로 나아가는 것은 아니다.

(1) 발견/부정의 단계

가족은 가족구성원 중 누군가가 정신증상을 나타내더라도 심각하지 않은 것으로 보려고 한다. 대중매체에서 보여 주는 정신장애의 부정적이고 파괴적인 이미지 혹은 그들 자신이 가진 편견은 자신의 사랑하는 가족이 그러한 문제를 가졌다는 사실을 받아들이기 어렵다. 그래서 그들 가족의 정신장애 문제를 알코올, 마약, 게으름 혹은 나쁜 친구를 사권 결과로 해석한다.

그러나 시간이 지날수록 가족 간의 긴장이나 좌절이 증가하게 되면서 친구나 친지, 성직자, 그리고 전문가 등으로부터 해결 방안을 찾으려고 한다. 회복의 과정에서 부정(denial)은 지속적으로 이어진다. 정신장애를 회피할 수 없는 문제로 인정하기 전까지 무의식적 부정뿐만 아니라 의식적으로도 믿지 않으려고 애쓴다. 가족구성원은 이 부정의 단계에도 서로 지지해야 하며, 점차 정신장애가 무엇인지를 알아 가야 한다. 또한 가족은 서로 지지할 수 있지만 회복은 각 개인의 노력으로 이루어진다는 사실을 인식해야 한다.

(2) 인정/수용의 단계

가족은 정신장애를 가진 가족구성원의 심각한 문제들이 지속되면서 정신질환을 인정(recognition)하게 된다. 가족은 전문가들이 이러한 문제의 해결 실마리를 가지고 있을 것으로 보고 그들에게 찾아간다. 하지만 가족은 정신장애의 심각한 상황들을 이해하면서 죄책감, 당황, 그리고 자기비난의 감정을 가질 수 있다. 만약 어떤 전문가가 가족구성원의 정신장애에 대한 책임이 다른 가족구성원, 즉 부모에게 있다고 가정한다면 가족의 죄책감은 더욱 증가할 수 있다. 이에 대한 전문가의 신중한 접근이 필요하다.

가족은 정신장애를 가진 가족구성원이 장기간 어쩌면 평생 심각한 정신질환 속에서 살아가야 한다는 사실을 알게 되면 엄청난 상실감을 경험한다. 이러한 상실감은 정신장애를 가진 가족구성원 삶의 전반적인 상실뿐만 아니라 가족 혹은 자신의 삶의 이미지가 파괴될 수도 있다는 불안을 동반하도록 만든다. 가족은 이전의 가족, 그리고 가족구성원의 이미지를 다시 찾지 못할 것이라는 상실감을 오랫동안 이어 간다. 정신장애를 가진 가족구성원이 이전의 모습을 찾아갈 것이라는 희망과 그렇게 되지 못할 것이라는 좌절의 생각을 반복하게 된다.

가족은 정신장애인의 삶에 대한 충분한 이해를 한 후에 예전의 비현실적인 희망 대신에 실제적인 기대를 가지기 시작한다. 그러나 이 과정은 가족구성원 모두에게 삶의 위기이며 새롭게 삶의 의미를 발견해야 하는 시기이다. 그들은 자기 자신에 대해서, 다른 사람과의 관계에 대해서, 인생의 더 큰 목적과 의미에 대해서 새로운 질문을 하게 된다. 그 결과 가족은 이전의 삶과 다른 인생관과 세계관을 가지게 되며, 사랑하는 가족의 장애를 수용(acceptance)하게 되는 것이다.

(3) 대처의 단계

여기서의 대처(coping)는 정신장애에 대한 적절한 지식, 기술 혹은 지원이 없는 상황에서의 문제에 대한 투쟁을 의미한다. 많은 가족은 사랑하는 가족구성원이 정신장애를 가졌다는 슬픔의 기간을 지난 이후에 대처하기 시작한다. 가족의 대처는 정상적인 가족생활의 파괴, 현재의 위기, 장애의 만성화, 전문가와 정신보건시스템으로부터의 믿음의 상실, 정신장애를 가진 가족구성원의 안정적인 삶에 대한 기대 등으로부터 나오는 것이다.

전문가들은 이 단계의 가족이 더욱더 분노하고 자기주장을 강하게 하기 때문에 매우 공격적이라고 느낄 수 있다. 가족은 전문가들의 유능성 문제를 지적하고 더 많은 서비스를 요구할지도 모른다. 전문가와 정신보건시스템에 대한 분노는 정신장애인을 위한 적절한 서비스를 찾지 못한 것에 기인한다. 전문가들은 그들의 분노가 절망감으로부터 나오는 것이라는 사실을 알아야 한다.

가족은 여러 가지 사실이나 경험을 통해 점차로 그들이 정신장애에 대해 할 수 있는 한계를 받아들이기 시작한다. 가족은 정신장애인의 증상을 관리하거나 일상생활 혹은 사회생활을 위한 기능을 향상하는 것에 초점을 둔다. 그들은 보다 적절한 입원환자 치료, 지역사회서비스, 주거서비스, 그리고 재활에 관심을 가진다. 이제 가족은 전문가들을 가까이 하며, 그들의 대처 노력에 비해 충분하지는 않지만 전문가나 재활과 관련된 서비스들이 필요하다고 인식하게 된다.

(4) 옹호의 단계

가족은 회복의 과정에서 그들 스스로에 대한 새로운 인식을 하게 된다. 이러한 인식은 점차로 증가되는 개인적 옹호(personal advocacy)와 자기주장 및 자기확신을 포함한다. 가족구성원의 정신장애가 지속되더라도 가족은 자신의 삶을 유지하며, 자신에 대한 비난이 줄어든다. 가족은 변할 수 없는 것이거나, 원치 않는 변화를 위해 노력하는 대신에 정말로 필요한 변화를 위해 애쓴다. 가족은 전문가와 함께 새로운 역할과 관계를 맺기 위해 노력하며, 보다 장기적으로 정신장애인과 자신을 위해 필요한 일들을 배워 나간다.

개인적 옹호와 더불어 정치적 옹호(political advocacy)도 중요하다. 정신보건시스템의 변화를 위한 연대는 더욱 가치가 있으며, 점차로 그들의 연대로 인한 힘을 경험하게 된다. 가족들이 변화시킨 시스템으로 인하여 정신장애를 가진 가족구성원이 더욱 체계화된 보호와 지지를 받을 수 있음을 확인하게 된다. 이와 동시에 가족은 인생에서 자신이 해야 하는 일, 다른 사람과의 관계, 그리고 자기 자신의 가치와 의미에 대한 새로운 인식과 통찰을 할 수도 있다.

3) 가족교육

(1) 가족교육의 의의

정신장애인 가족은 다양한 형태의 보호부담으로 인하여 심리사회적 스트레스뿐만 아니라 일상적, 사회적 생활에 상당한 제약을 겪게 된다. 또한 가족은 정신장애인이 보이는 정신장애의 특성이나 대처 자원들을 스스로 정확하게 인식하기에 어려움이 많다. 이로 인하여 가족은 정신장애인의 회복에 부정적으로 작용하거나 가족갈등, 심하면 가족해체로 이어지기도 한다.

가족교육은 가족구성원 모두가 겪게 되는 심리적 충격과 향후 대처 과정에 전문가가 참여하는 것이라고 할 수 있다. 따라서 가족교육은 가족을 대상으로 일정 기간 체계적으로 진행하고, 병에 대한 정보, 지식, 구체적인 대처능력기술을 제공함과 동시에 상담과 지지 및 지원, 옹호를 해 주는 과정이다. 그리고 가족교육은 반드시 효과를 측정할 수 있도록 구조화되어야 한다.

가족교육의 기본적 원칙은 정신장애인을 둔 가족이라도 강점 관점을 중심으로 접근해야 한다는 것이다(이영호 외, 2010: 247). 가족은 정신장애인이 나타내는 병리적 현상으로 인해 혼란을 겪으며 성장을 할 수 없어 보이더라도 가족구성원 각자의 강점이나 가족 전체의 자원들을 가지고 있다. 이러한 가정에 근거하여 가족의 임파워먼트(empowerment)를 강화하는 방향으로 가족교육을 진행해야 한다. 가족의 임파워먼트를 향상하게 되면 가족은 어떤 어려움에 처한 상황에서 레질리언스(resilience)를 발휘할 수 있고 가족구성원 모두의 자존감이 높아지며 동기가 부여되어 문제해결능력을 가지게 된다. 정신장애인 가족의 임파워먼트를 향상하는 원칙은 다음과 같다(Dunst, Trivette, Gorden, & Starnes, 1993: 89-118).

첫째, 가족의 공동체의식을 증진시켜 가족구성원 간의 상호의존적 협력이 가능하도록 해야 한다. 둘째, 비공식적인 가족 자원을 서비스체계에 포함하여 활성화시키도록 한다. 셋째, 각 전문가 간의 팀워크를 통해 가족 지원을 강화해야 한다. 넷째, 가족의 약점이나 병리적 문제보다는 강점이나 긍정성을 강조하여 가족통합을 지원해야 한다. 다섯째, 가족은 서비스의 수혜자가 아니라 소비자라는 관점으로 보아야 하며, 치료적 대상자가 아니라 환경적 자원임을 강조해야 한다.

이러한 원칙들을 통해 전문가와 가족은 수직적인 치료자-클라이언트의 관계가 아니라 수평적인 파트너십 관계로 발전해야 한다. 이를 바탕으로 가족은 힘과 능력을 가지고 자발적으로 정신장애인 회복에 동참하는 중요한 자원이 될 수 있다.

만약 전문가가 가족을 정신장애의 원인제공자 혹은 치료 대상자라고 규정하여 개입한다면 가족은 심한 죄책감 속에 사회적 위축이나 고립을 겪게 된다. 그에 따라 가족이라는 비공식적 자원이 사라지고 가족의 심리적 · 사회적 · 경제적 부담은 더욱 가중된다. 가족은 치료적 대상이 아니라 정신장애인의 재활과 재발 예방의 동반자로서 실질적으로 도움이 되는 정보와 치료 과정을 알려 주기를 원한다. 따라서 정신보건영역의 사회복지사는 정신장애인 가족에게 정신장애의 치료, 재활, 사회복귀, 그리고 재발 예방에 대하여 상세하고 체계적인 교육을 실시할 필요가 있다.

(2) 가족교육의 이론적 근거

가족교육은 다양한 이론적 기반에서 출발하였다. 첫째는 스트레스-취약성 이론이다. 스트레스-취약성 이론에 의하면 정신장애인은 정신장애를 유발하는 생물학적 취약성을 가지고 있으며 일상생활에서 자신이 대처할 수 없는 과도한 스트레스에 직면하게 되면 정신증상을 나타낸다는 것이다. 이는 퇴원한 정신장애인이 가족과의 생활에서 상호간에 의도하지 않은 갈등으로 인한 스트레스로 재발할 수 있다는 가정으로 이어진다.

따라서 가족교육을 통해 가족 내의 긴장을 감소시키거나 정신장애에 대한 올바른 이해를 통하여 불필요한 가족 간의 갈등을 해결할 필요가 있다. 또한 지역사회 내의 자원들을 가족이 파악하고 활용할 수 있는 능력을 향상하여 가족 내에서 정신장애인에 의해 발생할 수 있는 부담들을 경감할 수 있다. 이는 정신장애인의 재발을 예방하는 효과를 가져올 수 있다.

둘째로 감정표출(expressed emotion)에 대한 연구이다(허정선, 현명호, 2005). 감정표출은 가족 내의 비난, 적대감, 정서적 과잉 관여, 온화함 그리고 긍정적 평가의 5개 범주로 요약되며, 이 중에서 비난, 적대감, 정서적 과잉 관여는 부정적인 감정표출이며, 온화함과 긍정적 평가는 긍정적인 감정이다(양옥경, 2006: 474-477).

비난(criticism)은 정신장애인이 말하는 것이나 행동하는 것에 대해 싫어하거나 비난하며 불만을 호소하고 원망하는 반응을 하는 것이다(예: "세수도 하지 않고 하루 종일 방 안을 왔다 갔다 하고, 돼지우리처럼 방도 치우지 않고 얼마나 냄새나고 더러운지 아세요?").

적대감(hostility)은 정신장애인의 어떤 행동이나 대처에 대해 싫은 것이 아니라 무조건 사람 자체를 싫어하는 것이다(예: "저 아이 때문에 집에 손님도 초대하지 못하고, 어떤 때는 차라리 사라졌으면 좋겠다는 생각도 들어요.").

정서적 과잉 관여(emotional over-involvement)는 정신장애인과 관련된 사건을 극화시키거나 자기 자신의 감정이나 희생을 강조하거나, 과잉보호 혹은 공생 관계를 보이는 것을 말한다(예: "나 없인 어떤 것도 못해요. 내가 다 해 주어야 해요. 저 아이는 평생 저렇게 살아야 하니 내가 평생을 저 아이를 위해 희생하며 살아야겠다고 생각해요.").

온화함(warmth)은 따뜻하고 부드러운 목소리로 정신장애인을 이해하고 관심을 가지며 격려, 지지를 보이는 반응을 말한다(예: "자기가 하고 싶은 말을 할 때까지 기다려 주어요.").

긍정(positive)은 정신장애인의 다양한 행동에 대해 솔직하게 칭찬하는 반응이다(예: "아이들과 잘 놀아 주어요. 자기가 하는 것은 다 잘해요.").

가족교육을 통해 부정적 감정표출과 긍정적 감정표출을 이해하도록 하고, 긍정적 감정표출을 위한 훈련과 지원을 할 필요가 있다. 정신장애인 가족의 감정표출은 재발과 관련이 있다. 또한 이와 관련된 가족교육은 가족들에게 감정표현의 방법을 학습시켜서 정신장애인의 재발률을 낮출 수 있다.

셋째로 조현병을 가진 정신장애인에 국한하여 본다면, 정보처리 능력 결핍에 관한 연구이다(유수현 외, 2018: 186). 이는 주의집중-각성모델로 설명되는데, 조현병 환자는 자극을 선택, 분류, 처리, 평가하는 능력이 부족하기 때문에 자극에 대하여 혼동된 반응과 과도한 각성반응을 보인다. 그러므로 가족개입을 통해 과도한 외부자극을 줄인다면 과각성이나 재발을 줄일 수 있다.

넷째는 가족옹호와 관련된 연구이다(권진숙 외, 2009: 236-238). 옹호는 사회복지사가 클라이언트가 원하는 변화와 자원 확보를 위해 다양한 체계에 클라이언트의 이해와 입장을 대변하여 문제해결을 돕는 노력이다. 옹호는 사회복지를 다른 전문직과 차별화해 주는 것으로 높게 평가되어 온 활동이다.

사회복지사는 가족교육을 통하여 자기옹호나 가족옹호를 위한 정보를 제공하거나 일반 대중의 여론에 영향을 미치는 활동이나 미디어 활용기술 등을 전달할 수 있다. 가족옹호를 통하여 정신장애인과 관련된 근본적인 제도상의 변화를 시도하거나 사회적 편견에 대항하는 문화 활동을 적극적으로 전개할 수 있다.

(3) 가족교육의 목적

가족교육의 목적은 다음과 같이 정리할 수 있다(이영호, 1999).

첫째, 정신장애인의 재활에 일차적인 보호와 기능을 가장 효과적으로 제공할 수 있도록 가족에게 정신질환에 대한 정확한 이해를 돕기 위한 지식과 정보를 전달하는 것이다.

둘째, 가족을 정신장애인으로 둔 상황에 대한 죄책감을 감소시키는 것이다.

셋째, 가족의 정신질환에 대한 태도를 변화시키는 것이다.

넷째, 비슷한 입장의 다른 가족과 문제공유를 통해 심리적 지지망을 형성하여 치료진과 정신장애인, 가족 간에 보다 원활한 협력체계를 구축하는 것이다.

다섯째, 정신장애인의 재활과정에 지원체계로서의 대처능력기술과 가족의 강점 및 긍정적 기능을 개발하고 강화하는 것이다.

(4) 가족교육의 효과

가족교육의 효과는 다음과 같다(김철권, 1996).

첫째, 정신장애인의 재발률 감소이다.

둘째, 가족의 높은 감정표출(high expressed emotion), 즉 행동보다 인격을 향한 비난, 공공연한 적대감, 지나친 간섭을 완화할 수 있다.

셋째, 가족이 정신장애인의 증상이나 행동에 대한 효과적인 대처방식을 습득할 수 있다.

넷째, 정신질환에 대한 지식 획득, 주관적인 스트레스 감소, 정신장애인에 대한 두려움 감소를 가져올 수 있다.

다섯째, 정신장애인의 정신증상 및 기능상태의 회복에 도움을 줄 수 있다.

여섯째, 정신장애인의 재활 및 회복 과정 동안에 안정된 지지체계로서 기능을 할 수 있다.

(5) 가족교육의 내용

① 계획

가족교육은 다양한 형태로 계획할 수 있다. 즉, 가족교육의 전반적인 내용, 기간, 장소 등이 일정하지 않으며, 정신장애인과 가족의 특성에 따라 계획되어야 한다. 보통 일회성 교육보다는 정기적인 모임을 통해 장기간 진행해야 효과적인 것으로 알려져 있다. 교육의 내용은 정신질환 및 약물치료와 같은 의료적인 측면뿐만 아니라 국가 정책이나 제도, 지역사회의 자원이나 서비스, 그리고 정신장애인과 가족의 권리 및 인권까지를 포함해야 한다.

가족교육은 그 분야의 전문가가 포함된 팀 활동으로 이루어지는 것이 바람직하다. 예를 들면, 정신증상이나 약물치료의 경우에는 정신과의사의 역할이 필요하며, 지역사회 자원 안내 및 연결 등은 사회복지사가 참여해야 한다. 또한 회복한 정신장애인이나 가족을 교육의 과정에 참여시킨다면 더욱 효과적일 수 있다. 가족교육의 형태는 개별 면담, 소집단, 대집단, 공개강연 등의 다양한 방법을 활용할 수 있다. 사회복지사는 전반적인 가족교육 프로그램의 조정자 역할을 해야 한다.

② 구성내용

지금까지 가족교육은 주로 가족구성원 중 조현병, 양극성장애 및 주요우울장애를 가진 가족을 대상으로 진행되어 왔다. 가족교육은 정신의료기관, 정신건강복지센터, 정신재활시설 등에서 각 기관, 정신장애인 그리고 가족의 특성에 맞는 교육을 실시하여 왔다.

2005년에는 전국적 규모로 가족교육 프로그램을 실시하였는데, 이것이 '가족과 함께하는 교육 프로그램(Family Link)'이다. 이 교육 프로그램은 홍콩에서 시작된 '패밀리 링크 아시아 프로젝트(Family Link Asia Project)'에 기반을 두고 있다. 2005년 정신장애인 가족을 위한 한국형 교육교재를 개발한 이후에 2017년 개정 7판을 발간하였다. 초기에는 총 8과정으로 구성된 영문판 교재를 번역하여 사용하였지만 점차 우리 실정에 맞게 수정, 보완, 추가되어 현재 총 12과정으로 구성되어 있다.

이 교육 프로그램의 독특성은 전문가와 가족이 함께하는 교육이며, 가족에게 정신질환에 대한 지식뿐만 아니라 정신장애인의 회복을 돕는 방법과 함께 더불어 사는 행복한 생활을 위한 지침을 제공한다는 사실이다. 또한 가족교육을 효과적으로 수행하기 위하여 가족 중에서 가족교육을 시행할 교육자를 양성하는 프로그램이라는 것이다.

2005년 시작된 이래로 기초과정, 지역심화과정, 중앙심화과정의 3단계 훈련을 통해 3,000명이 넘는 가족들이 교육을 이수하였으며 이들 중 엄격한 평가를 통과하여 가족 강사로 활동하는 사람이 2024년 기준 160명이다(http://www.familylink.or.kr). 이 교육 프로그램의 대상자는 조현병, 양극성장애, 주요우울장애를 지닌 사람을 가족구성원으로 둔 가족이며, 기본적으로 약물치료를 바탕으로 만성적 경과를 보이는 정신장애인을 대상으로 실시하는 프로그램이라고 할 수 있다. 교재와 동영상 강의는 홈페이지(http://www.familylink.or.kr)에서 확인할 수 있으며 12과정의 주요 내용은 다음과 같다.

표 12-9 패밀리 링크 교육내용

과정	내용
1	정신질환의 이해
2	누가 나를 이해해 줄 것인가?
3	정신질환에 대한 약물치료
4	함께하는 의사결정
5	위기관리
6	가족으로서의 행복한 생활과 즐거운 인생
7	회복
8	가족의 스트레스 관리
9	재발 방지를 위한 계획
10	권리와 옹호
11	당사자를 위한 평생계획
12	미래를 향한 전진

이러한 전국적 규모의 프로그램뿐만 아니라 정신건강사회복지사는 자신이 속한 기관의 상황적 특성이나 정신장애인 및 가족의 여러 가지 여건을 고려한 가족교육 프로그램을 계획하고 실시해야 한다. 이 과정에서 사회복지사는 가족의 일상생활 유지에 보다 많은 초점을 둘 필요가 있으며, 가족과 정신장애인의 인권을 강조하며 사회의 전반적 제도와 문화의 변화에 기여할 수 있는 프로그램을 보다 많이 실시해야 한다. 또한 보다 직접적으로 〈표 12-10〉과 같은 대처전략을 가족들이 활용할 수 있도록 교육하는 것도 필요하다(양옥경, 1996).

표 12-10 가족의 대처전략

- 정신장애인의 걱정에 대하여 들어 주고 차분하게 이야기를 나누며, 냉정함을 잃지 말고 바람직한 행동과 바람직하지 못한 행동에 대해 일관성 있게 대화함. 윽박지르거나 위협하는 것은 위험하며 비생산적임
- 정신장애인과 항상 연결고리를 갖는 것이 중요함
- 정신장애의 특성에 대하여 직면함. 환청이나 망상도 정신질환의 일부이며, 죄의식과 두려움에 힘들어할 필요가 없다고 대화함

- 전문가들과 정규적으로 접촉을 유지하면서 항상 의사소통 가능한 관계를 형성하는 것이 바람직함
- 정신장애인의 한계를 알고 너무 강압적으로 밀어붙이지 말아야 하며, 비판보다는 지지를 하는 것이 바람직함. 정신장애인을 위한 정서적 공간을 제공할 필요가 있음
- 정신장애인이 할 수 있는 자신의 일은 스스로 하도록 허용함. 자신이 참석 가능한 다양한 활동의 참여를 격려할 필요가 있음
- 가족 자신을 위한 시간을 마련하고 자조집단에 참여함. 다른 가족구성원과 대화를 나누며 가족의 부담을 함께 나누는 것이 중요함

③ 정신건강사회복지사의 역할

가족교육은 다양한 전문가로 구성된 팀 접근이 바람직한 것으로 알려져 있다. 특히 정신건강사회복지사는 가족교육팀의 중요한 전문가로 참여하고 있다. 이를 위해 갖추어야 하는 지식으로는 생리 · 심리 · 사회적 모델, 가족 상담 및 치료, 집단 상담 및 치료, 사례관리, 정신병리와 정신증상, 정신의학적 면담, 정신장애인 가족의 부담과 회복 과정, 법률과 제도 및 서비스, 지역사회 공식 및 비공식 자원 등이라고 할 수 있다. 이러한 지식을 바탕으로 가족교육을 실천하는 사회복지사는 다음과 같은 기본 태도를 가져야 한다(이영호 외, 2010: 253-255).

첫째, 사회복지사가 가족에게 교육에 참여할 것을 안내할 때 많은 가족은 정신장애, 특히 조현병 자체를 부정하거나 실체를 알게 되는 것을 두려워한다. 그러므로 사회복지사는 이를 충분히 이해하고 가족에게 부담을 주지 않으면서 교육의 필요성과 중요성을 알려 주어야 한다. 어떤 경우에는 정신질환에 대한 편견 때문에 다른 가족과 함께 참여하는 집단프로그램을 꺼리기도 한다. 이때 사회복지사는 집단프로그램만 강요할 것이 아니라 개인상담을 통한 교육도 실시하는 융통성을 발휘해야 한다.

둘째, 사회복지사는 정신질환, 특히 조현병이라는 충격적 상황에 혼란스러운 가족과 함께한다는 동반자적 입장을 유지해야 한다. 권위적인 자세나 지식을 자랑하는 태도를 보이지 않아야 하며 가족의 고통에 충분히 공감할 수 있어야 한다.

셋째, 교육을 실시할 때는 가족이 사용하는 언어나 용어를 사용하여 편안하고 알기 쉽게 구체적인 예를 들어 가며 설명해야 한다. 이때 가족의 욕구와 지속적인 참여 동기를 격려해야 한다.

넷째, 사회복지사는 정신장애인 가족과 신뢰 관계를 확립하며 사회적 지지망을 구축

하고 지역사회의 자원들을 활용하여 가족이 당면한 문제들을 해결할 수 있도록 해야 한다. 또한 정신장애인과 가족의 강점을 확인하고 스스로 옹호하는 역할을 수행하도록 지지해야 한다. 더 나아가 정신장애인 가족이 정신장애와 관련된 사회적 문제들을 여론화하여 사회구조나 문화를 변화시키는 활동을 하도록 도와야 한다. 즉, 정신장애인 가족이 그들의 권리와 인권에 보다 민감할 수 있도록 함께하며, 사회운동가로서 역할을 하도록 격려할 필요가 있다.

제 13 장

주거서비스와 직업재활의 실천방법 및 사례관리

학습 목표

1. 만성 정신장애인에 대한 주거 및 직업 서비스를 설명할 수 있다.
2. 만성 정신장애인에 대한 사례관리 과정을 설명할 수 있다.

정신장애인은 여러 가지 어려움에도 불구하고 일상의 삶을 살아가야 하고 또 그렇게 하고 있다. 일상이란 '날마다', '다른 날과 다름없는 보통의 날', '늘 되풀이되는 나날들', 또는 '하루하루' 등을 뜻한다. 정신장애인이 정신병원이나 정신요양원에 입원 또는 입소되어 변화 없는 반복적 습관화를 일상이라고 할 수는 없다. 왜냐하면 일상은 단지 반복행위의 관례화가 아니라 현실을 변화시키고 재구성하려는 끊임없는 시도가 나타나는 세계(안병직, 2002)이기 때문이다.
정신장애인의 일상은 입원이나 입소 시설이 아니라 다양한 삶의 방식이 존재하는 지역사회에서 이루어져야 한다. 이를 위해서는 집과 일을 가지는 것이 중요하며, 정신건강사회복지실천의 영역에서는 주거서비스와 직업재활에 초점을 둔다. 따라서 이 장에서는 지역사회에서 정신장애인이 살아갈 때 필요한 집과 일, 즉 주거와 직업에 관련된 서비스들을 살펴보고자 한다. 또한 지역사회에서 살아가는 정신장애인을 위한 실천의 중요한 방법 중 하나인 사례관리를 다룬다. 사례관리는 정신장애인을 위한 탈원화 운동과 인도주의 영향 아래 발달된 체계적이고 통합적인 필수 서비스이다.

핵심 과제

1. 「정신건강복지법」상 주거시설인 공동생활가정을 어떻게 확대할 수 있는가?
2. 정신장애인 직업재활에서 전훈련–후배치와 전배치–후훈련의 장 · 단점은 무엇인가?
3. 지역사회 정신장애인의 사례관리를 위한 기본적 인프라는 어떻게 구조화되어야 하는가?

1. 정신장애인과 주거서비스

1) 주거서비스의 의의

정신장애인에게 '일과 집이 곧 인권이다'란 명제를 통해 주거와 일의 중요성을 확인할 수 있다(홍선미, 하경희, 김문근, 2013: 22). 특히 주거는 정신장애인이 지역사회에서 기초적인 삶의 기회를 선택할 수 있는 기본적이고 필수적인 권리라고 할 수 있다. 정신장애인이 병원이나 요양원에서 지역사회로 복귀하여 살아갈 공간을 확보할 수 없다면 인권 보장이라는 맥락에서 주거서비스를 제공해야 한다.

정신장애인을 위한 충분한 주거서비스가 부족하다면 탈원화를 추구하는 지역사회정신건강 이념을 달성할 수 없다. 즉, 정신병원을 퇴원한 정신장애인이 거주할 공간을 찾지 못한다면 소위 말하는 '회전문 현상'으로 다른 의료기관에 입원하거나 지역사회에서 노숙인으로 고통받을 수 있다(송승연, 2020: 37). 이는 병원이나 요양원에서 일상생활의 기능이 갖추어진 정신장애인들로 하여금 지역사회 복귀를 망설이게 하는 구조적 요인이다.

정신장애인이 지역사회에서 소속감을 가지고 참여하기 위해서는 적절한 주거가 반드시 필요하다. 정신장애인이 정신병원에서 퇴원을 하더라도 지역사회에서 자유롭고 안전하게 살아갈 수 있는 주거환경을 제공받지 못한다면 회복과 적응에 상당한 어려움을 가질 수밖에 없다. 또한 정신장애인은 주거 공간 확보와 관련된 스트레스로 인하여 재발과 입원을 할 수도 있다. 따라서 주거서비스는 정신장애인이 지역사회에서 삶을 살아가는 데 기초적이고 필수적인 서비스라고 할 수 있다.

주거서비스는 정상화의 원칙과 최소한의 규제 원칙을 바탕으로 정신장애인의 욕구에 따라야 하며, 지역사회에 완전히 정착할 수 있도록 반영구적 시설이어야 한다(양옥경, 2006: 446). 주거시설은 지역사회에 있는 주택에서 정신장애인이 생활하는 공간이라고 할 수 있다. 광의의 개념으로는 정신장애를 지닌 사람이 지역사회 내의 한 거주자가 되어 보호자들과는 독립적으로 생활해 가는 모든 비입원시설을 의미한다.

정신장애인을 위한 주거시설은 적절한 주거환경을 확보하지 못한 정신장애인에게 지역사회 내에서 적절한 주거를 제공하고, 실질적인 생활환경과 물리적 여건 속에서 사회적 기능 향상과 적응을 위한 총체적 서비스라고 할 수 있다(박은주, 2002). 우리나라의 「정신건강복지법」에서 주거시설은 정신재활시설 중 생활시설이며, 법 제27조에서 생활시설이란 '정신질환자 등이 생활할 수 있도록 의식주 서비스를 제공하는 시설'로 정의하고 있다. 그러나 「정신건강복지법」에서의 주거시설 개념은 지역사회 내의 통합과 사회적응이라는 차원으로 본다면 매우 소극적이고 제한적인 의미를 띤다.

서구의 경우, 정신장애인이 일련의 연속적 주거서비스 프로그램을 이용하면서 사회적응과 독립적 생활을 할 수 있는 능력을 향상할 수 있도록 구조화되어 있다. 즉, 기능이 떨어지는 환자군을 위한 병원 구조에 가까운 주거시설부터 기능이 좋은 환자군을 위한 제한이 덜하며 감독인의 역할이 적은 형태의 주거시설로의 스펙트럼으로 이어지는 것이 일반적이다.

예컨대, 미국의 정신장애인 주거시설의 일반적 형태를 보면 거주기간의 제한성 여부, 직원의 수 및 감독 기능 수준, 거주자의 생활에 대한 지지 정도에 따라 중간집, 그룹홈, 임시거주 집, 대규모 숙식시설, 관리감독을 받는 아파트, 준독립아파트, 독립주거 등의 다양한 유형으로 나타난다(유수현 외, 2018: 216).

보다 병원 구조에 가까운 중간집이나 그룹홈은 관리감독의 수준이 높고 인원이나 비용이 많이 들며, 주로 낮은 기능을 가진 정신장애인이 이용하는 주거시설이다. 이와 달리 준독립아파트나 독립주거는 기능이 높은 정신장애인이 관리감독을 거의 받지 않고 생활하며, 상대적으로 관리 비용이 적게 드는 주거시설이다. 우리나라의 경우에는 「정신건강복지법」에 규정된 몇 가지 주거시설 이외에 폭넓은 스펙트럼의 주거서비스가 존재하지 않는다. 따라서 서구와 같이 다양한 형태의 주거서비스를 확대하여 정신장애인이 자신에게 적절한 거주 공간을 선택할 자유를 누릴 수 있도록 해야 한다.

2) 주거서비스 프로그램과 현황

(1) 운영 방향

정신장애인을 위한 주거시설은 지역사회 내의 일반 주택이나 아파트의 형태로 배치되어야 한다. 장애인을 위한 주거시설 운영의 특성을 바탕으로(권선진, 2007) 정신장애인 주거시설 운영 방향을 제시하면 다음과 같다.

첫째, 물리적으로 통합된 환경이어야 한다. 정신장애인 주거시설은 지역사회 내에 위치하며, 모양이나 크기는 이웃과 비슷해야 하고, 거주자의 수도 일반 가정의 크기 정도여야 한다. 개인의 사생활이 존중되도록 개별 방이 있어야 하며, 지역의 여가 및 편의 시설에 대한 접근성도 보장되어야 한다. 또한 부정적 이미지를 줄 수 있는 간판 등을 부착하지 않아야 한다.

둘째, 가정적인 분위기를 마련해야 한다. 정신장애인의 우편물이나 통신은 사생활과 비밀보장이 이루어져야 한다. 또한 개인의 취향에 맞는 가구, 식기류, 의류 등을 선택하여 일반 가정에서 사용하는 것과 동일해야 한다.

셋째, 독립성과 적응력 향상을 도모해야 한다. 정신장애인의 개인별 능력을 최대한 발휘할 수 있는 조건들을 제공하고 체험할 수 있도록 해야 한다.

넷째, 가족들과 원만한 관계를 유지할 수 있도록 한다. 보통 가정에서와 마찬가지로 이성 문제, 건강, 진로 등은 가족과 함께 의논하여 결정하도록 지지한다. 또한 거주 정신장애인의 서비스 계획과 평가 등을 가족이 함께 참여하는 정규적인 모임을 가지도록 한다.

다섯째, 지역사회 참여를 증진한다. 지역사회주민으로서의 활동에 적극 참여한다. 예를 들면, 각종 선거에 투표하며, 지역의 시설을 이용하고 이웃과의 관계 증진을 위한 활동에 참여한다.

여섯째, 정상적인 생활리듬을 유지한다. 기상과 취침, 여가 활동, 직업이나 외부 활동 등을 보통의 가정에서와 같은 패턴을 유지한다.

(2) 서비스 유형

① 중간집

중간집(halfway house)의 시초는 1954년에 미국의 보스턴(Boston)에서 설립된 루트랜드 코너 하우스(Rutland Corner House)라고 할 수 있다. 중간집은 그룹홈과 마찬가지로 전문가 또는 준전문가의 관리감독을 받으며 치료와 거주의 특성을 모두 포함한다. 즉, 중간집은 병원과 지역사회의 중간 지점에 있는 주거서비스로, 일상생활과 사회생활에 필요한 기술을 가르치며, 여러 명의 정신장애인이 한 집에서 생활하면서 24시간 관리감독을 받는다. 중간집의 형태는 다양하며, 어떤 곳은 주거로서의 기능을 강조하지만 또 다른 곳은 교육과 치료, 그리고 재활을 강조하는 특성을 띠기도 한다.

중간집은 다양한 개입 이론에 근거하여 서비스를 제공하지만 보통 환경치료(milieu therapy), 치료공동체(therapeutic community), 행동수정(behavioral modification) 등을 바탕으로 한다. 보다 구체적인 서비스로는 개별 혹은 집단 상담 서비스, 장보기, 교통수단 이용하기, 세탁, 청소, 생활비 예산 짜기 등의 일상생활훈련서비스, 취업 전 상담, 취업장 발굴 및 개발, 직업 유지상담 등의 직업재활서비스를 제공한다(양옥경, 2006: 455-456).

중간집에서 정신장애인은 일반 가정에서 생활하는 데 필요한 청소, 세탁 등의 기본적 기술뿐만 아니라 자기조절 능력과 대인관계 능력의 향상에 대한 기술도 배우게 된다. 중간집의 전문가는 매일 정신장애인의 일반적 기능과 사회생활의 수행 수준을 평가하고 지지하면서 장기적으로 독립적인 지역사회생활이 가능하도록 지원한다.

② 그룹홈

그룹홈(group home)은 정신장애인들끼리 상호 의지하면서 생활하는 주거환경이다. 그룹홈의 크기는 일반 가정의 대가족 수준으로 4~5명에서 8~10명 정도가 적절한 것으로 알려져 있다. 그룹홈에서 대부분 정신장애인은 낮 동안에 직장이나 학교, 보호작업장 및 다른 정신건강서비스 기관 등에서 활동하다가 저녁에 다른 동료들과 함께 만나서 가족 기능을 충족시킨다. 그룹홈에서는 관리감독하는 직원이 상주로 거주할 수도 있으며, 수시로 방문하는 전문가의 도움을 받을 수도 있다. 그룹홈에서 정신장애인은 장기간 머물 수 있으며 여기에서의 생활을 통해 경제적, 사회적으로 자립할 수 있는 여건을 만들거나 가족의 보호부담을 줄이게 된다.

③ 지지주거

지지주거(supportive housing)는 독립적인 주거생활을 하기 전 단계의 주거서비스를 말한다. 지지주거는 최대한 정신장애인이 스스로 주거의 종류나 내용을 선택할 수 있도록 하며 전문가의 개입을 최소화하는 서비스이다. 지지주거의 형태는 다양하지만 관리감독을 받는 아파트, 준독립아파트 등이 있다.

관리감독을 받는 아파트(supervised apartment)는 정신장애인이 같은 아파트 내의 여러 가구에서 생활하면서 역시 같은 아파트에 생활하는 전문가로부터 관리를 받는 것을 말한다. 정신장애인은 이 아파트로 이주하기 전에 기본적인 사회기술을 획득해야 하며, 보통 한 가구에 두 명이 생활하면서 독립적 사회생활을 목표로 일상사의 문제들을 해결해 나간다. 전문가는 일주일에 한 번 정도 모니터링을 하면서 그들의 생활을 지원한다. 준독립아파트(satellite apartment)란 관리감독자의 개입을 최소한으로 받으면서 정신장애인이 자신의 아파트에서 독립적으로 생활하는 곳을 말한다.

일반적으로 지지주거서비스는 거주자인 정신장애인, 집주인, 전문가인 서비스제공자, 그리고 주거 프로그램의 요소로 구성된다(권진숙 외, 2009: 267). 이러한 구성요소는 각자의 역할, 책임, 그리고 권리들이 있다. 거주자는 거주장소를 임차하여 집세를 지불하고 주거의 관리 유지에 대한 책임이 있으며 주거를 이용할 권리와 사생활과 비밀보장, 그리고 차별받지 않을 권리를 가진다. 집주인은 공정한 세를 부과하고 주거장소를 제공해야 하며, 서비스제공자는 정신장애인 옹호, 집주인 자문 등의 역할과 함께 다양한 주거 프로그램을 제공해야 한다.

④ 독립주거

독립주거(independent housing)란 지역사회에 거주하는 다른 구성원들과 마찬가지로 정신장애인이 자신의 주택이나 아파트에서 생활하는 것을 말한다. 따라서 독립주거는 정신장애인이 병원에서 퇴원하여 지역사회에 거주하는 일련의 주거 형태 중 가장 바람직하며 최종적인 주거환경이다.

과거에는 정신장애인의 기능과 증상의 정도에 따라 주거를 옮기는 점진적 주거모델(the linear residential continuum model)에 따라 주거 형태를 결정하였다. 그러나 이러한 방법으로는 정신장애인의 장기 입원을 줄이지 못하고 노숙인 또한 줄어들지 않으며 정신장애인이 단계적인 주거훈련을 통해서 독립생활에 도달하기가 어렵다는 비판이 등장하였다(유수현 외, 2018: 215).

따라서 최근에는 정신장애인의 기능과 증상에 따라 점진적으로 거주환경을 이동하기보다는 주거의 종류, 거주기간, 서비스 내용을 정신장애인이 직접 선택하도록 기본 방향이 바뀌고 있다. 이 과정에서 전문가의 서비스는 덜 강조되며 정신장애인의 선택과 자조, 그리고 역량강화가 강조되고 있다. 따라서 정신장애인 주거서비스의 목표는 영구적으로 생활할 수 있는 독립주거환경의 제공이어야 한다.

(3) 우리나라의 현황

우리나라의 「정신건강복지법」상의 주거시설은 생활시설, 공동생활가정, 지역사회전환시설 및 종합시설 등이라고 할 수 있다. 이러한 시설들은 앞서 살펴본 주거시설의 종류 중에서 중간집이나 그룹홈의 형태에 해당한다고 할 수 있다. 「정신건강복지법」에서는 지지주거나 독립주거의 형태를 규정하고 있지는 않다. 1990년대 몇몇 기관에서 정신장애인의 주거시설을 운영하고 있었지만 1995년에 「정신보건법」이 제정되면서 본격적으로 주거시설이 만들어졌다.

그러나 현재의 정신장애인 주거 관련 시설은 주로 중간집 형태로서 독립주거와 같은 다양한 형태의 주거시설 부족, 운영의 주체를 비영리단체나 개인들이 주로 맡으면서 설치 비용의 부담 등과 같은 문제로 주거시설들이 적극적으로 개발되고 있지 않다. 즉, 중앙정부나 지방자치단체들이 적극적으로 주거시설들을 설치하고 있지 않음으로써 나타나는 문제들이다.

최근에는 한국토지주택공사 또는 지자체 주택공사에서 지원주택을 공급하고 있다. 지원주택이란 신체적 또는 정신적 문제로 돌봄이 필요한 주거취약계층의 주거안정을 위하여 개인별 맞춤형 주거유지지원서비스가 함께 제공되는 임대주택으로 사회복지서비스, 의료 및 건강관리지원, 취업상담 및 자립지원, 지역사회 연계 서비스 등을 제공하는 주거서비스를 말한다. 장애인과 노숙인 중심으로 지원주택이 주로 공급되고 있지만 정신장애인을 위한 지원주택 제공도 증가하고 있다.

「정신건강복지법」상 주거시설은 〈표 13-1〉의 생활시설, 공동생활가정, 지역사회전환시설, 종합시설(생활시설 등이 포함된 경우) 등을 말한다. 최근에는 공동생활가정이 점차로 증가하고 있어 긍정적이지만 지역별 편차와 정신장애인 욕구와 수요에 비하여 매우 부족하다. 공동생활가정은 입소자 1명당 4.3제곱미터 이상의 거실 면적을 갖추어야 하고, 정원은 4명 이상 6명 이하로 규정되어 있다(보건복지부, 2024: 181). 공동생활시설의 시설장은 1명이 같은 지역에서 3개까지 함께 관리할 수 있다. 정신장애인의 욕구 맞춤형 공동생활가정을 확대할 필요가 있다.

주거시설은 지역사회에서 정신장애인들이 삶을 유지할 수 있는 기본적 요건이자 삶의 질적 향상을 위해 충분하고 적절하게 갖추어져야 하는 서비스이다. 따라서 정신장애인 주거시설은 민간에 의해 설치·운영되는 것이 아니라 정부 주도로 지역주민과의 마찰 해소, 수요와 공급에 대한 조사와 계획, 그리고 이에 따른 예산을 확보하여 배치되어야 한다.

표 13-1 「정신건강복지법」상 정신재활시설 현황 (단위: 개소)

지역 구분	개소수	생활 시설	재활훈련시설					중독자 재활 시설	생산품 판매 시설	종합 시설
			주간 재활 시설	공동 생활 가정	지역 사회 전환시설	직업 재활 시설	아동·청소년 정신건강 지원시설			
서울	102	0	26	54	4	6	8	3	0	1
부산	18	0	9	5	0	3	0	0	0	1
대구	19	0	6	8	0	0	1	1	0	3
인천	14	0	4	10	0	0	0	0	0	0

광주	11	1	6	3	0	0	0	0	0	1
대전	32	2	6	22	0	0	0	0	0	2
울산	3	0	3	0	0	0	0	0	0	0
세종	3	1	0	1	0	1	0	0	0	0
경기	63	1	12	43	3	2	1	0	0	1
강원	3	1	1	1	0	0	0	0	0	0
충북	11	2	3	5	0	0	0	0	0	1
충남	21	4	1	15	0	0	0	0	0	1
전북	23	2	3	10	0	1	0	0	1	6
전남	3	1	0	1	0	0	0	0	0	1
경북	18	3	4	10	0	0	0	0	0	1
경남	6	0	3	1	0	0	0	0	0	2
제주	6	0	2	1	0	1	2	0	0	0
전체	356	18	88	190	7	14	12	4	1	21

출처: 국립정신건강센터(2024b). pp. 12-108에서 정리.

2. 정신장애인과 직업재활

1) 직업재활의 의의

직업의 목적은 자기 자신을 보존하고 유지하는 것이다. 인간은 직업을 통하여 소득을 얻을 뿐만 아니라 자기신뢰, 자아존중감, 지역사회 내 지위 확보 등으로 삶의 질을 향상시킨다. 인간은 직업의 유지를 통해 일상생활과 사회생활, 수입 및 지출, 자녀양육 등을 적절하게 수행할 수 있다.

마찬가지로 정신장애인에게도 직업은 매우 중요하다. 특히 만성 정신장애를 가지고 있는 개인에게 직업은 단순한 직업적 능력뿐만 아니라 전반적인 극복기술과 능력을 평가하는 척도이기도 하다(김기태 외, 2016: 321). 일반 대중에게 직업은 소득을 통해 생계를 유지하는 수단으로 작동할 수 있지만 정신장애인에게는 직업 그 자체, 즉 일을 통해 치료와 회복이 더 중요한 목적이 될 수 있다.

직업은 지역사회에 거주하는 정신장애인의 삶의 질을 향상시키고 회복과 적응을 높일 수 있는 중요한 요인이다. 단순히 직업은 경제적 목적을 달성하는 것에 그치는 것이 아니라 정신장애인의 자존감, 사회적 역할 그리고 다양한 활동을 통하여 재발을 예방하는 효과도 있다.

직업재활은 정신장애인에게 구체적이고 체계적으로 직업을 갖게 하여 일을 통한 사회적 역할을 수행할 수 있도록 돕는 서비스를 말한다. 또한 정신장애인이 직업을 선택하여 유지하는 과정에서 필요한 직업지도, 직업훈련, 취업알선 등을 포함하는 연속적이고 종합적인 과정이라고 할 수 있다.

정신장애인에게 직업재활은 다음과 같은 의미가 있다(이충순, 한은선, 황태연, 1996: 30). 첫째, 경제적 소득을 통해 자율성을 가지고 물품과 서비스를 선택할 수 있다. 둘째, 정신장애인의 재활에 필수조건인 시간과 공간의 구조를 확보할 수 있다. 셋째, 정신장애인의 사회적 접촉을 확대할 기회를 제공한다. 넷째, 정신장애인에게 사회적 역할을 부여한다. 다섯째, 일을 통해 정신장애인에게 다양한 활동에 대한 적극적 참여 동기를 부여한다.

2) 직업재활의 과정

직업재활은 정신장애인의 상황에 따라 단계별로 진행될 수 있다. 그러나 그 과정이 반드시 연속적 형태로 유지될 필요는 없으며 역동적이고 통합적이어야 한다. 정신장애인의 직업재활이 표준화된 절차만으로 진행되는 것은 아니지만 일반적으로 다음과 같은 연속적 과정을 기반으로 한다(김기태 외, 2016: 322-323).

(1) 직업기술 평가

기술적 능력과 작업적용능력을 평가하며, 평가방법으로는 과거의 직업력을 청취하는 것, 표준화된 작업사정도구를 활용하는 것, 실제 작업장에서 관찰하는 법 등이 있다.

(2) 직장 적응력

직장에 잘 적응하기 위해서는 동료 간 대인관계 능력과 직업으로 인한 스트레스 대처능력이 중요하다. 구체적으로는 출석, 시간엄수, 개인위생과 복장, 휴식시간의 활용, 칭찬과 비판의 수용, 지시순응도, 업무 우선순위 결정, 규칙준수, 동료 및 상사와 의사소통, 도움 주고받기 등이다.

(3) 직업기술훈련

직업기술훈련의 형태는 정신장애인의 경력, 흥미, 기존의 기술, 일의 형태, 시간, 자원 등에 따라 다양하다. 만성 정신장애인의 경우에는 점진적이고 반복적인 훈련을 통해 정해진 훈련 목표를 달성할 필요가 있다.

(4) 보호환경에서의 취업

보호환경에서의 취업은 정신장애인에게 일로부터의 압력 감소, 작업일수 감소, 작업의 단순화, 구조화되고 긍정적인 작업환경 등을 통해 적응능력을 향상시킬 수 있다. 이러한 과정에 앞서 직업 선택을 위한 탐색은 취업장 투어, 취업 희망지에서의 자원봉사, 직업의 일부 샘플만 경험, 간접경험, 동료 인터뷰하기 등을 실시할 수 있다(양옥경, 2006: 375-376).

(5) 임시고용

이것은 전문가의 감독하에 작업장에서 실제적 작업을 하는 취업 형태이다.

(6) 직장 최종 선택

다양한 조건을 고려하여 직장을 구하는 것이다.

(7) 직장 유지

직장을 유지하기 위해서는 거주지, 금전관리, 새로운 사람과의 관계, 일상생활과 직장생활의 조화 문제 등의 스트레스를 잘 관리해야 한다.

3) 직업재활 프로그램과 실행방법

(1) 보호작업장

보호작업장(sheltered workshops)은 즉시 취업을 할 만큼 기능을 회복하지 못한 정신장애인을 대상으로 재활시설 내에 공장이나 회사와 같은 시설을 갖추어 놓고 작업을 할 수 있도록 지원하는 프로그램이다. 이때 임금은 적절한 기준을 정하여 반드시 지급해야 한다. 작업내용은 복잡하지 않고 간단하며 보통 외부 업체에서 작업량을 수주하여 재활시설 내에서 작업한다.

보호작업장은 직업과 연관된 일상적인 압박감이 적고 근무시간이 짧으며, 근무 자체가 단순하고 우호적 환경을 제공한다. 따라서 보호작업장의 역할은 직업적응기술, 사회기술 향상을 촉진시켜 경쟁고용으로 진입하기 위한 단계로서의 기능을 한다. 반면에 일부 대상자는 보호작업장을 영구직으로 생각하기도 한다(유수현 외, 2018: 227).

이와 달리 병원이나 요양원에서는 정신장애인에게 치료기간 동안 시설 내에서 유급으로 일할 수 있는 근로 기회를 제공한다. 그러나 이러한 재활 프로그램은 오히려 정신장애인의 시설 의존을 강화하거나 퇴원 후 취업으로 이어지는 성과도 높지 않은 것으로 알려져 있다(Bond & Boyer, 1988). 치료 시설 내의 근로는 인권침해의 요소도 있을 수 있기 때문에 정신장애인의 자발성과 목적 및 정당한 급여 제공을 위한 엄격한 매뉴얼과 체계로 작동되어야 한다.

보호작업장의 활용은 완전하게 회복되지 않은 정신장애인들이 정신건강서비스를 받으면서 직업훈련을 동시에 할 수 있기 때문에 긍정적 결과들을 가져온다고 알려져 있다. 또 다르게는 지원고용을 통하여 정신장애인들이 전배치-후훈련의 패러다임 속에서도 성공적으로 직업에 적응하고 있다는 보고들이 등장함에 따라 보호작업장의 역할을 다시 검토해야 한다고 보기도 한다.

(2) 임시취업

임시취업(transitional employment)은 경쟁적인 독립취업을 할 수 있도록 준비하는 단계라고 할 수 있다. 임시취업은 실제 작업장에서 급여를 받고 일하는 것이지만 어느 정도의 범위에서 전문가의 지도를 받으며 직장에 적응한다. 임시취업의 근원은 클럽하우스(Club House) 모델인 파운틴 하우스(Fountain House)에서 개발한 직업재활 프로그램이다. 이 프로그램에서는 정신장애가 있더라도 일할 수 있는 기회와 권리를 보장해야 한다는 철학을 바탕으로 자율성, 잠재성, 존엄성을 강조한다.

파운틴 하우스는 임시취업 프로그램을 통하여 소속된 모든 정신장애인이 임시취업을 경험하고 이를 바탕으로 독립취업을 유지하는 것을 목표로 한다. 이 프로그램에서 직장은 직업서비스 기관을 통해 제공되며, 이 기관은 일자리에 대해 전적으로 책임을 지기 때문에 실제로 소속된 정신장애인이 근무할 수 없는 날에는 기관 실무자가 해당 업무를 책임져야 한다.

모든 취업장은 경쟁적인 고용 직종이며, 보통 파트타임으로 제공된다. 또한 다양한 수준의 회원들이 참여할 수 있도록 최소한의 기술만을 필요로 하는 직업이다. 보통 정신장애인들은 3개월에서 9개월 동안 근무한 뒤 소속된 다른 정신장애인으로 대체되기 때문에 다양한 일자리를 경험할 수 있다(Pratt, Gill, Barrett, & Roberts, 2007). 이와 같은 시스템에서 정신장애인들은 여러 개의 임시 취업장에서 일할 수 있는 기회를 가지면서 자신의 능력과 적성에 맞는 직장을 찾아가게 된다.

(3) 지원고용

지원고용제도는 1980년대부터 미국의 「발달장애인법(Developmental Disabilities Act)」과 「재활법(Rehabilitation Act)」에 근거한 장애인 취업 관련 제도이다. 지원고용(supported employment)이란 장애로 인하여 경쟁적인 직장에 취업하기 어려운 대상들에게 계속적인 지원서비스를 제공하여 비장애인과 함께 일하는 직장에 고용하는 것을 말한다.

지원고용은 다음과 같은 특성을 가진다(오혜경, 1999). 첫째, 대상은 중증 장애인을 우선으로 한다. 둘째, 지역사회 내의 일반 사업체나 공장에서 급여를 받고 일하는 것을 원칙으로 한다. 셋째, 장애인이 비장애인과 함께 일하고 교류하도록 하여 사회통합에 기여하도록 한다. 넷째, 장애인이 일하는 직장에서 고용이 유지되도록 필요한 서비스를 지속적으로 제공해야 한다.

이러한 장애인 대상 지원고용제도는 정신장애인에게도 적용된다. 지원고용은 전훈련-후배치의 전통적인 패러다임에서 전배치-후훈련의 직업재활 패러다임으로 전환한 것이다. 이는 정신장애인의 욕구, 관심사, 선호도, 그리고 기술적 기능수준 등을 맞춰서 우선 직장에 배치한 후, 직접 그 직장에서 훈련과 지지를 동시에 제공하는 것이다(양옥경, 2006: 371).

전통적인 관점에서 정신장애인의 취업은 선행된 훈련을 통하여 개인적 능력과 직업훈련을 향상한 후에 임시취업 그리고 독립취업의 단계로 진행되어야 한다고 보았다. 그러나 실제로 이러한 전통적 접근보다는 전배치-후훈련의 지원고용을 통해 더 많은 고용이 이루어지고 있다.

(4) 실행방법

지역사회의 정신장애인이 일을 한다는 것과 그에 따른 경제적 소득을 얻는다는 것은 인간다운 삶의 실현을 위한 필수조건이라고 할 수 있다. 그러나 정신장애인들은 낙인과 차별, 정신증상, 교육과 경험 등의 부족으로 직장 선택과 유지에 많은 어려움을 겪고 있다. 따라서 우선 정신장애인 직업재활의 장애물들을 확인해야 하는데, 그것들은 다음과 같다(Pratt et al., 2007).

첫째, 낙인과 차별이다. 이러한 낙인과 차별은 정신장애에 대한 대중매체의 부정적 메시지, 정신보건영역 전문가의 정신장애인 취업 능력에 대한 의심, 그리고 정신장애인 스스로 느끼는 자기낙인에 따른 사회의 차별적 태도 등이라고 할 수 있다.

둘째, 왜곡된 직업재활 방향이다. 이는 전문가들이 정신장애인의 욕구나 선호, 능력에 대해 제대로 인지하지 못하여 직업서비스가 지연되거나 제한되는 것을 말한다. 예를 들면, 경쟁 고용에 참여한다면 스트레스가 증가하여 증상이 심각해지거나 재발할 수 있다고 보아서 사회적으로 격리된 보호작업장에서 훈련을 하는 경우를 말한다.

셋째, 직업 경험과 교육의 부족이다. 정신장애인들은 정신장애로 인하여 학업이나 생애주기에 따른 발달과업 수행에 어려움을 겪었을 가능성이 많다. 따라서 자신의 직업적 흥미와 기술, 그리고 채용 경험 등이 비슷한 연령대의 사람들에 비해 부족할 가능성이 높다.

넷째, 정신증상으로 인한 어려움이다. 정신장애인의 정신증상은 사고, 감정, 의식, 행동 등의 모든 영역에 영향을 미치기 때문에 대인관계와 일에 집중하는 데 어려움을 가져다준다. 또한 정신장애인의 약물치료 부작용도 일과 대인관계 지속에 불리함으로 작용할 수 있다.

효과적인 직업재활을 실행하기 위해서는 직업재활담당자가 정신장애에 대해 충분히 이해하고 동반자로서 정신장애인을 대하면서 열성을 가지고 임해야 한다. 또한 직업재활의 과정은 역동적이고 통합적으로 이루어져야 하며 전형적이고 표준화된 절차로 정신장애인을 구속하지 않아야 한다. 이를 바탕으로 직업재활 프로그램은 다음과 같은 믿음과 실천 지침 속에서 이루어져야 한다(Pratt et al., 2007).

표 13-2 직업재활서비스를 위한 믿음과 지침

믿음	• 노동의 가치와 정신장애인의 노동 가능성에 대한 확신 • 프로그램의 장애물로 사회적 낙인을 고려하지 않음 • 정신장애인은 노동에 대해 동기부여되어 있음 • 제도적 불합리함을 장애물이 아니라 협상의 대상으로 간주함
실천 지침	• 정신장애인의 강점 중심으로 직업재활을 실행함 • 고용성과 데이터를 서비스 개선을 위해 활용함 • 성공적인 사례들을 공유함 • 사례관리자와 취업장 담당자가 빈번하게 만남 • 사례관리자는 정신장애인의 직업 목표와 노력을 적극적으로 지원함

3. 정신보건영역의 사례관리

1) 사례관리의 기초

(1) 사례관리의 등장배경

사례관리(case management)의 역사적 기원은 100여 년 전부터 사용된 용어이지만 1970년대부터 정신건강사회복지, 아동복지, 노인복지 분야 등에서 사례관리의 중요성이 부각되었다. 또한 1987년에 미국의 「사회복지백과사전(Encyclopedia of Social Work, 18th ed.)」에서는 개별사회사업(casework) 항목이 삭제되고 대신 사례관리를 소개할 만큼 사회복지실천에서 차지하는 비중이 크게 증가하였다.

사례관리의 등장은 탈시설화 운동, 복합적인 욕구를 지닌 인구의 증가, 기존 서비스의 분산성, 사회적 지원체계와 지지망의 중요성에 대한 인식증가, 서비스 전달의 지방분권화, 대인복지서비스 비용효과에 대한 인식증가에 따른 현상이다(Moxley, 1989).

정신보건영역을 중심으로 사례관리의 등장배경을 살펴보면 다음과 같다. 1970년부터 정신보건영역의 전문가들은 탈시설화 운동과 인도주의의 영향 아래에서 정신장애인을 적극적으로 지역사회로 퇴원시키는 데 각별한 노력을 다하였다. 이들 전문가들은 정신장애인들이 지역사회에서 생활하는 것 자체가 치료와 재활에 최상의 조건을 제공해 주는 것이라고 믿었다(김기태 외, 2016: 407–408).

그러나 지역사회로 돌아온 정신장애인들은 장기간 입원, 정신장애로 인한 낮은 기능수준, 사회적 낙인과 차별, 그리고 지역사회의 준비 부족 등으로 지역사회에서 일상적 삶을 사는 데 어려움을 겪었다. 퇴원한 많은 정신장애인이 지역사회에서 노숙인으로 살거나 또 다른 정신병원에 입원하는 상황이 발생하였다. 특히 만성 정신장애인, 가족과 유대관계가 약한 정신장애인, 의존의 정도가 높은 정신장애인 그리고 개인적 · 사회적 · 직업적 기술이 매우 부족한 정신장애인이 더욱 그러하였다.

이와 같은 결과는 정신장애인이 지역사회에서 체계적이고 통합적인 서비스를 받지 않아서 나타난 문제임이 밝혀졌다. 지역사회로 퇴원한 정신장애인은 정신건강서비스뿐만 아니라 그들이 일상적 삶을 살아가는 데 필요한 전반적 서비스들이 조정되고 통합적으로 이루어져야 반복된 입원으로부터 벗어날 수 있다. 이를 위한 필수적인 서비스가 사례관리이다. 사례관리가 정신장애인의 지역사회 삶의 질을 보장하는 것은 아니지만 필수적인 서비스 중 하나라고 할 수 있다.

(2) 사례관리의 특징

① 사례관리의 개념

사례관리에 대한 개념은 매우 포괄적이고 다양하게 인식되기 때문에 하나로 통일된 개념을 제시하는 것이 쉽지 않다. 즉, 사례관리의 정의나 목적은 강조하는 내용이나 실천모델에 따라 다양하게 정리될 수 있다. 사례관리에 대한 다양한 개념을 정리하면 다음과 같다(권진숙, 박지영, 2008; 한국사례관리학회 편, 2012).

표 13-3 사례관리 개념들

주요 학자	사례관리 정의
전미사회복지사협회 (NASW, 1984)	서비스들을 연결하고 조정하여 개인의 욕구를 충족시킬 수 있는 포괄적인 프로그램
목슬레이 (Moxley, 1989)	복합적인 욕구를 가진 클라이언트의 복지를 위해 공식적 · 비공식적 지원과 네트워크를 조직하고 조정하며 유지하는 활동
벨류와 밍크(Ballew & Mink, 1996)	여러 원조자로부터 동시에 도움이 필요한 다양한 문제가 있기 때문에 삶이 만족스럽지 않거나 생산적이지 못한 사람들을 돕는 과정
커머(Kumar, 2000)	클라이언트 욕구에 대한 사정, 계획, 조정, 전달과 모니터링을 통해 서비스 통합을 달성하기 위한 전문적 서비스 실천과정
한국사례관리학회 (2012)	복합적이고 다양한 욕구가 있는 클라이언트와 가족의 사회적 기능 회복을 위해 운영체계를 확립하고 클라이언트와 함께 개인과 환경의 강점을 포함한 체계적 사정과 그들의 욕구와 관련된 내적 자원뿐만 아니라 지역사회의 다양한 자원의 개발과 활용을 통해 클라이언트의 삶의 질을 향상시키는 통합적 실천방법

앞의 사례관리에 대한 개념 정의를 종합하여 정신장애인에 적용하면, 사례관리란 만성적이고 복합적인 정신장애를 가진 개인이나 가족과 함께 일하면서 일상적 · 사회적 기능을 수행할 수 있도록 서비스를 제공하거나 필요한 자원들을 활용하고 개발하기 위해서 그들과 함께 노력하는 통합적인 접근방법이라고 할 수 있다.

② 사례관리의 목적

사례관리의 목적은 크게 세 가지로 정리될 수 있다(Moxley, 1989). 첫째, 사회서비스와 자원들을 이용하고 접근하기 위한 클라이언트의 능력과 기술을 증진시키는 것이다. 둘째, 클라이언트의 기능 향상과 복지를 증진시키기 위해 사회적 망과 관련된 사회서비스 제공자들의 능력을 발전시키는 것이다. 셋째, 클라이언트에게 효율적 방법으로 서비스와 자원들을 지원함과 동시에 서비스의 효과성도 증진시키는 것이다.

정신장애인을 위한 전통적 서비스는 클라이언트에게 필요한 욕구를 일방적으로 충족시키는 데 두었다. 반면, 사례관리에서는 사례관리자와 정신장애인이 파트너십을 형성하여 보다 능동적인 자세로 서비스와 자원을 이용하고 접근할 수 있는 능력을 발달시키는 것을 강조한다. 또한 사례관리 실천과정에 참여하는 정신장애인, 가족, 친구, 그리고 지역사회의 다양한 개인이나 조직 등의 역량을 강화하여 클라이언트 지원의 안정성을 도모하고자 한다. 사례관리는 단순히 서비스의 효율성만 강조하는 것이 아니기 때문에 사례관리를 통해 정신장애인의 욕구와 문제해결에서의 효과성도 보장되어야 한다.

③ 사례관리의 원칙

사례관리는 단순히 서비스를 연결하고 조정하는 것 이상의 의미를 가진다. 사례관리는 상담, 사정, 개입, 평가 등을 포괄하는 통합적 실천이기 때문에 기본 원칙을 이해할 필요가 있다. 사례관리의 여섯 가지 원칙을 정리하면 다음과 같다(Moxley, 1989).

첫째, 사례관리자는 클라이언트 수준에서 일해야 한다. 정신장애인에 대한 사례관리에서도 그들의 기능과 능력을 넘어서는 역할과 과업을 요구해서는 안 된다.

둘째, 사례관리자는 생태체계적 관점을 유지하면서 우선적으로 클라이언트 자신의 공식적이고 비공식적인 자원을 이용할 기회를 보장해 주어야 한다.

셋째, 사례관리자는 행정적 과정과 기술을 이용한다. 따라서 사례관리자는 사례관리팀을 이끌어 가거나, 사례관리 계획을 세우거나, 전달체계를 점검하는 등의 역할과 과업을 수행한다.

넷째, 사례관리자는 임상적 과정과 기술을 이용한다. 사례관리자는 클라이언트와의 관계, 사정, 계획, 개입, 그리고 평가의 과정에서 사회복지실천의 다양한 상담방법과 기법을 활용해야 한다.

다섯째, 사례관리자는 책임성에 근거하여 일해야 한다. 사례관리자는 클라이언트에게 서비스를 제공하는 주요 활동자들을 책임성에 근거하여 점검할 필요가 있다. 또한 서비스와 자원들이 클라이언트의 욕구에 적절히 대처하는지에 관한 효과성의 책임도 가진다.

여섯째, 사례관리자는 서비스의 통합을 위해 노력해야 한다. 사례관리자는 클라이언트의 다양한 욕구가 하나의 통합된 방법으로 적용되도록 해야 한다. 사례관리자는 서비스가 클라이언트 스스로의 보호능력을 감소시키지 않도록 보장하면서 동시에 관련된 사회망의 능력도 감소되지 않도록 해야 한다.

2) 사례관리의 모델

(1) 모델의 유형

사례관리자의 역할 수준이나 실천현장의 특성 등을 고려한 다양한 사례관리 모델이 있다. 우리나라에 소개된 몇몇 모델을 살펴보면 다음과 같다(권진숙, 박지영, 2008: 69-82). 먼저, 어스틴(Austin)은 사례관리 모델을 중개자 모델(broker model), 서비스관리 모델(service management model), 관리보호 모델(managed care model)로 구분하였다.

인탈지아타(Intalgiata)는 사례관리자의 역할 수준에 따라 최소한 모델(minimum model), 조정 모델(coordination model), 포괄 모델(comprehensive model)로 구분하였다.

랩과 키르사트(Rapp & Kirsthardt)는 사례관리 실천의 장(場)에 따라 강점 모델(strength model), 적극적 지역사회치료 모델(Assertive Community Treatment model: ACT), 재활 모델(rehabilitation model), 중개자 혹은 일반주의 모델(broker/generalist model), 그리고 임상사례관리 모델(clinical case management model)로 구분하였다.

뮤서 등(Mueser ct al.)은 랩과 키르사트가 구분한 모델에 더하여 집중 사례관리 모델(Intensive Case Management model: ICM)을 추가하였다. 여기서는 정신보건영역에서 많이 활용되는 강점 모델과 적극적 지역사회치료 모델을 소개하기로 한다. 그 이외의 모델에 대한 간략한 설명은 〈표 13-4〉에서 정리하였다.

표 13-4 강점 및 적극적 지역사회치료 모델 이외의 사례관리 모델

분류	특징
재활 모델	치료적 개입보다는 예방적 기술훈련에 더 많은 초점을 둠. 예를 들면, 만성 정신장애인을 위한 지역사회 생활 유지 등과 관련된 사회기술훈련에 집중하는 것임
중개자 및 일반주의 모델	클라이언트에게 필요한 서비스와 자원들을 연결하는 데 초점을 둠. 이 모델은 상대적으로 사례 수가 많으며, 이로 인하여 위기개입이나 서비스 연계 이상의 개별 욕구 충족에는 어려움이 있음
임상사례관리 모델	클라이언트에게 필요한 심리교육을 포함한 치료적 서비스와 자원 개발과 연결을 동시에 추구함. 사례관리자는 클라이언트를 위한 임상적 기술과 대안적인 치료기법도 보유해야 함

집중사례관리 모델	이 모델은 적극적 지역사회치료 모델과 유사하나 다학제적 팀보다는 개별 전문가에 의해 집중적인 서비스를 실시함

(2) 강점 모델

강점 모델은 일반적으로 전문적 서비스체계가 아닌 범위에서 외부 환경적 자원에 접근하면서 클라이언트의 강점을 확인하고 훈련하여 독립적인 삶을 사는 것에 초점을 맞추는 방법이다. 이 모델에서 사례관리자는 재활 모델에서와 달리 클라이언트를 위한 기술훈련의 방법들을 미리 결정하지 않는다. 즉, 사례관리자는 클라이언트가 자신의 목표를 달성할 수 있는 개별적, 환경적 상황을 개발하는 데 초점을 둔다. 정신장애인의 지역사회 회복을 목적으로 하는 강점 모델의 특징은 다음과 같다(Rapp & Goscha, 2006).

첫째, 정신장애인은 강점을 가진 소비자로 대우받아야 한다.

둘째, 의료 모델의 목적인 문제해결이나 증상 및 기능상의 문제 회복을 다루는 것이 아니라 개인과 환경의 강점을 강화하는 데 초점을 둔다.

셋째, 강점 모델의 궁극적 목적은 증상을 제거하거나 문제를 해결하는 것이 아니라 삶의 질 향상에 있다.

넷째, 강점 모델의 과정에서는 소비자인 클라이언트의 결정과 지역사회 내 비공식적 자원의 활용에 우선순위를 둔다.

다섯째, 강점 모델의 실천과정은 소비자인 클라이언트의 적극적 참여를 바탕으로 강점 사정과 강점 강화를 위한 계획, 개입, 점검 및 평가를 클라이언트 중심으로 한다.

강점 모델을 실천현장에 적용하기 위해서는 정신장애인의 자기결정, 변화가능성 및 자원의 원천으로서의 지역사회, 그리고 정신장애인의 결함보다는 강점, 관심, 지식, 역량에 초점을 두어야 한다.

(3) 적극적 지역사회치료 모델

적극적 지역사회치료 모델(이하 ACT 모델)은 지역사회에 기반하여 만성적인 질병이나 문제를 가진 클라이언트에게 치료와 재활을 포함한 포괄적인 서비스를 제공하고 관리하는 실천 모델이다. 주로 만성 정신장애인을 대상으로 하여 통합적인 서비스를 제공하는 대표적인 사례관리 모델로 기능하여 왔다(권진숙, 박지영, 2008). 이 모델은 기존의 중개 모델이나 임상사례관리 모델이 가졌던 한계들을 극복하기 위하여 다학제간 팀 접근을 중요한 구조로 선택하고 있다. 또한 정신장애인들을 위한 현장중심적 접근이 강조되며 지역사회의 자원을 동원하고 관리함으로써 치료와 재활, 그리고 궁극적으로 지역사회 생활을 유지하도록 고안되었다. ACT 모델은 다음과 같은 서비스 원칙을 강조한다(유수현 외, 2018: 254).

첫째, 다학제적 팀 접근이다. ACT 모델은 정신과의사, 간호사, 사회복지사, 직업재활 전문가, 약물남용전문가 등의 전문가 팀으로 구성된다. 이 팀은 매일 정기적으로 사례회의를 하며 실천과정에서 서로의 전문성을 공유한다.

둘째, 포괄적이고 적극적인 서비스를 한다. 이는 단순한 서비스와 자원의 연계가 아니라 치료서비스, 재활서비스, 주거와 취업, 약물남용, 가족 및 지원체계 개입 등의 포괄적이고 통합적인 서비스를 정신장애인의 욕구와 목표에 따라 제공한다.

셋째, 서비스의 시간제한이 없다. 사례관리자와 클라이언트의 신뢰 관계를 바탕으로 특별히 정해진 기간이 없이 서비스가 제공되며, 많은 경우에 평생 서비스가 지속된다.

넷째, 개별화된 접근을 한다. 정신장애인을 진단명이나 증상에 따라 정형화시키지 않고 개별적인 욕구, 선호를 중요시하고 개인의 선택을 최대한 존중하면서 자원을 제공한다.

다섯째, 낮은 사례관리 비율을 유지한다. 일반적으로 사례관리자와 정신장애인의 비율을 1대 10 이하로 유지하여 보다 개별화되고 포괄적인 서비스를 제공한다.

여섯째, 지역사회 현장중심의 접근을 한다. 모든 전문가는 정신장애인의 가정 및 취업장 등의 현장에서 만나는 것을 원칙으로 하며, 이를 통해 클라이언트가 실제로 생활하는 환경에 적합한 기술과 대처능력을 개발하도록 노력한다.

ACT 모델은 정신장애인의 회복과 지역사회 적응에 효과가 있다. ACT 모델은 표준서비스 기준을 제시하고 있으며 모델의 원칙이 충실하게 실행될수록 효과성이 높다. 우리나라 정신건강복지센터의 사례관리는 ACT 모델을 기반으로 하여 개발되었지만 각 센터의 특성에 맞게 변형되어 적용되고 있다. ACT 모델의 서비스 충실도에 대한 측정 기준은 〈표 13-5〉와 같이 제시할 수 있다(하경희, 2010).

표 13-5 ACT 모델의 서비스 충실도 측정 기준

분류		기준	충실도
구분	항목		
인적 자원: 구조 및 구성	사례부담	클라이언트:사례관리자=10:1	10 혹은 그 이하
	팀 접근	팀 접근 중심으로 전문가들이 모든 클라이언트를 파악하고 있음	모든 클라이언트가 일주일에 1명 이상의 직원과 접촉함
	정기적 회의	클라이언트를 위한 서비스 계획과 점검을 위한 모임	일주일에 4번 이상 만나서 매번 모든 클라이언트 점검
	팀 리더	슈퍼바이저가 직접적인 서비스 제공에 참여	근무시간의 50% 이상의 시간을 직접 서비스 제공
	직원 지속성	직원의 근무 지속성	2년간 20% 미만 교체됨
	직원 역량	프로그램이 모두 직원에 의해 운영됨	지난 1년간 프로그램의 95% 이상이 직원에 의해 운영됨
	정신과의사	100명의 클라이언트당 최소한 1명의 정규직 정신과의사	100명의 클라이언트당 1명의 정규직 정신과의사 배정
	간호사	100명의 클라이언트당 최소한 2명의 정규직 간호사	100명의 클라이언트당 2명의 정규직 간호사 배정
	정신사회 재활전문가	1년 이상 정신사회재활의 경험이 있는 직원이 100명의 클라이언트당 최소한 2명	1년 이상 경험이 있는 정규직 정신사회재활전문가가 클라이언트 100명당 2명 이상
	서비스 규모	다양하고 충분한 직원이 지속적으로 유지될 수 있는 규모	최소한 10명 이상의 정규 직원
구조적인 경계	등록기준	서비스 제공자에 대한 명확한 지침과 스크리닝할 수 있는 기준	모든 사례가 명시적 접수 기준에 부합함
	접수 비율	안정적인 서비스 환경을 유지하기 위해 낮은 비율로 접수함	지난 6개월 동안 가장 높은 월 접수율이 6명 미만임
	포괄성	사례관리나 정신의학적 서비스 외에 상담 및 심리치료, 주거서비스, 취업지원, 재활서비스 등 제공	네 가지 모두를 제공함
	위기 책임	위기상황에 대한 24시간 책임성	24시간 위기 서비스를 제공함
	입원 책임	병원 입원에 관여함	입원의 95% 이상을 주도함
	퇴원 책임	퇴원계획에 참여함	퇴원의 95% 이상을 함께 계획함
	사후관리	종결 후에도 모든 클라이언트가 필요한 경우 접촉 가능함	모든 클라이언트가 기간 제한 없이 서비스를 제공받음

서비스 특성	현장 중심	현장 중심으로 상태를 점검하고 지역사회 생활기술을 발달시킴	전체 서비스 시간 중 80%가 지역사회에서 진행됨
	만족도	클라이언트의 만족도가 높은 수준에서 서비스 유지됨	1년 동안 담당 사례 중 95% 이상이 유지됨
	적극성	아웃리치나 법률적 대처에도 적극적임	아웃리치나 법률적 체계들을 항상 사용함
	질적 수준	클라이언트에게 필요한 충분한 서비스 시간	한 명의 클라이언트당 최소한 주당 평균 2시간 이상
	접촉 빈도	클라이언트가 필요한 만큼의 빈번한 접촉	한 명의 클라이언트당 최소한 주당 평균 4회 이상
	지지체계	클라이언트와 관련된 지지체계를 위한 지지와 기술 상시 제공	클라이언트당 지지체계와 한 달에 4회 이상 접촉
	이중장애	이중장애에 대한 단계별 치료모델을 사용함	이중장애 치료 원칙에 기반을 두고 직원에 의해 개입

3) 사례관리의 과정

사례관리는 적용 모델에 따라 과정이 다소 다를 수 있지만 대체로 사례발견, 초기면접, 사정, 계획수립, 실행, 평가와 종결의 순으로 진행된다. 대상자 특성에 따라 종결 없이 점검과 계획수립을 반복하며 클라이언트의 삶의 질 향상을 목적으로 유지하는 경우도 있다. 예컨대, 만성 정신장애인이 지역사회에서 홀로 살아간다면 평생 사례관리의 대상이 될 수 있다. 〈표 13-6〉의 조현병을 지닌 사람의 사례관리 예시를 중심으로 정신장애인 사례관리의 과정을 살펴보고자 한다.

표 13-6 정신장애인 사례관리의 실제

박 씨는 48세의 여성이며, 20대 초반에 피해사고, 피해망상 그리고 환청 등의 증상으로 조현병 진단을 받고 여러 차례 정신병원 입원 경력이 있다. 박 씨는 30대 후반부터 전문정신병원에 10년간 입원하고 있으며 잔존증상과 지지체계의 부족으로 퇴원에 어려움을 겪고 있었다. 그러나 1년 전부터 박 씨는 퇴원을 적극 요구하였고 담당의사를 포함한 모든 치료진이 합의하여 퇴원을 결정하였고 사회사업실에서 퇴원계획을 실행하기로 하였다.

박 씨는 면회를 오는 가족과 친지가 전혀 없었고, 남편은 사망하였으며 타 지역에 거주하는 20대 아들이 있었지만 박 씨와의 연락을 거절했다. 박 씨는 국민기초생활수급권자로 입원 기간 모아 둔 삼백만 원이 전 재산이었다. 퇴원계획 수립에서 박 씨는 정신재활시설 입소를 단호하게 거절하였다. 정신병원에서 환자들과의 집단생활이 너무나 힘들었기 때문에 환경이 열악하더라도 혼자 생활하기를 원하였다. 이에 따라 박 씨는 지지체계가 거의 없기 때문에 급한 일이 발생하면 사회사업실의 도움을 받을 수 있도록 병원 근처에 월세방을 얻도록 했다. 또한 퇴원 이후 주간에 이용할 수 있는 정신재활시설의 회원으로 등록하여 지지체계를 확보하고 규칙적 생활을 유지하기로 했다.

박 씨는 퇴원 후 정신건강복지센터에 사례관리대상자로 등록하고 서비스를 받기로 했다. 정신건강복지센터의 사례관리자는 병원 사회복지사와 통화하여 박 씨의 현 상태와 퇴원 과정에 대한 정보를 수집하였다. 다음으로 사례관리자는 박 씨와 초기 면담을 통해 서비스 이용의 동의를 확보하고 지역사회에서 살아가면서 부딪히는 문제들을 함께 해결하기로 하였다.

사례관리자는 박 씨를 일차로 사정하였는데 피해사고와 환청이 어느 정도 있었고, 공공기관 방문이나 교통 이용 등을 훈련할 필요가 있으며, 이웃 주민과 의사소통을 원활하게 하면서 안정적 거주 공간을 마련할 필요가 있음을 확인하였다. 따라서 사례관리자는 박 씨와 함께 1순위 계획으로 증상관리 및 기본적 일상생활 유지, 2순위로 일상생활을 유지할 수 있는 의사소통, 3순위로 안정적인 거주 공간을 확보하는 것을 목표로 하는 계획을 수립하였다.

사례관리자는 통합사례회의를 개최하여 정신병원의 사회복지사, 정신재활시설 사회복지사, 구청의 사례관리자, 장애인복지관의 사례관리자, 인근 지역의 경찰과 소방관, 통장, 박 씨 거주지의 마트 주인 등이 참여하여 수립된 계획을 검토하고 실행을 위한 협의를 하였다. 통합사례회의를 통해 주사례관리는 정신건강복지센터가 담당하기로 하였고 일상생활훈련은 정신재활시설에서, 공공기관 이용 등의 훈련은 장애인복지관에서, 이웃 주민과의 의사소통을 원활히 하기 위해 경찰, 소방, 통장 및 마트 주인이 유기적으로 협력하기로 하였으며, 안정적 거주 공간을 확보하기 위해 구청의 사례관리자가 임대아파트를 배정받을 수 있도록 협력하기로 하였다.

사례관리자는 2주 후 계획에 따라 실행이 이루어지고 있는지를 점검하였다. 사례관리자는 박 씨가 약속한 대로 정신병원 외래 진료를 받았으며, 정신재활시설에 등록하여 다니고 있음을 확인하였다. 박 씨의 증상은 어느 정도 조절되고 있지만 이웃 주민과의 의사소통 문제로 아랫집과 다툼이 있었고 아직까지 해결되지 않았다는 사실을 확인했다. 사례관리자는 경찰과 통장의 도움을 얻어 오해로부터 비롯된 다툼을 완화시켰다. 박 씨는 장애인복지관의 훈련 계획에 따라 대중버스를 타고 복지관을 방문하고 혼자서 필요한 물건 사기를 실행으로 옮기고 있었다. 장기계획인 임대아파트 배정은 구청의 사례관리자가 확인한 결과 대상자는 되지만 2년 정도 대기해야 한다고 했다.

현재 박 씨는 정신병원 퇴원 후 1년이 지났으며, 2년 정도 소요될 것으로 보았던 임대아파트가 10개월 만에 배정되어 이사했다. 박 씨는 퇴원 당시 의료기관에서 1개월 이내에 재입원 가능성이 높다고 판단하였으나 사례관리를 통해 여러 가지 잔존증상이나 일상생활의 문제가 있지만 지역사회에서 잘 지내고 있다. 이사 후 박 씨는 기존의 지지체계를 일부 상실하여 불안해하고 있으며, 새로운 곳의 적응을 다소 어려워하고 있다. 이에 따라 사례관리자는 통합사례회의를 개최하여 박 씨를 재사정하고 개입목표와 실행 방안들을 논의하기로 했다.

(1) 클라이언트 발견

사례관리의 첫 단계인 클라이언트 발견은 사례관리가 필요한 개인이나 집단을 발굴하는 과정을 일컫는다. 클라이언트나 그의 가족들이 자발적으로 사례관리서비스를 요청할 수도 있지만 기관에서 아웃리치(outreach)를 하거나 다른 기관으로부터의 의뢰에 의해 사례를 발굴할 수 있다. 앞의 사례에서는 정신병원의 사회사업팀으로부터 지역사회의 정신건강복지센터로 의뢰한 경우라 할 수 있다.

(2) 초기면접

초기면접(intake)은 사례관리자가 클라이언트를 만나서 향후 서비스 진행을 위한 파트너십을 형성할 수 있도록 돕는 과정이다. 이때 사례관리자는 클라이언트의 사례관리서비스에 대한 적합성 여부를 결정하는 기본적 면접을 하게 된다. 마찬가지로 클라이언트도 서비스 이용에 대한 동의, 즉 자기결정에 의한 참여를 사례관리자와 합의하는 과정이다.

특히 만성 정신장애인에게 자발적인 서비스 이용의 동의를 확보하는 것은 쉽지 않다. 사례관리자는 초기면접부터 신뢰를 바탕으로 긍정적 관계를 형성하도록 노력해야 한다. 앞의 사례는 사례관리자가 초기면접 이전에 정신병원의 사회사업팀으로부터 박 씨에 대한 정보를 제공받았으며, 이를 토대로 면담하고 박 씨로부터 사례관리서비스 이용에 대한 동의를 얻었다.

(3) 사정

사정(assessment)은 클라이언트의 심리사회적 특성을 바탕으로 기본적인 욕구를 파악하는 것이다. 이는 클라이언트와 함께 수행해야 하는 과정이며, 특히 만성 정신장애인과 같이 장기간의 서비스를 필요로 하는 클라이언트에 대한 사정은 지속적으로 이루어져야 한다. 이 과정에서는 클라이언트와 그 가족에 의해 제시된 문제 이외에도 폭넓은 신체적 · 정신적 · 사회적 욕구를 확인하면서 경제적 · 환경적 욕구도 파악해야 한다.

사례관리에서는 주로 클라이언트와 관련된 욕구 사정, 자원 사정, 장애물 사정을 중심으로 이루어진다. 만성 정신장애인은 자신의 욕구를 제대로 표현하지 못하는 경우도 많이 발생한다. 따라서 사정에서는 정신장애인뿐만 아니라 가족을 포함한 관련된 사람들과 상황을 관찰하고 확인할 필요가 있다.

일반적으로 클라이언트의 개별 욕구는 크게 건강, 생활능력, 경제 · 근로능력, 생활환경으로 범주화할 수 있다(홍선미, 2010). 건강영역은 신체적 건강과 정신적 건강으로 구분하여 질병이나 장애를 잘 인식하고 있는지, 그에 대한 대처가 적절한지 등을 파악하게 된다. 생활능력은 의식주 관련 일상생활 유지와 여가생활 활용의 범주로 구분하여 확인하며, 경제 · 근로능력은 자산관리, 기초생계 유지 및 취업과 관련된 내용들을 파악하는 것이다. 생활환경은 객관적인 관찰을 통해서 확인하며 주택 상황이라든지 환경개선의 욕구를 파악하는 것이다.

자원 사정은 클라이언트의 내적 자원과 외적 자원으로 분류하여 파악한다. 내적 자원으로는 클라이언트의 성격, 지능, 지식, 능력, 태도, 자신감, 자아존중감 등을 의미하며, 외적 자원으로는 가족, 친지 등으로 구성되는 비공식적 자원과 공공서비스 기관 등을 포함하는 공적 자원으로 구분할 수 있다.

장애물 사정은 크게 두 가지로 분류된다. 첫 번째 장애물은 클라이언트나 환경 혹은 둘 모두의 작용으로 문제해결을 방해하는 내부 장애물을 일컫는 것이다. 내부 장애물은 문제를 해결하는 과정에서 장애가 되는 클라이언트의 무기력이나 동기결여 등을 파악하는 것이다. 두 번째 외부 장애물은 클라이언트가 필요한 자원을 얻는 데 있어서의 어려움을 일컫는 것이다. 이러한 외부 장애물을 제거하는 데에는 클라이언트의 의지나 책임도 있지만 자원 사정, 개발, 연결, 유지 등에 보다 전문적인 훈련을 받은 사례관리자의 역할도 매우 크다. 내 · 외부 장애물 사정은 문제해결의 초점이나 방향성을 마련하는 데 중요하게 작용한다.

이상과 같은 사정 영역을 개별 정신장애인의 상황과 특성에 맞추어 실행해야 한다. 사례관리에서 사정은 서비스를 진행하는 중요한 첫 번째 관문이라고 할 수 있다. 이때 사례관리자의 실천적 과업 및 필요한 지식과 기술 혹은 능력 등에 대한 표준화된 기준이 있다면 유용하게 활용할 수 있다.

앞의 사례에서 박 씨에 대한 욕구 사정은 건강, 특히 정신건강영역, 혼자서 생활할 수 있는 능력 그리고 안정적인 생활환경을 조성하기 위한 임대아파트 확보를 중심으로 이루어졌다. 자원 사정은 박 씨의 독립적 생활에 대한 의지를 비롯한 내적 자원과 정신건강복지센터, 정신재활시설, 주민센터, 경찰서 등의 외적 자원을 중심으로 이루어졌다.

장애물은 박 씨의 의사소통 능력의 부족이나 일상생활 유지 기능의 미비 그리고 지역주민의 정신장애에 대한 편견 등이었다. 이러한 사정을 통해 사례관리 계획을 수립하기로 하였다. 민소영(2012)은 정신보건영역에서 실천 현실에 적합한 표준적 사례관리활동 목록을 제시하였는데, 사정 부분을 살펴보면 〈표 13-7〉과 같다.

표 13-7 정신보건영역 사례관리활동 목록(사정 부분)

① 정신장애인의 비공식적 자원(가족사항 및 가족관계, 친구, 소속집단)의 종류와 만족 정도를 파악
② 정신장애인이 이용하고 있는 공식적 자원의 종류와 만족 정도를 파악
③ 정신장애인의 가치, 선호, 대인관계 스타일을 파악
④ 정신장애인의 주거상황을 파악
⑤ 정신장애인의 심리 · 사회 · 문화적 상황과 기능 정도를 파악
⑥ 정신장애인의 일상생활 기능을 파악
⑦ 정신장애인의 인지적 기능을 파악
⑧ 정신장애인의 예전 기능 상태나 치료 및 입원 경험 확인

(4) 계획수립

이 단계는 사징 과정에서 얻은 정보를 바탕으로 하여 통합적인 서비스 계획을 수립하는 것을 일컫는다. 사정의 과정과 마찬가지로 계획수립의 단계에서도 클라이언트가 적극적으로 참여해야 한다. 개입계획의 과정은 사례관리자와 클라이언트가 파트너십을 형성하여 장 · 단기 목표를 수립하면서 클라이언트에 대한 개별서비스계획을 구체적으로 세우는 것이다. 세부적으로 구분하면 성과목표 설정하기, 우선순위 정하기, 실천전략 세우기, 계약하기, 실행하기의 과정으로 진행된다(홍선미, 2010).

앞의 사례에서 박 씨의 지역사회 거주를 위한 성과목표를 정하고 우선순위를 확정하여 실천전략을 세웠다. 이를 토대로 사례관리자는 박 씨와 실천방법과 과정에 대해 계약하고 실행하기로 하였다. 민소영(2012)의 정신보건영역에서의 표준적 사례관리활동 목록 중 계획 부분을 살펴보면 〈표 13-8〉과 같다.

표 13-8 정신보건영역 사례관리활동 목록(계획 부분)

계획수립의 기술방법과 서비스 범위	① 정신장애인, 사례관리자, 공식 · 비공식 지원체계가 수행해야 할 과업을 명확히 기술 ② 하나하나의 서비스마다 서비스 양이나 지속기간을 구체적으로 기술 ③ 정신장애인이 달성할 수 있는 변화목표를 측정 가능하게 구체적으로 기술 ④ 달성하고자 하는 서비스 목표에 대하여 우선순위를 결정 ⑤ 정신장애인을 도울 수 있는 지역사회 내의 비공식적 서비스 자원(가족, 친족, 친구)을 포함 ⑥ 정신장애인에게 적합한 서비스를 주기 위해 다른 기관에서 제공할 수 있는 서비스가 있는지 확인 ⑦ 정신장애인을 의뢰할 수 있는 공식 서비스기관(국가 및 공공기관)을 포함
계획수립의 원칙과 서비스 옹호	⑧ 필요하다고 판단된 서비스를 사례관리기관이 제공할 수 있는 여력이 있는지, 장애물은 없는지 파악 ⑨ 정신장애인에게 현실적인 기대를 주기 위해 서비스를 의뢰할 기관의 정책과 자격 기준 및 기대할 수 있는 서비스 수준을 설명 ⑩ 정신장애인이 어떤 서비스를 이용할 것인지를 스스로 결정할 수 있도록 자기결정권의 원칙을 존중 ⑪ 정신장애인의 개별적 욕구를 반영 ⑫ 정신장애인 또는 가족과 함께 협의하여 서비스 계획을 세움

(5) 실행

사례관리에서 실행은 수립된 계획에 따른 목적달성을 위한 총체적 과정이라고 할 수 있다. 클라이언트는 사례관리의 주도자로서 참여하는 모든 자원을 적절하게 활용하여 문제를 해결해 나간다. 정신보건영역의 사례관리자는 치료 · 교육 · 훈련 · 상담 · 정보제공 및 옹호 등과 같은 직접서비스 제공을 다른 영역보다 많이 실행한다(유수현 외, 2018: 246).

간접서비스는 정신보건영역에서도 중요하며, 주로 연결, 조정, 점검 등의 방법을 활용한다. 공식적 서비스와 비공식적 지지망의 연결은 사례관리의 핵심요소이기는 하지만 정확한 사정, 계획 그리고 점검이 없는 단순한 연결의 기능은 클라이언트를 단지 위탁하는 것에 지나지 않는다. 서비스 조정의 과정은 서비스 제공자를 발굴하여 클라이언트에게 연결시키는 것뿐만 아니라 서비스 제공자끼리 상호 연결하는 기능도 포함한다. 성공적 연결과 조정의 기능을 다하기 위해서 사례관리자는 지역사회에서 이용 가능한 서비스가 어떤 것인지를 알아야 하며, 공식적 · 비공식적 자원들을 충분히 동원할 수 있어야 한다(김기태 외, 2016: 413-414).

점검은 서비스의 제공 및 이용을 확인하고 감독하는 기능을 말한다. 사례관리에서 점검은 서비스 계획에 명시된 목표들이 얼마나 달성되고 있는지, 원래의 계획 방향으로 진행되고 있는지를 평가하고 추적하는 것이다. 실제로 사례관리에서 점검의 기능을 제대로 수행하기에는 어려움이 많지만 클라이언트에 대한 서비스 계획을 재평가하고 수정할 수 있기 때문에 중요한 기능이라고 할 수 있다.

최근에는 지역사회를 중심으로 통합사례관리 네트워크가 구축되고 있기 때문에 정신보건영역에서도 활용할 필요가 있다. 이는 통합사례회의를 운영체계로 조직하여 개입한다. 통합사례회의는 사례대상자와 관련 있는 다양한 전문가 및 기관이 참여하여 다각적 접근방식을 통해 창의적이고 효과적인 개입방법을 모색하는 운영체계이다(한국사례관리학회 편, 2016: 208).

앞의 사례에서 계획에 따른 실행을 위해 직접 및 간접 서비스를 실행하였다. 직접서비스는 이웃 주민과의 의사소통을 위한 훈련이나 혼자서 생활하는 불안이나 증상관리에 대한 상담을 실시하였다. 간접서비스는 장애인복지관, 구청, 주민센터, 통장, 마트 주민 등과 서비스를 연결하고 점검하였다. 앞의 사례에서도 다각적 접근의 필요성에 의해 통합사례회의가 개최되었다. 민소영(2012)의 정신보건영역에서의 표준적 사례관리활동 목록 중 실행 부분을 살펴보면 〈표 13-9〉와 같다.

표 13-9 정신보건영역 사례관리활동 목록(실행 부분)

구분	내용
직접적 개입활동	① 정신장애인 의뢰 시, 타 기관이 정신장애인에게 요구하는 서식이나 준비사항을 꼼꼼하게 챙김 ② 정신장애인이 접근할 수 있는 지역사회서비스에 대한 정보를 제공 ③ 정신장애인과 그 가족이 적절한 서비스와 지역사회 자원을 이용할 수 있도록 연결 ④ 정신장애인이나 가족, 타 서비스 제공자에게 독려와 지지를 제공 ⑤ 다양한 서식 작성 등 행정적 도움이 필요한 경우 정신장애인을 도움
지역자원관리활동	⑥ 서비스 목록표를 끊임없이 업데이트 ⑦ 정신장애인에게 필요한 서비스라면 새롭게 개발 ⑧ 정신장애인에게 서비스를 제공할 수 있는 기관의 목록을 작성

점검	내용	⑨ 서비스 제공기관 간의 협력 정도가 적절한지 점검 ⑩ 서비스 제공자 간 혹은 정신장애인과 서비스 제공자 간 갈등이나 어려움이 있는지 점검하고 중재 ⑪ 정신장애인을 의뢰한 기관과 유기적으로 접촉 ⑫ 추가서비스 및 종결된 서비스가 있는지 점검 ⑬ 제공되는 서비스의 양과 질의 적절성, 서비스 만족도, 정신장애인의 욕구 충족 정도를 점검 ⑭ 서비스의 갭이나 중복이 있는지 점검 ⑮ 필요한 경우 담당 사례관리자나 서비스 의뢰기관을 변경
	형태	⑯ 정신장애인에게 전화를 걸어 모니터링 ⑰ 가정방문 또는 지역사회에서 정신장애인을 모니터링 ⑱ 정신장애인을 기관으로 내방하게 하여 모니터링

(6) 평가와 종결

사례관리에서 평가는 사례관리자와 클라이언트가 초기에 결정한 욕구, 문제해결을 위해 수립한 목표를 어느 정도 달성했는가를 확인함으로써 종결 여부를 결정짓는 과정이기도 하고, 다른 한편으로는 사례관리자와 클라이언트가 좀 더 향상된 다음 단계로 진입하기 위한 점검의 의미를 갖기도 한다(권진숙, 박지영, 2008: 181). 평가는 클라이언트와 사례관리자 상호 간에 점검을 실시하면서 원래 계획했던 목표들을 총체적으로 확인하는 단계라고 할 수 있다. 평가는 반드시 클라이언트와 함께 실시해야 한다.

평가는 두 가지 측면, 즉 클라이언트 측면과 서비스 과정 측면에서 이루어진다. 클라이언트 측면에서는 원래 바라던 목표를 달성하여 클라이언트의 변화나 문제해결을 이루었는지를 평가하는 것이다. 서비스 과정 측면에서는 계획대로 서비스가 제공되었는지를 평가하는 것이다. 앞의 사례에서는 중간 평가는 지속되겠지만 종결을 위한 평가는 시간이 걸릴 전망이다. 민소영(2012)의 정신보건영역에서의 표준적 사례관리활동 목록 중 평가 부분을 살펴보면 〈표 13-10〉과 같다.

표 13-10 정신보건영역 사례관리활동 목록(평가 부분)

① 제공되었던 서비스의 양과 질, 제공 과정이 적합했는지 평가
② 사례관리자와 정신장애인의 관계가 적합했는지 평가
③ 정신장애인 및 가족에게 서비스의 만족도를 평가
④ 정신장애인의 문제상황이 사례관리 동안 얼마나 긍정적으로 변화하였는지를 평가
⑤ 정신장애인의 비공식적 지지체계가 얼마나 향상되었는지를 평가

종결은 사례관리의 마지막 단계로 사례관리자가 클라이언트에 대한 개입을 종료하는 것을 의미한다. 종결은 클라이언트와 관련된 객관적이고 정확한 내용에 근거하여 판단하고 결정하게 된다(최희철, 천덕희, 2017: 263). 일반적으로 사례관리의 종결은 클라이언트의 사망, 거부, 전출 등과 같은 요인이나 평가를 통해 이루어진다. 사례관리자는 종결 과정에서 클라이언트의 정서적 반응이나 실제적 영향 등을 정확하게 판단해야 하며, 필요하다면 의뢰, 사후관리를 계획에 의거하여 실시해야 한다.

제 14 장

정신장애인 관련 법, 이념 그리고 운동 방향

학습 목표

1. 「정신건강복지법」의 설립배경, 내용, 의의 및 한계를 설명할 수 있다.
2. 정신장애인과 관련된 사회정의의 이념을 설명할 수 있다.
3. 소수자 맥락에서 정신장애인의 차별금지를 설명할 수 있다.

이 장에서는 정신장애인, 특히 조현병 등과 같은 만성 정신장애를 지닌 사람과 관련된 법률, 추구해야 할 이념과 운동 방향을 살펴보고자 한다. 먼저, 정신장애인과 관련된 정책, 제도 및 서비스의 근간인 「정신건강복지법」의 설립배경과 내용을 요약하고 의의와 한계를 제시했다. 이 법을 통해 정신장애인과 관련된 국가 차원의 공식적 대응 체제를 마련할 수 있었지만, 반면에 강제입원, 생활 공간 등과 같은 인권보장의 미흡함은 과제로 남아 있다.

다음으로 정신장애인과 관련된 정책과 제도를 마련하는 과정에서 추구해야 할 이념으로 사회정의 개념을 제시했다. 여기서는 정신장애인과 관련된 정책은 상호 이익의 관점에서 보는 시장적 거래가 아니라 우리 사회의 공정한 원리 혹은 도덕적 지향에 근거해야 함을 강조한다.

마지막으로 정신장애인을 차별로부터 보호하기 위해 차별금지와 관련된 내용을 살펴보고자 한다. 이를 위해 소수자 맥락에서 정신장애인을 바라보면서 2007년 제정된 「장애인차별금지법」의 의의를 탐색한다. 여기에 더해 사회문화적 맥락에서 정신장애인의 차별과 배제를 금지하고 인권을 보장할 수 있는 「포괄적 차별금지법」의 성문화 의의를 탐색하고자 한다.

핵심 과제

1. 「정신건강복지법」의 한계를 보완하는 대안 법률은 어떻게 구성되어야 하는가?
2. 정신장애인과 관련된 사회정의의 실현은 어떻게 이루어져야 하는가?
3. 「포괄적 차별금지법」은 정신장애인의 지역사회 삶을 어떻게 변화시킬 수 있는가?

1. 관련 법:「정신건강복지법」

1) 법률 성립배경 및 과정

정신장애인을 위한 인권과 삶의 질을 향상해야 한다는 사회적 공감대에서 1995년「정신보건법」이 제정되어 1997년부터 시행되었다. 이 법은 제정 이전부터 정부당국, 관련된 전문가집단 그리고 시민사회단체들의 논쟁이 있었다(박은정, 1992: 59-67). 정부당국은 정신장애인을 위한 사회보장적 차원과 사회 안전을 위한 범죄 예방적 차원을 동시에 고려하려고 하였고, 정신의학 관련 단체들은 의료모델을 중심으로 정신장애인 모두를 치료 대상자로 규정하려고 하였으며, 시민사회단체들은 강제입원 등과 같은 인권 문제에 집중적으로 초점을 맞추었다.

또한 정부당국은 법률 제정을 위해 민주주의를 위한 변호사모임, 한국기독교교회협의회, 인도주의실천의사협의회, 민주화실천가족운동협의회, 대한신경정신의학회, 대한의학협회 그리고 한국정신요양협회 등으로부터는 의견을 모았다. 그러나 정신장애인 당사자와 가족 그리고 재활이나 사회복귀, 지역사회 삶에 관심을 가진 집단들의 의견은 제대로 반영하지 않았다. 따라서 정신장애인의 권리보호, 재활, 사회복귀 그리고 지역사회에서 살아가는 문제는 충분히 다루어지지 않았으며, 이후「정신보건법」이 여러 차례 개정되었지만 획기적 변화는 없었다.

1995년「정신보건법」제정 이후 가장 큰 변화는 2016년의「정신건강복지법」으로의 전면개정이며, 2017년부터 시행 중이다. 개정된 법에서는 정신장애인의 인권 향상과 전 국민의 정신건강을 증진하기 위한 내용들이 포함되어 있다. 그 예로 정신장애인의 동의 없이 이루어지는 강제입원에 대한 절차 강화와 입원시설에서의 인권 보호 등을 들 수 있다. 그러나 정신병원 입원의 강제성에만 초점을 맞추고 지역사회에서 정신장애인이 살아갈 수 있는 다양한 시설이라든지, 가족에 대한 지원 등에 관한 실질적이고 획기적인 변화를 포함하고 있지는 않다. 이러한 상황에서 정신장애인에 대한 입원만을 엄격히 제한한다면 이미 다른 나라들이 탈시설화 초기에 경험하였던 '회전문 현상', '지역사회의 병동화' 그리고 과도하고 지나친 가족부담만 늘어나게 된다.

개정된「정신건강복지법」에서 입원의 엄격성만 강조하는 것은 아니다.「정신건강복지법」에서는 정신질환자의 폭력성을 우려하는 사회구성원들의 요구를 받아들여 응급입원의 가능성을 높이고 있다(「정신건강복지법」 제44조). 예컨대, 경찰관은 정신질환이 의심되는 사람이 자·타해의 위험이 있다는 신고를 받고 출동한 후 정신병원의 입원을 정신과 의사에게 요청할 수 있다. 물론 경찰관의 임의대로 정신병원의 입원이 결정되는 것이 아니라 법적 절차와 규정에 따른다. 그러나 경찰관은 정신질환자로 의심되는 사람이 문제를 일으키면 비난이나 책임이 따를 수 있기 때문에 입원을 우선적으로 고려할 수밖에 없다.

「정신건강복지법」에서는 정신질환자에 대한 복지서비스(「정신건강복지법」 제33조~제38조)를 고용, 교육, 여가, 지역사회 거주 등의 지원으로 규정하고 있지만 형식적 수준에 그치고 있다. 「정신건강복지법」에 근거한 정책 실천으로 정신장애인의 포괄적 삶의 질이 향상될 가능성이 높지 않을 것 같다. 왜냐하면 「정신건강복지법」은 근원적으로 의료모델에 입각한 질병의 치료를 핵심으로 하고 있기 때문이다. 즉, 정신장애인의 지역사회 거주 혹은 일상생활과 관련된 지원보다는 정신의료기관 입원과 약물치료를 핵심으로 한다. 따라서 정신장애인은 「정신건강복지법」을 근거로 인간으로서 당연하게 누려야 하는 일상적 삶을 동시대의 사람들과 마찬가지로 향유하고 있다고 보기 어렵다.

그러나 정신장애인과 관련된 법률의 제정으로 정책과 제도 그리고 서비스를 국가적 차원에서 마련할 수 있었다(강상경 외, 2022). 즉, 우리나라의 정신건강정책은 1995년 「정신보건법」 제정 이후 공식화되었다. 국가 차원의 정신건강정책은 보건정책인 국민건강증진종합계획의 하위 정책에 포함되어 있다가 2016년에 최초로 정신건강종합대책을 발표하면서 기본틀이 마련되었다. 이는 2021년 제2차 정신건강복지기본계획으로 이어졌다(2021~2025). 제2차 정신건강복지기본계획에서는 6대 정책목표 아래 여섯 가지 추진 전략, 즉 전 국민 정신건강증진, 정신의료서비스 및 인프라 선진화, 지역사회 기반 정신질환자의 사회통합 추진, 중독 및 디지털 기기 이용장애 대응 강화, 자살로부터 안전한 사회 구현, 정신건강정책 발전을 위한 기반 구축을 제시하였다.

2) 주요 내용

「정신건강복지법」은 총 8장 89조로, 제1장 총칙(제1조~제6조), 제2장 정신건강증진 정책의 추진 등(제7조~제18조), 제3장 정신건강증진시설의 개설·설치 및 운영 등(제19조~제32조), 제4장 복지서비스의 제공(제33조~제38조), 제5장 보호 및 치료(제39조~제52조), 제6장 퇴원등의 청구 및 심사 등(제53조~제67조), 제7장 권익보호 및 지원 등(제68조~제83조), 제8장 벌칙(제84조~제89조)으로 구성되어 있다. 또한 「정신건강복지법 시행령」은 총 7장 41조로, 시행규칙은 53조로 구성되어 있다(https://www.law.go.kr, 2024).

(1) 목적

이 법은 정신질환의 예방·치료, 정신질환자의 재활·복지·권리보장과 정신건강 친화적인 환경 조성에 필요한 사항을 규정함으로써 국민의 정신건강증진 및 정신질환자의 인간다운 삶을 영위하는 데 이바지함을 목적으로 한다(「정신건강복지법」 제1조). 이는 모든 사회구성원의 정신질환을 예방하고 정신건강을 증진함과 동시에 정신질환자를 치료하고 권리를 보장하는 것을 목적으로 한다는 의미이다.

(2) 기본이념

「정신건강복지법」의 기본이념은 아홉 가지로 구성되어 있다(「정신건강복지법」 제2조). 첫째, 모든 국민은 정신질환으로부터 보호받을 권리를 가진다. 둘째, 모든 정신질환자는 인간으로서의 존엄과 가치를 보장받고, 최적의 치료를 받을 권리를 가진다. 여기서 정신질환자란 망상, 환각, 사고(思考)나 기분의 장애 등으로 인하여 독립적으로 일상생활을 영위하는 데 중대한 제약이 있는 사람을 말한다(「정신건강복지법」 제3조 제1항). 셋째, 모든 정신질환자는 정신질환이 있다는 이유로 부당한 차별대우를 받지 아니한다. 넷째, 미성년자인 정신질환자는 특별히 치료, 보호 및 교육을 받을 권리를 가진다. 다섯째, 정신질환자에 대해서는 입원 또는 입소가 최소화되도록 지역사회 중심의 치료가 우선적으로 고려되어야 하며, 정신건강증진시설에 자신의 의지에 따른 입원 또는 입소가 권장되어야 한다. 여섯째, 정신건강증진시설에 입원등을 하고 있는 모든 사람은 가능한 한 자유로운 환경을 누릴 권리와 다른 사람들과 자유로이 의견교환을 할 수 있는 권리를 가진다. 일곱째, 정신질환자는 원칙적으로 자신의 신체와 재산에 관한 사항에 대하여 스스로 판단하고 결정할 권리를 가진다. 특히 주거지, 의료행위에 대한 동의나 거부, 타인과의 교류, 복지서비스 이용 여부와 복지서비스 종류의 선택 등을 스스로 결정할 수 있도록 자기결정권을 존중받는다. 여덟째, 정신질환자는 자신에게 법률적·사실적 영향을 미치는 사안에 대하여 스스로 이해하여 자신의 자유로운 의사를 표현할 수 있도록 필요한 도움을 받을 권리를 가진다. 아홉째, 정신질환자는 자신과 관련된 정책의 결정과정에 참여할 권리를 가진다.

기본이념은 헌법과 UN의 장애인권리협약(Convention on the Rights of Persons with Disabilities)의 기준을 포함하고 있다. 이는 정신질환을 지닌 사람의 인권을 강조하고 자기결정권 등의 권리를 보장하며 지역사회 중심의 복지지원체계를 구축하는 것을 포함한다. 그러나 「정신건강복지법」의 기본이념을 세부적으로 구체화하는 데에는 부족함이 많이 있다.

(3) 대상 및 책임주체

「정신건강복지법」의 목적을 살펴보면 모든 국민의 정신건강증진 및 정신질환자의 인간다운 삶을 영위하는 데 두고 있다. 하지만 대부분 본문의 내용은 정신질환자의 치료 및 보호와 관련되어 있다.

이 법 제4조에서는 국가와 지방자치단체는 국민의 정신건강을 증진시키고, 정신질환을 예방 · 치료하며, 정신질환자의 재활 및 장애극복과 사회적응 촉진을 위한 연구 · 조사와 지도 · 상담 등 필요한 조치를 하여야 한다고 밝히고 있다. 따라서 이 법에 근거한 책임의 주체는 국가와 지방자치단체라고 할 수 있다.

(4) 정신건강증진

정신건강증진사업이란 정신건강 관련 교육 · 상담, 정신질환의 예방 · 치료, 정신질환자의 재활, 정신건강에 영향을 미치는 사회복지 · 교육 · 주거 · 근로 환경의 개선 등을 통하여 국민의 정신건강을 증진시키는 사업을 말한다. 정신건강증진시설이란 정신의료기관, 정신요양시설 및 정신재활시설을 말한다(「정신건강복지법」 제3조).

모든 국민의 정신건강증진을 위해 보건복지부 장관은 5년마다 국가계획을 수립하여야 하며, 이에 따라 시 · 도 단위의 지역계획을 수립하여야 한다. 보건복지부장관은 5년마다 정신건강증진 정책을 수립하는 데 필요한 실태조사를 하여야 한다.

또한 보건복지부장관은 정신건강복지센터(「정신건강복지법」 제15조), 국가트라우마센터(「정신건강복지법」 제15조의2), 중독관리통합지원센터(「정신건강복지법」 제15조의3), 동료지원쉼터(「정신건강복지법」 제15조의4)를 설치 · 운영할 수 있다. 여기에서 정신장애인의 지역사회생활과 밀접한 관련이 있는 정신재활시설은 제외되어 있어 지방자치단체의 몫으로 남겨져 있다. 하지만 지방자치단체는 재정부담이나 주민반대 등의 이유로 정신재활시설 설치에 적극성을 보이지 않고 있다.

(5) 정신건강전문요원

보건복지부장관은 정신건강 분야에 관한 전문지식과 기술을 갖추고 보건복지부령으로 정하는 수련기관에서 수련을 받은 사람에게 정신건강전문요원 자격을 줄 수 있다(「정신건강복지법」 제17조 제1항). 정신건강전문요원은 정신건강임상심리사, 정신건강간호사, 정신건강사회복지사 및 정신건강작업치료사로 구분한다.

(6) 복지서비스

이 법의 제4장에는 정신질환자에게 제공할 수 있는 복지서비스를 규정하고 있다. 구체적 내용을 살펴보면, 복지서비스의 개발(제33조), 고용 및 직업재활 지원(제34조), 평생교육 지원(제35조), 문화 · 예술 · 여가 · 체육활동 등 지원(제36조), 지역사회 거주 · 치료 · 재활 등 통합 지원(제37조), 가족에 대한 정보제공과 교육(제38조)를 규정하고 있지만 선언적 수준에 그치고 있다. 또한 정신질환자가 입원과 퇴원 시에 당사자의 의사가 충분히 반영될 수 있도록 절차조력서비스를 받을 수 있다(제38조의2).

(7) 보호 및 치료

「정신건강복지법」에서는 보호의무자를 규정하고, 그들의 의무를 밝히고 있다. 대부분의 보호의무자는 가족이며, 이에 따라 가족은 심리적, 경제적, 사회적 부담에 더해 법적 부담까지 추가되어 있다. 가족의 법적 보호의무로부터 고통받지 않을 방안을 마련할 필요가 있다.

정신질환자의 입원은 법적으로 네 가지, 즉 자의입원, 동의입원, 보호의무자에 의한 입원, 특별자치시장 · 특별자치도지사 · 시장 · 군수 · 구청장에 의한 입원으로 분류된다. 그러나 크게 보면 자의입원 및 동의입원의 자발적 입원과 보호의무자에 의한 입원 및 특별자치시장 · 특별자치도지사 · 시장 · 군수 · 구청장에 의한 입원의 강제적 입원으로 나눌 수 있다. 하지만 동의입원은 자발적 입원이라기보다는 강제입원에 가깝다고 보기도 한다. 왜냐하면 당사자가 원해서 입원하더라도 보호자의 동의가 없으면 정신과의사의 판단에 따라 72시간 동안 퇴원할 수 없고, 그사이 강제적 입원으로 전환될 가능성도 있기 때문이다.

정신질환자의 입원과 관련된 첨예한 논쟁은 강제입원과 관련되어 있다. 이를 보완하기 위해 입원적합성심사위원회를 두고 있지만 입원과 관련된 인권침해 요인을 해결하였다고 보기는 어렵다. 또한 규정에 따른 입원을 할 수 있는 시간적 여유가 없을 때에는 의사 및 정신건강전문요원과 경찰관의 동의를 받아 정신질환자로 추정되는 사람을 정신의료기관에 입원시킬 수 있다. 이 경우에는 3일 이내 기간 동안만 응급입원시킬 수 있다.

(8) 퇴원

정신의료기관에 입원한 정신질환자는 자의입원을 제외하고는 자신의 의지대로 퇴원할 수 없다. 타율적 장기 입원을 예방하기 위해 정신건강심의위원회를 설치하여 정신질환자의 퇴원과 관련된 심사를 하고 있다. 그러나 이 제도를 통한 퇴원은 극히 미미한 수준에 그치고 있다. 즉, 강제입원에 의한 정신질환자는 퇴원 시에도 자기결정권을 거의 행사할 수 없다.

(9) 권익보호

정신질환자이거나 정신질환자였다는 이유로 그 사람에 대해 교육, 고용, 시설이용의 제한 또는 박탈하거나 그 밖의 불공평한 대우를 하여서는 아니 된다(「정신건강복지법」 제69조 제1항). 정신건강증진시설의 장과 종사자는 인권교육을 받아야 하며, 비밀누설의 금지, 수용 및 가혹행위를 하지 않아야 한다. 또한 정신질환자에 대한 전기충격요법, 인슐린혼수요법, 정신외과요법 등과 같은 특수치료는 당사자 그리고 보호의무자의 동의를 받아야 실시할 수 있다.

정신의료기관에 입원 중인 정신질환자는 통신과 면회의 자유를 누릴 수 있다. 정신질환자는 입원 중에 격리 또는 묶는 등의 신체적 제한을 당하지 않을 권리가 있다. 다만, 정신과의사의 지시에 따라 치료적 목적으로 신체적 제한을 하더라도 규정을 충실히 따라야 한다.

3) 의의와 한계

1995년 제정된 「정신보건법」은 정신질환에 대한 국가적 책임을 명시하고, 정신의료기관 및 시설을 제도화하였으며 입·퇴원 절차를 규정하였다. 또한 미인가 시설이나 단체에서 정신질환자를 학대하거나 방치할 수 없도록 하였으며, 정신건강전문요원과 같은 전문가 자격기준을 두어 서비스의 질적 향상을 가져왔다. 정신건강복지센터, 정신재활시설, 중독관리통합지원센터 등의 시설을 통해 사회구성원의 정신건강증진을 위한 토대를 마련하였다. 입원 중인 정신질환자의 인권을 보장하고 권익을 보호하는 세부적 장치들도 마련하였다.

그러나 이 법은 의료모델을 근거로 정신질환자의 입원과 치료에 초점을 두고 있다. 이에 따라 입원의 강제성, 가족의 과도한 부담, 탈원화의 실패 및 지역사회 중심의 실천에서 미흡함이 많다(권현주, 유영미, 2020; 김덕현, 2015; 김미경, 서미경, 2022). 이와 같은 한계를 살펴보면 다음과 같다.

(1) 입원의 강제성

정신질환자의 비자발적 입원은 학술적 또는 실제적으로 끊임없는 논쟁적 딜레마이다. 정신질환자에 대한 치료는 세계적으로 보아도 강제입원을 완전히 배제할 수 없다. 그러나 특정 국가나 사회에서 정신질환자에 대한 강제입원의 비율이 지나치게 높다면 바람직하지 않다.

우리나라의 강제입원에 해당하는 보호의무자에 의한 입원은 「정신건강복지법」으로 전면개정되기 이전까지는 거의 70%에 이를 정도로 높았다. 이후 정신질환자의 강제입원이 줄어들고 있지만 여전히 다른 나라에 비해 월등히 높은 수준이다. 강제입원의 경우에는 자유의지에 의한 퇴원도 동시에 차단된다. 그 결과로 우리나라의 정신의료기관이나 정신요양원에 입원된 정신질환자들은 장기 입원의 경향이 뚜렷하다(박재우, 2018).

정신질환자 강제입원의 핵심적 근거는 자 · 타해의 위험으로부터 당사자와 가족 및 사회구성원을 보호하는 것에 있다. 그러나 강제입원은 공식적으로 정신질환자를 놓치거나 타율적으로 억압하는 것이 되며, 입원시킨 사람에 대한 부정적 감정이나 분노를 지니도록 만든다. 이는 가까운 사람과 치료적 동맹을 어렵도록 만들고 장기 입원으로 이어지게 할 수도 있다. 그리고 근원적인 질문은 「정신건강복지법」에 의한 공권력을 통한 개인의 구속이 어느 정도까지 허용되어야 하는지와 관련이 있다. 정신질환자의 입원 필요성에 대한 당사자의 동의가 없는 경우에 자 · 타해 위험의 객관성을 어떻게 담보해야 할지는 여전히 의문으로 남는다.

(2) 보호의무자 제도

1995년 「정신보건법」이 제정되면서 정신질환자의 입 · 퇴원과 치료에 관여할 의무와 권한이 있는 '보호의무자' 제도가 마련되었다. 보호의무자는 민법상 부양의무자(대부분 가족임)와 후견인으로 구성되며, 법이 정한 권한과 의무가 있다. 2016년 전면개정된 「정신건강복지법」에서도 일부 형식적 내용만 변경되었을 뿐 보호의무자 제도는 그대로 유지되고 있다(신권철, 2023).

정신질환자의 보호의무자는 대부분 가족이고, 그들은 국가를 대신하여 특별한 권한과 의무를 지게 된다. 보호의무자는 정신질환자의 입 · 퇴원 권한을 부여받고 동시에 감독 또는 보호의 의무를 두어 이를 위반할 시 법적 책임을 져야 한다. 이러한 보호의무자 제도는 2006년 제정된 UN의 장애인권리협약을 위반하는 것이며(한국은 2008년 비준), 근본적으로 정신질환자의 자기결정권을 보호자에게 빼앗기게 된다는 의미이다.

보호의무자인 가족은 입원과 퇴원을 신청하는 과정에서 정신질환자의 의사와 구조적으로 대립하게 된다. 예컨대, 정신병원 입원을 거부하는 정신질환자를 가족의 동의로 강제입원시키면 그들 간의 원한과 불화가 지속된다. 정신질환자는 강제입원의 책임을 가족에게 돌리고 분노를 간직한다. 한편, 보호의무자인 가족은 정신질환자가 문제를 일으키면 과도한 의무와 법적 책임을 연좌제처럼 지닌다. 예컨대, 정신질환자가 화재를 일으키면 민사상의 책임을 져야 한다. 따라서 정신장애를 지닌 당사자, 가족 그리고 장애계와 학계에서는 「정신건강복지법」상의 보호의무자 제도의 폐지를 주장하고 있다(신권철, 2023).

(3) 탈원화 및 지역사회중심 실천의 실패

정신장애인과 관련된 탈원화 정책 및 지역사회정신건강서비스를 실시하면 병원 입원은 급격히 줄어들고 입원을 하더라도 단기간이 된다(황성동, 1999). 1995년 제정된 「정신보건법」과 2016년 전면개정된 「정신건강복지법」에서 추구하는 이념이 탈원화와 지역사회정신건강이었지만 실제로는 입원 중심의 정책이 지속되고 있다(엄태완, 2024).

또한 전 지구적 차원에서 보이는 신자유주의체제로 인한 질병의 개인 책임, 여기에 더해 다국적 제약회사들의 무한 이익추구는 질병의 지속, 입원과 약물치료의 유지를 더욱 강화하기도 한다(Smith, 2011). 대부분 정신장애인은 그들의 문제에 압도되어 있기 때문에 자발적으로 사회적 활동에 참여하는 데 어려움이 있다. 다른 장애인들과 달리 정신장애인은 당사자 중심의 운동이 미미하다. 소수 가족 그리고 인권에 관심을 가진 전문가와 활동가들이 정신장애인을 대신하여 권리 찾기 운동을 하고 있다.

하지만 정신장애인과 관련된 사회구성원들의 묵시적 합의는 사회로부터 그들을 격리하기로 결정 내리면서 단지 미시적인 몇몇 권리를 제안하는 데 그치고 있다. 「정신건강복지법」에서 살펴보면, 입원의 적법성 여부를 심사하는 입원적합성심사위원회를 설치·운영하고 있으며, 퇴원 및 계속입원 여부를 심사하는 정신건강심의위원회를 설치·운영하고 있다. 그러나 지역에 따라 차이는 있지만 이 제도를 통해 입원의 부적합성을 인정하거나 퇴원을 결정하는 비율이 1%도 되지 않는 경우가 많다. 또한 「정신건강복지법」이 개정되면서 입원 기관 내의 통신의 자유, 격리 또는 강박의 엄격성 등이 추가되고 있지만 여전히 다양한 차원에서 인권침해를 당하고 있는 것도 사실이다.

정신장애인은 자유의지가 아닌 타율적 입원으로 기본권을 제한받고 있다. 그 근거 규정으로 대한민국 「헌법」 제37조 2항은 기본권 제한 사유로서 국가안전보장, 질서유지, 공공복리를 위해 필요한 경우 법률로서 국민의 자유와 권리를 제한할 수 있도록 규정하고 있다. 정신장애인에 대한 타율적 입원은 개인적 자유권적 기본권으로서 치료(혹은 입원)받지 않을 자기결정권과 공익적 가치로서 국민의 생명 및 안전을 보장할 의무, 보건권 등의 가치 충돌 문제를 일으킨다(권도현, 박종익, 2021). 이러한 가치 갈등을 해결하는 맥락에서 정신장애인의 인권보장을 위한 절차적 · 제도적 보완을 계속해 나가야 한다. 그러나 보다 중요한 사회적 과업은 정신장애인이 지역사회에 거주하고 생활할 수 있는 여건을 마련하는 데 있다. 그렇게 하지 않으면 정신의료기관의 입원 및 퇴원의 딜레마에만 당사자, 가족 그리고 관련 전문가들이 갇히게 되며, 당사자의 인간다운 삶은 점점 멀어진다.

2. 관련 이념: 사회정의

1) 사회정의 이념의 필요성

오늘날 정신보건영역은 신자유주의(neo-liberalism)의 영향으로부터 벗어날 수 없다. 브라운(Brown, 2005)은 신자유주의는 경제정책을 넘어 모든 산업과 사회활동에 시장 가치를 퍼뜨리고 확대하는 것이라고 하였다. 즉, 시장은 일상의 모든 것을 조직하는 원칙이 되고 모든 결정과 사회적 활동은 측정된다는 의미이다. 시장이라는 용어로 인간생활의 모든 것이 계산된다는 것은 무엇을 의미하는가? 우리 삶에서 시장의 지배는 생존이 개인적 책임으로 단정되는 것이며 사회적 책무는 제거되는 문화적 이동을 의미한다.

신자유주의는 우리의 의식과 양심 속에 스며들고 그러한 삶의 양식이 일상적 삶으로 이어진다는 것이다. 신자유주의가 단순히 우리에게 부여되는 것이 아니라 적극적으로 활동하게 하고 개인적으로도 참여하게 하는 것이다. 이러한 신자유주의의 가치가 지배하는 세계적 구조에서 살아남지 못하는 '전 지구적으로 소외된 사람'이 발생할 수밖에 없다. 그들은 주변화되어 잘 보이지 않을 수 있으며 경제정책의 실패, 전쟁, 기근 등으로 인한 국가적 단위에서 발생하거나, 질병이나 개인적 실패에 따른 국가 내부적 요인으로 존재한다. 정신장애인의 경우에도 국가 내·외부에서 작용하는 신자유주의 체제에서 전지구적 혹은 지역적으로 소외된 대상이다. 정신보건영역도 결코 신자유주의로부터 중립적인 지대가 아니라는 것이다.

신자유주의 체제에서 사회복지계가 살펴보아야 하는 네 가지(Massey, 2004: 100-101)를 정신보건영역에 적용해 보면 다음과 같다.

첫째, 효율성의 이름으로 축소되는 공공 정신건강서비스의 문제이다. 1995년 「정신보건법」이 제정된 이후 지역사회 중심으로의 정신건강서비스 전환을 선언하면서 국공립 및 민간 정신의료기관 그리고 정신요양시설에 더하여 정신건강복지센터, 정신재활시설, 중독관리통합지원센터, 국가트라우마센터 등의 기관들을 신설하였다(보건복지부, 2024).

그러나 지역사회 중심의 정신건강을 실천하기 위한 기관과 시설들의 신설과 상관없이 민간 의료기관의 수적 팽창, 정신장애인의 장기 입원 및 입원의 강제력에 있어 큰 변화는 없었다. 또한 2005년 시행된 사회복지예산 지방이양으로 인해 정신재활시설의 설치에 지방자치단체들은 망설이고 있지만 장기 생활시설인 정신요양시설은 2015년부터 예산이 국고로 환원되었다. 정부당국은 정신장애인의 입원이나 입소, 즉 사회적으로 격리하는 방편이 비용 대비 효율적이라고 판단하는 것 같다. 그렇게 되면 공공 정신건강서비스는 왜곡되거나 껍데기만 남아 있게 된다.

둘째, 정신보건영역에서 사적 이익의 구조를 이해하여 공적인 서비스를 지속할 수 있는 방안들을 찾는 문제이다. 우리나라의 경우에는 「정신보건법」 제정 이전부터 의심되었던 관련된 여러 직능단체의 기득권적 이해득실(利害得失)로 인해 소수 집단의 영향력이 극대화되는 집단이기주의가 발생할 수 있다(박은정, 1992)는 사실을 다시 확인할 필요가 있다. 이러한 관련 단체들의 사적 이익과 공공 서비스의 관계를 끊임없이 살펴보고 변화를 요구해야 한다.

셋째, 사회복지사들이 시장 권력의 부정적 효과로부터 정신장애인을 안전하게 지킬 수 있는 방안들을 새롭게 찾는 문제이다. 즉, 정신장애인의 입원에 있어 강제성은 없었는지, 입원의 기간은 적절한지, 약물치료 만능주의로 정신장애인이 방치되고 있지는 않은지, 정신보건영역에서 점차적으로 증가하는 치료적 '증거(evidence)'의 진위 등에 관한 비판적 고찰이나 비판 그룹을 조직하여 활동할 필요가 있다.

넷째, 정신보건영역에서 일하는 전문가들이 어떻게 효율 중심의 실천가로 배출되는지를 점검해야 할 필요성에 관한 문제이다. 정신건강전문가들은 잘 구조화된 효율성의 지배로부터 벗어나기가 어렵다. 이는 정신장애인의 지역사회 거주는 다양한 사회적 비용이 많이 지출될 것이라는 가정으로부터 형성된 입원 중심의 패러다임, 복합적이고 장기적 그리고 인적 전문가가 다수 필요한 심리 · 사회적 개입보다는 즉시성을 동반하는 약물치료 중심의 패러다임을 극복하기 어렵다는 의미이다.

이와 같이 정신보건영역에서 일어나고 있는 전 지구적 그리고 국내의 상황을 종합하여 볼 때 사회복지사는 정신건강사회복지실천에서 '사회정의(social justice)'의 개념으로 공간을 새롭게 살펴보아야 한다. 정신보건영역에서 일하는 사회복지사는 전 지구적 차원에서 신자유주의의 맥락에 동참하고 지역적 차원에서는 기득권의 지배적 사상 속에서 일상의 전문적 실천을 할 수도 있다. 사회복지사는 정신보건영역에서 사적 이익과 국가적 효율성이 점령하고 있는 불평등한 사회적 관계에 연루되어 있지는 않은지를 고민해야 한다. 따라서 정신보건영역과 관련되어 있는 신자유주의, 사적 이익, 효율 중심의 구조에서 전문가로서 일상에 참여하는 사회복지사는 이것들과 대비되는 가치, 즉 사회정의의 관점에서 전체 구조를 새롭게 고찰할 필요가 있다.

2) 정신장애인 정책과 정의(Justice)

『정의론(A theory of justice)』의 저자인 롤스(Rawls)는 정의가 무엇인지를 직접 제시하지 않고 공정한 절차에 따라 합의한 것이라면 정의로운 것이라고 본다. 이는 공리주의가 말하는 최대행복이라는 결과가 아니라 행복에 이를 수 있는 근거를 제시하는 것이다. 이러한 맥락에서 본다면 정신장애와 관련된 정책은 정신장애인 당사자를 포함한 모든 사회구성원 간의 합의로 이루어져야 한다. 그러나 정신장애인 지원의 근거가 되는 「정신건강복지법」을 보더라도 합의의 기본 원칙을 지켰다기보다는 전문가 중심, 타율적 온정주의, 정신장애인 이외의 사회구성원 보호 등에 더 많이 치중되어 있음을 알 수 있다(이선희, 2014).

물론 정신장애의 특성으로 인해 당사자를 중심으로 한 합의가 단지 이상적 수준의 언설로 그칠 수도 있으며, 정신장애와 관련된 전문가들의 전문성도 인정해야 한다. 그러나 사회적 합의는 문제해결의 결과물이 아니라 문제를 해결해 나가는 과정이라고 할 수 있다. 즉, 사회적 합의는 물리적 힘에 의존하지 않는 문제해결 과정이며, 이를 통해 이해당사자와 시민사회의 문제해결 능력을 향상하는 것을 의미한다(서문기, 2007).

정신장애인과 관련된 정책은 다양한 주체의 미묘하고 복잡한 이해 구조 속에서 결정된다. 그러한 집단들은 사회적 의사결정의 참여에 소극적일 수 있는 당사자들, 그들을 일차적으로 보호해야 하는 부담감을 가진 사람들, 정신장애인을 정확하게 이해할 수 없는 타인들, 정신장애인과 관련된 폭넓게 존재하는 이해집단들, 그리고 정책 결정의 책임을 가진 정부당국과 국회라고 할 수 있다. 기본적으로 이러한 주체들 간의 사회적 합의의 과정이 반드시 필요하다(엄태완, 2016).

지금까지의 정신장애인 관련 정책은 주로 치료 중심의 전문가들과 이타적 혹은 관심 있는 법률가들 중심으로 형성되어 왔다(김문근, 2013). 이는 사회계약을 통한 공정한 절차의 합의 과정이 생략되었다는 사실을 말한다. 모든 사회정책이 롤스가 말한 공정한 합의의 절차를 거쳤다고 할 수는 없다. 그러나 정신장애인 정책에서 공정한 절차의 합의 과정이 필요한 이유는 당사자의 특성이라 할 수 있다. 특히 조현병을 지닌 사람을 포함한 만성 정신장애인은 자신의 문제에 압도되어 관련된 사회정책에 참여하는 것에 많은 제약을 가진다. 하지만 그들과 관련된 사회정책은 당사자의 인권을 보장하는 정의로운 차원에서 실현되어야 한다.

롤스는 다수결제도를 의사결정의 중요한 절차적 기제로 삼아 작동되고 있는 현대의 이익집단 정치가 부정의와 비효율성의 결과를 초래하는 것으로 비판한다. 롤스는 다수결제도 그 자체를 반대하지는 않는다. 롤스는 다수결제도의 불가피성을 인정하고 있으면서 다수의 결정이 정당화되기 위해서는 '이상적으로 행해지는 토의과정'이 있어야 함을 강조하고 있다(Rawls, 1971).

현재 정신장애인과 관련된 정책과 서비스의 근거는 「정신건강복지법」이라고 할 수 있는데, 지금까지 이 법의 제정과 개정 과정에서 롤스가 말한 이상적으로 행해지는 토의가 진행되었다고 하기에는 부족함이 많다. 「정신건강복지법」 개정은 정신장애인의 인권, 지역사회 중심 실천에 초점을 맞추고 시대적 상황에 의해 자살이나 중독 그리고 트라우마와 관련된 부분에서 세부적으로 추가되었다.

하지만 여전히 정신장애인 특히 조현병과 같이 사회적 편견이 심한 장애를 가지고 지역사회에서 살아갈 수 있지만 생계유지 조건을 갖추지 못한 사람들은 장기적으로 병원이나 요양원에 격리되어 있다. 이러한 상황 속에서 정신장애인에 대한 치료 중심의 패러다임은 전문가, 정신장애인 가족, 그리고 사회구성원 모두가 그들의 삶에 대해 이상적으로 행해지는 충분한 토의보다는 소수 전문성에 의존한 대안이 없다고 판단한 다수의 암묵적 동의로 지속되고 있다.

3) 정의로운 실천을 위한 예시

(1) 사회적 최소치의 보장

롤스는 결과에 대한 인위적 조정을 평등한 정의의 요건으로 본다. 롤스에 있어서 결과에 대한 인위적 조정은 국가의 재분배 역할을 의미하며, 이는 소득이전 기구와 분배기구의 기능을 통하여 가능하다고 본다. 롤스는 자연적 사실과 사회적 우연성을 공정하게 처리함으로써 소득과 부의 분배가 공정하게 배분될 수 있다고 본다.

롤스의 차등원칙에 따르면, 정신장애인에게 물적 조건의 완전한 평등이나 결과의 평등을 적용하라는 것이 아니다. 대신에 롤스가 말하는 기본적 재화의 사회적 최소치(social minimum)를 보장해야 한다. 롤스가 말하는 사회적 최소치는 자유롭고 평등한 도덕적 인격체인 시민들로 하여금 질서정연한 시민사회의 구성원으로 행동할 수 있도록 최소한의 여건의 구비를 뜻한다(Rawls, 1971).

정신장애인에 대한 사회적 최소치 보장은 단순히 치료 기회의 보장, 충분한 입원을 할 수 있는 기회 등과 같은 생물학적 생존 유지를 위한 지원이 아니다. 대신에 그들이 도덕적 인격체로서 인간다운 삶을 살아갈 수 있도록 하는 사회적 차원의 협동적 과정으로 보아야 한다. 즉, 정신장애인은 사생활을 보장받을 권리, 자기결정에 의한 삶의 장소 선택권, 익숙한 환경에서 생활할 권리, 일상생활을 사회적으로 격리되지 않고 유지할 수 있는 권리 등이 사회정책 그리고 문화운동 차원에서 이루어져야 함을 의미한다. 정신장애인의 삶과 관련된 사회적 최소치의 보장이란 그들이 도덕적 인격체로서 인간다운 삶을 살 수 있도록 하는 사회제도의 마련이라고 할 수 있다.

(2) 우연성의 공정한 분배

롤스는 삶의 결과에 영향을 미칠 수 있는 출생, 행운, 노력, 선택의 네 가지 변수 모두 자연적, 사회적 우연성의 범주로 파악하며, 따라서 이로 인한 분배의 몫에 대한 권리주장을 인정하지 않는다.[1] 통상 타고난 자산과 재능을 의미하는 출생의 요소는 사회경제적 요인의 공정성 문제와 관련하여 가장 논란의 여지가 큰 문제 영역이다. 그러나 롤스는 출생도 자연적 우연성의 임의적 결과로 본다. 롤스의 정의의 원칙은 자연적, 사회적

1 롤스는 당사자의 사회경제적 지위나 능력 및 여건의 차이는 우연성(contingency)의 범주로 취급되며, 사유재산권은 이러한 자연적, 사회적 우연성의 누적적 결과로 본다(Rawls, 1971).

우연성뿐만 아니라 개인의 천부적 자질이나 재능까지도 도덕적으로 임의성을 띤 것으로 보고 이의 공정한 처리를 요구한다(Rawls, 1971). 즉, 한 개인의 천부적 자질이나 재능은 그 개인의 자산이나 특질로서가 아니라 사회 전체의 집합적인 공동의 자산으로 간주할 수 있음을 말한다. 따라서 어떤 개인이 가지는 특별한 능력은 사회 전체를 위해 기여할 때만 이를 소유하고 있는 개인에게 주어지는 남다른 보상이 정당화될 수 있다는 것이다. 여기서 말하는 사회적 기여는 최소 수혜층(the least advantaged)의 관점에서 이루어지는 차등원칙, 즉 그들에게 사회적 최소치를 보장하느냐의 의미이다.

최소 수혜층으로서 정신장애인은 삶의 결과에 영향을 미치는 자연적, 사회적 우연성에서 비정신장애인에 비해 공정한 출발을 하지 못하고 있다(엄태완, 2016). 정신장애인은 출생에 기인한 천부적인 자질, 이를 바탕으로 한 노력, 그리고 선택 과정에 제약을 가질 수밖에 없다. 또한 이러한 맥락에서 발생할 수 있는 행운의 확률적 비율도 현저히 비정신장애인에 비해 낮다.

이렇게 각 개인들 사이에 나타나는 출발지점상의 불평등을 경감시키기 위해 요청되는 핸디캡 부과(discriminatory handicapping)의 제도적 장치가 필요한데, 이와 관련해서 소득이전을 위한 조세제도가 대표적이다(Buchanan, 1986). 따라서 정신장애인과 관련된 서비스들은 공공 영역을 중심으로 보다 충분히 확대되어야 한다. 또한 정신장애인과 관련된 재정은 분리된 지역에서 해결해야 할 문제가 아니라 국가 재정의 문제로 접근해야 한다.

오늘날 정신장애의 생물학적 요인의 특성을 강조하는 상황에서 출생으로 인한 자연적 우연성이 삶의 결과에 지나치게 영향을 미친다면 이는 정의로운 사회라 할 수 없다. 롤스의 주장에 의하면 비정신장애인의 출생, 행운, 노력, 그리고 선택에 따라 성취한 사회적 결과물들은 정신장애인을 포함한 최소 수혜층에게 이익을 가져다주고 그들에게 사회적 최소치가 보장될 때 정당화되는 것이다.

3. 운동 방향: 소수자 운동

1) 소수자의 개념

소수자(minority)는 단순히 양적인 수의 많고 적음을 절대적 기준으로 삼지 않는다. 예컨대, 남아프리카의 인종차별정책에서 보면 인구의 90% 이상은 흑인이지만 10%도 안되는 백인이 다수자였고 흑인은 소수자였다(김명수, 2021). 소수자는 전통적으로 '신체적 혹은 문화적 특징 때문에 사회의 주류집단 구성원과 구별되고, 불평등한 처우를 받는 사람들'로 불리고 있다(Wirth, 1945). 소수자로 구분되는 특징은 국적, 민족, 인종, 언어, 지역, 종교, 성별, 나이, 장애, 학력, 성적 지향 등으로 광범위하다. 소수자는 식별 가능성, 차별적 대우, 힘의 열세, 그리고 소수자 집단에 소속되어 있다는 집단의식으로 구분된다(Dworkin & Dworkin, 1999).

역사적으로 보면 소수자는 다르다는 이유에서 차별을 받는 인간 집단이라는 의미로 제2차 세계대전 이후 미국에서 고안되어 1970년대를 지나며 전 세계로 확산된 개념이다. 초기에 소수자는 오로지 민족에게만 적용되다가 이후 인종과 종교적 차원까지 확대되었다. 그리고 1960년대 말에 미국 정부가 소수자 지원프로그램(affirmative action)을 실시하기 시작하자 여성, 빈민, 동성애자, 청소년, 노인, 장애인, 정신질환자, 마약중독자, 죄수, 전과자 등의 집단이 소수자임을 주장하기 시작했다(김학이, 2013). 1970년대 말에는 소수자 개념이 과잉으로 치달아 진부해져 학문적이고 실제적 영역에서의 활용이 주춤하기도 했다.

소수자는 대부분 사회적 약자이지만 반드시 일치하는 것은 아니다. 예컨대, 빈곤층에 속하는 흑인과 백인은 모두 사회적 약자이지만 백인을 소수자라고 규정하지 않는다. 왜냐하면 백인은 빈곤을 극복하면 다수자가 될 수 있지만 흑인은 소득 수준과 상관없이 주류 사회에 포함되지 않는 한 소수자로 남게 된다. 이때 백인은 사회적 약자에 포함될 수는 있으나 소수자로 간주할 수는 없다.

일반적으로 사회적 약자는 사회적으로 불리한 위치에 있는 모든 사람을 일컫는 것이고, 소수자는 사회적 약자의 부분으로서 차별과 낙인의 대상인 사람이다. 이러한 맥락에 의하면 노인과 여성은 사회적 약자로, 이주노동자, 결혼이주여성, 성소수자는 소수자로 구분할 수 있다(윤인진, 송영호, 2018). 사회적 약자는 소수자와 달리 특정 집단에 포함되어 있다는 사실만으로 범주화되지 않는다.

이러한 기준에 따르면 정신장애인은 어떠한 시대적 혹은 상황적 조건에서도 사회적 약자이고 소수자로 위치할 수밖에 없다. 왜냐하면 그들은 예측할 수 없는 잠재된 폭력성을 지닌 존재라는 낙인을 통해 사회구성원 모두가 두려움을 지니기 때문이다(엄태완, 2024). 정신장애인이 비정신장애인보다 범죄율이 높다는 증거를 발견할 수 없다(Elbogen & Johnson, 2009). 그러나 정신장애인에 의해 발생하는 강력범죄는 대중매체에서 끊임없이 반복 생성하여 대중에게 두려움을 조장하도록 만든다. 즉, 그들만 사회세계에서 사라지면 평화로운 일상을 유지할 수 있는 것처럼 이야기가 구성되고 문화적으로 전승된다. 정신장애인의 폭력적 이미지는 주로 언론을 통한 부정적 묘사에 기인한다(Whitley & Wang, 2017). 따라서 정신장애인은 사회의 구조적 틀 속에서 소수자의 위치에 갇혀 있게 된다.

최근 소수자는 사회에서 차별받는 소외된 특정 부류의 사람이라는 전통적인 정의에서 벗어나 '표준화를 거부하는 사람'이라는 개념까지 확장되고 있다(윤수종, 2005). 이에 따르면 소수자는 자발성을 가지고 새로운 정체성을 만들어 가는 개인이나 집단이다. 그러나 여전히 자발적이고 주체적으로 표준화를 거부하는 소수자 개념보다는 지배적 다수자에 의해 차별과 배제를 겪고 있는 억압된 대상에 주목할 필요가 있다. 즉, 소수자 정체성의 인정과 최소한의 인권을 보장받아야 하는 소수자를 확인해야 할 필요성을 말한다. 한국에서 주체적이고 자발적으로 자신의 정체성을 인정받고 권리를 보장받기에 가장 어려움이 있는 소수자는 정신장애인, 즉 정신장애 소수자라 할 수 있다(이하 정신장애인을 정신장애 소수자로 기술함).

2) 소수자의 정체성 및 권리보장 운동의 유형

소수자가 차별이나 권력의 열세에 있다고 하더라도 연대의식을 가지고 집단화된 경우와 그렇지 않은 경우는 다르다. 어떤 소수자 집단은 집단의식과 연대가 강조되는 문화적 행위를 공유한다. 반면에 집단화될 수 없는 소수자는 열악한 지위에 있거나 수치심으로 인하여 개별적으로 분산 혹은 고립되어 있으며, 어떤 상황에서는 집단화된 소수자에게 차별의 대상이 되기도 한다(전영평, 2007).

오늘날 집단화되지 못한 대표적 소수자는 정신장애 소수자라고 할 수 있다. 그들은 사회적 힘의 열세, 내적 수치심 등으로 배제와 고립으로 내몰리고 있다. 그리고 정신장애 소수자에 대한 차별은 영구화되고 있으며 문화적 진리 수준에 이르고 있다. 소수자 집단의 정체성과 권리보장 운동은 〈표 14-1〉과 같이 네 가지 유형으로 분류할 수 있다(장미경, 2005).

표 14-1 소수자의 정체성 및 권리보장 운동의 유형

차원 1 \ 차원 2		권리보장 운동이 적극적인가: 그렇다	권리보장 운동이 적극적인가: 아니다
정체성 인정 운동이 적극적인가	그렇다	유형 I	유형 III
	아니다	유형 II	유형 IV

(1) 유형 I

이 유형은 정체성 인정 및 권리보장 운동이 모두 활발한 경우로, 대표적으로 장애인 집단을 들 수 있다. 과거 장애인은 시민으로서의 대우를 받지 못하는 상황이 자주 발생하였지만 현재는 장애인/비장애인이라는 이분법을 해체하면서 정체성의 재구성을 끊임없이 시도하고 있다. 즉, 과거 장애인 당사자도 자기정체성은 부정적이고 비장애인이 정상적이라는 사회의 지배문화를 그대로 수용하였지만 오늘날에는 장애를 그 개인이 지닌 다른 개성이라는 신념을 바탕으로 한다. 이러한 정체성을 근거로 차이 나는 개성으로 인해 제약받거나 억압받는 사건과 구조를 해체하기 위한 권리보장 운동도 동시에 진행하고 있다.

(2) 유형 II

이 유형은 정체성 확보에는 소극적이고 권리보장에는 적극적인 경우로, 대표적으로 저임금 · 비정규직 노동자, 빈민이라고 할 수 있다. 그들은 소수자이지만 정체성이 영구적이라기보다는 일시적 성격이 크다. 물론 오늘날에는 항구적으로 고착된 사람들이 늘어나고 있지만 주류 혹은 상류 집단에 동화되기를 원하기 때문에 현 위치에서의 정체성 강화 활동이 적극적이지는 않다. 대신 그들은 스스로가 이상적이라고 생각하는 집단에 포함되기 위한 과정으로서의 권리보장에 힘을 쏟고 있다.

(3) 유형 III

이 유형은 정체성 확보를 위한 노력에는 적극적이지만 권리보장에는 소극적인 경우로, 대표적으로 성소수자 집단을 들 수 있다. 최근에는 더욱 뚜렷하게 정체성을 인정받기 위해 자신의 존재를 사회에 노출하고 있다. 성소수자는 다수자의 지배문화로부터 벗어나 자신들의 차이를 드러내는 전략을 통해 주류 담론을 해체하고 재구성을 시도한다(박건, 2018). 성소수자들은 자신에 대한 왜곡과 비하에 대응하고 이성애 핵가족 남성중

심 가족주의에 대응하여 다양한 가족을 구성할 권리를 주장하고 있다. 또한 그들은 성소수자에 대한 사회의 편견과 차별에 대항하면서 정체성 확보를 위한 운동을 실행하고 있다.

(4) 유형 Ⅳ

이 유형은 정체성과 권리보장 둘 다 소극적인 경우로, 대표적으로 정신장애 소수자를 들 수 있다. 정신장애 소수자는 사회에 존재하지만 '존재하지 않는 것'처럼 인식되거나 '부정적인 존재'로 각인되어 있다. 정신장애 소수자는 사회구성원들이 그들의 존재를 부정적으로 보기 때문에 권리보장 운동이 힘들고 미미한 상황이다. 정신장애 소수자는 정체성의 차이 전략이 필요하지만 동화 전략에서 벗어나지 못하고 있다. 주로 전문가를 중심으로 정신장애 소수자의 삶을 있는 그대로 인정하는 차이 전략을 펼치고 있다. 하지만 정신장애 소수자는 지배적 다수의 가치를 그대로 수용하는 동화를 암묵적으로 강요당하거나 제도적이고 구조적인 한계로 인해 정체성 인정과 권리보장을 요구할 수 없는 형국에 처해 있다.

3) 정신장애 소수자의 사회운동 방향

(1) 차별금지 운동

정신장애 소수자의 정체성 인정 및 권리보장 운동은 소수의 전문가와 당사자 및 가족에 의해서만 이루어지고 있다. 대부분 인권운동가나 전문가들이 그들의 욕구와 권리를 대변하지만 다양한 이유로 범위가 축소되거나 부정된다. 정신장애 소수자의 권리는 기본적 생존권 차원에서만 정당성이 확보되고, 시민권이나 사회권 보장에는 사회구성원 대부분이 소극적이다.

정신장애 소수자의 인권보장은 여전히 위축되어 있다. 대부분 정신장애 소수자는 자기표현력이 부족하거나 자기방어능력이 약해서 자신을 보호하거나 권리를 주장하기에 어려움을 지닌다. 정신장애 소수자는 소수자 중에서도 정체성과 권리보장에서 가장 소극적인 집단에 속한다. 마찬가지로 정부당국이나 사회구성원들도 생존권 차원의 권리보장만 동의하고 있으며, 정신장애 소수자의 정체성이나 인권보장에 대해서는 제도적 혹은 문화적으로 소극적 시늉만 하고 있다.

정신장애 소수자는 민주주의 사회에서 정당한 권리를 보장받기 어려울 때가 많다. 왜냐하면 민주주의에서는 다수에 의한 지배를 기본 속성으로 하기 때문에 소수자의 권리를 미흡하게 다룰 가능성이 상존하기 때문이다. 따라서 국가는 정신장애 소수자의 권리를 보장할 다양한 수단과 방법을 강구해야 한다. 정신장애 소수자를 위한 권리보장의 근거는 우리나라 「헌법」에서 찾을 수 있다. 「헌법」 질서 내에서 소수자 인권의 실질적인 가치와 내용은 자유(「헌법」 제1조 제2항), 평등(「헌법」 제11조), 인간존엄(「헌법」 제10조)에서 발견된다. 인간존엄은 자유와 평등의 시작점이며 정신장애 소수자 인권의 근거가 된다.

「헌법」 질서 내에서 정신장애 소수자의 권리는 구체적 입법을 통해 실현되어야 한다. 그러나 정신장애 소수자 보호는 법치주의의 단순한 외형적 평등을 넘어서지 못하고 있다. 예컨대, 모든 사회구성원을 위한 평등권의 대원칙이 정신장애 소수자에게도 동일한 척도로 적용된다면 결과적으로는 정신장애 소수자에게 불평등을 초래할 뿐이다.

정신장애 소수자에게 누구나 자신이 살고 싶은 공간에서 생활할 수 있다는 주거의 평등권이라는 원칙이 지켜진다고 할지라도 편견과 낙인으로부터 출발하는 차별, 그리고 격리 중심의 문화에서 자유와 평등을 누릴 가능성은 희박하다. 정신장애 소수자의 특별한 삶을 존중하는 권리를 보장하기 위한 입법은 예산의 우선순위나 다수결의 원칙에 의해 뒤로 밀려나고 있다. 따라서 정신장애 소수자의 권리보장을 위해서는 소수자 보호를 위한 국제적 논의가 확대되고 있는 차별금지에 초점을 두어야 한다.

차별금지(anti-discrimination)란 개인이나 집단이 동등한 대우를 받을 권리를 침해하는 모든 행위를 금지하는 것을 의미한다(김명수, 2014). 1948년 채택된 세계인권선언에서 차별의 이유로 국적, 인종, 민족적 또는 사회적 출신, 언어 및 종교, 피부색, 성별, 장애, 정치적 기타 견해, 출생, 재산 등을 제시하였다(정근식, 2013). 제2차 세계대전 후 세계 각국은 차별과 관련된 법적 규제를 확대하고 있다.

우리나라의 경우에도 「남녀고용평등과 일·가정 양립 지원에 관한 법률」, 「장애인차별금지 및 권리구제 등에 관한 법률」, 「국가인권위원회법(제19조, 제30조 등)」 등의 반차별 규제입법을 제정하였다. 그러나 직접차별만 규정하고 간접차별을 명시하지 않거나 시정명령제도가 없으며 제재 수단이 없어 차별의 개별적인 사안처리에 어려움을 겪고 있다(김종우, 2021).

유럽연합은 회원국에게 인종 및 민족, 종교, 세계관, 장애, 연령, 성적정체성, 성별 등과 관련된 차별금지 규범을 제안하고 있다. 유럽연합의 차별금지 지침에서는 두 단계, 즉 첫 번째로 불평등하게 취급하였는가, 두 번째로 불평등한 취급이 발생했다면 그것이 차별에 해당하는가로 판단한다. 유럽연합의 차별금지 권고안에서는 차별을 직접차별,

간접차별, 일반적 괴롭힘, 성적 괴롭힘으로 분류한다(김명수, 2014).

정신장애 소수자는 직접차별과 간접차별뿐만 아니라 인간 존엄성을 침해하는 다양한 괴롭힘의 대상으로 존재한다. 정신장애 소수자는 당사자 스스로 차별을 시정하고 권리를 주장하는 힘이 다른 소수자에 비해 부족하며, 또한 그들을 옹호하는 전문가들도 소수이고, 사회구성원의 지지나 지원도 거의 없다. 따라서 정신장애 소수자의 차별과 배제는 법적 영역에서 다루어지고 보호받을 수밖에 없다. 이는 차별금지법에서 구체적이고 명료하게 다루어질 수 있다.

(2) 차별금지법

① 개별적 차별금지법

우리나라의 경우, 정신장애 소수자는 「장애인차별금지 및 권리구제 등에 관한 법률(이하 장애인차별금지법)」에 의해 차별로부터 보호받고 있다. 「장애인차별금지법」에서는 '장애'를 "신체적 · 정신적 손상 또는 기능상실이 장기간에 걸쳐 개인의 일상 또는 사회생활에 상당한 제약을 초래하는 상태를 말한다(「장애인차별금지법」 제2조)"라고 정의한다. 정신장애 소수자의 경우 「장애인차별금지법」상의 정신적 손상 또는 기능상실의 범주에 포함되지만 병리적이고 의료적인 차원에서 다루어지고 있다. 즉, 「장애인차별금지법」을 통해 정신장애 소수자의 차별과 배제를 법적 영역에서 보호받을 수 있지만 미흡하다.

「장애인차별금지법」 시행 이후 장애인 차별 진정 건수(시정기구인 국가인권위원회 진정 건수)는 이전보다 10배 이상 급증하였는데 이 법이 제정되면서 국가가 장애인 차별을 간과하지 않는다는 강력한 메시지에 따른 결과이다(김명수, 2021). 이와 같이 「장애인차별금지법」은 소수자의 차별과 관련된 진일보한 측면이 있지만 차별의 범위, 차별의 제외 사유, 시정명령의 주체 및 불복절차, 입증책임 등에서 보완할 필요가 있다(박나원, 2021).

이 법에서는 차별에 대한 시정명령을 한 후 이를 이행하지 않아도 이행강제금을 부과하는 조항이 없다. 또한 차별행위가 악의적인 것으로 인정될 경우에 가중된 배상금을 지급하도록 규정하는 소위 '징벌적 손해배상제도'가 포함되어 있지 않다. 「장애인차별금지법」에서는 괴롭힘 등의 피해를 신고한 행위 이외에는 차별피해자에게 추가적인 불이익을 금지하는 조항이 없다. 예를 들면, 구제절차의 준비 및 진행 과정에서 진정 또는 소의 제기, 증언이나 자료의 제출 및 답변을 하였다는 이유로 전보, 징계, 해고, 퇴학, 그 밖의 신분이나 처우와 관련된 불이익 조치를 금지하는 조항을 말한다.

「장애인차별금지법」은 장애인의 인권을 보장하는 과정의 하나로 의의를 지닌다. 그러나 이 법에서는 장애 유형별로 편의 내용에 대하여 구체적으로 규정되어 있지 않거나, 차별금지 조항과 위배되는 상충법률이 존재하며, 실질적인 권리 구제의 수단이 없고, 강제력 없는 법률 조항 등의 한계를 지닌다(김명수, 2019).

「장애인차별금지법」에 근거한 장애인 편의 미제공, 이용 차별, 비하, 괴롭힘 등을 진정하기 위해서는 당사자의 노력과 시간이 필요하다. 또한 일상에서 겪는 차별 경험을 매번 진정하기에도 어려움이 많다. 특히 정신장애 소수자의 경우에는 직접차별보다는 간접차별이나 괴롭힘으로 인한 차별이 더 빈번하다. 또한 그들은 신체 장애인보다 시정기구에 진정하거나 증거를 수집하고 확보하는 데 어려움이 있으며, 그 과정에서 자신의 장애가 노출될 수 있다. 그에 따른 부담도 적극적 진정을 주저하게 만들 수 있다. 따라서 정신장애 소수자의 차별은 「장애인차별금지법」에 더해 「포괄적 차별금지법(이하 차별금지법)」의 성문화를 통해 보다 적극적으로 대응할 필요가 있다.

② 포괄적 차별금지법

우리나라에서는 「차별금지법」에 대한 찬반론이 강하게 부딪히고 있다(박나원, 2021). 그러나 영국, 독일, 미국, 캐나다, 호주 등의 국가에서는 포괄적 차별금지의 내용을 담은 법률을 제정하고 있다(김명수, 2014).

표 14-2 서구의 포괄적 차별금지법

국가	포괄적 차별금지 관련 법률
영국	평등법(2006년)
독일	일반적 동등대우법(2006년)
미국	공민권법 제7편(Civil Rights Act, TitleⅦ, 1964년)
캐나다	인권법(1977년)
호주	인권과 평등위원회법(Human Rights and Equal Opportunity Act, 1986년)

우리나라의 경우 여러 차례 차별금지법안이 국회에서 발의되었지만 통과되지 못했다. 「차별금지법」이 제정된다고 하더라도 소수자들이 차별과 배제로부터 완전히 벗어날 수는 없다. 그러나 「차별금지법」의 제정을 통해 인간존엄성과 평등의 원칙을 굳건히 지켜나갈 수 있다. 이러한 사회문화적 구조와 분위기를 통해 정신장애인과 같은 소수자의 인

간다운 삶을 실현할 수 있게 된다. 여기서는 정신장애 소수자의 인권보장을 위한 단초를 제공할 수 있는 「차별금지법」의 의의를 몇 가지 살펴보고자 한다(엄태완, 2024).

첫째, 「차별금지법」을 통해 차별금지 사유를 포괄적으로 상세하게 규율할 수 있다. 정신장애 소수자는 장애라는 차별금지 사유뿐만 성별, 나이, 사회적 신분, 용모 등 신체조건, 가족상황, 학력, 병력, 재산, 출생 등의 복합적 형태에 의해 차별을 당하고 있다. 따라서 「차별금지법」을 통해 차별을 시정하고 사회적 배제가 아닌 참여를 확대할 수 있다.

둘째, 「차별금지법」을 통해 차별의 범위를 명확하게 확정할 수 있다. 영국의 「평등법」에서는 차별의 범위를 직접차별, 간접차별, 복합차별로 규정하고 있다(홍성수, 2018). 특히 정신장애 소수자와 같은 경우에는 차별의 개념을 명확하게 정해 두어야 바람직하다. 예컨대, 간접차별이란 차별금지 사유와 관련하여 외견상으로 중립적인 기준을 적용하였으나 결과적으로 특정 개인을 억압하거나 불리하게 작용하도록 만든 것을 말한다. 정신장애 소수자는 사고, 인지, 정서 그리고 행동적 혼란 상황에 있는 경우가 있기 때문에 간접차별을 정확하게 판별하고 이를 전달하기 어려울 수 있다. 따라서 정신장애 소수자는 직접차별뿐만 간접차별 그리고 금지되는 행위의 명확한 규정을 통해 인권을 향유할 수 있다.

셋째, 정신장애 소수자는 포괄적 차별금지 사유에 의한 괴롭힘 금지를 통해 보호받아야 한다. 「장애인차별금지법」에서도 집단따돌림, 유기, 방치, 희롱, 학대, 금전적 착취, 성적 자기 결정권 침해 등과 같은 괴롭힘을 금지하고 있다. 그러나 「차별금지법」에서의 괴롭힘은 성별, 장애 등 차별금지 사유를 이용하는 행위에 초점을 둔다. 정신장애 소수자의 경우 정신장애 그 자체와 관련된 괴롭힘이 상당히 많다. 그들은 정신장애로 진단받았다는 이유로 존엄성을 침해당하거나, 수치심·모욕감을 불러일으키고 적대적인 분위기를 조성하여 정신적 고통을 주는 괴롭힘을 당하고 있다. 따라서 정신장애 소수자는 장애, 즉 정신장애라는 차별금지 사유에 의한 괴롭힘 금지의 규정이 필요하다. 왜냐하면 정신장애 소수자는 어떠한 소수자보다도 '존재 그 자체'로 낙인과 편견에 기인하여 사회적으로 배척되고 있기 때문이다.

넷째, 「차별금지법」을 통해 혐오표현(hate speech)으로부터 보호받아야 한다. 혐오표현이 구체적인 활동 공간인 직장이나 교육 현장에서 발견된다면 인권침해라고 규정하여 대응할 수 있다. 그러나 불특정 다수, 특히 조현병이나 심각한 정신적 문제를 지닌 사람들을 향해 발화되는 경우에는 대응이 미흡할 수 있다. 유럽에서는 혐오표현 중 증오선동(incitement to hatred)에 해당하면 형사처벌하고 있다(김지혜, 2018). 정신장애 소수자는 방송이나 출판 등 영향력이 큰 매체를 통한 혐오표현으로부터 구체적인 보호를 받지 못하고 있다. 특히 정신장애 소수자를 사회로부터 격리시키도록 강요하는 혐오표현은 신문, 라디오, 인쇄 매체 등을 통해 발화되지 않도록 금지되어야 한다.

다섯째, 정신장애 소수자는 차별을 시정하도록 요구했다는 이유로 보복을 당하지 않아야 한다. 정신장애 소수자는 일상생활이나 사회생활의 폭이 넓지 않기 때문에 그들의 삶의 영역에서 차별을 겪었다고 주장하여 차별시정기구에 구제를 신청하였다는 이유로 불이익한 조치를 당한다면 삶의 공간이 사라질 수 있다. 유럽의 「차별금지법」에서도 차별시정을 요구했다는 이유로 당사자에게 보복을 한다면 형사처벌을 하는 등 강력한 조치를 하고 있다.

정신장애 소수자에게 가하는 차별과 배제는 그들의 삶의 공간을 축소하고 생존적 권리의 보장에만 초점을 두도록 만든다. 정신장애 소수자의 차별은 사회적 격리를 구조화시키고, 또 다른 차별 그리고 격리를 반복 재생한다. 이러한 구조적이고 문화적인 악순환은 정책 및 서비스를 혁신할 수 있는 제도적 및 법적 장치를 필요로 한다. 정신장애 소수자의 사회적 격리에 대한 문화화된 진리는 일반 대중의 혐오와 두려움에 근거한 차별로부터 시작하기 때문에 '차별금지'에 주목해야 한다.

참고문헌

강상경, 권태연, 김문근, 이용표, 하경희, 홍선미(2022). 정신건강사회복지론. 서울: 학지사.

고진경(2013). DSM-5의 변화와 문제에 대한 개관. 한국심리치료학회지, 5(2), 1-11.

국가법령정보센터(2024a). 정신건강증진 및 정신질환자 복지서비스 지원에 관한 법률. https://www.law.go.kr/. 2024년 8월 25일 접속.

국가법령정보센터(2024b). 장애인복지법. https://www.law.go.kr/. 2024년 9월 26일 접속.

국립정신건강센터(2022). 국가정신건강현황보고서. 서울: 국립정신건강센터.

국립정신건강센터(2023). 국가정신건강현황보고서. 서울: 국립정신건강센터.

국립정신건강센터(2024a). 정신건강전문요원 수련기관 지정 현황(2024년 기준). 서울: 국립정신건강센터.

국립정신건강센터(2024b). 2024 전국 정신건강관련 기관현황집(상반기). 서울: 국립정신건강센터.

권도용, 오길승, 박희찬(1998). 현대장애인복지론. 서울: 홍익재.

권도현, 박종익(2021). 「정신건강복지법」 비자의 입원제도의 개선을 위한 사법입원제도 도입 가능성에 대한 연구. 의생명과학과법, 26, 207-234.

권석만(2013). 현대이상심리학. 서울: 학지사.

권석만(2014). 이상심리학의 기초-이상행동과 정신장애의 이해. 서울: 학지사.

권선진(2007). 장애인복지론. 서울: 청목출판사.

권준수 외(2023). 정신질환의 진단 및 통계 편람(DSM-5-TR). 서울: 학지사.

권진숙, 김정진, 전석균, 성준모(2009). 정신보건사회복지론. 경기: 공동체.

권진숙, 박지영(2008). 사례관리의 이론과 실제. 서울: 학지사.

권현주, 유영미(2020). 정신건강복지법의 문제점과 지역사회 탈원화를 위한 개선방안. 사회복지법제연구, 11(1), 53-77.

김규수(2004). 정신보건사회사업실천론. 서울: 형설출판사.

김기태(2006). 위기개입론. 서울: 대왕사.

김기태, 김건(2023). 위기이론과 위기개입. 경기: 공동체.

김기태, 황성동, 최송식, 박봉길, 최말옥(2016). 정신보건복지론. 경기: 양서원.

김덕현(2015). 반복되는 정신보건시설 인권침해, 무너지는 자유·안전·자기결정권-지난 1년간 제기된 국내외의 지적 및 개선안을 중심으로. 공익과 인권, 15, 423-438.

김명수(2014). 소수자보호와 차별금지법. 홍익법학, 15(3), 165-203.

김명수(2019). 장애인차별금지법의 제정 배경과 개선 방안. 홍익법학, 20(1), 283-304.

김명수(2021). 「차별금지법」을 입법화해야 하는 이유: 「장애인차별금지법」과 「직장 내 괴롭힘 방지법」을 보라. 이화젠더법학, 13(2), 217-250.

김문근(2013). 정신장애인 관련 법령의 정신장애개념과 정신보건법의 정신장애개념 개정방향에 관한 연구. 사회복지연구, 44(2), 293-321.

김미경, 서미경(2022). 정신장애인 권리침해에 관한 연구: 정신건강복지법 전면 개정 이후 국가인권위원회 진정 사례를 중심으로. 정신건강과 사회복지, 50(4), 64-92.

김상규, 윤옥, 전재일(1983). 사회복지론. 서울: 형설출판사.

김연옥(2010). 영국의 정신장애인 탈원화 경험에 관한 연구. 사회과학연구, 26(2), 147-170.

김종우(2021). 한국의 포괄적 차별금지법을 둘러싼 담론 지형과 이중화된 인권: 포괄적 차별금지법 입법 과정을 중심으로. 경제와사회, 129, 84-117.

김지혜(2018). 모두를 위한 평등. 민주법학, 66, 183-208.

김철권(1996). 정신분열병의 가족치료에 대한 고찰. 부산정신의학, 5, 99-118.

김청송(2016). 사례중심의 이상심리학. 경기: 싸이북스.

김학이(2013). 소수자, 소수자를 통한 역사, 소수자의 역사-독일 유대인을 중심으로. 역사학보, 220, 245-279.

김혜란, 공계순, 박현선(2013). 사회복지실천론. 경기: 나남.

대한신경정신의학회 편(1997). 신경정신과학. 서울: 하나의학사.

문선화, 정민숙, 김종윤, 이상호, 장수한, 김현주(2005). 장애인복지론. 경기: 양서원.

민성길(1990). 최신정신의학. 서울: 일조각.

민소영(2006). 만성 정신장애인을 위한 사례관리 모형과 수행 구조에 대한 탐색적 연구. 사회복지연구, 30, 215-242.

민소영(2012). 정신보건실천현장의 사례관리활동목록(Case Management Activities Inventory) 개발 연구. 한국사회복지학, 64(3), 127-153.

박귀천(2014). 독일의 정신보건법제와 정신질환자 강제입원제도. 법학논집, 19(2), 357-395.

박경태(2008). 소수자와 한국 사회: 이주노동자, 화교, 혼혈인. 서울: 후마니타스.

박나원(2021). 장애인차별금지법의 한계와 개정 방향: 포괄적 '차별금지법안'과의 비교를 중심으로. 홍익법학, 22(3), 105-130.

박선환, 박숙희, 이주희, 정미경, 김혜숙(2001). 정신건강론. 경기: 양서원.

박용순, 문순영, 임윤선, 임종호(2012). 사회문제론. 서울: 학지사.

박원명, 김찬형(2014). 임상신경정신약물학. 서울: 시그마프레스.

박은정(1992). 정신보건법-정신질환자의 권리장전이냐 격리수용이냐? 법과 사회, 6, 58-75.

박은주(2002). 정신장애인 주거시설 서비스 만족도에 관한 연구. 부산대학교 대학원 석사학위논문.

박재우(2018). 정신장애인 권리옹호를 위한 실천 과제, 후견과 신탁, 1(2), 113-134.

박지영, 배화숙, 엄태완, 이인숙, 최희경(2014). 사회복지의 이해. 서울: 학지사.

박지영, 배화숙, 엄태완, 이인숙, 최희경(2020). 사회복지실천론. 서울: 학지사.

보건복지부(2023), 장애정도판정기준.

보건복지부(2024). 2024년 정신건강사업안내.

백재중(2018). 자유가 치료다: 바살리아와 이탈리아 정신보건혁명. 서울: 건강미디어협동조합.

서문기(2007). 사회적 합의형성에 관한 이론적 소고: 분석틀과 정책적 합의. 행정논총, 45(4), 1-22.

송승연(2020). 정신장애인 주거서비스 이용에 영향을 미치는 요인 연구. 정신건강과 사회복지, 48(2), 33-62.

신권철(2023). 정신질환자 보호의무자 제도 폐지와 그 대안. 사회보장법연구, 12(2), 43-95.

신동준(2012). 자살의 사회적 원인에 대한 국가 간 비교 분석-사회통합과 경제적 불평등, 그리고 경제지상주의의 효과. 범죄와 비행, 12, 85-102.

신창식, 김도환, 노병일(2007). 지역사회 정신보건정책 및 서비스. 서울: 다운샘.

안병직(2002). 오늘의 역사학. 서울: 한겨레신문사.

양옥경(1996). 지역사회정신건강. 경기: 나남.

양옥경(2006). 정신보건과 사회복지. 경기: 나남.

엄명용, 김성천, 오혜경, 윤혜미(2016). 사회복지실천의 이해. 서울: 학지사.

엄태완(2016). 정신장애인 관련 정책의 담론 재검토: 롤즈의 정의론을 중심으로. 비판사회정책, 50, 241-283.

엄태완(2020). 정신건강, 사회정의와 인권으로 답하다: 삶이 고통스러운 사람들과 함께. 경기: 지식공동체.

엄태완(2024). 정신장애 소수자의 사회적 격리 해체를 위한 시론적 탐색. 아시아태평양융합연구교류논문지, 10(11), 795-809.

오혜경(1999). 장애인과 사회복지실천. 서울: 아시아미디어리서치.

원호택, 이훈진(2000). 정신분열증. 서울: 학지사.

유동철(2009). 인권 관점에서 보는 장애인복지. 서울: 집문당.

유수현, 서규동, 유명이, 이봉재, 이종하(2018). 정신건강사회복지론. 서울: 신정.

윤수종(2005). 우리시대의 소수자 운동. 서울: 이학사.

윤인진, 송영호(2018). 사회적 약자와 소수자의 사회정의와 인권에 대한 한국인의 인식. 한국사회, 19(1), 95-131.

이경순, 하양숙, 김명자, 양수, 이정섭, 임영숙 외 공저(2007). 정신건강간호학-상권. 서울: 현문사.

이구상(2012). 한국정신보건사회복지사협회 엮음. 정신보건사회복지의 이론과 실제: 정신보건전문요원 수련교재. 경기: 양서원.

이선희(2014). 정신보건법상 정신질환자의 입원제도에 관한 고찰: 보호의무자에 의한 입원을 중심으로. 대한통합의학회지, 2(4), 29-40.

이영호(1999). 정신분열증 환자 재활을 위한 정신교육적 가족치료 모형 개발에 관한 연구. 대구대학교 대학원 박사학위논문.

이영호, 심경순, 김태준(2010). 정신보건사회복지의 이해. 서울: 학지사.

이우경(2016). DSM-5에 의한 최신 이상심리학. 서울: 학지사.

이정균(1988). 정신의학. 서울: 일조각.

이충순, 한은선, 황태연(1996). 현대 정신보건과 지역사회-정신장애인을 위한 정신사회재활치료 프로그램. 서울: 학문사.

임완빈, 김승팔, 강병조(1986). 주정중독 환자 배우자의 불안과 우울성향 및 가정생활. 신경정신의학, 25(4), 584-589.

장미경(2005). 한국사회 소수자와 시민권의 정치. 한국사회학, 39(6), 159-182.

정근식(2013). 차별 또는 배제의 정치와 '소수자'의 사회사 재구성. 경제와사회, 100, 183-208.

조한진(2013). 한국에서 장애학하기. 서울: 학지사.

전영평(2007). 소수자의 정체성, 유형, 그리고 소수자 정책 연구 관점. 정부학연구, 13(2), 107-131.

정원철(2005). 사회복지실천과 상담. 경기: 양서원.

차동석, 장승옥(2015). 알코올중독 가정 자녀가 인지한 가족 위험요인이 대학생활 적응에 미치는 영향: 종교적 영성과 실존적 영성의 조절효과. 학교사회복지, 30, 23-46.

최송식(1998). 의료세팅에서의 팀 협력에 관한 연구, 사회과학연구, 14, 60-80.

최송식(2008). 지역사회정신보건과 사례관리실천. 경기: 공동체.

최은영(2008). 약물중독. 서울: 학지사.

최정윤, 박경, 서혜희(2006). 이상심리학. 서울: 학지사.

최희철, 천덕희(2017). 정신보건사회복지론. 경기: 양서원.

통계개발원(2024). 통계개발원 홈페이지. https://kostat.go.kr/asdk/ 2024년 9월 26일 접속.

패밀리 링크(2024). 패밀리 링크(Family Link) 홈페이지. http://www.familylink.or.kr/ 2024년 8월 24일 접속.

하경희(2010). 정신장애인 대상 ACT(Assertive Community Treatment) 사례관리의 적용에 관한 연구: 수원시 정신보건센터를 중심으로. 재활복지, 14(2), 67-92.

하경희(2019). 정신보건제도의 도입과 토착화에 관한 연구: 정신질환자의 탈원화와 지역사회정신보건을 중심으로. 한국사회와 행정연구, 30(1), 197-226.

한국사례관리학회 편(2012). 사례관리론. 서울: 학지사.

한국사례관리학회 편(2016). 사례관리 전문가 심화과정교육. 서울: 학지사.

한국정신건강사회복지사협회(2024). 한국정신건강사회복지사협회 홈페이지. https://kamhsw.or.kr/data_2 2024년 9월 26일 접속.

한국정신재활시설협회(2024). 한국정신재활시설협회 홈페이지. http://www.kpr.or.kr/sub.php?menukey=38. 2024년 5월 24일 접속.

허정선, 현명호(2005). 정서표현갈등과 상담자 지각이 작업동맹에 미치는 영향. 한국심리학회지:

사회문제, 13(1), 113-136.

홍선미(2010). 위기가구지원을 위한 지역사례관리체계 구축방안. 한국사회복지행정학, 12(1), 337-362.

홍선미, 하경희, 김문근(2013). 지역사회 거주 정신장애인의 사회권에 관한 탐색적 연구: 기초생활을 위한 소득보장과 주거권을 중심으로. 한국사회복지질적연구, 7(1), 5-31.

홍성수(2018). 포괄적 차별금지법의 필요성: 평등기본법을 위하여. 이화젠더법학, 10(3), 1-38.

황성동(1999). 탈시설화운동이후 주립정신병원의 역할 변화에 대한 연구: 미국 캘리포니아주를 중심으로. 국제지역연구, 3(1), 371-396.

American Association of Social Workers (1954). *Social work year book 1954*. New York: American Association of Social Workers.

American Psychiatric Association (2013). *Diagnostic and statistical manual of mental disorders* (5th ed.). Arlington, Virginia: American Psychiatric Association.

American Psychiatric Association (2022). *Desk reference to the diagnostic criteria from DSM-5-TR*. Arlington, Virginia: American Psychiatric Association.

Anthony, W. A. (2000). A recovery-oriented service system: Setting some system level standards. *Psychosocial Rehabilitation Journal, 24*, 159-173.

Arat, Z. F. (1991). *Democracy and human rights in developing countries*. Colorado: Lynne Rienner.

Aronson, J., & Sammon, S. (2000). Practice amid social service cuts and restructuring: Working within the contradictions of small victories. *Canadian Social Work Review, 17*(2), 167-188.

Benjamin, L. S. (2003). *Interpersonal Diagnosis and Treatment of Personality Disorders* (2nd ed.). 서영석, 김동민, 이동훈, 조민아 공역(2014). 성격장애 진단 및 치료: 대인관계 접근. 서울: 학지사.

Black, C., Bucky, S. F., & Wilder-Padilla, S. (1986). The interpersonal and emotional consequences of being an adult child of an alcoholic. *International Journal of Addictions, 21*(2), 213-231.

Bloom, B. L. (1984). *Community mental health: A general introduction*. Monterey, CA: Brooks/Cole Publishing Company.

Bond, G. R., & Boyer, S. L. (1988). Rehabilitation programs and outcomes. In J. A. Ciardiello & M. D. Bell (Eds.), *Vocational rehabilitation of persons with prolonged mental illness* (pp. 231-263). Baltimore, MD: Johns Hopkins University Press.

Bowlby, J. (1973). *Attachment and loss: Vol. 2. Separation: Anxiety and anger*. New York:

Basic Books.

Brown, G. W. (1959). Experiences of discharged chronic schizophrenic mental hospital patients in various types of living group. *Milbank Quarterly, 37*, 105–131.

Brown, S. (1994). *Treating the alcoholic: A developmental model of recovery*. New York: John Wiley & Sons.

Brown, W. (2005). *Edgework: Critical essays on knowledge and politics*. Princeton: Princeton University Press.

Buchanan, J. (1986). *Liberty, market, and state*. New York: New York University Press.

Cameron, N. (1963). *Personality development and psychopathology*. Boston: Houghton Mifflin Company.

Caplan, G. (1964). *Principle of preventive psychiatry*. New York: Basic Books.

Cermak, T. L. (1986). *Diagnosing and treating co-dependence*. Minnesota: Johnson Institute Books.

Charles, S., Carver, C. S., & Scheier, M. F. (2004). *Perspectives on personality* (5th ed.). 김교헌, 심미영, 원두리 공역(2005). 성격심리학. 서울: 학지사.

Cockerham, W. C. (2006). *Sociology of mental disorder* (7th ed.). New Jersey: Prentice Hall, Inc.

Comer, R. J. (2014). *Fundamentals of abnormal psychology* (7th ed.). 오경자, 정경미, 송현주, 양윤란, 송원영, 김현수 공역(2014). 이상심리학. 서울: 시그마프레스.

Compton B. R., & Galaway, B. (1999). *Social work processes* (6th ed.). Pacific Grove, CA: Brooks/Cole Publishing Company.

Corcoran, J., & Walsh, J. (2009). *Mental health in social work: A casebook on diagnosis and strengths-based assessment*. Boston, MA: Pearson Education, Inc.

Corey, G. (2001). *Theory and practice of counseling and psychotherapy* (6th ed.). 조현춘, 조현재 공역(2003). 심리상담과 치료의 이론과 실제. 서울: 시그마프레스.

Davidson, J. R. T., & Foa, E. B. (1991). Refining criteria for posttraumatic stress disorder. *Hospital and Community Psychiatry, 42*, 259–261.

Davison, G. C., & Neale, J. M. (2001). *Abnormal psychology* (8th ed.). New York: John Wiley and Sons.

Degener, T. (2016). Disability in a Human Rights Context. *Laws, 5*(3), 1–24.

DeLisi, L. E. (2009). *100 Questions & answers about schizophrenia: Painful minds*. 최영민, 이지연 공역(2010). 100문 100답: 정신분열병. 서울: 하나의학사.

Dunst, C. J., Trivette, C. M., Gordon, N. J., & Starnes, A. L. (1993). Family-centered case management practices: Characteristics and consequences. In G. H. Singer & L. L. Powers

(Eds.), *Families, disability and empowerment: Active coping skills and strategies for family interventions* (pp. 89–118). Baltimore: Brookes.

Durkheim, E. (1951). *Suicide: A study in sociology*. Illinois: The Free Press.

Dworkin, A. G., & Dworkin, R. J. (1999). *The minority report: An introduction to racial, ethnic, and gender relations* (3rd ed.). Massachusetts: Cengage Learning.

Elbogen, E. B., & Johnson, S. C. (2009). The intricate link between violence and mental disorder. *Archives of General Psychiatry, 66*(2), 152–161.

Emerson, E. (2004). Deinstitutionalization in England. *Journal of Intellectual and Developmental Disability, 29(1)*, 79–84.

Fink, A. E. (1949). *The field of social work*. New York: Henry Holt and Company.

Fink, C., & Kraynak, J. (2016). *Bipolar disorder for dummies*. 한소영 역(2018). 더미를 위한 양극성장애. 서울: 시그마북스.

Foucault, M. (1965). *Madness and civilization: A history of insanity in the age of reason*. 이규현 역(2010). 광기의 역사. 경기: 나남.

French, L. M. (1940). *Psychiatric social work*. New York: Commonwealth Fund.

Goldenberg, H. (1983). *Contemporary clinical psychology* (2nd ed.). Pacific Grove, CA: Brooks/Cole.

Halpern, H. A. (1984). Crisis theory: A definitional study. In K. A. Slakeu (Eds.), *Crisis intervention: A handbook for practice and research*. Newton, Massachusetts: Allyn and Bacon, Inc.

Hepworth, D. H., & Larsen, J. A. (1993). *Direct social work practice: Theory and skills* (4th ed.). CA: Brooks/Cole.

Hoff, L. A. (1995). *People in crisis: Understanding and helping* (4th ed.). CA: Jossey-Bass.

Horwitz, A. V., & Scheid, T. L. (1999). *A handbook for the study of mental health: Social contexts, theories, and systems*. New York: Cambridge University Press.

Ife, J. (2010). *Human rights from below-Achieving rights through community development*. New York: Cambridge University Press.

James, R. K. (2008). *Crisis Intervention strategies* (6th ed.). CA: Brooks/Cole.

James, R. K., & Gilliland, B. E. (2001). *Crisis intervention strategies* (4th ed.). Pacific Grove, California: Thomson Brooks/Cole Publishing Company.

Janoff-Bulman, R. (1992). *Shattered assumptions: Toward a new psychology of trauma*. New York: Free Press.

Johnson, L., & Yanca, S. (2009). *Social work practice: A generalist approach* (10th ed.). Boston, MA: Allyn & Bacon.

Kazdin, A. (2001). Treatment of conduct disorders. In J. Hill & B. Maughan (Eds.), *Conduct disorder in childhood and adolescence* (pp. 408–448). New York: Cambridge University Press.

Liberman, R. P. (1988). *Psychiatric rehabilitation of chronic mental patients*. 김철권, 변원탄 공역(1995). 만성 정신과 환자를 위한 정신재활. 서울: 도서출판 신한.

Liberman, R. P., DeRisi, W. J., & Mueser, K. T. (1995). *Social skills training for psychiatric patients*. 김철권, 변원탄 공역(2000). 정신과환자를 위한 사회기술훈련. 서울: 하나의학사.

Liebert, R. M., & Liebert, L. L. (1998). *Personality: Strategies & issues* (8th ed.). 조현춘, 조현재, 문지혜 공역(2002). 성격심리학. 서울: 시그마프레스.

Lindstrom, L. (1992). *Managing alcoholism: Matching clients to treatments*. Oxford: Oxford University Press.

Massey, D. (2004). The responsibilities of place. *Local Economy, 19*(2), 97–101.

Morgan, A. J., & Johnston, M. K. (1976). *Mental health and mental illness* (2nd ed.). Philadelphia: J. B. Lippincott Co.

Moxley, D. P. (1989). *The practice of case management*. Thousand Oaks, CA: Sage Publication.

McDaniel, S. H. (1995). Collaboration between psychologists and family physicians: Implementing the biopsychosocial model. *Professional Psychology: Research and Practice*, 26(2), 117–122.

Myer, R. A. (2001). *Assessment for crisis intervention: Triage assessment model*. CA: Brooks/Cole.

OECD (2022). *Health Data 2021*.

Perlman, H. H. (1975). Social work in psychiatric setting. In S. Arieti (Ed.), *American handbook of psychiatry* (2nd ed.). New York: Basic Books, Inc.

Pilkonis, P. A., & Zimbardo, P. G. (1979). The person and social dynamics of shyness. In C. E. Izard (Ed.), *Emotions in personality and psychopathology*. New York: Plenum.

Pincus, A., & Minahan, A. (1973). *Social work practice: Model and method*. Itasca, IL: Peacock.

Polleux, F., & Lauder, J. M. (2004). Toward a developmental neurobiology of autism. *Mental Retardation and Developmental Disabilities Research Reviews, 10*(4), 303–317.

Pratt, C. W., Gill, K. J., Barrett, N. M., & Roberts, M. M. (2007). *Psychiatric rehabilitation* (2nd ed.). 신성만, 강상경, 권정혜, 김성수, 김용규, 배성우, 양수, 유제춘 공역(2010). 정신재활. 서울: 박학사.

Rapp, C. A., & Goscha, R. J. (2006). *The strengths model: Case management with people with psychiatric disabilities* (2nd ed.). New York: Oxford University Press.

Rawls, J. (1971). *A theory of justice*. 황경식 역(2003). 정의론. 서울: 이학사.

Reichert, E. (2011). *Social work and human rights*. New York: Columbia University Press.

Saleebey, D. (1997). *The strengths perspective in social work practice* (2nd ed.). New York: Longman, Inc.

Sands, R. G. (2001). *Clinical social work practice in behavioral mental health: A postmodern approach to practice with adults* (2nd ed.). Boston, MA: Allyn & Bacon.

Scheff, T. J. (1966). *Being mentally ill: A sociological theory*. Chicago: Aldine Publishing Company.

Seidel, J. A. (2005). Experience is a biochemical intervention: Reconceptualizing the biologically based mental illness. *Bulletin of the Menninger Clinic, 69*(2), 157-171.

Shorter, E. (1997). *A history of psychiatry: From the era of the asylum to the age of prozac*. 최보문 역(2009). 정신의학의 역사: 광인의 수용소에서 프로작의 시대까지. 서울: 바다출판사.

Simons, A. D., Murphy, G. E., Levine, J. L., & Wetzel, R. D. (1986). Sustained improvement one year after cognitive and/or pharmacotherapy of depression. *Archives of General Psychiatry, 43*, 43-48.

Slaikeu, K. A. (1990). *Crisis intervention: A handbook for practice and research* (2nd ed.). Boston: Allyn and Bacon.

Smith, K. (2011). Occupied spaces: Unmapping standardized assessments in health and social service organization. In D. Baines (Ed.). *Doing anti-oppressive practice: Social justice social work*. Nova Scottia: Fernwood Publishing.

Spaniol, L., & Zipple, A. M. (1994). The family recovery process. *Journal of the California Alliance for the Mentally Ill, 5*(2), 57-59.

Spaulding, W. D., Sullivan, M. E., & Poland, J. S. (2003). *Treatment and rehabilitation of severe mental illness*. 최기홍, 권정혜 공역(2010). 중증 정신질환의 치료와 재활: 통합적 패러다임. 서울: 학지사.

Spitzer, R. L., & Wilson, P. T. (1975). Nosology and the official psychiatric nomenclature. In A. M. Freedman, H. I. Kaplan, & B. J. Sadock (Eds.), *Comprehensive textbook of psychiatry* (2nd ed. pp. 826-845). Baltimore: Williams and Wilkins.

Strickler, M., & Bonnefil, M. (1974). Crisis intervention and social casework: Similarities and differences in problem-solving. *Clinical Social Work Journal, 2*(1), 36-44.

Sullivan, P. E., Neale, M. C., & Kendler, K. S. (2000). Genetic epidemiology of major depression: Review and meta-analysis. *American Journal of Psychiatry, 157*(10), 1552-1562.

United Nations Centre for Human Rights (1994). *Human rights and social work: A manual for schools of social work and social work profession*. 이혜원 역(2005). 인권과 사회복지실천. 서울: 학지사.

Valenstein, E. (1998). *Blaming the brain: The truth about drugs and mental health*. New York: The Free Press.

Vinogradov, S., & Yalom, I. D. (1989). *Concise guide to group psychotherapy*. 박민철 역(1990). 간추린 집단 정신치료. 서울: 하나의학사.

Wegscheider-Cruse, S. (1981). *Another chance: Hope & health for the alcoholic family*. Palo Alto, CA: Science and Behavior Books.

Werner, E. E., & Smith, R. S. (2001). *Journeys from childhood to midlife: Risk, resilience, and recovery*. New York: Cornell University Press.

Whitley, R., & Wang, J. W. (2017). Good news? A longitudinal analysis of newspaper portrayals of mental illness in Canada 2005 to 2015. *The Canadian Journal of Psychiatry, 62*(4), 278–285.

WHO (2004). *Prevention of mental disorders: Effective interventions and policy options* (summary report).

Williams T. A., Friedman R. J., & Secunda, S. K. (1970). *The depressive illnesses (Special Report: National Institute of Mental Health)*. Washington, DC: U. S. Government Printing Office.

Wirth, L. (1945). The problem of minority group. In R. Linton (Ed.), *The science of man in the world crisis*. New York: Columbia University Press.

Wronka, J. (2017). *Human rights and social justice: Social action and service for the helping and health professions*. Thousand Oaks, CA: Sage Publications.

Yalom, I. D. (1985). *The theory and practice of group psychotherapy* (3rd ed.). 최해림, 장성숙 공역(1993). 최신 집단정신치료의 이론과 실제. 서울: 하나의학사.

Zastrow, C. (2000). *Introduction to social work and social welfare*. CA: Brooks/Cole.

Zubin J., & Spring, B. (1977). Vulnerability: A new of schizophrenia. *Journal of Abnormal Psychology, 86*(2), 103–126.

Zucker, R. A. (1987). The four alcoholisms: A developmental account of the etiologic process. In P. C. Rivers (Ed.). *Alcohol and addictive behavior* (pp. 27–83). Lincoln, Nebraska: University of Nebraska Press.

찾아보기

ㅊ

저자 소개

엄태완(Eom, Taewan)

부산대학교 대학원 사회복지학 박사
백석대학교 사회복지학과 교수 역임
University of Washington School of Social Work Visiting Scholar
정신건강사회복지사 1급(수련슈퍼바이저)
(재)경남사회서비스원 이사장
진해노인종합복지관(경남대 운영) 관장
경남대학교 인문사회대학 학장
현 경남대학교 사회복지학과 교수

〈주요 저서〉

오늘을 통과 중인 당신에게(2023, 미다스북스)
의료사회복지론(2023, 공동체)
완벽한 친절함으로부터의 고립(2022, 바른북스, 세종도서 교양부문 선정)
정신건강, 사회정의와 인권으로 답하다(2020, 지식공동체, 한국연구재단 우수 성과 50선 선정 교육부장관상 수상)
인간행동과 사회환경(2판, 2020, 공동체)
함께하는 사회복지실천론(공저, 2020, 학지사)
사회문제론(2판, 공저, 2020, 정민사)
디아스포라와 노마드를 넘어(2016, 경남대학교출판부)
함께하는 사회복지의 이해(2판, 공저, 2014, 학지사)
탈북난민의 위기적 경험과 외상(2010, 경남대학교출판부) 등

정신건강사회복지론 [2판]

Social Work in Mental Health (2nd ed.)

2018년 7월 30일 1판 1쇄 발행
2021년 6월 1일 1판 3쇄 발행
2025년 3월 5일 2판 1쇄 발행

지은이 • 엄태완
펴낸이 • 김진환
펴낸곳 • (주) 학지사

04031 서울특별시 마포구 양화로 15길 20 마인드월드빌딩 4층
대 표 전 화 • 02)330-5114 팩스 • 02)324-2345
등 록 번 호 • 제313-2006-000265호

홈 페 이 지 • http://www.hakjisa.co.kr
인스타그램 • https://www.instagram.com/hakjisabook

ISBN 978-89-997-3343-7 93330

정가 22,000원